基于过程控制理论的公路灾变高切坡防治研究

任青阳　周建庭　著

科　学　出　版　社

北　京

内 容 简 介

在山区修筑公路过程中，不可避免地会出现大量高切坡，如处置不当，在暴雨、卸荷等作用下极易演化为灾变滑坡，造成重大的财产损失甚至人员伤亡，因此高切坡防控是我国西部山区公路建设和运维安全的重要问题。本书针对现有高切坡防治中基本不考虑高切坡的演化过程、高切坡防治结构长期适应性、高切坡监测信息数据处理中准确性和可靠性的技术难题开展研究，创建了高切坡地质灾害过程控制防治理论体系、研发了基于高切坡-防治结构相互作用和长期安全性的防治技术与高切坡地质灾害多场特征信息感知与数据处理技术。

本书可供道路工程、岩土工程、工程地质等相关专业的高等院校、科研院所的教学、科研人员参考阅读。

图书在版编目（CIP）数据

基于过程控制理论的公路灾变高切坡防治研究 / 任青阳，周建庭著. —北京：科学出版社，2020.5

ISBN 978-7-03-061131-4

Ⅰ．①基… Ⅱ．①任… ②周… Ⅲ．①公路路基－边坡－公路养护－研究 Ⅳ．①U418.5

中国版本图书馆 CIP 数据核字（2019）第 083648 号

责任编辑：华宗琪　朱小刚 / 责任校对：杨聪敏
责任印制：罗　科 / 封面设计：陈　敬

科 学 出 版 社 出版
北京东黄城根北街 16 号
邮政编码：100717
http://www.sciencep.com

四川煤田地质制图印刷厂印刷
科学出版社发行　各地新华书店经销

*

2020 年 5 月第 一 版　开本：787×1092　1/16
2020 年 5 月第一次印刷　印张：26 1/4
字数：620 000
定价：260.00 元
（如有印装质量问题，我社负责调换）

前　　言

在我国西部山区，铁路、公路等基础设施多位于山脉的纵深地区，这些地区属于典型高山峡谷地貌，地质作用强烈，水系发达，地层岩性复杂，地质灾害多、生态脆弱，卸荷开挖工程形成了大量的公路高切坡。

为了及早了解公路高切坡的灾害状况、保障山区公路的安全运行，国内外一大批新建或已建成山区公路高切坡都设计并实施了支护工程，并配备了安全监测、评估及预警系统，为山区公路管养和维修决策提供科学依据。

然而，高切坡防控技术是一个跨学科的综合性技术，它包括道路工程、岩土工程、工程地质、力学、数学、材料学、信息科学等多方面的知识，高切坡防控技术系统本身较为复杂，随着科学技术的发展，尽管公路高切坡防治技术手段更加多样化、监测信息和内容更加全面化、监测数据分析方法更加成熟化，但高切坡防治领域仍存在以下 3 个方面的科学与工程问题。

1）基于演化过程的高切坡灾害防控问题。

现有高切坡防治理论与方法的依据是高切坡发生某一时段的特征参量，基本不考虑高切坡的演化过程，其后果是治理过的高切坡仍有可能会演变成滑坡，因为影响高切坡稳定的外部因素是不断变化的，现在合适的支护措施，在以后的某个特定时刻可能就不合适了。

2）支护结构-高切坡耦合作用机理与长期安全性问题。

目前对支护结构和高切坡的相互作用与支护结构长期适宜性之间的关系研究还不够完善，还没有形成考虑高切坡支护结构长期适宜性的技术体系，影响了复杂环境条件下高切坡防治结构的长期安全。

3）高切坡地质灾害多场特征信息感知与数据处理技术问题。

监测信息的准确性、可靠性、稳定性、实时性和精度直接影响高切坡防治效果评估的结果，而目前防治工程使用环境、监测传感本身问题及传感开发针对性欠佳等，造成了监测信息在准确性、可靠性、稳定性、实时性和精度等方面不尽如人意，影响了高切坡监测评估系统的效益发挥。

鉴于此，本书以公路灾变高切坡全过程安全防控问题为导向，围绕高切坡的演化过程控制、高切坡防治结构长期适应性、高切坡监测信息数据处理中准确性和可靠性的理论与技术难题，重点阐述在国家重点研发计划重点专项等 17 项国家和省部级科研项目资助下，所取得的一系列公路灾变高切坡全过程防控理论与技术成果。

本书研究成果已成功应用于西藏、重庆、四川、贵州等地 10 余条公路的建设，产生了巨大的经济效益、社会效益、环保效益，应用前景广阔。

在本书编写过程中，得到了中国地质大学（武汉）唐辉明教授、中国科学院水利部成都山地灾害与环境研究所何思明研究员的大力支持，在此深表感谢！

本书主要得到了国家重点研发计划重点专项子课题"高寒强震山区灾害链链生机理、放大效应与灾情评估"、"交通运输部高层次技术人才培养项目"、国家自然科学基金"强卸荷条件下岩体流变特性对高边坡锚固效果影响研究"及"巴渝学者特聘教授"等项目的资助，在此表示感谢！

潘雄教授、孙淼军博士和唐菲菲博士也参与了本书的编写。

由于作者水平有限，书中难免会有疏漏不足之处，恳请广大读者批评指正。

目　　录

第1章 公路灾变高切坡防治理论与技术研究现状

1.1 公路灾变高切坡防治的意义

实施西部大开发战略、加快中西部地区发展，是我国的重大战略决策，其中加快基础设施建设是西部大开发的一个重点。中共十九大首次提出建设交通强国，加强水利、铁路、公路、水运、航空、管道、电网、信息、物流等基础设施网络建设。

西部地区的公路工程多位于山脉的纵深地区，这些地区属于典型高山峡谷地貌，地质作用强烈，水系发达，地层岩性复杂，地质灾害多、生态脆弱，具备鲜明的山区特色，公路建设面临着极大的考验，遇到了很多世界级的建设、运维难题。其中，建设工程中卸荷开挖形成了大量的公路高陡边坡，这些高陡边坡的稳定性对公路施工、运行安全提出了严峻挑战，在某些艰险路段其甚至成为影响公路安全的首要问题。

在山区修筑公路、铁路、水利工程及进行城镇建设的过程中，不可避免地会出现大量的高切坡。如果边坡开挖不当，或开挖后不及时进行支护，长期暴雨、开挖卸荷、雨水入渗的综合作用极易导致高切坡发生变形破坏，甚至演变成滑坡，造成重大的财产损失甚至人员伤亡，严重地影响工程建设的顺利进行，并破坏西部山区脆弱的生态环境，给工程建设造成不可弥补的损失。这样的实例在我国西部地区基础设施建设中，特别是在公路建设过程中屡见不鲜，高切坡已成为继崩塌、泥石流之后的又一大地质病害，严重地制约了我国西部山区经济建设的发展。例如，川藏公路 G317 线妥（坝）—昌（都）改扩建路段，全长仅 100 多公里，就形成了近 200 余个高切坡，平均每公里两个，由于未及时支护，在开挖过程中及高切坡形成后不久就产生了十余个大型滑坡，不仅增加了近 2 亿元的投资，而且重新对新增滑坡进行勘查，重新设计、施工会严重地影响公路建设的顺利进行，这样的实例在西藏公路建设中屡见不鲜。又如，据不完全统计，仅三峡库区重庆段，在移民建房、县城搬迁及公路建设过程中，就产生了 3000 余个高切坡，这些高切坡只有很少一部分得到了工程治理，未经整治的部分高切坡已经发生了严重变形破坏，有的甚至已经演变成滑坡，严重地威胁库区人民的生命财产安全（图 1.1（a））。

自然边坡受长期自然应力作用，已处于天然条件下的极限平衡状态，在施工开挖边坡后，破坏了坡体原有的静力平衡条件，由此引起坡体内土体应力重分布，使得岩土体内原有的裂隙不断融合和扩展，在土体内产生大量的卸荷裂隙，并在开挖边坡一定深度范围内形成卸荷带，卸荷带内土体的抗剪强度急剧降低，严重地影响边坡的稳定。在降雨条件下，雨水沿坡体裂隙进入坡体内部，并形成暂时的渗流场，一方面增大了坡体重量，产生不利于边坡稳定的渗透压力；另一方面，雨水入渗使土体软化，降低了土体的抗剪强度。同时雨水或地下水将土体中的易溶盐溶蚀掉，也会造成土体抗剪强度指标的变化，在以上几种（甚至多种）因素的共同作用下，高切坡极易演变成滑坡。

(a)　　　　　　　　　　　　　　　　　　(b)

图 1.1　典型高切坡（a）与防治工程（b）

高切坡灾害预警和防治是保障我国公路建设，尤其是山区公路建设顺利实施的迫切需求。科学地进行高切坡灾害预警和防治需要系统、完善的高切坡控制理论。由于高切坡成因类型复杂，影响因素及其作用过程多样，目前对各类高切坡形成机理、演化过程和控制理论等方面的研究还不够系统和深入，难以满足高切坡灾害预警和防治工作的需要，这与我国目前西部大开发大规模公路建设中产生的高切坡灾害所造成的巨大损失很不相称，亟须就相关的科学技术进行研究并取得突破，尤其是以下 3 个方面的科学与工程问题。

1. 基于演化过程的高切坡灾害防控问题

现有高切坡防治理论与方法的依据是高切坡发生某一时段的特征参量，基本不考虑高切坡的演化过程，在理论和实践上均存在较大缺陷，这样的后果就是治理过的高切坡仍有可能会演变成滑坡，因为影响高切坡稳定的外部因素是不断变化的，现在合适的支护措施，在以后的某个特定时刻可能就不合适了。因此，通过对高切坡演化机理的系统研究，将高切坡演化过程与高切坡控制紧密结合，创建高切坡演化过程控制理论，具有十分重要的意义。高切坡演化过程受不同地质过程和主控内外动力因素的控制，因此，首先需要研究高切坡区动力地质过程，即典型建造过程、构造过程、地貌过程与高切坡时空分布规律的关系；在此基础上，研究人类工程强烈卸荷等典型主控动力因素作用下的高切坡演化过程与机理，为高切坡稳定性动态评价提供依据，更可为高切坡系统演化过程控制方法的研究提供地质基础依据。

2. 高切坡-防治结构体系相互作用机理与长期安全性问题

复杂环境条件下高切坡防治结构的长期安全取决于防治结构的正常工作和功能的充分发挥，其基础是防治措施的合理选择，但目前治理工程设计时尚未考虑支护结构与坡体体系相互作用。因此，必须进行高切坡-防治结构体系相互作用和协同工作机理的研究，同时，在研究高切坡岩土体和结构材料特性的基础上，研究高切坡-防治结构变形破坏时效规律，为高切坡治理设计和长期稳定性分析提供依据，同时为高切坡演化过程控制理论的建立提供过程控制关键基础理论与技术方法支撑。

3. 高切坡地质灾害多场特征信息感知与监测数据处理技术问题

高切坡合理控制的前提是在高切坡演化阶段，复杂环境条件下的高切坡系统信息是正确确定高切坡演化阶段的依据，因此，开展多场动态信息监测、识别十分重要。而监测信息的准确性、可靠性、稳定性和精度直接影响高切坡防治效果评估的结果，而目前防治工程使用环境、监测传感本身问题及传感开发针对性欠佳等，造成了监测信息在准确性、可靠性、稳定性、精度等方面不尽如人意，影响了高切坡监测评估系统的效益发挥。

因此，作者紧紧围绕以上 3 个方面的问题展开研究，产学研结合，通过科学技术难题攻关、仿真计算、实验测试、项目实践与验证，历经 10 年时间（2008～2017 年），完成本书撰写。

本书的研究成果可以为由开挖不当或防治工程设计不够合理导致的高切坡灾变为滑坡的情况提供参考，若这种新的思想能在我国西部山区乃至全国推广，将会改变公路建设投资偏高、建设周期过长的不利局面，极大地推进西部公路建设的发展。因此，开展基于过程控制理论的公路灾变高切坡防治技术研究，对于加快西部地区公路基础设施建设，推进西部地区经济可持续发展具有重要的科学意义和实用价值。

1.2　国内外研究现状

1.2.1　公路高切坡过程控制研究

1.2.1.1　过程控制理论的国内外研究现状

过程控制理论和应用的研究在电子、石油、化工、机械制造等其他工业或工程领域中已经十分深入，其成果对本书研究具有较好的借鉴作用。

1. 过程控制理论的发展

早在 20 世纪初期，美国贝尔电话实验室（Bell Telephone Laboratory）就成立了以休哈特（W.A.Shewhart）博士为学术领导人的统计过程控制研究组，经研究，休哈特提出"预防和控制"的观点，并依此提出统计过程控制理论（statistical process control，SPC），应用概率论与数理统计理论于 1924 年 5 月创立了世界上第一张质量控制图——不合格品率控制图。但受限于工业发展水平等，现实工业生产的质量控制图应用很少，直到 20 世纪40 年代，美国为应对第二次世界大战期间大量军需品需求这一问题，以及满足质量要求，国家强制该类公司实行统计的质量管理，使得统计过程理论及质量控制图广泛推广。

在过程控制图的研究方面，20 世纪 50 年代，为降低次品率及进一步提高产品质量，一些新的概念和理论相继诞生于统计过程控制领域。Hotelling（1947）提出了多元 T^2 控制图理论，昭示着多元质量控制时代的来临。其采用多元投影的方法，将过程数据和质量数据从高维数据空间投影到低维特征空间，这样所得的特征变量既可以去除冗余信息，又可以保留原始数据的特征信息。这是一种高维数据分析处理的有效工具。不断将多变量统计分析方法融入传统的统计过程控制中，使得今天的多变量统计过程控制已经成为一种具有众多研究热点的学科方向。Page（1954a）最早采用序贯分析原理，提出了累积和（cumulative sum，CUSUM）控制图，该控制图可处理生产加工过程中出现的小偏移等灵敏性问题，通过将一系列点的微弱信息累积起来，从而达到加工过程小变动感知灵敏的效果。对于CUSUM 控制图的研究，截至目前，出现了应用于人工操作的 V 模板（V mask）法，以及应用于计算机集成统计控制的表格法（Tabular）。

Roberts（1959）首次提出了指数加权移动平均（exponentially weighted moving average，EWMA）控制图，该控制图能够有效地控制过程小偏移，并充分利用具有时域特征的历史数据，以此获得不同的权重值，其性能几乎与 CUSUM 控制图相同，而且在某些情况下比 CUSUM 控制图更容易建立、更容易操作；由于是所有过去与当前观测值的加权平均，它对正态假设很不敏感，因此适用于非正态情况下的统计过程控制。Crowder（1989）在Lucas 和 Saccucci 给出方法的基础上提出了 EWMA 方法。其基本原则是：在稳态 ARL（0）的情况下，过程出现偏移而失控时，应使 ARL 值最小，要得到需要设定的控制图，需要借助 Fredholm 积分式估计出最优参数（λ，1）。

2. 过程控制模型研究

在过程控制模型研究方面，Alwan（1992）基于工业生产过程中特征参数时间序列模型的拟合，针对序列自相关引起控制失效的问题，提出残差控制方法。Wardell 等（1992）通过对休哈特控制图、EWMA 控制图、调整控制界限的休哈特控制图和残差控制图 4 种控制方法进行对比分析，总结得出在时间序列模型 ARMA（1, 1）模拟的自相关过程中各种控制方法的优点和缺点。

邱仁辉（2002）通过对纸浆模塑包装制品生产过程进行分析，采用模糊控制方法实现了其生产过程的自动化。李斌锋（2004）针对铸造生产过程主要工序中存在特征参数多元性的特点，采用特征参数映射关系分析的方法确定过程主元并使用控制图进行控制，并在亚新科国际铸造（山西）有限公司和天津勤美达工业有限公司取得实验成功。华志刚（2006）针对电厂热工过程中大型火电机组汽温被控对象自相关和非线性的特点，提出了基于非线性模糊模型的过程状态变量控制方法。张撼鹏（2007）提出了基于推拉丝短路过渡的低能量输入电弧焊接的过程模型，并设计了其过程控制的支撑软件。杜启亮（2008）通过建立回转窑煅烧生产过程模型，分析其特征参数及其多元性和自相关性，从稳定煅烧温度的控制目标出发，设计了回转窑过程控制系统。

在研究方法方面，Miller 等（1998）研究了美国柯达公司生产过程的多元性，提出了贡献图的控制方法。刘冬生（2007）采用 BP 神经网络的方法研究陶瓷滤波器生产过程的自相关性，对平稳时间序列及其发生阶越式均值突变和渐进式均值漂移的控制情况进行了深入分析，认为当过程特征参数存在自相关性时，休哈特控制图控制能力不理想，而CUSUM 控制图、EWMA 控制图和残差控制图控制能力则各有特点。孙静（2003）对自相关过程的控制方法进行了大量研究，她认为，当自相关系数大于 0 时，较休哈特控制图而言，残差控制图虚发预警率有较大程度的减小；当过程出现异常时，残差控制图检测过程异常的能力相对滞后。潘汝涛（2011）分析了几种常见的 PTI 控制器参数确定方法。刘晓霞和孙康波（2015）探讨了自动化过程控制中 PID 控制方法的应用及其参数确定策略。2016 年关于整合 SPC/APC 可行性的理论属于二者整合的支持理论。

具体实例分析研究方面，史智慧（2012）结合恒压喷灌的控制实例，重点分析了 PID 三种调节模式与 PID 控制在实际运用中是如何工作的，并就此分析了 PID 控制在工业中的适用性。张恒（2013）对传统的常规 PID 控制及现有的智能 PID 控制进行了仿真。在仿真过程中，根据系统自身的反馈信息构造智能权函数和智能积分，并以此智能权函数与智能积分设计了智能自适应 PID 控制器。利用设计的智能 PID 控制器对多变量耦合系统进行控制，也能获得很好的控制效果。王丹和吴伟（2017）阐述了 SPC 统计过程在质量管控中的作用。刘佳（2018）采用在线 SPC 仿真系统对其进行实时有效的控制，对其生产质量的提升具有积极的作用。

1.2.1.2 高切坡破坏演化机理研究

很早以前就有人提及渐进破坏这个观点。边坡工程界人士在 20 世纪 60 年代末认识到了这个事实，当时意大利 Vajoni 坝上游出现了滑坡现象，人们都认为是因为岩土体的峰值强度下降到了极值，但是瞬时的破坏机理无法解释发生滑坡的根本原因。后来多年的观察研究表明，边坡破坏不是瞬间发生的，而是有一个带有间歇性的渐进过程。

1. 高切坡的破坏模式研究

开挖顺层岩石高边坡往往需要对其进行预加固，因而合理确定坡体开挖松动区范围就成为核心问题。在高切坡的开挖松动区的研究方面，孙书伟等（2008a）结合实际破坏变形的顺层高边坡工点对顺层高边坡开挖松动区进行了研究，总结了松动区的特点及影响因素，同时也对顺层高边坡松动区的长度进行了统计分析，可供今后类似工程参考借鉴。

在高切坡失稳动力机理及模型的研究方面，曹卫文等（2008a）以重庆武隆的高切坡失稳为例进行了研究，运用能量守恒定律及动力学有关理论得出了滑体的启程速度、滑动速度和滑行距离方程，为确定滑体的致灾能力及致灾范围提供了依据。苏天明等（2011）运用工程地质分析方法研究了高切坡地质特点和崩塌的影响因素，为高切坡的工程治理防护提供地质基础；从崩塌发生的力学本质出发，按崩塌形成力学机制对崩塌提出了不同于前人的新的崩塌分类方法；将崩塌发育过程划分为 3 个阶段，深化了对崩塌灾害发育演化过程的认识，为崩塌的监测、预警提供了理论基础。Zou 等（2009）通过通用离散元程序（universal distinct element code，UDEC）研究了边坡开挖过程中应力-应变趋势的定量分析可能的失效模型和安全系数。研究认为伴随裂缝发育的斜坡，发育在背斜岩的中心，其稳定性受岩石外倾程度的影响较大；开挖过程中边坡原始平衡被打破，导致边坡内部产生大范围剪切破坏带，出现与土坡类似的整体圆形断裂。苏天明（2012）提出泥质岩的风化崩解从岩石表层开始，结构的改变不受原有岩石结构面的控制；岩石风化崩解能力的控制性因素是岩石的黏粒含量、黏土矿物成分、比表面积和胶结物成分，并具有很好的相关性，岩石内部微结构的破坏是崩解的前提。

在破坏模式研究方面，孙玉科等（1998）提出了5种地质模型及其相应的破坏模式：完整岩体边坡的圆弧破坏模式；层状结构边坡的顺层滑动、倾倒变形破坏、溃屈破坏；块状结构边坡的平面滑动、阶梯状滑动、折线型滑动；碎裂结构边坡的圆弧滑动、追踪结构面滑动；散体结构边坡的圆弧形滑动。罗国煜等（1990）以优势面组合破坏形势为基础，提出火成岩的15种破坏模式和层状岩体的4种破坏模式。黄润秋（2004）从变形破坏的力学机理角度出发，指出岩石高边坡破坏模式的力学机理有滑移-拉裂-剪断3段式机理、"挡墙溃屈"机理、蠕滑-拉裂机理、压缩-倾倒变形机理、高应力-卸荷深部破裂机理。陈洪凯等（2007）依据岩性及其组合、岩体结构、岩体强度、结构面间距、走向与边坡走向的关系、结构面倾角与坡角的关系等各种不同组合情况具体分析了公路高切坡可能破坏的具体模式：表层冲蚀、表层剥落、蠕滑-坐落式高切坡、圆弧形滑动、平面滑动、楔形体破坏、崩塌、折线滑动等，并提出了楔形体-平面滑动破坏模式、崩塌-滑动破坏模式、滑动-拉裂型破坏模式及滑动-压裂型破坏模式4种复合破坏模式。阮高和李本云（2017）结合岩土复合型高切坡的特征，将破坏形式划分为上部土体内部破坏、上部土体沿土岩界面破坏、下部岩层平面滑动、下部岩层倾倒破坏4种类型。

2. 高切坡破坏机理研究

王宇等（2011）以岩土体空间的变异性为基础，考虑了极限状态函数及随机变量的模糊性，认为基本变量为模糊随机变量，并建立了边坡渐进破坏的模糊极限状态方程，从而得到了渐进破坏的模糊概率。以模糊随机理论为基础的分析方法能将边坡的实际状态反映得更加清楚。韩流等（2014）对边坡渐进性破坏过程中的稳定性变化规律和力学机理进行了研究，基于滑动面抗剪强度退化机理，提出了推移式及牵引式的力学模型，并且建立了有关平面边坡稳定性的计算公式。又根据单一条块力学的平衡原理和不平衡推力法，推导出曲面边坡稳定性的计算公式。陈冲和张军（2016）通过底面摩擦模型实验，研究基底在天然状态和饱水状态下的排土场边坡的变形破坏特征，并对排土场边坡潜在破坏的演化过程和诱因进行了探讨。基底天然状态下排土场边坡整体稳定，仅下部边坡发生局部破坏。

Skempton（1964）把渐进性的概念应用到了边坡稳定性的分析中，他在对黏土边坡长期的稳定性分析研究中提到，边坡中的滑裂面是从局部开始出现的，并且是最先发生破裂的位置，它的抗剪强度将由峰值转成残余值。国内学者刘爱华和王思敬（1994）将渐进破坏的观点引入边坡稳定性分析中，考虑材料的残余强度和峰值强度的不同作用，从而很好地解释了"破坏是随着时间发展的"这一问题。胡志杰（2017）以陈家岭公路边坡治理为实例，研究了边坡渐进破坏稳定性分析方法中的主推力法、综合位移法和富余位移法在治理中的应用，研究结果表明：主推力法、综合位移法和富余位移法能够应用于工程实践；其中，主推力法、综合位移法和富余位移法能分别对边坡力和变形行为进行描述。综合位移法是对边坡特征进行描述，而主推力法与富余位移法是对边坡富余程度进行描述，三种稳定性系数均随边坡变形的演化而变化，可以描述边坡的渐进演化破坏特征。

3. 高切坡破坏计算模型研究

Chowdhurry 和 Xu（1995）教授提出了关于均匀土质边坡的渐进性破坏可靠度的计算模型，在模型中，假设从坡脚部分开始发生破坏，然后沿着向上的方向，破坏在空间上逐步发展。但是，边坡在地质构造及岩体性质等多方面存在一定的差异，因此，该理论模型与边坡实际的渐进性破坏相差甚远。刘开富等（2008）在进行土质边坡的局部化剪切带分析时，将大变形分岔理论看作判断局部化的条件，利用有限元法有效获取了剪切带的位置及其发展情况，并进行了边坡的渐进性破坏分析。陈国庆等（2013）以强度折减法为基础，进而提出了能够更好模拟边坡渐进破坏的动态强度折减法。该方法可有效解决强度折减法中的折减范围问题，弥补整体强度折减法破损区过大的缺陷，获得的位移变化趋势与破损区演化过程也具有良好的一致性。动态强度折减法真实再现了边坡渐进失稳的过程，为强度折减法更有效地应用于边坡稳定性定量评价奠定了基础。

王浩等（2015）在对高切坡基本特征及孕育过程开展详细调查研究的基础上，采用节理有限单元法对该高切坡经路堑开挖导致的破坏，以及对其实施卸载、支挡回填及锚固的治理过程开展数值模拟，再现了该高切坡孕育发展的全过程，分析了其稳定性演化规律；研究了该边坡破坏的平面滑动机构及滑动面的物理力学特征，论述了该类高切坡启动高速远程滑动的松弛机理。

4. 高切坡的稳定性研究

岩土体的抗剪强度参数是高切坡稳定性分析的前提，参数取值的合理性直接影响高切坡稳定分析结果的准确性。在高切坡安全评价分析方面的研究中，王家成（2011）主要采用室内大型直剪试验与参数反演相结合的取值方法选取工程实际合适的参数，提出了目前碎石土抗剪强度参数取值的方法。Canal 和 Akin（2016）使用边坡稳定概率分类（SSPC）系统，在概率方法的基础上评估了 Adilcevaz Bitlis（土耳其）某高速公路和高陡峭沉积岩切割斜坡的稳定性。研究发现主要的边坡稳定性问题是不连续性控制和趋向问题，几乎所有研究的切割斜率都受到与方向无关的稳定性问题的影响，稳定性很低。

在利用数值分析方法对公路高切坡稳定性方面的研究中，曹卫文等（2008b）运用ANSYS 软件对开挖过程进行了模拟。得出了开挖前后岩体的应力、位移等值线，并对其进行了对比分析；根据塑性变形区节点坐标，利用最小二乘法原理得出了潜在滑动面方程，并对该高切坡进行了稳定性评价。崔志波等（2008）利用赤平极射投影法、有限元 ANSYS法对高切坡整体和局部稳定性做出了评价，通过研究发现坡体主控结构面对岩质高切坡的整体稳定性起控制作用；煤夹层对岩质高切坡的局部稳定性起控制作用。并提出建议采用锚杆喷射混凝土-挂网来加固坡体整体，用锚索-格构梁和劈裂注浆联合法来加固坡体局部。Zeng（2016）采用岩土力学、水文地质、边坡法等数值分析方法，以深圳市政工程隆平路高陡边坡为例进行研究，采用 Sarma 法，分析得出边坡稳定前后的稳定性挖掘计算和稳定性评估方法。

在稳定性分析模型的研究方面，林孝松等（2009）基于简单关联函数对各评价指标进行相对重要程度排序，采用层次分析法和专家效度对评价指标权重进行修正，利用物元可拓分析方法建立山区公路高切坡物元可拓评价模型。周志军等（2013）基于理想点法的基本原理，将高切坡的黏聚力、内摩擦角、高切坡类型、地形坡度、边坡高度作为评价指标，通过熵权算法确定其权重，建立高切坡安全评价模型，并利用工程实测资料进行模型检验；验证了理想点法用于高切坡岩土的安全评估是可行的。Ma 等（2013）提出了利用模糊综合评价区域高边坡稳定性的指标体系，并考虑了地质构造特征 U1、地貌 U2、保护措施 U3 和其他影响因素 U4。采用层次分析法确定指标体系的评价指标权重，根据二次模糊综合评判法和最大隶属度原则，建立高切坡稳定性模糊综合评价模型。祝辉和叶四桥（2015）基于岩土复合型高切坡特点，将其破坏模式归纳为上部土体内部破坏、上部土体沿土岩界面破坏、下部岩层平面滑动、下部岩层倾倒破坏 4 种类型，进而提出了岩土复合型高切坡稳定性分析流程。

当前在公路高切坡的破坏机理、稳定性等研究方面取得了大量的研究成果，但还存在着以下不足之处。

1）在岩质边坡工程中，稳定性评估通常通过分析或数值分析进行，主要考虑因素安全概念。事实上，很难为分析或数值分析方法中的设计参数指定最合适的值。

2）山区路基开挖容易形成岩土复合型高切坡，在研究其破坏机制及其稳定性时通常会将其作为单一岩质或者土质边坡进行处理，在治理过程中分析结果不具有针对性和有效性。

3）公路高切坡在分类上没有具体统一的规定，这就造成了其破坏模式分析出现混乱，从而对公路高切坡的治理缺乏针对性和有效性。

1.2.2 公路高切坡监测预警技术

1.2.2.1 星载合成孔径雷达差分干涉测量地质灾害面域调查技术

星载合成孔径雷达差分干涉测量（D-InSAR）技术是 20 世纪 90 年代发展起来的一项对地观测新技术，可用于地震、火山运动、冰川漂移、地面沉降及山体高切坡等地表微小形变的监测，其精度可以达到厘米级甚至毫米级；其在地质灾害中可以得到很好的应用。

在处理方法的研究方面，王超等（2002）利用欧洲太空署 ERS-1/2 卫星获取的 1993～2000 年苏州地区的 SAR 数据，通过差分干涉测量处理，得到苏州市地面沉降场测量值。研究结果表明，利用 D-InSAR 技术进行城市地面沉降监测和时空演化特征研究具有很大的优势，同时可用于其他类型城市地质灾害的监测。夏耶等（2006）通过研究三种非常规的 D-InSAR 方法，一是利用 Delaunay 三角网进行不规则格点的相位解缠，二是利用差分干涉图的长时间序列分析，三是利用人工三角反射器，较好地解决了差分干涉处理中的制约问题。通过实际应用验证了雷达差分干涉测量与 GPS 测量结果也十分吻合。Li 等（2009）总结了分布式卫星干涉合成孔径雷达系统建模和仿真单外观复合（SLC）图像的意义，并提出了一种分布式卫星干涉合成孔径雷达 SLC 图像仿真实现方法。王腾（2010）通过研究复杂地形条件下时间序列 InSAR 数据分析技术的误差模型和相干性模型，解决了该技术在困难地区应用的瓶颈问题,从而将其适用范围扩展至地形崎岖且点目标分布稀疏的非城市地区。陈怡曲(2013)根据 SFCW 信号原理及地基 SAR 方位合成孔径观测方式模拟出回波信号,并根据地基 SAR 成像算法生成两幅复影像作为实验数据,采用枝切线法及质量图引导法两种解缠算法进行解缠,从解缠后的干涉图上获取形变发生的位置及形变值,且测量精度达到厘米级。

在利用 D-InSAR 进行灾害监测评价的研究方面,Colesanti 和 Wasowski(2006)总结了 D-InSAR 在高切坡评估中的用途,并认为由 SAR 系统采集的数据可以提供三维地形模型并用于区域尺度调查中,如旨在评估斜坡失效的敏感性。朱仁义(2012)系统地研究了星载宽幅合成孔径雷达差分干涉测量理论及其在地质灾害中的监测应用(ScanSAR 干涉测量处理方法及其误差、用 ScanSAR 干涉测量处理方法获取了 Bam 地震的形变场、ScanSAR 干涉测量处理方法在汾渭盆地综合变形监测中的应用),总结了不同卫星的 ScanSAR 模式及其相应参数,证明了 ScanSAR 干涉测量对地震等大尺度变形监测的优越性和可靠性。

黄继磊(2013)采用一种新的方法,即利用 D-InSAR 对矿区采空区沉降进行监测。从面域对沉降区域进行监测,对沉降的趋势性监测有很好的效果,并重点研究了利用合成孔径雷达进行差分干涉测量的原理,对进行差分干涉处理的步骤进行了介绍,提出了一种进行粗基线估计的新方法。张珂(2014)系统地研究了星载扫描合成孔径雷达干涉测量的理论,提出了分条带处理的方法和改进的配准加权的条带拼接方法,并对改进后的配准加权拼接方法进行了对比分析,说明了改进的配准加权方法的可靠性和有效性,也进一步证明了 ScanSAR 干涉测量对于大范围、大尺度变形监测的可行性和可靠性。

王志勇(2007)对 D-InSAR 技术的关键步骤和算法进行了详细的理论分析,并针对不同的差分干涉方法进行了深入研究;形成了实用化的数据处理流程,重点对参考影像的选取、干涉点目标的选择进行了深入的探讨,总结了参考影像选取的三原则。谭衢霖等(2008)研究比较了雷达干涉测量技术与当前常用的数字高程模型生产方法,分析了 D-InSAR 在铁路地质灾害监测与青藏线多年冻土区形变长期监测方面的应用潜力。认为与常用的 DEM 生产方式相比,D-InSAR 具有一些独特优势,适合快速获取各种范围、高精度、高分辨率的 DEM。涂鹏飞等(2010)根据三峡库区近地表大气水汽含量变化频繁的特点,研究了大气水汽变化对重轨星载 InSAR 观测精度的影响,在对 Zebker 的相关研究结论进行实证后,探讨了重轨星载 InSAR 技术应用于三峡库区高切坡监测的可行性。杨阳(2013)对 SBAS 技术数据处理流程中的相位滤波、干涉图选择及相位解缠问题开展了深入的研究,并提出了新的解决方法(基于方向统计学的长时间序列相位滤波算法、基于模拟退火算法的干涉序列选择方法、基于最小网络流技术的区域增长相位解缠算法)。通过大量 SAR 实测数据处理实验,验证了提出的新的解决方法能显著提高 SBAS 技术的形变观测性能。

Closson 等(2003)研究了阿拉伯钾盐公司工业盐蒸发池新建的 12km 长堤,使用 D-InSAR 来研究其变形的前兆。Sansosti 等(2010)分析选定的可用 C 波段 SAR 数据档案的案例,展示了检索到的空间稠密变形时间序列对于理解若干地球物理现象的相关性;通过一个真实的案例介绍了新一代 X 波段星载 SAR 传感器的研究进展,实现了快速变化变形现象的新调查可能性。Guo 和 Kang（2011）采用 D-InSAR 技术对包括 C 波段 ENVISAT ASAR、L 波段 JERS SAR 和 ALOS PALSAR 数据在内的星载 SAR 数据进行分析处理，提出了采用 D-InSAR 进行采煤诱导沉陷监测的可行性和局限性，并对利用 D-InSAR 数据进行地下采矿活动监测的可能性进行了评估。Onuma 等（2011）使用卫星 SAR 数据分析了阿尔及利亚 In Salah Gas 项目与注入二氧化碳有关的地表变形的情况；利用 D-InSAR 分析了 3 个注入井 KB-501～KB-503 周围的地表变形情况。王煜和董新宇（2014）利用北斗导航卫星的快速准确定位和短报文功能，将其与 InSAR、高分辨率遥感卫星集成，通过地面综合控制中心和用户手持终端向专业部门和普通用户提供泥石流、高切坡等地质灾害预警信息。陈海洋（2016）针对 PS-InSAR 技术分析了相关原理，并给出了其数据处理流程，对其中的关键技术进行了分析（SAR 图像的配准，使用相干点识别方法进行 PS 点的探测、PS 网络解缠及线性参数的求解等步骤），最后利用实测数据，再结合 SAR 侧视成像几何关系图，粗略得到研究区域的三维形变速率场。

综上所述，D-InSAR 在地质灾害面域调查中的研究还存在以下不足之处。

1）与常规城市地面沉降监测技术相比，D-InSAR 技术具有大面积、快速、准确、低成本等优势，然而，D-InSAR 技术在地面沉降监测方面还远未完善，在具体的应用中还有很多瓶颈问题未得到很好的解决，如时间去相关、基线去相关、大气效应的影响等，实用化的数据处理方法也有待进一步研究。

2）传统 D-InSAR 技术受到各种严重去相关源及大气相位不均匀延时的严重影响，会导致形变测量精度降低，这在一定程度上制约了其在地表变形监测方面的实用化程度。

3）目前，InSAR 技术是获取地表高精度高程信息的代表性技术之一。作为其延伸，D-InSAR 技术在监测地形的微小形变和预测地质灾害方面有着很好的应用前景，但是它受到时间去相关、空间去相关和大气延迟因素的影响。

1.2.2.2　无人机低空遥感面域调查方法

在无人机低空遥感技术原理研究方面，胡开全和张俊前（2011）针对固定翼无人机低空遥感系统在山地区域的影像获取情况，研究了山地区域无人机类型的选择，以及无人机起降场地的要求，提出了无人机航空摄影设计、航空摄影实施等方面的技术。王利勇（2011）利用固定翼无人机平台获取遥感数据，实现了低空遥感数字影像自动拼接与快速定位处理，重点探讨了基于运动恢复结构（structure from motion，SFM）的数字影像自动拼接和低空遥感数字影像与移动道路测量系统相结合的快速空中三角测量。张俊前（2013）针对无人机影像量大、无规律、像幅小、拼接困难的特点，进行试验研究对比了几种无人机低空遥感影像拼接方法，并分析其拼接影像的精度及应用范围。Chen（2015）提出了一种新的既经济又安全的远程监控方法，主要内容包括固定翼飞机、地面控制站、通用数码相机，以及 LPC2148（ARM7）微处理器、惯性测量单元、GPS 模块、电流和电压传感器的飞行控制板等的优化和集成。

在无人机低空遥感倾斜摄影技术方面的研究中，赵海龙（2012）围绕无人机高分辨率灾害信息提取这一中心环节，以四川地区的无人机高分辨率影像为主要实验数据，采用面向对象的方法对影像进行分类；提出了面向对象无人机高分辨率影像信息提取过程中的关键技术。Wang 等（2012）利用 Direct（D）相对定位方法获取相对定位参数的粗略值，并将 RANSAC（R）算法最终应用于定位和提取相对方向的粗差，解决了低空摄影测量中的相对定位问题。刘洋（2016）研究了无人机倾斜摄影测量影像的处理和 3D 建模技术，分别从无人机倾斜摄影测量、非量测数码相机的标定、数字影像匹配和无人机倾斜摄影测量 3D 建模等方面进行了研究。文雄飞等（2016）研究发现水田、坡耕地、果园、茶园、林地等与水土保持相关的各种土地利用类型在我国国产高分辨率遥感影像上都有比较明显的特征，而无人机技术作为辅助监测手段可以作为卫星影像的有效补充，在水土保持行业及其他相关领域有很大的应用潜力。杨永明（2016）研究探讨了无人机遥感系统数据的获取与处理方法，围绕无人机平台选型、传感器集成、数据获取、数据质量评价、数据处理、倾斜摄影测量等方面开展了系统的实验和分析工作。曹琳（2016）研究了无人机倾斜摄影测量技术获取遥感影像的特点、像片控制点布设和量测方法、影像内业数据处理关键技术，并系统分析了采用此种方法建立三维模型所能达到的理论精度和实际精度水平，详细阐述了无人机倾斜摄影测量技术建模精度的影响因素，为实际应用奠定了理论和实践基础。宋志锋和冯玉铃（2017）对无人机倾斜摄影数据处理的关键技术进行了分析与研究，并对其在实景三维建模中的应用进行了探讨。庞燕（2017）对低空大倾角立体影像自动匹配方法进行研究，结合当前计算机视觉研究热点之一的深度学习方法，提出深度学习辅助的影像匹配方法，采用深度学习方法对影像进行分类，基于分类结果进行影像匹配。

曾涛等（2009）研究了无人机低空遥感影像快速处理方法，并采用面向对象的遥感图像信息的快速分类和信息自动提取方法，实现了汶川灾后地质灾害信息快速勘测中的信息提取，快速确定高切坡、泥石流等地质灾害体空间位置并对其进行评价。高姣姣（2010）研究了黄土地区高精度无人机遥感图像解译方法，并建立了相应的解译标志，通过无人机遥感影像识别与解译，查明地质灾害分布特征与危害程度，为监测治理提供依据，为防灾减灾工作提供技术服务。王玉鹏（2011）对无人机航空摄影测量的质量管理、数字图像预处理、滤波处理和镜头畸变校正方法进行了探讨；研究了基于 ERDAS LPS 软件的数字正射影像（DOM）制作、高精度数字高程模型（DEM）的构建，以及大比例尺倾斜影像图的制作方法，并针对倾斜影像配准精度低的特点提出了三种解决方案。刘合凤（2013）探讨了面向应急响应的航空/低空遥感影像的几何处理方法，利用定位定姿系统（position and orientation system，POS）中的 GPS 数据对构建的自由网进行绝对定向，验证了该方法可以在无控制点的情况下完成影像的定向，获得具有可量测性的三维点坐标。李迁（2013）研究了低空无人机遥感数据快速处理的技术流程和技术方法，明确了低空无人机遥感数据在矿山调查中的精度，通过研究低空无人机遥感矿山解译标志库建立的方法，为低空无人机遥感技术在矿山遥感调查与监测中的广泛应用提供指导。尚海兴和黄文钰（2013）针对无人机低空遥感影像拼接问题，引入一种基于 SURF 特征的匹配方法，该算法具有稳健和高精度特性，实现了低空影像的快速匹配；并提出了采用 L-M 优化的全局拼接策略，该策略能有效减小累积误差的影响，实现了测区影像的自动全景拼接。Liu 等（2017）针对大型铝土矿区域特点，采用较少特征元素与无人机图像快速空三角加密及 DLG、DEM、DOM 生产技术，取得了较好的低空无人机遥感和测绘成果。吴永亮等（2017）基于无人机低空遥感系统的功能设计考虑，归纳了工作流程，形成了一套完整的无人机低空遥感应用于地质调查的技术路线；并认为该技术方法可为地质调查、应急测绘等提供及时、有效的影像数据，对无人机低空遥感应用具有参考意义。Xu 等（2018）提出采用无人机数据采集、倾斜摄影建模、人工解译等方法检测坝体裂缝、地表破损、渗漏等；通过验证，该方法可以实时监测大坝，其结果是准确和有效的，且比传统方法高效。

综上所述，在无人机低空遥感面域调查方法研究方面存在的不足之处为：由于低空倾斜摄影测量在多个角度对地物进行拍摄，影像包含复杂的三维场景信息，以及更多的信息量、数据量和数据冗余，具有更大的辐射畸变和几何变形，影像中地物互相遮挡、地物阴影、视差断裂等现象也较为普遍，这些使倾斜影像匹配难度大大增加。

1.2.2.3　基于三维激光扫描的点云实景监测技术

变形监测是高切坡稳定性监测及预测的重要技术手段，目前三维激光扫描技术已应用于变形监测（如高切坡监测）中，基于三维激光扫描技术的高切坡监测不仅可以减轻人员的劳动强度，缩短作业时间，而且扫描得到的点云数据经处理及建模后可以得到高切坡体地表的整体变化信息，弥补了传统监测方法的不足，必将成为变形监测中的重要技术手段。

利用三维激光扫描技术在变形监测方面的研究，刘文龙和赵小平（2009）采用深度图像分割、点云数据匹配、点云过滤等技术手段，获取高切坡的 DEM 模型，从而为三维高切坡监测预警做出有益的尝试。卢晓鹏（2010）结合黄河小浪底 4# 公路高切坡监测三维激光扫描数据的应用试验，研究了 Leica Scan Station 2 激光扫描仪作业时可能产生的误差及其对点云数据扫描精度的影响，分析了三维激光扫描技术结合 RTK 作业方式的点云数据特点及监测精度，从而提出一些对策与措施。王婷婷等（2011）利用双三次插值方法对点云数据拟合曲面函数，建立曲面模型，并通过多期观测建立的模型获取测区的整体变形信息，验证了在地表实测点处用此方法获取的沉降值与传统水准测量方法测定的沉降值比较吻合，三维激光扫描技术在地表变形监测中具有较高的实用价值。Li 和 Zhou（2014）分别从点云数据流线消噪的角度对点云数据的关键内容、压缩曲线和曲面拟合 3 个方面的数据处理进行了详细分析，最终使离散点云数据成为逼真的合成曲面，并将其应用于文物保护、测绘技术、虚拟现实等方面。王举和张成才（2014）提出了一种基于三维激光扫描技术的土石坝变形监测方法，对不同时期所采集的序列点云进行绝对定向，完成坐标系统一，然后获取一组不同期的点云数据，并与同一位置处的剖面数据进行对比分析，监测大坝在水平与垂直方向的变形和位移。于欢欢等（2015）通过对由点云数据构建的坡体数字高程模型进行处理分析，针对坡体表面坡度变化在整体和局部表现出一致性和相似性的特点，运用遥感影像几何校正的方法，实现了两期坡体坡度分级图中控制点的生成过程，完成了坡体的形变量计算工作。张小青（2016）对三维激光扫描技术应用于变形监测方面进行研究，并提出点、面结合的变形监测方法。通过提取变形监测点的三维坐标信息，进行多期数据的监测点坐标信息的比较，获取局部的变形信息。运用豪斯多夫距离对点云模型进行求差运算，得到整体变形信息，并对模型的求差运算结果进行对比分析。张云等（2016）根据三维激光扫描点云的高精度与高密度，获取边坡实体三维数据海量点云完整的采集，进而快速重构出边坡实体目标的三维模型及点、线、面、体、空间等各种监测基础数据，达到坡体全面化、多方面的监测目的。Mayr 等（2017）提出了一种基于点云的方法对受浅层高切坡影响的多时相场景进行分类，这极大地改善了最终的对象提取。宋晓蛟等（2017）基于三维激光扫描技术测量精度高、监测速度快、无须接触被测物体等特点，并结合工程实例论述了三维激光扫描技术在地质灾害动态监测中应用的可行性。

在基于三维激光扫描的点云实景监测技术应用实例方面，谢谟文等（2013）以云南省乌东德地区金坪子高切坡为例，运用三维激光扫描仪监测技术对处在库区的金坪子高切坡表面变形进行了监测与研究。采用三种方法——DEM 比较、断面比较与固定点比较，为存在高风险的大型高切坡变形监测提供了直观和高效的方法。Zheng 和 Wwi（2014）利用三维可视化技术和空间技术直观地再现了修武变电站三维建筑景观，构建了三维可视化监控系统。王堃宇等（2017）基于三维激光扫描技术展开对张承高速某边坡表面位移的监测工作，建立了点与面结合的监测系统；同时利用扫描点云生成的网格及等高线，获取了整个边坡的三维模型及位移云图，进而进行整体位移场的动态分析和特征点的重点监测。

基于以上国内外学者的研究，三维激光扫描的点云实景监测技术存在以下不足。

1）地面激光扫描（terrestrial laser scanning，TLS）通常用于监测具有高水平几何细节和准确度的高切坡运动；然而非结构化 TLS 点云缺乏语义信息，这是地貌学解释测量变化所需的。

2）利用该技术在复杂和动态的环境中提取有意义的对象是具有挑战性的，这是因为对象在现实中的模糊性，以及形态测量特征空间中模式的可变性和模糊性。

1.2.2.4　测地机器人地质灾害监测技术

地质灾害往往呈现出突发性强、危害巨大、分布较为广泛的特点，针对这些特点研究人员提出了利用测地机器人对地质灾害进行监测的方法。目前国内外有很多科研人员开展测地机器人的研究工作，并取得了相关的研究成果。在边坡工程中，充分利用测地机器人进行边坡监测可以起到减少人为工作量、提高工作效率、减少不必要的经济损失的作用。

当前在测地机器人研究方面，Ortiz 等（2005）提出了一种获取二维环境下机器人导航最优路径的新方法，并使用数学形态学的测地距离波来搜索最小成本路径，并建议将最佳路径算法应用于多个复杂的二维环境中。Mochizuki 等（2006）提出通过组合水下机器人和海底平台，在选择海洋和 GPS 卫星分布的有利条件的情况下进行观测，使观测更加频繁，并且可以灵活规划观测以应对突然的大地测量事件。郭子珍等（2008）提出远程无线遥控测量机器人变形监测系统的构架，阐述了其软件和硬件的构成，浅谈了系统特点及应用领域，并列举了应用案例。李文静（2011）提出采用全景摄像的技术采集钻孔孔壁的实时变化情况，利用螺旋轮式驱动的方式驱动机器人运行，实现了钻孔监测作业的自动化、智能化、小型化、高可靠性、低成本，使人们对工程地质的了解更加直观和全面，增加了各种地质工程的安全性和可靠性。邓建华等（2011）针对高切坡变形的各个阶段的情况，采取灵活的测量机器人全自动化应急监测方案，并根据高切坡体区域地形地貌特征和高切坡体类型，做出及时、准确的预警预报。

梁旭（2013）从兼顾轮式和足式特点的弧形足推进机构与水陆过渡环境松软介质的相互作用机理出发，开展了弧形足在松软介质中推进过程力学行为分析计算、颗粒流仿真分析、松软介质土槽中多变量正交实验研究，以及基于可变形足-蹼复合两栖推进技术的水陆两栖机器人系统设计，水陆两栖机器人样机陆地、水中、水陆过渡环境推进性能实验测试等研究工作。赵火焱和曹媛（2015）提出结合 Visual Basic 6.0 开发环境，可以实现地铁监测数据自动化采集，以及监测数据的实时分析，在数据分析方面采用不同小波模型进行分析。整个系统具有监测数据自动化采集、实时分析与预报警功能，并提供报表输出功能。章国锋和李小红（2016）提出了应急测绘时采用测量机器人监测系统的工作方案，并结合实例介绍了具体的作业方法，对监测成果做了初步的分析，重点阐述了该应急测绘方案的实施情况及优缺点以供参考。张超（2016）通过面向负重行走的下肢助力外骨骼机器人 HIT-LEX 的研制，对其仿生学构型设计、机器人本体的研制、运动学和动力学分析、人体运动意图辨识及人机协调运动控制进行了深入探讨，对我国灾害的防治有重要的研究价值和现实意义。

目前，虽然有很多测地机器人方面的研究成果，但是还存在以下不足。

1）虽然目前国内外已存在众多下肢助力外骨骼机器人样机，但具有大负载能力、能够适应野外复杂地形的研究成果相对较少；相应的机器人设计方法、人机交互方法及人机协调运动控制方法等还有待进行深入研究。

2）目前对于水陆两栖机器人的研究工作大多集中在复合推进机构设计、简单水陆单一环境下的推进性能实验研究等方面，而对于影响水陆两栖机器人走向实用化的机器人推进机构在水陆过渡环境松软介质（如不同含水量的沙质或泥质介质）中的运动特性研究却很少涉及。

3）我国的地形地貌较为复杂，地质灾害分布广泛，其特点也各有不同，尤其是高切坡、泥石流等地质灾害。对于一些地形复杂、具有特殊地质灾害的地方，测地机器人是否能够满足监测使用的要求，还有待进一步研究。

1.2.2.5　多手段结合的空地一体地质灾害立体化监测体系

在地质灾害监测的研究反面，采用单一的手段往往达不到地质灾害监测的预期效果。而采用多手段结合，全方位立体化的地质灾害监测系统比单一的监测手段效果好得多，而且准确度也高些。

利用多手段结合监测体系研究方面，卓宝熙（1998）以铁路地质灾害为例进行研究，提出以"3S"技术为主要手段。建立"3S"地质灾害信息立体防治系统，在地质灾害发生时间的预测预报方面，提出不同于传统思路的全新概念，即地质灾害发生时间的预测，不提出具体时间，而是提出相对的、随机的时间概念。谢小艳（2012）在研究现有三维建模模型与方法的基础上，对三维地质环境信息系统的运行环境、总体架构进行了总体设计，对系统所使用的数据进行了数据组织与管理分析。李刚等（2012）综合使用孔隙水压力计、水分含量仪、钻孔倾斜仪、雨量计和库水位计监测三峡库区李家坡高切坡，通过现场站建设、采集仪调试、数据传输、数据处理与发布实现了高切坡的实时监测和实时发布。王建强（2012）在不改变地球投影方式和图示内容的情况下利用传统的二维地学数据，通过 DEM 生成具有正立体视觉效果的图件，再与正立体纠正过的遥感影像图进行数据融合处理，使二维地学图具有显著的正立体视觉效果，不仅地形起伏变化直观，景观立体感较强，而且地表信息丰富，信息的空间特征清晰易读。Mirosław 等（2014）通过结合全球定位系统和无线传感器网络桥梁技术来显示实时桥梁冲刷信息，并根据开发的遗传模型为桥梁安全提供早期预警，以估算桥墩周围的冲刷深度。王杰（2015）选取了 TM 影像、ALOS 影像、GeoEye 影像作为多尺度遥感数据源，将 DEM 数据作为主要高程数据源，结合相关地形图和文字统计资料，并将其作为多源数据，通过多种技术手段实现矿区空间变化监测与分析。廉琦（2017）研究并利用 AGS200 高精度 GNSS 数据辅助无人机航测技术，在无控制点区域直接利用 PatB 成果恢复立体模型，经检验基本满足恶劣地形条件精度要求的 1∶1000 DLG 成果。

在多手段立体化监测研究方面，薄立群等（2001）总结了空间技术、空间对地观测技术和天测技术在陆域强震及火山灾害监测预测领域发挥的作用，通过实验研究，认为这些空天观测技术是响应高频地壳运动的有效手段，并建议将立体监测系统应用在地震火山地区，这能起到有效的监测效果。李长明（2005）认为在高切坡稳定性监测工作中应该建立全方位、多种手段的立体监测网，仅运用某一种或者某一单方面的监测方法是片面的，无法准确了解高切坡的动态情况；建议在高切坡监测中建立全方位、多种手段的立体监测网，并提出了立体监测网建设的主要内容。Zhang 等（2014）提出了三维可视化的高切坡监测数据综合框架，通过拟议的框架提出了基于专题点源的高切坡监测数据库和高切坡三维地质模型监测数据整合策略。李小根等（2014）将高切坡评价与三维可视化地理信息系统相结合，利用虚拟现实技术为高切坡的评估建立一个三维可视化平台，在系统分析设计原理的基础上分别从数据采集和处理、三维立体模型的构建、高切坡发生过程预演、灾害各个阶段评估等方面对系统进行分析研究。

基于多手段结合的空地一体立体化监测体系研究成果，很多学者将其运用到了实际工程中。刘刚等（2011）总结认为"立体灾害地质图软件及图库建设"是三峡库区地质灾害防治及预警指挥系统的重要组成部分，具体要求是利用 1∶10000 二维地质灾害图和地表 DEM 数据，以三维可视化的方式表达地质灾害的易发性分区、灾害体分布和地质灾害的危害对象等信息。并以泸西县为例，通过 TerraBuilder 软件构建三维场景，使用 TerraExplorer 提供的接口进行二次开发，建立了三维地质环境信息系统。李霞（2012）以遥感技术为主要手段，以震后高分辨率 IKONOS 卫星立体像对、震前 ETM+影像和地图 DEM 为数据源，辅以高切坡分类、变化检测和卫星立体测量等技术方法，对高切坡位置、范围和规模进行遥感解译，对高切坡体积进行定量计算，通过定量的结果对高切坡的三维特征进行了研究。徐涛和杨明（2016）认为沉陷等值线图、三维立体图等是进行沉陷灾害分析所必需的图件，并提出运用概率积分法进行沉陷离散数据分析，结合 MapGIS 的 DTE 模块进行离散数据插值可以很好地实现这一过程。邬满等（2017）以某沿海铜矿为例，提出建立一套"天空地海"沿海铜矿地质灾害立体监测网络体系，为沿海铜矿地质防灾减灾决策及灾后重建提供准确、可靠的理论依据和数据支撑。杨娟（2017）提出选用无人机航测技术实现对三峡库区地质灾害的全方位、立体化实时监测，并分析了具体的监测方法；

主要分析了无人机在对地质灾害侦测过程中使用的内业和外业方法，以及相应的数据处理和三维建模技术。

1.2.3　公路高切坡防治技术

1.2.3.1　公路高切坡的分类

在高切坡分类研究方面，主要依据岩土体的岩性、坡体的坡度，还有高度、变形破坏形式，甚至变形发育阶段等进行划分。铁道科学院西北研究所于 1973 年提出把已变形的斜坡分为高切坡、崩塌、错落、泥石流；水电部门常用的方法是 20 世纪 80 年代初湖南省水利水电勘测设计院提出的分类法，该分类法是对岩性（火成岩、变质岩、沉积岩）、结构（块状、层状、碎裂状）、变形形式（滑动、张裂、崩塌、蠕动）进行综合分类；《建筑边坡工程技术规范》（GB 50330—2013）把边坡的破坏形式划分为滑移型和崩塌型两类。陈洪凯等（2007）根据岩体结构面的控制性及现场的易识性原则，将公路高切坡分成三大类九小类。

1.2.3.2　公路高切坡防治技术

目前，公路工程持续进行，修建公路时常常会出现较多高切坡问题。公路高切坡施工过程的研究是高切坡防治技术体系的基础；而施工过程的安全是防治结果有效、合理的重要保障。本小节将在对较为复杂的公路高切坡施工过程进行阐述的基础上，对公路高切坡防治技术体系进行总体介绍，并从防治、支挡、排水等方面，对公路高切坡防治技术体系展开详细研究。

1. 防治基础理论

在公路高切坡防治技术体系的研究方面，主要从防护、支挡、排水 3 个方面进行高切坡防治技术的研究。Lü 和 Li（2008）针对城市高速公路高切坡问题的研究，分析指出城市公路高切坡需要解决边坡稳定性和景观绿化两个问题，并根据开挖情况进行动态设计。叶四桥和陈洪凯（2009）依据公路高切坡工程的施工过程，遵循"动态设计、信息法施工"原则，研究高切坡的防治技术，并将高切坡防治技术体系归结为防护工程、支挡工程和排水工程三大类别。冯明义（2010）就如何确保施工过程及工后安全，保证防治结构的有效合理、施工过程的优化等进行了分析，并对高切坡破坏机理、高切坡岩土安全理论、高切坡稳定寿命、高切坡监测评价等方面做了深入的研究。程心意等（2010）以三峡库区某居民点高切坡治理方案的研究为例，探讨高切坡工程治理措施，提出工程治理措施和截排水并重，再加以专业监测掌控防治效果的治理思路。Lei（2013）根据公路高边坡地质灾害的特点、降雨确定岩体裂隙变形为主要监测对象，基于无线通信技术，实现对高边坡的远程实时监控、可视化管理、数据分析和远程预警。Gao 和 Liu（2013）采用强度折减法分别求解自然条件和地震条件的边坡稳定性，研究发现无论纵向地震惯性力如何，边坡稳定性明显低于自然条件下的稳定性；当垂直地震惯性力向下时，斜坡最不稳定，并提出设计抗震坡度的思路。郭新明和严勇（2016）在对公路高切坡施工过程进行阐述的基础上，对公路高切坡防治技术体系进行总体介绍，并从防治、支挡、排水等方面对公路高切坡防治技术体系展开详细论述。

当前，高切坡是将地质体的一部分改造成人为工程，其稳定性受控于边坡所在岩土体的基本特性（如地层岩性、地质构造、岩体结构、坡体结构及水文地质条件等）和人为改造的程度（如开挖高度、坡形和坡率）。地质体的复杂性、多变性和不均质性使得高切坡的稳定性分析、防治措施的设计也十分复杂，较难形成一套合理、完善的防治设计理念。

2. 公路高切坡防治技术

在高切坡超前支护技术的研究方面，何思明和李新坡（2008a）采用数值方法对超前支护半隧道结构的作用机制进行研究，分别模拟无支护开挖和超前支护结构的 4 种不同组合，以西藏 S306 线段为依托，提出一种新型的高切坡超前支护结构形式——半隧道超前支护结构。Qin 和 Zha（2009）采用有限元软件 ANSYS 对坡面地下水的渗流情况进行了模拟分析，结合有限元分析的排水管结果，确定深部排水管道的具体埋地工程，并利用 GPS 和倾角仪监测坡面变形和内部位移。李岩（2011）系统地研究了非线性破坏准则下岩土体边坡无支护开挖极限高度的计算方法，采用损伤理论的方法研究了高切坡的长期强度指标和长期稳定性，给出了相应的计算公式，提出了预应力锚索抗滑挡土墙这一新的抗滑支挡结构形式，并给出了设计计算理论，阐明了高切坡超前支护锚杆的作用机制、侧阻力分布规律。

在防治技术方面的研究，主要采取"预防为主，合理避让，重点治理"的地质灾害防治总体指导思想。孙书伟等（2008）给出了开挖松动区的明确定义，并结合具体高边坡工点对顺层高边坡开挖松动区进行了数值模拟研究，该分析方法可供今后类似工程参考、借鉴。刘永明等（2006）总结了格构锚固的特点、结构机理及其在高切坡防治中的应用，并以三峡库区邹家岭高切坡为例，证明格构锚固在防治应用中具有良好的效果。童第科等（2009）从地质、地貌、水文和人为因素等多方面分析了其发生失稳变形的原因，总结出以清方为主要处治措施，并加强坡面排水、坡体排水和坡面防护的综合治理方法。钟保蒙等（2011）以高切坡类型、安全等级、设计标准为依据，提出了高切坡稳定计算方法及高切坡防护工程的各单项方案。Liu（2012）基于高边坡的地震破坏机理分析了影响公路高边坡抗震稳定性的因素，并提出了地震高边坡预防措施。

从施工方面来讲，杨永红和吕大伟（2006）针对黑色碳质页岩高边坡在不利季节，尤其是雨季施工时动态设计、动态施工的方法，提出采用由上至下、分级开挖、边开挖边防护的原则，先排基岩裂隙水，再喷素混凝土，后进行锚杆和锚索格子梁施工的加固处治措施。叶四桥等（2007）研究认为高切坡表层破坏主要有风化碎落、局部掉块和局部滑塌等类型，而且切坡后短时间内即发生严重的表层和局部破坏现象，并提出竹筋喷射混凝土、铁丝网喷射混凝土和钢纤维喷射混凝土 3 种处置措施，既避免了素喷混凝土封层耐久性有限的不足，又不会大幅增加投资，是解决坡表风化碎落和局部稳定问题的有效手段。Song 等（2003）通过研究软岩高切坡，提出了加强和保护软岩高切坡的合理工程技术，加固工程包括滑动桩、预应力锚桩、桩基挡土墙、重力挡土墙、石挡墙和植被斜坡。Andrade 等（2011）针对某高速公路发生的高切红砂岩边坡破坏现象，对其机械化进行了研究，并对高切坡进行了稳定性分析；建议采用水封、防风化、预应力空心浆灌浆锚索、边坡排水锚管、排水缝隙水等防治措施。Hai 和 Zhu（2012）通过模型试验分析了降雨侵蚀破坏过程中的主要影响因素（集水面积、坡长、坡度、土壤参数和植被覆盖度等），从加强排水和改善边坡防护等方面提出防治建议；对黄土地区公路边坡降雨防灾具有一定的指导意义。

目前公路高切坡防治技术正向复合型、轻型化、小型化和机械化施工方向发展，格构锚固技术顺应了这一发展趋势，而且将护坡、支挡和绿化有机地结合在一起。袁菡（2013）在考虑高切坡自身立地条件和功能用途的基础上，针对生态防护、景观效果和安全稳定 3 个方面提出了城市道路高切坡植物造景的设计对策；重点从植物选择、种植方式和植物的配置形式 3 个方面分析高切坡植物造景的基本方法，提出高切坡植物造景的基本方法和设计策略。

总之，公路高切坡防治技术是一个较为系统的治理体系。不同的地质情况使得公路高切坡防治技术还存在很多不足。

1）公路路堑切坡多采用坡率法，导致坡表的表层破坏现象比较突出，不仅给养护工作带来长期影响，而且可能威胁整体稳定。

2）公路高切坡的防治支护设计多限于对单体高切坡的研究，针对高速公路这种存在大量高边坡的线状工程，目前还没有形成一套从地质调查、稳定性评价、优化防治设计到施工验证的系统体系，稳定性评价也很少将变形理论应用于实际的支护优化设计中。

3）在公路高切坡的防治技术方面，治理的方法较多。有的人利用数值分析方法对防治措施的作用机理进行研究，并提出相应的防治方法，但在防治方案的决策上还存在不足，尤其是在不同方案的合理性方面；数值分析方法自身的参数设置方面也不确定。因此在高切坡治理决策上，应进行动态设计、动态施工，根据边坡的工程地质特点制定出切合实际的防治设计方案。

1.2.3.3　公路高切坡-防治结构相互作用机理

对公路高切坡防治结构相互作用机理进行研究是防治技术的实施前提，为高切坡的防治措施提供理论依据。采用的研究方法也各有不同，主要研究方法有相互作用理论的研究、基于有限元模型的机理研究及物理模型试验研究等。

1. 理论研究

在相互作用机理研究方面，Terzaghi（1943b）通过著名的活动门试验证实了在土力学领域中也存在同样的拱效应，由此打开了桩土相互作用研究的大门，国内外学者开始采用各种方法研究桩土的相互作用。Wang 和 Liang（1979）基于弹塑性力学解析解分析了土体剪切强度参数对土拱的形状和承载力的影响。国内关于土拱效应的理论计算主要集中在两方面的研究，其一是基于桩间土体的外力平衡条件，其二是探讨桩后形成土拱的力学效应，并研究土拱的强度条件。许冬丽（2007）深入分析了工作区地形地貌、地层岩性、地质构造和水文地质条件，提出了顺层边坡滑动、斜交边坡破坏、反倾边坡破坏及碎裂散体岩体边坡破坏的机理。吴曙光等（2007）基于施工力学分析方法，对比分析了桩锚支挡结构在设计和实际施工中的受力状态，提出挡墙失稳机理是未按设计要求严格采用逆作法施工，改变了支挡结构的受力状态，超过了结构的承载能力，从而导致顶部锚杆被拉断，竖桩发生剪切破坏。李邵军等（2010）基于弹性力学和土力学的基本理论，基于抗滑桩在侧向荷载作用下的受力条件，导出了桩-土作用下桩后土体任意点的应力解析解，建立了土拱的力学模型。詹永祥等（2013）采用颗粒流方法对高切坡与抗滑桩、基坑与支护排桩间的土拱效应进行了研究。

在公路高切坡超前支护结构作用机理研究方面，何思明等（2007）提出了高切坡超前锚杆支护的设计新方法，对超前支护锚杆的作用机制问题进行了研究，阐述了超前支护锚杆的荷载传递特性，为超前支护锚杆设计提供了理论依据。何思明等（2011）采用数值分析方法研究了 EPS 垫层材料类型、厚度、刚度对超前支护桩土压力、桩身变形和桩身内力的影响，提出超前支护桩后布置的 EPS 垫层厚度越大，超前支护桩上的土压力越小，桩身位移越小，桩身内力越小；超前支护桩后布置的 EPS 垫层密度越小，超前支护桩上的土压力越小，桩身位移越小，桩身内力越小。王娟和何思明（2013）采用极限分析上限定理，结合圆弧条分法思想，提出超前支护桩加固方法，得出了超前支护桩抗力与加固高切坡整体稳定性系数、潜在破裂面之间的对应关系。

2. 有限元模型研究

在高切坡-防治结构相互作用机理的研究方面，不同学者利用的有限元分析软件也有所不同，如 ANSYS、FLAC3D 等。

在利用 ANSYS 软件分析方面，杨世胜和仲崇淦（2010）运用 ANSYS 及有限元强度折减法，对不同开挖参数（高切坡的坡比、坡高、开挖台阶宽度）、不同结构面组合（岩体结构面的倾角、外倾结构面走向与坡面走向的夹角）的高切坡进行数值模拟，分析并得出了公路高切坡开挖过程中其应力场和位移场的分布及变化规律。

在利用 FLAC3D 软件分析方面，Chen 和 Martin（2002）采用 FLAC 模拟荷载由土拱传递到刚性桩的过程，并研究了桩的间距、形状、摩擦系数等参数与土拱形状的关系。Liang 和 Zeng（2002）采用有限元方法分析被动桩的土拱效应，但该方法的单元小变形使其在高切坡体与抗滑桩相互作用研究中的应用十分有限。有限差分方法以美国 Itasca 公司开发的 FLAC/FLAC3D 程序应用最为广泛，该程序能很好地模拟岩土材料在屈服时发生塑性流动的力学行为，特别适用于模拟大变形问题及分析渐进破坏和失稳现象。何思明和李新坡（2008b）采用 FLAC3D 软件分析了超前支护桩与高切坡相互作用中超前支护桩上土压力的大小、分布特点及其影响因素，得出施加在超前支护桩上的土压力荷载与坡体岩土性质和支护桩的相对刚度有关，并大致呈梯形分布。Jenck 等（2009）基于 FLAC3D 软件建立了桩基路堤的三维模型，并对水平荷载作用下桩体与软土间的相互作用、荷载分担进行了研究。林治平等（2012）采用 FLAC3D 软件建立了高切坡-抗滑桩体系中摩擦拱、端承拱和联合拱 3 种数值模型，并对比分析了不同土拱的发育过程、影响拱强度的因素及规律等方面的异同，探讨了拱的联合机理。近年来，国内外学者采用了一些较为新颖的方法研究桩土相互作用机理。Chen 等（2016a）采用有限元软件对黄土高切坡稳定性进行了分析，分析认为在降雨条件下，局部坍塌的可能性仍然存在；根据强度折减有限元法，土钉支护后局部斜坡安全系数提高并能保持稳定。因此提出通过土钉与混凝土面板结合来加强局部地区稳定性的建议。

3. 相互作用模型试验研究

在模型试验研究方面，雷用等（2006）利用模型试验分析了滑体对抗滑桩的作用力的作用形式和分布特征，并得出了桩前后土体水平作用力与时间的关系图。杨明等（2007）根据离心机模型试验提出两种典型的土拱破坏模式，即拱顶破坏和拱脚破坏，并提出通过改善拱脚受力防止土拱拱脚破坏的工程措施。张永兴等（2009）通过建立物理试验模型研究了推力下桩间土拱的形成过程和土拱的基本特征，并在此基础上探讨了抗滑桩最大桩间距（桩中心距）问题。魏作安等（2009）通过开展抗滑桩与土体相互作用的物理模型试验得出桩体所受力与桩长、滑带倾角的非线性函数关系。费康等（2011）对桩承式路堤中的土拱效应进行了三维模型试验研究，依据试验结果分析了竖向应力分布特点及应力折减系数的大小。丁建文等（2009）开展了组合式长短桩复合地基的现场试验，对路堤填筑过程中桩土应力比、荷载分担比及桩土沉降差的变化规律进行了分析。

4. 工程应用

张少锋等（2014）以丹江口市某房屋建筑场地后侧人工开挖高切坡为例，分析了影响片岩高切坡的变形破坏因素、形成机理及可能破坏模式，并提出了支护处理建议，对类似高切坡的支护处理有一定的借鉴意义。

李铁容和沈俊喆（2016）以三峡库区湖北省秭归县高切坡防护工程项目为背景，针对不同类型的岩体结构，运用大型有限元分析软件 ANSYS，分别建立了全长黏结型锚杆喷层与岩体相互作用有限元模型和自由段无黏结型锚杆喷层与岩体相互作用有限元模型。对比分析结果表明，全长黏结型锚杆的自由段注浆能分担相当一部分侧向岩土压力，减轻锚喷面层受力。引入折减系数 k 对按现行规范计算的岩石侧压力予以修正，并以此作为锚喷面层的设计荷载，且给出了全长黏结型锚杆外锚头锚固长度的计算公式。

刘庆（2017）结合重庆开州区临港工业园高切坡治理工程，对支护设计中涉及的支护形式、支护参数、坡面排水系统、边坡景观绿化等方面进行了深入探讨，可供类似工程借鉴或参考。

综上所述，目前很多学者进行公路高切坡的研究，但是还存在以下不足。

1）有限元强度折减法是分析边坡稳定性、研究边坡破坏机理的有效手段，一般认为黏聚力（C）受外界因素影响比内摩擦角（Φ）大，而有限元强度折减法是等比例折减 C、Φ 的值，且未对其他力学参数进行折减，与实际存在一定差异。

2）公路高切坡防治过程需要遵循"动态设计、信息法施工"原则，但缺乏与该原则相配套的技术及规则体系。

3）高切坡防治新结构、新材料、新技术和新工艺等成果不断涌现，但如何确保施工过程及工后安全，保证防治结构的有效合理、施工过程的优化等，有赖于对高切坡破坏机理、高切坡岩土安全理论、高切坡稳定寿命、高切坡监测评价等方面进行深入研究。

1.2.3.4　公路高切坡防治工程中结构的长期安全稳定性

公路高切坡防治工程中结构的长期安全稳定性问题是岩土工程中比较重要的一个问题，在此方面，主要的研究方法有数字分析法、安全监测法等。

1. 长期稳定性

在高切坡防治结构体系稳定性分析研究方面，Shimokawa（1980）分析了边坡中有效应力变化对黏土流变特性的影响，并基于室内试验建立黏土流变本构，构建了黏土流变参数与边坡长期变形规律及边坡稳定性的关联函数。刘新喜（2003）利用库水位下降高切坡渗流场与稳定性分析计算机程序，对红石包高切坡在库水位下降时的高切坡稳定性进行评价，研究发现高切坡稳定性与库水位的关系呈抛物线变化趋势。汪斌（2007）对黄土坡滑带土的流变特性和长期强度进行了研究，建立了三峡库区典型的地质-渗流场-应力场耦合计算的概化模型，对高切坡的长期稳定性进行了评价。刘厚成（2010）对于岩土体与时间相关的力学损伤研究主要考虑水致劣化、震动劣化和冻融劣化，水库水位循环波动下岩土体强度劣化时边坡稳定性的演化过程。许玉娟（2012）探讨了由冻融循环次数、冻融方式等导致的岩土体力学参数弱化对边坡长期稳定性的不同影响。邓东平和李亮（2016）为了正确评估预应力锚索加固边坡的长期稳定性，通过工程实例分析，证实了锚索预应力损失可使得边坡长期稳定性变差。

2. 长期安全性监测

在公路高切坡防治结构安全性监测研究方面，Qi 等（2006）基于对茅坪高切坡 13 年的现场监测数据，建立该高切坡变形的时效规律与库水位升降的分析模型，并对高切坡的长期稳定性进行评价。Zhang 等（2007）采用动态监测系统对高切坡稳定性进行测量，提出在正常情况下，斜坡体的应力场主要受环境温度的影响，影响范围有限；即使锚索拉伸会扰乱斜坡体的应力场，扰动也只能在较短的时间内维持，为公路高切坡防治结构的长期安全性提供了理论依据。柳广春（2009）将 GPS 与 TCA 结合作为技术手段，对高切坡监测中的实际应用进行分析研究，充分利用现代化仪器设备进行监测；建立监测数据管理系统，使长期的变形监测数据得到科学化、合理化的管理。

3. 物理模型试验

在应用物理模型研究公路高切坡防治结构的长期安全性方面，Jardine 等（2004）通过分析带地锚的系绳斜坡，计算了岩石强度随时间的减小和地下水位变化对切坡安全性的影响；发现软岩的边坡破坏机制与土体的边坡破坏机制相似，证明了岩石螺栓和格架结构能够防止泥岩地层切割斜坡的表面滑动失效。Picarelli 等（2004）利用经典刚塑性和弹塑性力学模型构建简单的分析模型，揭示了孔隙水压力循环波动条件下快速启动高切坡和蠕变高切坡的失稳机制。

4. 有限元数值模拟

在应用数值分析研究公路高切坡防治结构安全性方面，陈卫兵等（2008）基于强度折减法原理分析了岩土体流变特性对边坡变形及稳定性的影响，研究表明土体流变特性使强度折减时每点的变形值增大，对边坡稳定性具有不利影响。Wu 等（2009）采用有限差分软件 FLAC3D 建立三维地质模型，并对 6 种开挖过程进行了模拟；分析了开挖过程中和边坡形成后的应力应变规律和塑性区分布；并通过强度折减法得到边坡的安全系数，并对边坡的稳定性进行评估。林孝松等（2010）将统一强度理论和 Lode 应力参数进行耦合，建立计算山区公路高切坡局部安全稳定性的数学模型。基于 ArcGIS 9.3 对高切坡数据进行前期处理和分析，采用有限元分析软件对高切坡研究断面进行数值模拟，得到断面各节点的相关参数，利用 ArcGIS 9.3 对数值模拟结果进行后期分析与可视化，最终得到研究断面岩土安全分区图。Wei 等（2012）进行了原位直剪试验、SPT 试验和实验室试验的研究，在静态和动态条件下获得了最小安全系数和潜在失效模式，提出在潜在的破坏区通过坡脚上的后锚式混凝土挡土墙、坡面上的锚杆和框架梁，以及坡面上的草地来进行防护；数值分析表明，这些保护措施可以稳定这种补救斜坡。Wang 和 Xu（2013）分别采用极限平衡方法和三维有限元数值模拟方法，对三峡库区凉水井高切坡在稳定水位和水位骤降工况下的稳定性进行计算，分析表明库水位快速下降是造成高切坡失稳的关键因素。刘新喜等（2017）为了研究软弱夹层对岩质边坡长期稳定性的影响，以碳质泥岩软弱夹层为例，基于 Cvisc 蠕变本构模型，采用强度折减法对所研究的岩质边坡的长期稳定性进行了分析，并与相同条件下弹塑性模型计算结果进行了对比，充分表明了碳质泥岩软弱夹层的蠕变特性对边坡长期稳定性的影响。

5. 工程应用

林孝松等（2011）基于模糊物元分析方法，对高切坡整体安全进行综合评价，在评价指标权重取值方面，基于简单关联函数对各评价指标进行相对重要程度排序，采用层次分析法计算专家权重，并利用专家效度方法对专家权重进行修正。

唐中实等（2011）提出了地上-地表-地下三维空间对象一体化表达模型，并在关键技术研究的基础上，用 C＃＋OpenGL 实现了模型可视化，并实现了地上-地表-地下三维空间对象浏览、查询、剖面分析等功能，突破了传统三维空间可视化表达和空间数据结构的局限。

Peralta 等（2016）就阿曼苏丹国建设的一条 6 车道高速公路，分析后认为该公路高切坡主要由蛇纹石化和构造化橄榄岩及辉长岩组成；由于存在不连续性及小尺度岩体不稳定性，可能会产生楔形滑动、平面滑动和倾倒等情况，建议尽量减少与台面尺度相关的不稳定性因素。

目前，公路高切坡安全性能的研究方法一般采用模糊综合评价法、神经网络评价法、有限元法、灰色分析法、物元分析法等，这些方法的日趋成熟为高切坡安全稳定性的评价提供了更为科学的研究工具，但是理论本身及其在实际中的应用还存在一些不足。

综上所述，尽管国内外在公路高切坡研究方面取得了较大的进展，但目前在公路高切坡的研究方面还存在很多不足之处。主要原因如下。

1）公路高切坡的分类不统一，不同的地质情况及岩性分类也有差异，因此对于破坏模式的分析不同，就导致了缺乏针对性的治理措施。

2）在分析破坏模式及防治技术上，国内外有很多分析方法，如高切坡超前支护技术、预应力锚索抗滑挡土墙等；但针对不同实际情况该采用哪种防治方法，使其更为有效、经济，还有待进一步深入研究。

3）目前高切坡-防治结构体系变形时效特征与长期安全性研究的主要研究对象为高切坡或者防治结构本身，但对于高切坡-防治结构体系协同变形的时效规律和体系的长期安全性评价研究刚刚起步。

4）国内外有很多采用数值分析方法进行公路高切坡研究的案例，但不同的方法各有优缺点；其分析或数值方法中的设计参数取值也较难准确给出，从而导致数值分析方法存在差异。

第2章　公路高切坡病害调查与分析

2.1　依托工程高切坡现状

本书以 G317 西藏段公路工程为依托，开展理论和防治技术研究。西藏地处青藏高原，自然条件极为恶劣，区内山高谷深，沟壑纵横。特殊的地理、地貌特征给西藏公路建设和维护管理带来了极大的困难。由于开挖路堑的需要，在公路建设中不可避免地需要进行边坡开挖，形成了大量的人工高切坡。如果边坡开挖不当，或开挖后不及时进行支护、长期暴露，在开挖卸荷、雨水入渗等因素的综合作用下极易发生高切坡变形破坏的情形，甚至演变成滑坡，造成重大的财产损失甚至人员伤亡，严重地影响工程建设的工期，破坏西藏地区脆弱的生态环境，给西藏公路建设造成不可弥补的损失。例如，川藏公路 G317 妥（坝）-昌（都）改扩建路段，全长仅 100 多公里，就形成了高切坡近 200 余个，平均每公里两个，由于未及时支护，在开挖过程中及高切坡形成后不久就产生了十余个大型滑坡，不仅增加了近 2 亿元的投资，而且由于要重新对新增滑坡进行勘查、设计、施工，严重地影响了公路建设的顺利进行，这样的实例在西藏公路建设中屡见不鲜。高切坡灾害已成为继滑坡、崩塌、泥石流、水毁之后的又一大公路边坡病害，严重地制约了西藏公路建设的发展。

G317 是国家重点公路规划的"第十横"，是 5 条进出藏公路之一，其西藏境内路段又是西藏骨架公路网规划的"第二横"的组成部分，也是沟通那曲和昌都两地唯一的通道，其地位与作用十分显著，对西藏，特别是昌都、那曲的政治稳定、经济繁荣和社会发展有重要意义。

G317 西藏段东起川藏两省区交界的金沙江东岸，金沙江岗托大桥桥头处，西至那曲市色尼区那曲镇，全长约 1058.4km，其中与 G214 共线约 110.5km。行经西藏自治区的两地八县，包括昌都市的江达、卡若、类乌齐和丁青，那曲市的巴青、索县、比如和色尼。途经唐古拉山、他念他翁山和横断山区，地形起伏大，地貌类型复杂多变。沿线地质构造十分复杂，受区域大地构造影响，各种脆性断裂极为发育。断裂带及其两侧的岩石极为破碎，为泥石流等地质灾害的形成提供了丰富的物质来源。断层面则为崩塌、滑坡的发育提供了条件。此外，线路东西跨 6 个经度，海拔高，地形高差大，气候类型复杂。

由地质条件、地形地貌及气候水文条件决定，沿线发育了多种多样的公路病害。根据中交第一公路勘察设计研究院有限公司的调查，G317 西藏段沿线各类地质灾害平均密度为 140m/km，平均约 3km 有 1 处灾害。其中，泥石流、滑坡、崩塌（包括坡面碎落、坍塌）、溜砂、雪害、水毁、涎流冰、道路翻浆等危害较大。在这些灾害中，滑坡、崩塌、溜砂等都属于公路边坡方面的病害，因此公路边坡方面的病害有很多。

2.2 依托工点灾变高切坡病害类别及成因分析

2.2.1 夏曲养护段

本段边坡病害主要存在于 K1894～K1922 段，主要病害类型为危岩体、崩塌及由坡面破碎所致的小规模坍塌、崩落，主要病害因素是岩体风化、雨水侵蚀等。总体来看，边坡致灾情况少，危害较小。本段公路病害问题主要是夏季路面翻浆和冬季冰雪冻害。其中共记录翻浆路面 9 段，共计约 12km；冰雪冻害路段 4 段，共计约 11.5km。路面翻浆的主要原因为路基排水不畅及季节性冻土的冻融循环，见图 2.1 和图 2.2。

图 2.1 某边坡外观   图 2.2 边坡岩体风化节理发育情况

2.2.2 巴青养护段

巴青养护段 K1811～K1794 扎拉沟内为峡谷地貌，多岩质高边坡及坡崩积体边坡，部分岩质边坡节理发育，发育有危岩、崩塌等病害；残坡积的岩屑堆边坡结构松散，受扰动易发生连续的坍塌，影响道路通行。K1794～K1736 段多堆积体边坡，堆积体介质以粗颗粒的土、砂为主，有些夹有大量的块石、卵石，粒径大小不一，一般胶结弱，因此在开挖扰动或雨水侵蚀作用下，容易发生坡面的剥落、坍塌、崩落等病害；另外，本段也有很多破碎岩质边坡，主要由坡面风化所致。本段松散岩土体较多，为泥石流沟的发育提供了充分的物质来源，统计到的较大的泥石流沟有十几处。K1728～K1690 段地形较平缓，多为不高或坡度较缓的堆积体边坡，偶有岩质高边坡，边坡危害较小。K1688 附近路段多岩质高边坡，有几处节理发育完全，崩塌、危岩发育，有些岩质边坡的风化产物堆积于坡脚处，如开挖则易坍塌。K1677～K1667 段为恰拉山上下山路段，多岩质高陡边坡，但岩层比较完整，目前危害性不大，在恰拉山顶段有冰雪冻害路段。K1666～K1639 段为宽谷地貌，地形比较平坦，边坡病害少。K1665 附近页岩等风化严重，局部路段边坡发育为西藏地区常见的边坡病害——溜砂。K1636～K1625 段多堆积体、崩积体边坡，由于风化、雨水侵蚀作用，坡面比较破碎。另外，段内发现有多处泥石流沟，并有两段翻浆路段，见图2.3和图2.4。

图 2.3　残坡积碎屑岩堆积体边坡　　　　　图 2.4　岩质边坡的风化节理破碎

2.2.3　丁青养护段

丁青养护段的起始桩号和巴青养护段的终点桩号由于改线等断链约 47km。从巴青养护段起点至丁青养护段约 K1550 的一段，多为堆积体、坡积体边坡，目前病害以坡面的风化剥落为主，如开挖边坡易加剧坡面的破碎，可能导致坡面浅层滑塌破坏，另外本段有泥石流沟近 10 处。K1561＋368 处为一大型滑坡体，滑坡体介质为厚土层，疑为沿基岩面的变形，受河流切割坡脚或地震等作用的影响，每年都有小量的滑移，建议勘测后判定其危险程度。K1548～K1515 段多为岩质边坡，坡面风化，节理发育，崩塌病害点较多。K1515～K1492 段为 U 形宽谷，地形较平坦，危险边坡较少，但发育有两处大型滑坡，均为土质滑坡，滑坡发育时间较长，公路通车后即发现有变形迹象，现每年仍有小量变形，初步判断滑坡仍然处于前期的蠕滑变形阶段，应注意观察，保证坡体上排水通畅。K1492进入荣通沟后，在约 13km 的路段内，边坡病害较多，见图2.5和图2.6，主要原因是坡面物质松散、破碎，地下水丰富，坡面坍塌比较严重，由于排水不畅，路基有几处水害。

2.2.4　类乌齐—昌都段

沿线总体来看，本段海拔较低，气候温和湿润，植被茂盛。边坡病害主要是边坡坡脚处的风化剥落，即山坡上部植被良好，下部边坡开挖扰动或风化等造成植被破坏，坡面破碎，严重的坡段随时可能发生剥落、掉块等小规模的坡面破坏现象，雨季时则更为严重。本段翻越朱角拉山，上山前段 K1397～K1351 为 U 形宽谷，多为山坡坡积层的风化剥落，坡面表层破坏较多，同时也有一些岩质高边坡。上山前段多高陡边坡，盘山公路上为高边

图 2.5　表面风化破碎的堆积体边坡（1）　　　　图 2.6　表面风化破碎的堆积体边坡（2）

坡（或原始山坡），下临深渊，接近山顶的路段边坡较缓。下山段多岩质高边坡，平缓地带多为堆积体边坡，有滑坡发育，见图 2.7 和图 2.8。

图 2.7　山坡坡脚处的公路边坡风化破碎形态　　　　图 2.8　加林滑坡局部

2.2.5　昌都—妥坝段

该段边坡病害以坡面破碎为主，边坡介质主要是堆积体和坡积体，也有一些岩质边坡的坡面风化破碎（图 2.9）。堆积体边（山）坡坡脚受开挖或其他原因扰动，植被遭到破坏，坡面植被生态系统难以自行恢复，致使坡面风化逐渐向边坡上方及两侧侵蚀蔓延（图 2.10）。此类边坡目前主要表现为表面的剥落、掉块，如开挖坡脚易引起坡面破碎加剧，甚至发育浅层或深层滑坡。另外，本段有两处大型滑坡发育，主要活动迹象目前表现为路基连续多年不均匀沉陷，但滑坡体上部未见明显变形破坏迹象。峡谷地段岩质高边坡较多，但岩层较完整，稳定性较好。

图 2.9　坡面碎（崩）落物质堆积于挡墙顶　　　　图 2.10　扰动后坡面风化破碎

2.3　灾变高切坡危害性

　　人类在同自然斗争的过程中，不断地认识自然、改造自然。地质灾害（如地震、山崩、滑坡和泥石流）是自然地质体在众多因素作用下演化、发展、破坏、运动而给人类造成生命财产损失的地质现象。它给人类造成过巨大的危害，制约着国民经济的发展。在众多地质灾害中，边坡失稳的数量多、破坏性强、潜在的经济损失大等一直是工程地质界研究的重要内容。

　　随着我国经济社会的迅速发展，以及西部大开发的历史机遇，大规模的基础工程建设（如铁路、公路、水利水电工程等）都已经开始启动。在西部山区及丘陵地区施工过程中往往不可避免地采用挖方和填方工程，如果对地质条件及地质灾害的重视不够或预测不准，会造成古滑坡复活并产生新的地质灾害，或开挖和填筑工程诱发新高切坡。在处理工程边坡失稳时，将会形成"工程—灾害—更大工程"，花费的时间和金钱将是巨大的，失稳边坡的漏诊或错诊会带来意想不到的经济和社会损失。因此，对边坡工程稳定性的过程控制技术不仅具有很大的经济效益，更具有重要的社会价值。

　　边坡失稳是在一定自然条件下的斜坡由于受河流冲蚀、人工切坡或堆载、地表水或地下水活动等因素的影响，部分土体或岩体在重力作用下，沿着一定的软弱面或带，整体、间歇或突发，以水平位移、剪切作用为主的变形现象。作为一种重要的地质灾害，由于其常常中断交通、侵占河道、摧毁厂矿、掩埋村镇等，具有重大危害性。

2.4　公路各类高切坡灾变快速判别图表的建立

　　工程中对于岩体的工程特性的确定是相当烦琐的。由 Bieniawski 提出的岩体分级（RMR）是多种方法、系统中的一种，可用于岩体特性评价，是全世界通用的一种方法。这种被广泛接受的结果在于部分对设计/结构有用的决定性工具也是相关的评价岩体 RMR 值的工具。例如，地下硐室的跨度和耐久性——RMR 值的初步应用、地面承载力、边坡开挖设计和土石方开挖及其他工程。这种被广泛接受的结果还在于一部分关键的几个岩体的设计参数与 RMR 值一致，如变形模量和强度参数。

部分列举的 RMR 与设计/结构相关的决定性工具及设计参数，清晰地表明了 RMR 值在岩土工程中不同阶段所起到的重要作用。典型的工程勘察的局限性在于，由于资料不足，在工程的可行性方面和计划阶段难以对整个场址的 RMR 值做出可靠的评价。对于有些工程来说，如公路、铁路、管道、水库等工程，甚至在最终设计和施工建设阶段提供的可用资金都只能对关键工程做现场勘查，大区域内仍然缺少用来评价 RMR 值的信息。因此，本章提出了一种利用工程区域内自然出露的岩体的 RMR 值判断边坡稳定坡角的方法。可以通过分析地形图获得必要的边坡数据，影像资源种类越多，现场勘查效果越好。该方法强调基本的 RMR 值的评价仅限于对岩体表面岩体的评价，不代表深层岩体的 RMR 值。

2.4.1　RMS 分级理论的提出

本节提出的 RMR 值与天然出露岩坡角的关系基于 Selby 的研究。在他的岩质边坡演化的球状研究中，Selby 提出了用岩体强度（RMS）分级来鉴定自然边坡的稳定。对 Selby 的 RMS 分级的初步检验表明，其与 Bieniawski 的地质力学分类类似。

Selby（1980）通过对近 100 个自然边坡的观察，得出了岩石 RMS 值与边坡稳定坡角的关系。对自然出露岩体的连续观察得出了对分布于三大洲（非洲、南极洲、大洋洲）的总计 268 个自然边坡的 RMS 分级，包含 16 种岩性和多种气候环境。这些数据与自然稳定坡角的关系如图 2.11 所示。

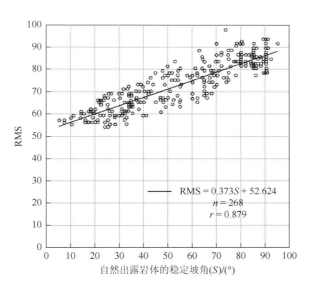

图 2.11　Selby 的 RMS 分级与所有岩体单元的稳定坡角关系图

n 为边坡数量，r 为相关系数

提出了如下关系式：

$$\text{RMS} = 0.373S + 52.624 \quad (r = 0.879) \tag{2.1}$$

式中，RMS 为岩体强度（无量纲）；S 为自然出露岩体的稳定坡角（°）。

2.4.2 RMS 和 RMR 分类系统的原理

自然出露岩体的 RMS 值通过表 2.1 的 7 个指定的评价因素得到。RMR 值是通过表 2.2 的 6 个指定的评价因素得到的。可以看出两种分类方法包含一些相同和相关的评价因素。

组成 RMR 分类方法的个别评价因素分配的值从采用开始被修改了几次。表 2.2 为最新修正后各个评价因素的取值表——相当于本章中的 RMR_{89}。虽然 RMR 包含 6 个评价因素，但是在考虑了特定部位节理位置对 RMR 值的影响时，其中一个因素（F_6）用于调整基本的 RMR 值，而且 F_6 的不同取值取决于该工程是否为隧道、边坡或地下硐室。总的 RMR_{89} 值由 6 个因素值的和确定。

$$RMR_{89} = F_1 + F_2 + F_3 + F_4 + F_5 + F_6 = RMR_{basic} - F_6 \tag{2.2}$$

表 2.1 岩体强度分类和评分值

参数	1	2	3	4	5
完整岩石强度 /MPa	>200	>100~200	>50~100	>25~50	1~25
评分值	20	18	14	10	5
风化程度	未风化	微风化	中风化	强风化	全风化
评分值	10	9	7	5	3
结构面间距/m	>3	>1~3	>0.3~1	>0.05~0.3	≤0.05
评分值	7	6	5	4	2
结构面方位	很有利 陡坡 交叉连接咬合	有利 适度倾斜	一般 水平倾斜或接近垂直（仅坚硬岩石）	不利 坡度适中	很不利 陡坡
评分值	20	18	14	9	5
结构面宽度/mm	≤0.1	>0.1~1	>1~5	>5~20	>20
评分值	7	6	5	4	2
结构面连续性	不连续	断续	连续	连续，较密	连续，很密
地下水流量	0	有水迹	潮湿 10~25L/min	滴水 >25~125L/min	涌水 >125L/min
评分值	6	5	4	3	1
坚硬程度等级	坚硬	较坚硬	较软	软	极软
国标硬度指标	>90~100	>70~90	>50~70	>26~50	≤26
根据 N 型施密特锤的回弹值"R"和点荷载强度给出与直接测量的无侧限抗压强度的近似相关性					
单轴抗压强度 /MPa	>200	100~200	50~100	25~50	1~25
评分值	>60	50~60	40~50	35~40	0~35

参数	1	2	3	4	5
点荷载强度指标/MPa	>8.0	>4.0~8.0	>2.0~4.0	>1.0~2.0	0.4~1.0
评分值	20	18	14	10	5

表 2.2　Bieniawski 地质力学分类

参数		取值范围					
		A. 参数分类及其等级					
1	完整岩石强度	点荷载强度指标/MPa	>10	>4~10	>2~4	1~2	对强度较低的岩石宜用单轴抗压强度
		单轴抗压强度/MPa	>250	>100~250	>50~100	>25~50	>5~25 1~5 ≤1
	评分值		15	12	7	4	2 1 0
2	岩心质量指标RQD/%		>90~100	>75~90	>50~75	>25~50	≤25
	评分值		20	17	13	8	3
3	节理间距/m		>2	>0.6~2	>0.2~0.6	>0.06~0.2	≤0.06
	评分值		20	15	10	8	5
4	结构面状态		结构面很粗糙，不连通，未张开，两壁岩石未风化	结构面稍粗糙，宽度<1mm，两壁岩石稍风化	结构面稍粗糙，宽度<1mm，两壁岩石高度风化	结构面夹泥厚度小于5mm或宽度为1~5mm，结构面连通	结构面夹泥厚度大于5mm或张开宽度大于5mm，结构面连通
	评分值		30	25	20	10	0
5	地下水条件	每10m长的隧道涌水量/(L/min)	0	≤10	>10~25	>25~125	>125
		比值 = 节理水压力/最大主应力	0	≤0.1	>0.1~0.2	>0.2~0.5	>0.5
		一般条件	干燥	稍潮湿	潮湿	中等水压	水的严重问题
	评分值		15	10	7	4	0
		B. 按结构面方向修正评分值					
评分	结构面走向或倾向		非常有利	有利	一般	不利	非常不利
		隧洞	0	-2	-5	-10	-12
		地基	0	-2	-7	-15	-25
		边坡	0	-5	-25	-50	-60

续表

参数	取值范围				
C. 按总评分值确定岩体级别					
评分值	>80～100	>60～80	>40～60	>21～40	≤21
分级	I	II	III	IV	V
质量描述	非常好	好	一般	差	非常差
D. 岩体分级的意义					
分级	I	II	III	IV	V
平均稳定时间	（15m 跨度）20a	（10m 跨度）1a	（5m 跨度）7d	（2.5m 跨度）10h	（1m 跨度）30min
岩体黏聚力/MPa	>400	<300～400	<200～300	<100～200	≤100
岩体内摩擦角/(°)	>45	<35～45	<25～35	<15～25	≤15

2.4.3 RMR 数据与 RMS 数据间相关性研究

Selby 的 RMS 分类因素转换为 Bieniawski 的 RMR 分类因素的转换如下。

RMS 分类因素	RMR 分类因素	转换
f_1—单轴抗压强度	F_1—单轴抗压强度	$f_1 \Rightarrow F_1$
f_2—风化程度	F_2—RQD 值	
f_3—结构面间距	F_3—结构面间距	$f_3 \Rightarrow F_3 + F_2$
f_4—结构面产状	F_4—结构面情况	$f_2 + f_5 + f_6 \Rightarrow F_4$
f_5—结构面宽度	F_5—地下水	$f_7 \Rightarrow F_5$
f_6—结构面连续性	F_6—结构面产状	$f_4 \Rightarrow F_6$
f_7—地下水流量		

详细的参数转换见附录 A。这里有常见的两个评价系统的因素取值，如 f_1 和 F_1，f_7 和 F_5，f_4 和 F_6，它们之间的转换是直接的，只需要在取值范围内插值。这里在两个评价系统中相关的因素取值、评价，只需要做相应的转换即可。举例来说，RMR 系统中有 RQD 值，而 RMS 系统中却没有，在这种情况下，首先，RMS 系统中的节理间隙因素值（f_3）

可以直接转换为 RMR 系统中的节理间隙因素值（F_3）；然后，将 RMR 系统中的 RQD 值加上 F_3 因素值。值得注意的是，RMS 系统中包含 3 个与节理间隙因素相关的值（f_2、f_5、f_6），RMR 中只有一个这样的因素 F_4。RMS 系统中这 3 个因素的和就转换为 RMR 系统中的 F_4。

2.4.4   RMR$_{basic}$ 与自然边坡坡角关系式研究

图 2.12 为 RMR$_{basic}$ 与自然边坡坡角的关系图。通过数据分析直线型衰减的公式为

$$RMR_{basic} = 0.415S + 51.5 \quad (r = 0.875), \quad 或$$
$$\approx 0.4S + 52$$

$$(2.3)$$

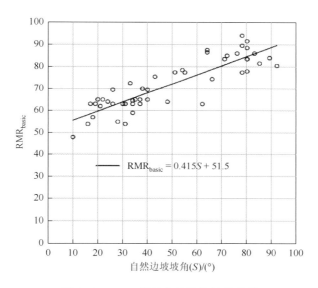

图 2.12   RMR 值对自然边坡坡角求导

式（2.3）提供了一种快速的评价 RMR$_{basic}$ 值的方法，在指定的出露岩石坡角确定的情况下，RMR$_{basic}$ 值的评价是客观的，当然也是局限的，有关内容将在下节介绍。

式（2.3）推算出的一个平坡（$S = 0$）的 RMR$_{basic}$ 值为 52。这种推算基于假定 RMR$_{basic}$ 值和自然边坡坡角为线性关系。收集的追加的历史数据可以清楚地表明，减小 RMR$_{basic}$ 值可以较好地描述其与小坡角的关系。结合式（2.2），总的 RMR 值是由一个调整因素决定的，在考虑了节理位置的影响后，从 RMR$_{basic}$ 值中减去该值。由图 2.8 可以看出这个调整因素值的影响为 0～60。因此，一个明显的 20° 的自然边坡，如果节理位置的影响被定义为"非常不利"，那么总的 RMR 值就会被评价为接近于 0。基于此我们可以预先考虑对于一个较小的坡角，其 RMR 值的减去项不能太大。

2.4.5　关系式防误差使用说明

式（2.1）基于 Selby 收集的数据，在 Selby 的边坡演化研究中，Selby 强调数据源于成熟的自然出露的岩体。成熟即出露的岩体在自身强度条件下处于平衡状态。Selby 特别提出在边坡非常陡峭的情况下，反对运用 RMS 关系及其衍化的 RMR_{basic} 关系。同样，在出露石灰岩的地区，在坡角正在溶解或在出露的地质年代较新的火山岩中，如果节理没有连通水不能自由渗透而处于风化阶段的边坡，也不能采用 Selby 的数据。更进一步而言，式（2.3）还不能用在被一组或多组节理切割的破碎边坡中。

第3章 基于演化过程的高切坡灾害防控理论

3.1 过程控制理论

过程控制的概念最初出现在工业领域，其定义为：过程控制是在工业系统中，为了控制过程的输出，利用统计或工程上的方法处理过程的结构、运作方式或其演算方式。

过程控制是系统工程工业自动化理论的重要分支，是由控制管理一体化的概念而提出的一种方法。过程控制是一种全局控制，既包含若干子系统的闭环控制，又有大系统的协调控制、最优控制及决策管理。系统论中过程控制的概念就是在大量分析生产过程和市场信息的基础上，科学安排，调度生产，充分发挥生产能力，以达到优质、高产、低消耗的控制目标。如今，过程控制理论已经应用在各个行业中，过程控制理论同生产实际密切结合，并引入了智能控制、专家系统，逐步形成不同形式的简单实用的控制结构和算法。

目前两种主要过程控制方法是统计过程控制和自动过程控制。

3.1.1 统计过程控制理论

随着计算机技术及信息技术的发展，过程控制的形式出现了多种变化，其中一种重要的变体是统计过程控制（SPC）。统计过程控制是一个可以用控制图监控一个程序的有效方式。它的特别之处是可以同时监控一个程序主要的输出及变动。凭借程序中不同的点收集数据，找到会影响品质的程序变异，设法对其加以检测及修正，以减少不合格产品到客户端的比率。统计过程控制强调早期检测问题及问题的防范。

统计过程控制最早于20世纪20～30年代被提出，以休哈特博士的著作《工业产品质量的经济控制》为产生标志，随着80年代初"质量革命"的兴起，统计过程控制的重要性为人们重新认识，并被广泛应用于工业生产中。

3.1.1.1 原理与思想

统计过程控制是一种以数理统计为基础的过程控制方法,应用统计技术对过程中的各个阶段进行监控，它通过分析生产过程的统计数据来判断生产过程波动的状态，在必要时调整过程参数，以提高过程效能，达到质量控制的目的。

在实际生产中，不管生产过程的设计多么完善或维持得多么小心，影响产品加工质量的因素（如操作人员、设备、操作方法、原材料和环境等）在连续不断的生产过程中都不可能完全保持不变，并且在对产品进行测量时通常会存在误差，这些都会导致我们得到的产品的质量特性值与所期望的目标值之间存在差异，这就是通常所说的质量特性发生了波动。波动的幅度可能很大，也可能小到无法测量，但它总是存在的。

通常，我们将所有引起过程波动的因素（common cause）归纳为一般因素和特殊因素（special cause）两大类。一般因素又称为偶然因素，简称偶因，是过程中所固有的，在生产过程中始终存在并且在技术上难以消除的，由它引起的偶然波动通常是不可避免的，但一般因素对质量的影响非常小。特殊因素俗称异常因素，简称异因，是过程中随机产生的，具有不确定性，此种因素引起的异常波动对质量的影响非常大，但在统计过程控制中可以采取有效措施加以消除。

依据过程所受的波动，我们对过程的状态进行界定。当一个过程在运行中仅受一般因素影响时，我们认为该过程处于统计受控状态，简称受控状态。相应地，如果一个过程在运行中除了受一般因素影响以外还受特殊因素影响，这个过程就被认为处于统计失控状态，简称失控状态。

3.1.1.2 SPC 工具控制图

1. 概述

世界上第一张质量控制图是休哈特博士于 1924 年 5 月绘制的，经过 90 多年的研究和发展，目前控制图的种类已多达几十种。后来发展的控制图，如 CUSUM、EWMA 控制图等，其基本思想与传统的休哈特控制图并没有本质区别，只不过根据不同的行业、使用环境及控制对象等对休哈特控制图进行了优化和改进。

控制图是基于数理统计知识建立起来的一种过程控制工具。我们根据控制图上质量特性数据点的起伏变化情况，以及数据点和控制界限的相互关系，通过数理统计原理判断过程是否存在异常、是否处于统计受控状态。

2. 原理与结构

我们假定质量特性 X 服从均值为 u、标准差为 σ 的正态分布，那么根据数理统计的基本原理，X 的值落在 $[u-3\sigma, u+3\sigma]$ 的概率为 99.73%。相应地，X 的值落在 $[u-3\sigma, u+3\sigma]$ 外的概率为 0.27%，显然，这是小概率事件。根据正态分布的这一特性，休哈特构造了常规控制图。

一个控制图由 3 个部分组成：表示抽样批次（即样本组号）的横坐标，表示每个样本的某种质量特征值的纵坐标；把每个样本的某种质量特征值数据用点在图上标出以后，按照样本组号顺序依次将质量特征数据点连起来，构成的折线表示质量特征随着不同的抽样批次的变化情况；图中有上控制线（upper control line，UCL）、下控制线（low control line，LCL）和中心线（centre line，CL）。典型的控制图如图 3.1 所示。

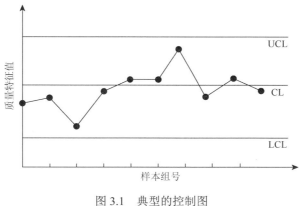

图 3.1　典型的控制图

控制图中的控制界限是判断过程中是否存在异常因素的一个重要尺度。一般常规控制图的上控制线、中心线和下控制线为

$$UCL = u + 3\sigma$$
$$CL = u \tag{3.1}$$
$$LCL = u - 3\sigma$$

3. 过程状态判断

在实际生产中，无论在何种条件下，即使是按一定标准制造出来的大量的同类产品，质量都不可能完全一致，质量特性值总会波动，而这些波动可以被清晰地反映在控制图中，我们就通过分析控制图来判断过程所处的状态。如果控制图中所有质量特性数据点均在控制界限内，并且这些数据点在控制界限内随机排列，那么过程处于统计受控状态；如果控制图中有质量特性数据点不在控制界限线，或者这些数据点在控制界限内不是随机排列的，而是呈现出某种缺陷，如链、趋势、周期等，那么可以判断出过程处于统计失控状态，存在特殊因素，此时我们就需要采取必要的措施，对过程进行调查分析，从而找出异常原因并加以消除，以提高产品的质量、保证合格率。

以上是简单的判断准则，在实际使用中，出于不同的需要还产生了其他更为详细的判断准则，如西方电气准则，就详细说明了质量特性数据点都在控制界限内时如何进行失控判断。针对不同情况使用这些详细的判断准则，可以对过程中存在的波动做出更准确的判断。

4. 控制图的使用

控制图在使用中分为分析用控制图和控制用控制图两个阶段。一般过程初始时总存在异常波动，在分析用控制图阶段，控制图主要用于分析过程状态，查找导致过程失控的异常因素，剔除异常点，在过程处于统计受控状态且过程能力指数达到顾客要求后，就转为控制阶段。在控制阶段内，控制图主要用于监控，判断过程中是否出现对产品质量有严重影响的异常因素，如果发现异常因素，必须寻找它并尽快消除其影响。

控制图的使用阶段如图 3.2 所示。

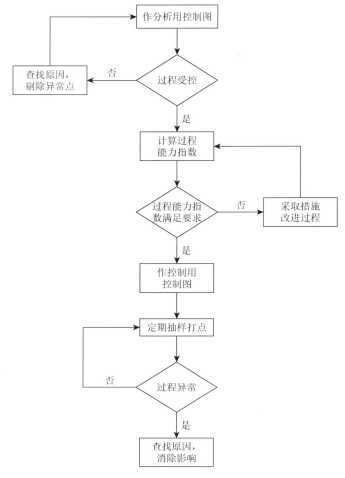

图 3.2 控制图的使用阶段

3.1.2 自动过程控制

自动过程控制（automatic process control，APC）也被称为工业过程控制，是一种广泛应用于工业生产中的过程控制技术。

3.1.2.1 原理与思想

在过程工业中,许多因素很难通过简单调整达到控制过程质量的目的,如周围的温度、气压等。这些难以控制的因素只能通过反馈和前馈的方法以补偿的方式控制和调整生产过程，这就是自动过程控制。

前馈控制是根据过程的一些先验信息，一般是不可调整但可测量的输入变量的信息，来预测过程接下来可能会发生的变化，进而调整有关的输入变量，从而对过程的输出进行补偿；而反馈控制则是根据过程的输出与目标值间的偏差来预测接下来可能会出现的偏差，进而对有关的输入变量进行调整，来补偿过程输出。同时采用上述两种控制方案来对过程进行补偿的控制方式称为混合控制。

APC 主要通过控制器不断地对过程进行调整，以补偿过程输出与目标值之间的偏差，使过程最终的输出变量位于或者接近目标值。当输出质量特性与设计目标值的偏差较大时，控制方程就自动补偿输入，使其偏差变小。设 Y_t 为时刻过程输出与目标值间的偏差，X_t 为对过程输入的补偿量，则 APC 的工作原理如图 3.3 所示。

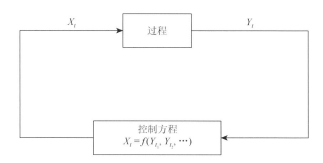

图 3.3　自动过程控制的工作原理

3.1.2.2　比例积分微分控制器

1. 概述

比例-积分-微分（proportional-integral-differential，PID）控制器是自动过程控制中最常见的控制器。作为一种线性控制器，PID 控制器根据目标值 T 和实际输出值之间的偏差 Y_t，按比例、积分和微分通过线性组合构成控制量 X_t，对被控对象进行控制。

PID 控制器的原理可以用图 3.4 来说明。

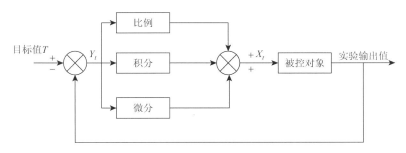

图 3.4　PID 控制器的原理示意图

在化工、冶金、机械、热工和轻工等工业过程中，90%以上的控制回路具有 PID 结构。自 20 世纪初 PID 控制器诞生以来，随着计算机技术和信息技术的飞速发展，自动控制理论与控制技术取得了令人瞩目的成就，一些先进控制策略不断推出，但 PID 控制器以其结构简单、对模型误差具有稳健性及易于操作等特点，在大多数控制过程中能够表现出令人满意的控制性能，仍被广泛应用于工业控制中。

2. 连续形式的 PID 控制器

连续形式的 PID 控制器方程形式如下：

$$X_t = K_P \left(Y_t + \frac{1}{T_I} \int_0^t Y \mathrm{d}t + T_D \frac{\mathrm{d}Y_t}{\mathrm{d}t} \right) \tag{3.2}$$

式中，K_P 为比例系数；T_I 为积分时间常数；T_D 为微分时间常数。写成传递函数形式：

$$\frac{U(s)}{E(s)} = K_P \left(1 + \frac{1}{T_I s} + T_D s \right) \tag{3.3}$$

其中，比例环节成比例地反映控制系统的偏差，偏差一旦产生，控制器立即产生控制作用，以减小偏差，比例控制作用的强弱取决于比例系数，其积分环节主要用于对偏差累积进行控制，直至偏差为零，在其他参数不变的情况下，增多积分时间，积分作用减弱，即减慢消除静差的速度，但可减少过度调整，提高稳定性微分环节反映偏差的变化趋势，并能在偏差变得太大之前，在系统中引入一个有效的早期修正信号，从而加快系统的动作速度，减少调节时间，微分作用适用于对象容量滞后较大的控制系统。

3. 离散形式的 PID 控制器

下面我们进一步分析离散制造过程中的 PID 控制技术。相应地，应用于离散过程中的离散形式的 PID 控制器形式如下：

$$X_t = K_P \left(Y_t + \frac{1}{T_I} \sum_{i=1}^t Y_i + T_D \nabla Y_t \right) \tag{3.4}$$

与连续形式的 PID 控制器相同，式（3.4）中 K_P 为比例系数；T_I 为积分时间常数；T_D 为微分时间常数。在实际应用中，通过设计这 3 个参数的取值，我们可以取得理想的控制效果。

在质量控制中，经常会应用到另一种形式的 PID 控制器：

$$\nabla X_t = K_P \nabla Y_t + K_I \nabla Y_t + K_D \nabla^2 Y_t \tag{3.5}$$

此种控制器被称为增值（incremental）形式的 PID 控制器。对应于一般形式的 PID 控制器，这里，$K_P = K$，$K_I = K / T_I$，$K_D = K / T_D$。

PID 控制器还有一些比较简单的应用方式。

（1）离散比例控制器

比例（proportional，P）控制器是最简单的一种控制器，一个简单的控制器形式如下：

$$X_t = K_P Y_t \tag{3.6}$$

P 控制器对于 Y_t 是即时反应的，偏差一旦产生，控制器立即产生控制作用。控制作用

的强弱取决于 K_p，K_p 越大，控制幅度越大。单独使用 P 控制器进行控制，控制结果会存在残差，并且残差大小与 K_p 成反比。

（2）离散积分控制器

一个标准的积分（integral，I）控制器形式如下：

$$X_t = K_I \sum_{i=1}^{t} Y_i \tag{3.7}$$

增大 K_I，可以更加快速地消除过程偏差。

Astrom 等（1993）指出 I 控制器或任何含有 I 控制的控制器都可以有效地消除缓慢漂移。在此结论的基础上产生了一个重要推论：在结合 SPC 时，I 控制器或者任何含有 I 控制的控制器可以有效补偿和消除质量特性的突变漂移。突变漂移是工业生产过程中常见的一种漂移，也是目前过程监控领域中的研究热点。

（3）比例-积分控制器

比例-积分（proportional-integral，PI）控制器的形式为

$$X_t = K_p Y_t + K_I \sum_{i=1}^{t} Y_i \tag{3.8}$$

PI 控制器可以消除比例控制中存在的残差，综合了比例控制和积分控制的优点。

Box 和 Luceno（1997）提出了控制器的另一种形式：

$$\nabla X_t = -G(Y_t + P \nabla Y_t) \tag{3.9}$$

式中，$G = -K_p$，$P = K_p / K_I$。应用这种形式的控制器，配合 Box 和 Luceno 提出的相应的反馈调整图，可以用插值外推法直接推导出过程所需要的控制量。

在一般的工业 PID 控制器中，D 控制部分通常不被应用，应用最为广泛的是 PI 控制器。因此，本书不对微分控制做详细讨论。

3.1.3　统计过程控制与自动过程控制的结合使用

3.1.3.1　原理及逻辑框架

1. SPC 与 APC 的差异

作为两种主要的过程控制方法，SPC 与 APC 都可以有效地减小过程波动，但二者存在一定的差异。Box 和 Kramer 很早就对这两种控制方法的异同进行了分析。

1）从原理上来看，一般根据小概率事件原理和连续的假设检验及各种控制图（如休哈特控制图、CUSUM 控制图和 EWMA 控制图等）的应用，来研究过程能力，检测过程中的异常波动，对过程进行分析和诊断。而 APC 通常根据参数估计的理论和方法，通过控制方程自动监测调整，补偿输入，使其输出波动达到最小，控制方程通常采用时间序列模型。实际上，APC 是把输出变量的波动转移到可操纵的输入变量上去，从而使得输出质量特性值等于或接近设计目标值。简言之，SPC 是通过检测并消除过程扰动来使过程波动最小化，而 APC 则是通过对过程进行调整来抵消过程中产生的扰动，最终减小过程波动。

2）从应用上看，SPC 一般应用于均值稳定且离散的过程中；APC 则经常被应用于没有固定均值、自相关的过程中，用过程调整来对干扰加以补偿。

3）从成本上看，SPC 是在监测到过程波动之后来进行改进，而 APC 是在过程中就不断地进行反馈调整，因而，实现同样的减小过程波动的效果，SPC 耗费的成本较高，而 APC 耗费的成本小得多。

4）从控制效果来看，SPC 更侧重于监控，并没有主动来减小、抑制和控制波动，在过程质量改进的初期，SPC 可以有效地确定改进的机会，并且在改进阶段完成后，可以继续实施 SPC 来评价改进的效果，并维持改进成果，然后在新的水平上进一步开展改进工作，以达到更强大、更稳定的工作能力而不断地进行反馈调整，却不能从根本上消除导致波动的异常因素。因此，实施 APC 之后过程一般可以得到改进，而实施的结果是过程被优化。

5）从具体的实施上看，SPC 通常是由组织管理层驱动的，是一个自上而下的过程，是组织质量改进战略中的一部分；而 APC 由基层的过程控制人员驱动，是一个自下而上的过程，并且它主要的焦点集中在过程上。

2. 结合 SPC 与 APC 使用的优越性

在产品质量特性的观测值是独立的且服从正态分布的情况下才可以使用 SPC 对过程进行控制。通常 SPC 的实施包括对过程抽样打点、绘制过程的控制图和对控制图进行分析。如果过程处于统计控制状态下，那么改变过程的输入将只会增加输出的波动。但是，如果过程不在统计控制状态下，那么控制图中会出现警报，接下来就需要寻找产生波动的原因并尽量把它消除。

如果可以通过努力找到并消除产生波动的原因，那么 SPC 是非常有效的控制手段。但是，在一些情况下，使用 SPC 进行控制并不能取得理想的效果，如：①过程中有突变漂移。引起这种漂移的因素已经被找到，但是通过 SPC 可能无法消除不利因素或者消除的成本非常高。例如，原材料的波动很难减小。另一个例子是对机器的维修保养，它可以改变生产过程的性能，而用 SPC 也很难对之进行控制。如果这些变化是可预见的，就可以用前馈控制来补偿，但事实上这些变化往往是不可预见的。②过程中有缓慢改变的漂移趋势。生产设备的老化就是引起这种漂移的一个因素。SPC 不适合控制含有此类漂移的过程，因为使用 SPC 进行调整时，从漂移开始到控制图发出警报需要进行具体调整，必然存在一定的时滞，也就是说，控制图会在漂移达到一定程度时才报警。如果有一种成本较低的控制方法可以及时地对过程进行调整，那当然无须等到漂移已经达到一定程度时再进行调整。

APC 主要通过对过程不断调整来减小波动。虽然使用 APC 时产品的质量会比较稳定，但其也有局限性，如无法发现过程中影响产品质量的因素，当然也就无法消除这些影响因素。

综合以上分析可以发现，SPC 实际上并没有对过程进行真正的控制，只发挥了一个监控的功能，即没有主动去减少、抑制和控制波动；而 APC 虽然通过不断调整减小了过程输出值同目标值的偏差，却没有从根本上消除过程中的异常因素，并且有可能掩盖过程中出现的异常因素，这不利于过程的长期改进。而两者结合使用就可以弥补两者的不足，发挥其优势，并且两者结合使用时，可应用的范围也更加广泛。

已经有一些理论成果证实了 SPC 与 APC 结合使用时，控制效果优于单独使用其中一种时。

3. 逻辑框架

SPC 与 APC 结合使用时的逻辑框架如图 3.5 所示。

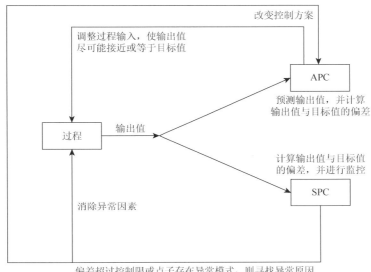

图 3.5　SPC 与 APC 结合的逻辑模型

3.1.3.2　Run-to-Run 控制

Run-to-Run 控制是从半导体制造业中发展起来的一种针对间歇过程的优化控制方法，它根据对历史批次信息的反馈评估与分析，更新过程模型，并调整制程方案，以降低批次间的产品差异。Run-to-Run 控制结合了 SPC 与 APC 控制技术，能够降低次品率、延长设备的使用周期和提升设备的总体效能。随着目前半导体产品特征尺寸的不断减小，Run-to-Run 控制开始广泛应用到实际生产过程中。

由于设备老化、环境改变等，生产过程中每个批次内都会有一定的偏移，如果不进行控制，这些偏移就会累积起来，造成过程输出与目标值间的差异越来越大。要想最大限度地提高产品质量，就必须对每个批次内的偏移都进行控制。但是，每个批次内生产的产品的规格可能不同，并且每个批次内的偏移不尽相同，因此需要根据实际情况来设定每个批次内的控制。Run-to-Run 控制就是在每个批次内采取合适的控制，最大限度地提高质量。

实际上，Run-to-Run 控制器并不直接对过程进行控制，直接控制过程偏移的是自动控制器。在 Run-to-Run 控制中，每个批次内 Run-to-Run 控制根据过程需要改变自动控制器的设置，使自动控制器实施最优控制。

Run-to-Run 控制中对过程监控的要求不高，一个简单的过程监控方案就可以满足要求。

Run-to-Run 控制有很多形式，但是基本结构都是一样的。一个 Run-to-Run 控制器主要包括 3 个部分：一个过程模型、一个滤波器（filter）和一个反馈控制器。不同的建模方法、滤波器设计和控制器构成了不同的 Run-to-Run 控制器，这些控制器的适用对象、复杂程度也各不相同。滤波器的使用是由于历史批次反馈得到的信息包含各种噪声，为了确保输出噪声不被放大，需要通过滤波器来尽可能获取过程的真实状态。反馈控制器是 Run-to-Run 控制器用来决定制程方案如何调整的关键，是 Run-to-Run 控制中最重要的部分。

图 3.6 说明了 Run-to-Run 过程控制的原理。

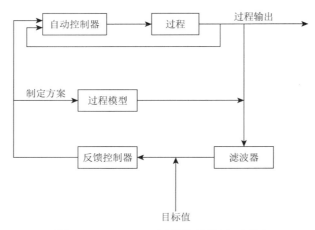

图 3.6　Run-to-Run 过程控制的原理框图

一般的 Run-to-Run 过程控制包含两个步骤。

第一步，假设过程无动态变化，建立一个关于质量特性与可控变量的线性回归模型。无动态变化的含义是一个批次中的质量特性仅由该批次中设定的可控变量，以及质量特性和可控变量的关系决定，也就是调整的效果完全显现在下一个批次中。如果一个批次中的质量特性受到之前任何一个批次中的可控变量或质量特性的影响，那么过程中就存在动态变化。本书研究的所有过程模型都基于过程无动态变化的假设。

准确的模型可以保证控制的成功实施，它可以用来关联可测参数与指标参数，给控制器提供更新制程方案的依据。用不同的建模方法可以得到不同精度的模型，过程建模的方法有很多种，除了比较经典的响应曲面设计和实验设计，还有学者研究了相关的软件。

第二步，根据实际生产状况即时调整第一步中建立的过程模型，并实施具体控制。

3.2　基于卸荷地质过程的高切坡演化理论

3.2.1　卸荷作用区地质过程与灾变高切坡

3.2.1.1　卸荷作用区地质过程

1. 地层岩性

以三江并流区为例，根据云南省 1∶50 万地质图，三江并流区内地层的分布及同时代地层的岩性、厚度变化、岩浆活动等受怒江断裂、澜沧江断裂、金沙江断裂的控制尤其明显，以此为界，大致可分为东部、中部和西部 3 个区。区内出露的地层主要为元古宇、古生界和中生界，岩石以变质岩为主，主要有泥盆系、二叠系、三叠系的板岩、片岩、片麻岩、大理岩等，多呈陡倾产状，走向与构造线平行。岩浆岩分布与构造线一致。沉积岩主要有泥岩、页岩、粉砂岩、砂岩和碳酸盐岩等，时代为侏罗纪、白垩纪和三叠纪，与变质岩呈角度不整合关系。

三江并流区三叠系分布最为广泛，占 40.9%，主要为一套浅海-滨海相的砂泥质沉积，间夹少量碳酸盐类及海底火山喷出岩。二叠系分布面积占 20%，主要为一套海底火山喷出岩与砂板岩，间夹灰岩。石炭系、泥盆系主要集中分布于金沙江东岸的尼西一带，占 14.9%，主要为一套纯碳酸盐岩沉积。白垩系、侏罗系只在中部区的澜沧江两岸呈不连续带状分布，集中在维西—兰坪一带，占 6.9%，主要为红色碎屑岩建造。分布于白茫雪山一带的花开左组（J_2h）则以生物碎屑灰岩为主，岩性变化较大。新生界古近系（勐腊群 E_2m、宝相寺组 E_2b）为红色粗碎屑河湖相沉积，主要分布于海拔 4000m 以上的高山地区，占 3.1%。在尼西一带的德钦—中甸断裂旁侧见有小面积喜马拉雅期火山喷出岩（剑川组 N_2j）。第四系则以冲洪积、冰碛砂、卵、砾石层为主，零散分布于河谷两岸，以及高山平缓台地、凹地间，厚度均较小。

区内出露地层除新生界以外，均有不同程度的变质，但仅独龙江一带分布的高黎贡山群（Pt_1G）、勐洪群（D_2m），德钦一带出露的德钦群（Pt_3D）变质较深、较完全，岩性以云母石英片岩、片麻岩、角岩为主，夹少量大理岩。变质岩分布面积占全区面积的 4.9%。

三江并流区地层层序、岩性组合、分布、厚度等详见表 3.1。

二叠纪至白垩纪期间，是区内岩浆活动较为强烈的时期，其中以二叠纪和三叠纪中期的海底火山喷发为主，形成以忙怀组（T_2m）、攀天阁组（T_2p）、奔子栏组（P_2b）、喀大崩组（P_1k）为代表的海底火山沉积岩；三叠纪晚期至白垩纪三江并流区中酸性岩浆侵入活动十分活跃，形成众多的岩浆侵入体，其分布总面积占三江并流区总面积的 9.5%。滇西北地区岩浆岩一览表详见表 3.2。

2. 区域地质构造

三江并流区位于欧亚板块与印度板块碰撞挤压带东南缘，属于强烈挤压带，地质构造总体表现为紧束式挤压构造。印度板块的东缘和东北角呈斜向俯冲挤入状态，造成三江并流区的北北西向断裂大规模逆冲推覆，以及北西向、北东向断裂平移剪切或走滑，断裂与断裂汇聚，在兰坪一带形成紧束区，见图 3.7 和图 3.9。区内地质构造复杂，构造线主要呈南北向展布，多数大断裂自中生代来都有不同程度的继承性活动表现。

以澜沧江深大断裂和金沙江断裂为界，将该区地质构造分为 3 个一级构造单元、5 个二级构造单元和 8 个三级构造单元，见图 3.8 和图 3.9；三级构造单元特征见表 3.3；主要断裂特征见表 3.4。

表 3.1　三江并流岩性汇总表

界	系	统	组（西部）	组（中部）	组（东部）	厚度/m	岩性组合及分布
新生界	第四系	全新统		Qh		0~30.0	冲积、残坡积，洪水和湖沼相堆积，砂、砂砾、卵石和黏土、泥炭质土。小面积零星分布于河流沿岸、高山台地区
		更新统		Qp		0~50.0	冰碛为主，冲积次之，砂砾、卵砾、泥砾。分布同 Qh
	新近系	上新统		剑川组 N₁j			粗面岩及粗面安山流纹岩与凝灰岩为主。凝灰岩与凝灰岩相同，仅在尼西一带的德钦—中甸断裂带小面积分布
	古近系	始新统	勐腊群 E₂m	宝相寺组 E₂b		1518.1　817.4	为一套红色磨拉石粗碎屑沉积岩。砾岩、砂砾岩、含砾砂岩、岩屑砂岩 ⋯⋯ 砾岩、砂砾岩，夹钙质粉砂岩及少量泥岩。在澜沧江以东，零星呈分布于海拔 4000m 以上的山峰凸起地带
中生界	白垩系	下白垩统		南新组 K₁n		1630.3	紫红色砂岩夹泥岩。在保山一带的澜沧江两岸分水岭山脊带状分布
		上白垩统		景星组 K₁j		953	底部钙质砾岩、粗砂岩，下部块状长石英砂岩夹泥灰岩，上部泥岩夹细砂岩
	侏罗系	上侏罗统		坝注路组 J₃b		741.1	泥岩、粉砂质泥岩夹粉砂岩、细粒石英砂岩。仅在保山一带的澜沧江东段呈不连续地段状分布
		中侏罗统		花开左组 J₂h		1319.5	砂岩（或板岩）、千枚岩、砂岩夹泥灰岩。白洼雪山及其以东呈带状分布，泥岩、泥岩。沿澜沧江分水岭一带呈带状分布
	三叠系	上三叠统		喇嘛垭组 T₃lm		3376　2833	灰黑色板岩、灰色板岩、变质砂岩、砾岩、砂砾岩砂岩。常见分布于澜沧江西岸，金沙江与澜沧江分水岭地段，呈带状分布 ⋯⋯ 大雪山丫口以东，东证以北侧的三江岸斜坡区边缘分流
				拉纳山组 T₃ln		494~981　2500.5	灰色钙质、粉砂质泥岩为主，夹细砂岩、砂砾岩，在佛山以东，德钦山以东，呈带状分布 ⋯⋯ 上部灰黑色板岩夹砂岩，中部砂岩夹板岩，下部钙质板岩夹钙质砂岩。主要分布于德钦以东地区
				三合洞组 T₃sh		200　>5387	灰色灰岩、钙质页岩与砂岩互层。主要分布于佛山、羊拉、白洼雪山、呈带状分布 ⋯⋯ 灰色土质砂岩、板岩夹砂砾岩、中酸性火成岩等地。集中分布于格咱、东证羊拉一带，大理岩多凸起，构成山脊
				盃古村组 T₃w		630　>4465.0	紫红色砾岩、砂岩夹钙质粉砂岩、灰岩火山山、尚夹多层右岸。主要于羊拉右卡通一带呈不连续带状分布 ⋯⋯ 灰岩浅灰岩、结晶灰岩、砂岩、砂质灰岩。介壳灰岩夹凝灰岩及基性火山岩主要分布以西的羊翁水断裂以西多断那路、新联等地

续表

界	系	统	组 西部	组 中部	组 东部	厚度/m	岩性组合及分布
中生界	三叠系	中三叠统		攀天阁组 T₂p		198	片理化英安质火山岩，凝灰岩夹片岩，泥灰岩
				忙怀组 T₂m		1770	以流纹岩为主，夹多层变质砂岩、板岩，上部夹少量薄层灰岩。在德钦县城以东，茨卡等地大面积（391.7km²）呈带状分布
				上兰组 T₂s		3000	砂泥质硅质岩及碳酸盐岩，在德钦县以北及茨卡等地中等地分布
					洁地组 T₃jd	1913	下部灰岩，中部页岩夹灰岩，上部灰岩夹页岩。仅在三江并流区南部小面积分布
		下三叠统			尼汝组 T₁₋₂n	2000	下部砂泥岩夹灰岩，中部泥岩、砂岩、灰岩互层，上部紫红色泥岩。仅在三江并流区南部小面积分布
					佑伦组 T₁b	153	下部砂岩、板岩，上部灰岩夹灰岩，上部灰岩、泥灰岩

续表

界	系	统	组 西部	组 中部	组 东部	厚度/m	岩性组合及分布
古生界	二叠系	上二叠统		沙木剑组 P_2sm		320.9	碳质页岩、钙质板岩、砂岩夹灰岩透镜体。分布江两岸斜坡地带
				养子栏组 P_2b		1617~4187	板岩、安山岩、砂岩夹英安岩、粉砂质板岩、石英砂岩，在之用—伏龙桥一带之用分布
					冈达概组 P_2g	3665	下部火山岩、火山角砾岩、上部灰岩、安山岩、灰岩，在之用—伏龙桥一带分布
		下二叠统	大坝组 P_1db	苦东龙组 P_1j		245.8 / 2182.9	绢云母板岩、粉砂质板岩夹砂岩，含喋砂岩，主要分布于独龙江西岸的斜坡地带
				喀大朋组 P_1k		213.7	上部玄武岩夹灰色页岩、玄武岩、砂岩、下部玄武岩夹板岩。分布于养子栏一带
			大东厂组 P_1dd		冰峰组 P_1b	6089.0 / 282	灰岩、白云质灰岩、含硅质条带或团块。在怒江东岸流区西北呈南北向带状分布
							深灰色页岩，砂岩夹灰岩。德钦县城以西呈南北向带状分布
							上部玄武岩夹灰色页岩、玄武岩、砂岩、下部玄武岩夹板岩。分布于养子栏一带
							灰岩夹砂岩 分布于尼西一带
	石炭系	上石炭统	勐洪群 D_2m	南段组 Cn	顶坡组 C_2dp	7000 / 3000 / 2174.2 / 1214.5	变质碎屑岩夹碳酸盐岩。分布于怒江东沿岸，面积 798.8km²
							变质碎屑岩、上部玄武岩、微晶片岩等。分布于辛多一带
							生物碎屑灰岩、鲕粒灰岩。分布于尼西及辛多以北地区
		下石炭统			大羊场组 C_1d	712.0	浅灰、灰白色灰岩、白云岩夹少量页岩。强蚀变玄武岩、那拉格等地呈带状分布
	泥盆系	上泥盆统			大羊场组 C_1d	712.0	变粒岩、大理岩、石英岩夹大理岩。分布于独龙江沿岸
							泥晶、粉晶、结晶灰岩。分布于尼西西一带
		中泥盆统			塔利坡组 D_2c	622.0	灰岩夹泥灰岩夹少量页岩，钙质白云岩。分布同 D_3f
							片岩、粉晶、玢晶灰岩。分布于之用，辛多一带
							结晶灰岩。面积为 152.7km²
		下泥盆统		偎红组、大中寨组、龙别组 $D_1lh—D_1lb$	劳错组 D_2qc	702.0	灰、深灰色中厚层状灰岩，夹泥岩。上部夹薄层板岩。分布同 D_2qc
					冉家湾组 D_1r	873.0 / 1474.0	以砂岩、页岩为主，夹泥岩。深色泥灰岩及硅藻岩。仅见于澜沧江东带的三江东岸
							含泥灰岩，分布同 D_3f
							以泥质砂岩为主，下部夹薄层灰岩、中上部分布于尼西及辛多一带
							上部夹薄层板岩、变质细砂岩，分布于尼西西及辛多一带
新元古界	前震旦系			德钦群 Pt_3d			片麻岩、云母石英片岩夹大理岩。在贡卡，区歧一线呈南北向带状分布
			高黎贡山群 Pt_1g				变粒岩、云母角闪岩、片麻岩、云母石英片岩夹大理岩、大理岩

表 3.2　滇西北地区岩浆岩一览表

时期	代表岩体名称	产状	时代	岩石类型
喜马拉雅期	东旺岩体	岩枝	$E\xi\pi$	正长斑岩
	巴美岩体			
燕山期	白马腊卡岩体	岩基	$K_2n\gamma$	花岗岩、二长花岗岩、石英二长花岗岩
	太子雪山岩体	岩株	$K_2\gamma$	
	热林岩体		$K_2\eta\gamma$	
	红山岩体			
	丙中洛岩体	岩基	$K_1\eta\gamma$	二长花岗岩
	独龙江岩体	岩基	$J—K\gamma\delta$	
印支期	白茫雪山岩体	岩基	$Tr\eta$	花岗斑岩、花岗闪长岩
	目巴岩体	岩株		
	蛇拉山东岩体	岩株	$T\gamma\pi$	二长花岗岩为主、花岗闪长岩少量
	茨卡通岩体	岩株		
	燕门岩体	岩株		
	雪鸡坪岩群岩体	岩脉、岩枝、岩株	$T\delta\mu$	石英二长斑岩、石英闪长玢岩、闪长玢岩
		岩脉	Tv	辉长岩
时代不明岩体	申达、之用等地岩体	岩脉	Ww	铁镁质超基性岩、蛇纹岩

3. 地形地貌

（1）区域地形地貌特征

三江并流区地处青藏高原东缘的横断山中段，属于青藏高原与云贵高原的过渡地带。纵观全区，整个三江并流区呈北高南低的高山与峡谷相间的地势，担当力卡山、高黎贡山、怒山、云岭等山脉近南北向延伸，独龙江、怒江、澜沧江、金沙江等深切峡谷，平行南下，构成了一幅宏伟壮丽的纵向岭谷地貌景观。

沿怒山山脉分布的太子雪山、梅里雪山海拔逾 6000m，梅里雪山卡瓦格博峰海拔 6740m，冠冕全区，为云南省最高峰，其东坡发育完整的现代冰川及冰蚀、冰碛地貌。区内尚分布有海拔大于 5000m 的山峰达 29 座，多数终年积雪、冰川地貌保存完好。

登高远眺海拔 4500m 以上的准高原台面，山峰耸立或连绵延伸，其上分布有众多的冰斗湖，又是一幅别具特色的高山地貌图。

纵观三江并流区地形地貌，总体表现出以下特征。

a）突出的纵向岭谷地貌

在东西宽不到 100km 范围内，由西向东为由数列近南北纵向排列的巍峨大山（高黎贡山、怒山—碧罗雪山、云岭、香格里拉大雪山等）组成的横断山系中段。

　　怒江、澜沧江、金沙江三条大江穿行在这几列大山之中，呈现出两山夹一江，一江隔两山的自然地理景观。三条大江最近的直线距离位于腊早—康普—拖顶等地，东西直线距离为64km，其中怒江与澜沧江最短直线距离仅有18.6km。从东向西，三条大江的同纬度江面高程逐步降低。三条大江在本区平行南流数百公里，河谷深切，山峰高耸，形成相对高差达3000m以上的大峡谷群景观，构成世界绝无仅有的三江并流奇观。

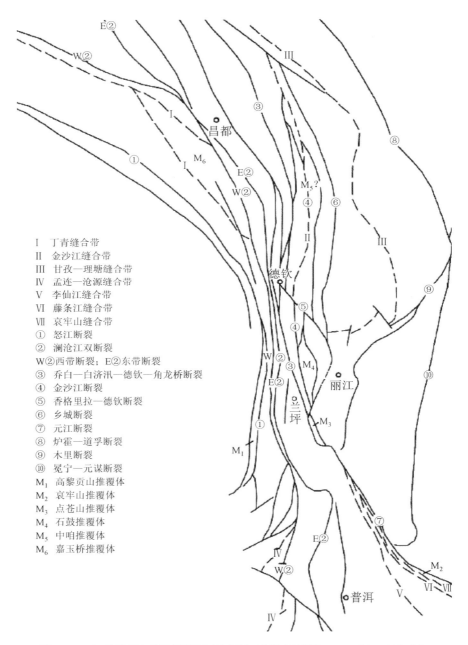

Ⅰ　丁青缝合带
Ⅱ　金沙江缝合带
Ⅲ　甘孜—理塘缝合带
Ⅳ　孟连—沧源缝合带
Ⅴ　李仙江缝合带
Ⅵ　藤条江缝合带
Ⅶ　哀牢山缝合带
①　怒江断裂
②　澜沧江双断裂
W②西带断裂；E②东带断裂
③　乔白—白济汛—德钦—角龙桥断裂
④　金沙江断裂
⑤　香格里拉—德钦断裂
⑥　乡城断裂
⑦　元江断裂
⑧　炉霍—道孚断裂
⑨　木里断裂
⑩　冕宁—元谋断裂
M_1　高黎贡山推覆体
M_2　哀牢山推覆体
M_3　点苍山推覆体
M_4　石鼓推覆体
M_5　中咱推覆体
M_6　嘉玉桥推覆体

图3.7　三江并流区区域断裂展布示意图（据陈炳蔚等，1991年，有改动）

贡山县迪正当—香格里拉县红山地质剖面图（西段）

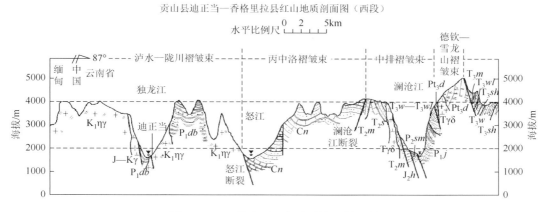

图 3.8　三江并流区西向地质构造剖面图

贡山县迪正当—香格里拉县红山地质剖面图（东段）

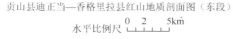

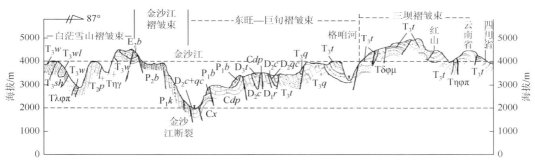

图 3.9　三江并流区东向地质构造剖面图

表 3.3　三江并流区构造分区特征一览表

构造区块	构造特征
（1）泸水—陇川褶皱束（I_1^1）	指怒江断裂 F_3 以西地段，区内主要被燕山中晚期花岗岩类侵入岩占据，零星出露中元古界高黎贡山群（Pt_1g）混合岩、片麻岩，沿独龙江断裂东侧有泥盆纪、石炭纪、二叠纪地层呈带状分布，北部也可见三叠系粗碎屑岩超覆。区内断层走向主要呈南北向，向北西延出区外（西藏）
（2）丙中洛褶皱束（I_2^1）	怒江断裂 F_3 与澜沧江断裂 F_1 夹持地段，发育一套石炭系浅变质碎屑岩系，厚达 5800m，是一个海西期的强烈拗陷区。该区构造形变十分复杂，发育紧密浅状褶皱和区域性板理，褶皱走向与板理一致，均为南北向
（3）中排褶皱束（II_1^1）	基本上沿澜沧江河谷北段和梅里雪山地区呈北西向带状展布。其显著特点是侏罗统自接超覆不整合在上古生界之上。泥盆系仅在该区北部和德钦县城西的飞来寺有出露，为泥质碳酸盐建造，石炭系未见分布。二叠系分布较少，下二叠统为类复理石建造夹中基性火山岩建造及碳酸盐建造；上二叠统主要由砂泥质碎屑建造组成，局部夹有煤线。由于受澜沧江断裂的影响，具有微变质及强烈形变。该褶皱束地处澜沧江断裂东侧，褶皱十分强烈，所以多为紧密线状或倒转褶皱。断裂也很发育，且多为走向断裂，一般为倾角较陡的逆断层。由于褶皱断裂形变强烈，岩石一般都经历了强烈的动力变质过程，并出现与褶皱轴向一致的南北向的区域性板理
（4）德钦—雪龙山褶皱束（II_2^1）	西以德钦—雪龙山断裂为界，东受贡卡东断裂控制，主要为板岩、千枚岩及片岩，其原岩为一套砂泥质夹碳酸盐建造，难以与周围晚古生代地层对比，推测其时代可能为早古生代，可能是沿逆冲断层上移而处于中生代地层包围之中。该褶皱束本为一复式背斜构造，呈北北西向，以构造断块的形式展布于云岭褶皱带西部

构造区块	构造特征
（5）白茫雪山褶皱束（II_2^2）	指羊拉—东竹林寺断裂以西、德钦—雪龙山褶皱束以东的云岭地区。主要由中上三叠统组成，中统为一套以砂泥质为主夹碳酸盐的类复理石建造，上三叠统自而下为一个海进到海退的沉积序列，即下部常出现厚薄不等的磨拉石建造、中酸性火山岩和中基性火山岩建造，上部则出现碳酸盐建造和砂泥质建造。该区构造变形十分强烈，以长轴线形褶皱为主，走向断裂十分发育
（6）金沙江褶皱束（II_2^3）	指羊拉—东竹林断裂以东地区。主要分布二叠系及上三叠统，仅之用一带有少量石炭系中上石炭统出露。石炭系、二叠系主要为一套厚度巨大的基性、中基性火山岩建造，复理石建造夹碳酸盐建造，并有较多镁铁质岩的"构造体"（岩浆侵入体）。上三叠统较之云岭褶皱带和其他地区有显著差异；该区主要由砂泥质建造组成，仅下部有少量中酸性火山岩出现。古近系上始新统—渐新统，仅沿羊拉—东竹林断裂带分布，为一套磨拉石建造，不整合在下伏地层之上。石炭系、二叠系普遍具有轻微变质现象。 金沙江褶皱束内构造形变十分强烈，主要形成于海西期和喜马拉雅期。海西期的构造形变主要表现为小型的紧密褶皱和南北向断裂，接近深大断裂带出现倒转褶皱。喜马拉雅期的构造形变主要为南北向长轴状对称型宽缓褶皱
（7）东旺—巨甸褶皱束（III_1^1）	即金沙江断裂与格咱河断裂夹持的区域。其中以新联断裂为界，其西侧地块为石鼓隆起，东侧三叠系出露区为格咱复式背斜。 石鼓隆起主要发育一套泥盆系—二叠系的碳酸盐建造，其中下泥盆统为砂泥质建造，二叠纪晚期为碳酸盐建造与中基性火山岩建造。在尼西辛多一带有上三叠统碳酸盐岩和砂泥质岩分布。总体由一北北西向的紧密褶皱构造和走向断层组成，由于后期北东向断层的切割，其显得零散、杂乱。 格咱复背斜山一套上三叠统浅海-深海相的复理石建造和基性、中基性火山岩建造，在东旺一带有新近系磨拉石建造超覆其上。该区总体构造为一复式紧密型向斜，新近系盖层褶皱显得舒展宽缓，断裂构造欠发育
（8）三坝褶皱束（III_1^2）	指格咱河断裂以东地区，三江并流区内主要出露一套上三叠系复理石建造和基性、中酸性火山岩建造。该区受印支期构造形变影响，以发育一系列轴向北西—北北西的紧密张状褶皱和走向逆冲断层为特征，褶皱完整，背向斜相间排列

表 3.4　三江并流区主要断裂特征一览表

断裂名称	断裂特征
（1）澜沧江断裂 F_1	该断裂展布于梅里雪山、太子雪山东坡，纵贯三江并流区南北，区内全长 300km，山南至山北先为近南北而后转向北西延入西藏。在北延的西藏丁青发现有蛇绿岩套和混杂堆积，在南延的澜沧江地区发现超基性岩体和双变质带，所以认为是板块缝合线。断裂总体倾向西，倾角为 50°～70°，为一逆冲断裂带，力学性质显压扭性
（2）怒江断裂 F_3	该断裂区内部分在丙中洛西呈北北西向延伸，跨越怒江后北延进入西藏，南延出区内后沿怒江西岸经贡山、福贡至龙陵一带转向南西与瑞丽—龙陵断裂斜接，为一条超岩石圈深大断裂，全长大于 300km，挤压破碎带宽 100m 左右，产状 80°∠60°，为一巨大的逆冲断裂带，力学性质为压扭性。海西期—印支期活动明显，燕山期继承性活动，伴随大规模同构造岩浆活动及碎裂变质作用
（3）金沙江断裂 F_2	该断裂区内部分由于受北西向断层的错切，延伸不连续，在书松、夺通一带的金沙江两岸近南北向展布，向北跨越金沙江进入四川境内，区内长大于 300km。倾向东，倾角为 70°～80°，为一逆冲断裂带，同时是板块缝合线，地层分布对其两侧的次级构造的发育方向均有明显的控制作用。其活动时期以印支期表现最为强烈、显著，沿构造带有印支期超基性岩侵入，尚有基性岩脉、石英脉分布
（4）德钦—乔后断裂 F_4	该断裂由西藏境经阿登各云岭，经维西、乔后，区内部分长 200km 以上，为一条走向近南北，倾向东，倾角为 40°～70° 的逆冲断裂带，北部控制着德钦群变质岩的分布，南部控制着苍山群变质岩的分布。两盘地层产状明显相抵，变质程度差异显著。该断裂可能在早古生代开始活动，晚古生代活动剧烈，印支期—燕山期为主要活动时期，沿断裂带有火山喷溢及中酸性岩浆侵入，燕山晚期断裂短暂的拉张导致超基性岩沿断裂带串珠状分布。喜马拉雅期断裂活动表现为大量的各类脉岩贯入。在德钦县城北部、贡卡一带出露的阿东温泉，水温达 70℃，即处于该断裂带内，该断裂可能是地下水深循环和深部地热排泄的通道
（5）羊拉断裂 F_5	该断裂分布于甲午雪山东坡，呈南北向舒展波状，向北延入西藏，向南在东竹林寺一带被德钦—中甸断裂错切，其南延段展布于书松—茨卡通之间，区内全长约 130km。断面倾向西，倾角 60°，为逆冲断裂，该断裂对晚三叠纪早期沉积具有明显控制作用，两侧沉积厚度大，火山岩、硅质岩十分发育，东侧沉积厚度小，生物丰富，沿断裂带可见超镁铁岩体成群成带分布

续表

断裂名称	断裂特征
（6）翁水断裂 F_6	呈南北向延伸，区内长 70km，向北入四川境，向南与黑惠江断裂相连。据区域资料，该断裂山北和山南，其规模逐渐减小。区内晚三叠纪沉积岩相，建造和岩浆活动控制明显，断面倾向西，倾角为 70°，为一逆冲断裂，在区外的中甸阿热一带，沿该断裂有热泉分布
（7）德钦—中甸断裂 F_7	北西向延伸，区内长100km。断面倾向北东，倾角为40°～55°，为一反施压扭性逆冲断裂，在中甸尼西、辛多等地可见宽 200～300m 的挤压破碎带，由糜棱岩、角砾岩等组成，沿断裂带灰岩区岩溶发育，常见水平溶洞和串珠状分布的落水洞，流量为 4.5～16m³/s 的汤满巨泉即在该断裂带出露。德钦—书松一带泉点沿该断裂带呈串珠状分布，该断裂与南北向深大断裂交接部（阿登各、辛多）也见热泉分布，水温最高达 64℃，初判为一充水、局部导热断裂。该断裂形成晚于区内的南北向主干断裂，是一条持续活动时间长，现今仍在活动的地壳大断裂。错切与之相交的所有南北向主干断裂，对次级构造线的发育与分布有明显控制作用

b）地貌相对高差大，河谷深切

由于本区新构造运动活跃，地层被挤压而褶皱，断裂切割、地貌地势起伏大，高山、极高山分布众多，河谷深切现象普遍（图 3.10）。断块升降明显，以 27°45′N，北东 70°剖面为例，如图 3.11 所示，剖面中共有 4 个相对高差大于 2000m 的典型"V"形大峡谷集中分布于东西长约 120km 范围内，从西向东依次为独龙江峡谷、怒江峡谷、澜沧江峡谷、金沙江峡谷。三江并流区 27°45′N 附近横向地形剖面图如图 3.11 所示。

由于青藏高原及毗邻地区间歇性抬升，伴随河流下切，河谷区层状地貌明显。本区存在着夷平面、阶地、溶洞等层状地貌，见图 3.12。

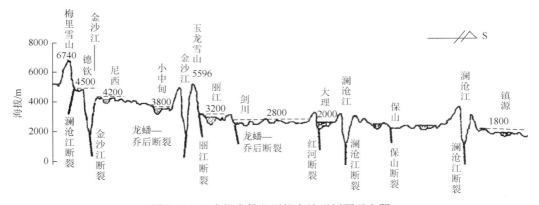

图 3.10　云南纵向岭谷区纵向地形剖面示意图

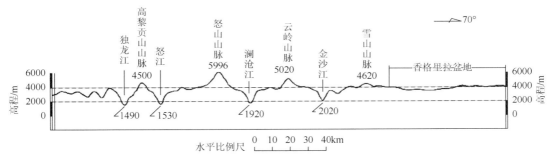

图 3.11　三江并流区 27°45′N 附近横向地形剖面图

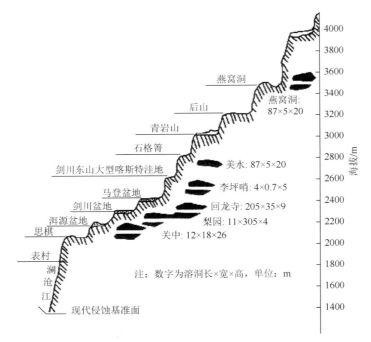

图 3.12　三江并流区中南部河谷区层状地貌综合剖面图

c）河谷地貌明显受地质构造控制

三江并流区断陷构造盆地和河谷的分布与断裂构造展布相关。区内怒江断裂、澜沧江断裂、金沙江断裂带和德钦—乔后断裂等一些二级断裂控制了主要水系、山脉的展布。

d）地貌垂直分带明显

三江并流区地形地貌在垂向上的总体特征表现为高海拔区冰雪剥蚀陡坡地形地貌，以及低海拔河谷侵蚀、堆积峡谷地形地貌之间镶入构造剥蚀、溶蚀、堆积（盆地）地貌的宏观特征。自上而下，4500m 以上主要是相对冰雪剥蚀地貌；3800～4500m 是构造剥蚀斜坡地貌、碳酸盐岩地区的剥蚀溶蚀地貌、盆地台地地区（如香格里拉盆地及其周围地区）的堆积地貌、丘陵地貌等；3800m 以下是河谷地区，为河流侵蚀峡谷区峻坡地形地貌，各支流形成的冲积堆积扇、河流阶地、坡积地貌等。

（2）地貌分区

根据地貌成因、剥夷面特征、切割形态及组合关系，将三江并流区地貌划分为构造侵蚀、构造剥蚀、构造溶蚀和现代冰川地貌 4 种类型。根据 4 种地貌类型的垂向特征具体分为三大地貌类型区：现代冰蚀地貌（Ⅰ）、构造剥蚀溶蚀地貌（Ⅱ）、构造侵蚀溶蚀地貌（Ⅲ），见图 3.13。

a）现代冰蚀地貌（Ⅰ）

现代冰蚀地貌分布于三江并流区 4500～5000m 地区，包括梅里雪山、白茫雪山、甲午雪山等地。以梅里雪山尤为典型，其东麓发育完善的冰斗、现代冰川等，角峰、鱼背状山脊、槽谷特征明显。该区山峰尖利，山脊窄，侧坡陡峻，冰斗出口处冰坎、槽谷跌坎均有分布，侧碛、终碛堆积物均有发育。

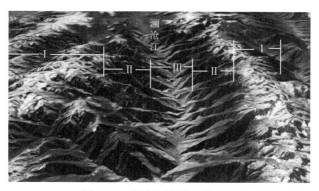

图 3.13　澜沧江流域地貌分区

资料来源：Google Earth

另外，在海拔 3200m 以上地区，冰斗、槽谷等古冰川遗迹保存较多，缓坡区常见冰碛地形。

b）构造剥蚀溶蚀地貌（II）

构造剥蚀地貌（II_1）：海拔 4500m 以下至峡谷区外围地区，地形相对平缓，脊宽峰圆，谷地侧坡较缓，并分布较多剥蚀平缓台地，多见冰川终碛台地，植被较发育，是三江并流区地下水的补给区，土壤层潮湿。

构造溶蚀地貌（II_2）：指金沙江东岸的色仓、尼西一带上古生界灰岩和三叠系曲嘎寺组（T_3g）灰岩碎屑岩分布区，总体地貌形态为构造溶蚀缓坡台地、盆地地形。大致可分为 2700～2900m、3200～3500m、4000～4200m、4500m 四级台面，与剥蚀夷平面相对应。由于新构造运动在各时段的差异，各高程段岩溶发育特征各有不同。

海拔 2700～3200m 多见水平溶洞、充水漏斗、溶蚀洼地，缓坡表面多见泉华胶结完好的碎块石堆积层，并有钙华台地发育，岩溶大泉分布较多。该区是岩溶地下水的主要排泄区。

海拔 4000～4200m 的缓坡台地上基岩裸露，呈低山、残丘、垅岗状，其间点缀溶蚀洼地、干漏斗、充水漏斗、落水洞和湿草地，是岩溶水的主要补给区。

c）构造侵蚀溶蚀地貌（III）

构造侵蚀溶蚀地貌区一般指海拔 2500～3500m，沿江及主干支流分布的地区。地形坡度一般在 25°～60°，冲沟横剖面形态多呈“V”形、箱形，河流沿岸多陡崖，并发育多级基座阶地，一般一级阶地高出河床 5～15m，二级阶地高出河床 30～60m，三级阶地高出河床 80～200m。按其地形坡度、微地貌特征又可将其分为以下 3 个亚类。

峡谷峻坡地形区（III_1）：指海拔 2500～2900m 的三江干流及其支流河谷地区。由于河谷深切，一般呈“V”形谷，坡面平直，谷地狭窄，沿江发育 2～3 级不连续、宽窄各异的三级基座阶地。

侵蚀堆积地形区（III_2）：见于怒江沿岸的丙中洛、六库，澜沧江沿岸的茨中、佛山及金沙江流域的石鼓—托顶、奔子栏、仇水、格咱等地，分布面积较小，为洪积、冲洪积卵砾石堆积而成。三江沿岸构成 1～3 级阶地，仅格咱、仇水为断陷河谷小盆地，其堆积层厚度较大。石鼓—托顶一带河谷较宽，支流出口多见洪积扇（泥石流扇）堆积地形。

构造侵蚀、溶蚀峡谷地形区（III₃）：主要见于金沙江伏龙桥以下段及其支流东旺河口林段、新联下游段，以及冈曲河、翁水河下游段等碳酸盐岩岩溶地区。谷底宽 5～40m，侧坡多为直立陡崖、峻坡，陡崖高达几十米至数百米，最长达几公里，常见一线开、侵蚀、溶蚀倒坡，在海拔 2700～3200m 的陡崖面上悬挂泉，冲刷溶蚀凹坑、小型溶穴，多见水平溶洞。地形奇险、壮观，河水清澈碧蓝，自然景观刚柔相济，形成丰富的景观资源。

（3）主要河谷地貌特征

三江并流区特殊的地质演化造就了金沙江、澜沧江、怒江和偏居西北的独龙江，形成著名的三江并流纵向岭谷地貌。

三江并流区内三条大峡谷与两岸高山雪峰有巨大的高差，相对高差达 2000～4740m。三江并流、横断山阻隔构成区内最宏伟、最典型的地貌组合和地理奇观。三条大江江岸峭壁悬崖、峡险谷深，其中又以梅里雪山大峡谷（澜沧江）最深，虎跳峡大峡谷（金沙江）最险，怒江大峡谷最长。

a）怒江河谷

怒江在区内全长 316km，河谷较窄，谷底宽度为 100m 左右，多呈"V"形峡谷。怒江北部（云南和西藏交界）江面海拔为 1700m，南部（六库）江面最低海拔为 820m，每千米落差 2～2.7m。怒江东有碧罗雪山、梅里雪山（最高峰海拔为 6740m），山峰多在 4000m 以上，西有高黎贡山山脉，主峰嘎瓦嘎普峰海拔为 5128m，其余山峰海拔也多在 4000m 以上。怒江流域地处印度板块和欧亚板块结合部位，褶皱强烈，断层发育。怒江两岸多出露较坚硬的大理岩、片麻岩、混合岩和花岗岩地层，岩石强度较高，抗变形破坏能力较强。新构造抬升作用总体表现为北部抬升速率高于南部抬升速率，福贡—丙中洛段河床平均坡降约 2.5‰，江水湍急，河流处于强烈垂直侵蚀阶段。在构造和河流侵蚀作用下容易形成陡峻河谷岸坡，因此峡谷段较长，是世界有名的大峡谷。越往北峡谷越深，进入西藏境内，河谷相对高差大于 2000m。

整个怒江河谷除保山潞江坝以外，几乎都呈现出峡谷形态，因而在怒江峡谷中极少有第四系沉积物，仅在上述潞江坝中有一定分布。怒江大峡谷的发育受控于在加里东期开始形成、历经多期活动的大断裂，但不等于形成了怒江大断裂就形成了怒江大峡谷。在滇西地区白垩系分布于澜沧江以东地区，古近系—新近系均属于盆地沉积类型，且发育在澜沧江以东。在怒江中下游谷地两侧偶见古近系分布，但均属于断陷盆地沉积。据云南省某煤田地质勘探队资料，这些断陷盆地沉积内上新统含煤地层不仅厚度变化很大，而且岩性与含煤时代也有差异，说明他们之间互不连通，空间分布也与怒江无关，因而在上新世时怒江还没有形成。结合怒江峡谷两侧山地夷平面被第四纪断层切割、肢解、升降等，形成断块山地或谷地中的断块台地等，说明怒江大峡谷是中更新世以来由于断裂陷落和河流下切而形成的断陷型河谷。

b）澜沧江河谷

澜沧江在区内流程 460km，从西藏芒康县入云南省境内，流经德钦县的佛山、云岭、燕门，维西县的巴迪、叶枝、康普、白济讯、中路、维登，兰坪县的中排、石登、营盘街、大华，沿江总落差 984m，沿江地质构造复杂、形迹多样，为欧亚板块和印度板块主碰撞带所在处，推覆构造、混杂岩、紧密褶皱明显，多期变质突出，岩层片理发育，多呈陡倾或直立产状，是三江并流区内火山岩最为发育的地带，但河谷区多出露三叠系和侏罗系，岩质相对较软，抗变形破坏能力相对较弱。新构造抬升作用总体表现为北部抬升速率高于南部抬升速率，兰坪—德钦段平均河床坡降约 1.9‰，河流垂向侵蚀作用较强，河谷多表现为较窄的"V"形深切河谷，局部形成峡谷区，尤其是北部河谷较深，燕门以北的河谷区相对高差基本在 2000m 以上。最典型和最险要的大峡谷地貌有德钦县梅里雪山大峡谷、巴迪燕子岩峡谷、营盘街峡谷。

c）金沙江河谷

金沙江在区内河道长 380km，由北向南流到石鼓镇，突然折转 120 多度，向北东方向流去，与共同并流的其他两江分道扬镳，形成长江第一弯。

金沙江流域的新构造运动过程的抬升特征与怒江和澜沧江流域有所差别。进入全新世以后，石鼓和玉龙雪山地段的快速抬升隆起降低了虎跳峡上游金沙江河段及其支流的河床坡降，虎跳峡镇—塔城段平均河床坡降为 1.4‰。由于河床坡降较小，江水流速较慢，各支流出口处容易形成泥石流堆积扇，同时江水的侧蚀作用加强，形成宽缓"U"形河谷，江水呈河曲状。主要支流河谷同样呈宽缓河谷，泥石流堆积扇较发育，见图 3.14。虎跳峡段由于抬升过快，垂直侵蚀作用强，形成峡谷，虎跳峡下游大具乡一带的第四系堆积层高出江面 200m，见图 3.15。大具河流阶地的巨厚冲积层说明，金沙江河道进入第四纪更新世时期后在此进行过一个相当长时期的沉积，形成宽阔河谷和厚层沉积，进入全新世后，又随玉龙雪山一起经历了持续抬升阶段。

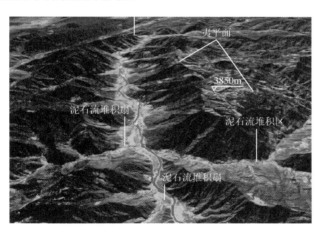

图 3.14　金沙江石鼓—塔城段宽缓河谷地貌

资料来源：Google Earth

奔子栏以北，金沙江河谷坡降逐步增大，垂直侵蚀作用加强，河谷逐步变成"V"形深切河谷。河床一般宽 50～100m，两岸谷坡陡峻，坡度在 35°以上，岩层多裸露，节理发育。两岸山岭海拔为 3500～4500m，相对高差一般为 1500～2500m。至德钦奔子栏附近才有所展开，河谷稍为开阔，呈现出一定的宽谷形态。到奔子栏时宽达 1km 左右，河床浅滩、心滩零星出露，阶地、冲积扇较为发育，河道弯曲。

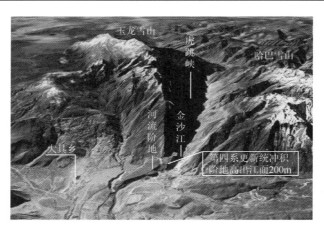

图 3.15　虎跳峡下游大具金沙江河谷阶地

资料来源：Google Earth

塔城—奔子栏段为中间过渡段。根据金沙江峡谷形态、河床宽度的相对性，可将其划分为峡谷与宽谷两种形态。

金沙江峡谷地貌最为典型的地段是虎跳峡、石门关峡谷段及区内金沙江北段峡谷。

4. 构造运动与地貌演化特征

三江并流区作为青藏高原的东南组成部分和东南缘，其环境演化与青藏高原构造隆升息息相关。根据青藏高原形成演化过程和三江并流区的地质构造、地貌特征，结合前人的研究成果，可将三江并流区的构造运动地貌环境演化划分为两个阶段：前新生代褶皱基底的形成与演化阶段和新构造运动时期的抬升演化阶段，新构造运动时期的抬升演化又分为3个阶段。因此三江并流区的新构造运动与地貌演化可分为如下4个阶段。

第一阶段：古元古代—中生代漫长的地史时期，经历了晋宁运动、加里东运动、海西运动、印支运动、燕山运动后，区内经多级沉积、挤压、抬升等演化过程，形成了三江并流区的陆壳褶皱基底。

第二阶段：进入新生代后，喜马拉雅运动使全区在褶皱基础上逐渐隆起，呈掀斜式抬升，在古新世—中新世形成了向南东倾斜的准平原雏形，地表开始被夷平剥蚀。

第三阶段：古近纪末至第四纪初，喜马拉雅运动在区内表现为褶皱和幅度不大的振荡运动。直至渐新世末，剥蚀夷平作用趋于暂时稳定，准平原（现今海拔 4500m 左右的 I 级剥蚀面）形成，区内深大断裂复活，并继承发展，形成区内主控断裂，局部沿断裂发生沉陷，形成盆谷，在中新世晚期发生褶断，伴随小规模岩浆活动。

第四阶段：进入第四纪以来，在水平构造挤压作用下，该区新构造运动主要表现为间歇式的地壳抬升，纵向深大活动性断裂继续发展，并且水平断裂活动加剧。这一阶段的构造活动对本区地貌及水系形成与发展起着绝对控制作用，并贯穿于现代地形与分水岭形成和发展的全过程，使准平原上升为高原。第四纪初期抬升速率较大，上升期时段长而连续；之后是区内地壳抬升相对缓慢的时期，怒江、澜沧江、金沙江宽缓河谷形成，完整的高原面基本被肢解。进入全新世后，区内表现为旋钮式挤压抬升的构造活动特征，地壳的抬升又进入强烈阶段，河流强烈下切，形成现今峻坡峡谷地形。其中怒江和澜沧江流域北部抬升速率比南部地区快，河床坡降大，垂直侵蚀作用强，形成以狭窄河谷为主的河谷地貌。金沙江流域的石鼓和玉龙雪山在后期快速抬升，形成虎跳峡峡谷和拖顶——虎跳峡段的宽缓河谷地貌，北部河谷仍然以狭窄的深谷地貌为主。

5. 现代地壳稳定性特征与地震

（1）地壳稳定性特征

三江并流区的现代构造活动基本上继承了全新世以来的构造活动特征，多数活动断裂也是继承了走滑兼倾滑的活动特点。

根据有关资料，上新世末云南准平原的平均海拔约为1000m，新构造运动期间，三江并流区上升了4000m，云南东南地区只上升了1000m，在此期间，全省每年平均上升速率大于1mm，其中云南西北地区大于2mm，云南东南地区上升速率约为0.5mm。云南省地震局的监测资料表明，虽然全省地壳相对运动速率的短期变化较复杂，但云南西北地区地壳上升速率远远大于东南部地壳上升速率。

据有关研究，地壳抬升和下沉并不是连续的过程，主要是在断层活动过程中伴随地震实现的，如2008年5·12汶川地震形成的地面相对升降达4~5m。因此总体上三江并流区断层活动要比云南其他地区活跃。在三江并流区内，构造活动存在断块差异，金沙江断裂以东活动较强烈，尤其是德钦—中甸—剑川断裂带及其周围断裂极为活跃；金沙江断裂与澜沧江断裂之间的断块活动强度次之，主要活动断裂是德钦—维西—乔后断裂；澜沧江断裂以东断块活动相对较弱，怒江断裂在福贡以南活动明显，福贡以北近期活动相对较弱。但受青藏高原抬升的影响，三江并流区地壳活动总体表现活跃，在三江峡谷区经常能看到现代构造活动的痕迹，见图3.16。

图3.16　马鹿登怒江西岸近期构造活动形成山体错裂

（2）地震特征

三江并流区地震主要受金沙江断裂、澜沧江断裂、德钦—中甸—剑川断裂、德钦—维西—乔后断裂、格咱（乡城）断裂等主要活动断裂的影响，最为活跃的是德钦—中甸—剑川断裂的中甸—剑川段，以及红河—洱海断裂的洱海段。上述两段断裂控制了中甸—大理地震带并影响其周边地震中心，形成以丽江—鹤庆—洱源—剑川夹持断块的Ⅸ度重震核心区，以及其周围的Ⅷ、Ⅶ度外围区。整个三江并流区的地震烈度均在Ⅶ度以上，其中高烈度分布于剑川—虎跳峡—中甸一带。福贡、维西、香格里拉的尼西以北地区地震烈度和地震峰值加速度总体较低，以南地区地震烈度和地震峰值加速度相对较高。

3.2.1.2 卸荷作用区地质灾害发育机制

三江并流区的地质灾害主要表现为地震，三大山脉岩土体在地质内动力和外部自然营力共同作用下产生的变形破坏，以及破碎物质的搬运过程对人类和环境产生的各类崩塌、滑坡、泥石流（简称"崩、滑、流"）危害及局部岩溶塌陷，也就是各类外力地质作用对地形地貌的改造过程中对人类和环境产生的各类"崩、滑、流"危害和局部岩溶危害。

岩溶塌陷在三江并流区并不突出，不再专门研究。本书也不对地震灾害做重点研究。本书重点研究自然岩土体变形破坏产生的各类"崩、滑、流"地质灾害，这是三江并流区最突出和普遍的地质灾害。

根据三江并流区新地质构造和地形地貌演化过程，自燕山运动末期以来，三江并流区受喜马拉雅山抬升的影响，发生了大幅度的抬升运动，进入第四纪后，三江沿主控大断裂切割的同时，其各级支流形成，发生强烈下切，高黎贡山、怒山、云岭等几大山脉开始诞生，并在各种外力地质作用下进行地形地貌的改造和演化，直至目前仍在继续着。我们所看到的各类"崩、滑、流"地质灾害就是在地形地貌改造过程中各种外力地质作用的具体产物。因此三江并流区地质灾害发育机制的本质是该区地形地貌的改造和演化过程中各种外力地质作用的动力机制。

地形地貌改造的基本途径和方式主要有 3 个：

1）岩体—风化—风化碎屑物质搬运；

2）岩体—冲刷与剥蚀—碎屑物质搬运；

3）岩体—河流切割侵蚀—斜坡崩塌、滑移—崩塌和滑坡堆积物的搬运。

三种方式都不同程度地产生各类"崩、滑、流"危害。其中崩塌、滑坡发育强度取决于自然斜坡和人工边坡的变形破坏强烈程度；泥石流发育强度取决于自然斜坡和人工边坡的变形破坏强烈程度和地表水力搬运能力（地表水动力强度）。

1. 自然斜坡和人工边坡的变形破坏概念

不稳定边坡、斜坡在岩土体内部和外部应力作用下，局部应力集中后产生表层局部或大面积的各类变形及破坏现象，统称为边坡斜坡变形破坏，其中变形指边坡岩土体在应力作用下产生的塑性变形或松弛破裂阶段；破坏指变形超过边坡斜坡岩土体屈服极限产生的各类崩塌、滑坡等破坏现象。自然斜坡不断通过变形破坏重新调整应力场，使边坡和斜坡趋于相对稳定状态。斜坡变形破坏是自然营力对地形地貌改造的地质作用过程。人类出现以后，这种地质作用过程由于对人类生存与活动构成危害而成为地质灾害。

边坡斜坡变形破坏类型总体分为两大类,一是坡体表面局部失稳产生的变形破坏;二是坡体在一定范围内岩土体失稳产生的变形破坏。根据云南边坡斜坡变形破坏的特点,两大变形破坏类型可分为如下具体类型。

坡体表层局部变形破坏:岩体风化、坍塌(滑),局部崩塌;

坡体变形破坏:滑坡、错落、大型崩塌。

2. 边坡斜坡变形破坏的动力机制

边坡斜坡变形破坏的影响因素可概括为两个方面,一是促使边坡斜坡变形破坏的因素,简称动力因素;二是边坡斜坡自身的抗破坏能力因素,简称抗力因素。各类动力因素所产生的促使边坡斜坡变形破坏的能力总和称为动力势(F_d)。各类抗力因素所产生的抵抗边坡斜坡变形破坏的能力总和称为抗力势(F_k)。高山向平地演化是必然的,边坡稳定是相对的,不稳定是绝对的,山区边坡斜坡变形破坏的动力势总是大于抗力势。因此边坡斜坡变形破坏类型、特征和变形破坏强烈程度取决于动力因素与抗力因素的组合及动力势与抗力势之间的势差(F_d-F_k)。可用这种势差的大小描述边坡斜坡变形破坏强烈程度。

(1)动力因素作用

a)岩体卸荷作用

岩体在成岩过程中长期处于高压应力状态,在围岩环境应力条件下,岩体内部形成与围岩压应力相抗衡的对外扩展应力,实现内部应力平衡,岩体积蓄了与应力环境相抵抗的能量。当岩体的围岩应力被解除时,见图 3.17,岩体经过剥蚀暴露在地表或形成临空面,在原先蓄积于岩体内部的扩张应力的作用下,岩体将发生卸荷松弛解体与崩解,或卸荷张裂破坏,或卸荷鼓胀变形等。卸荷变形破坏强烈程度取决于岩体原始围岩应力、岩体强度和卸荷速度。原始围岩应力越高,岩体强度越低,卸荷速度越快,岩体的卸荷变形破坏作用越强,反之则越弱。岩石的风化作用和深部井巷中的岩爆就是典型的卸荷松弛和卸荷崩解;卸荷裂隙是在卸荷张裂作用下形成的;井巷中软岩的鼓胀就是在卸荷变形作用下形成的。深切河谷中也存在类似井巷中的卸荷作用,但由于河流切割速度慢,岩体卸荷作用慢,岩体往往通过风化和崩塌作用进行应力调整。在边坡斜坡变形破坏中卸荷作用主要导致岩体风化、卸荷张裂与崩塌,以及促进高陡边坡斜坡岩体的变形破坏。边坡斜坡卸荷变形破坏的影响因素,一是岩体抵抗变形破坏的能力,即岩体强度(主要是抗拉强度);二是坡度和卸荷速度及卸荷压力(原上覆岩层的厚度)。坡度越陡,岩体强度越低,河流切割深度越大,卸荷变形破坏作用越强。

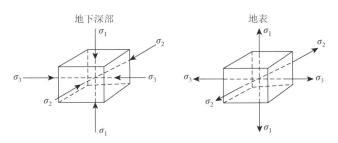

图 3.17　岩体完全卸荷应力变化示意图

b）重力地质作用

重力地质作用就是岩土体在重力作用下发生的地质作用现象。在边坡斜坡变形破坏过程中，崩塌、滑坡、错落、坍塌等都与重力地质作用有关，是边坡斜坡变形破坏最主要的动力。重力地质作用对边坡斜坡变形破坏的影响主要取决于坡高和坡度两个因素，坡度越陡，相对于流域侵蚀基准面或相对于岩体稳定基准面的边坡斜坡越高，重力地质作用对斜坡的破坏越强烈；反之坡度平缓的斜坡或者坡高很低的斜坡地区，则重力地质作用对斜坡的破坏程度越低，如重力地质作用在高山峡谷地区表现最明显，平原地区不明显。

重力地质作用对地貌改造的意义非常重大，除了上述微观的局部影响以外，在宏观方面也具有重要作用。有关研究显示，青藏高原在被印度板块推挤抬升到 5000m 高度后，在推挤力的消减期间，在重力作用下产生坍落，形成青藏高原的断陷盆地，许多正断层就是坍落过程的产物，这种作用称为造山带的重力滑塌。三江并流区平行于挤压构造带的南北向断陷盆地形成可能与这种重力滑塌作用有关。还有研究显示希腊的国土正在向深海方向坍落，逐步沉入大海。总之在重力作用下，大范围的岩体产生塑性变形和剪切破坏，对地貌改造同样具有重要意义。

c）区域构造应力作用

区域构造应力指现代区域构造运动产生的水平挤压应力。深部岩体的应力状态是三向受压，即图 3.18 中的 σ_1，为相反方向的压应力状态。岩体剥露为自然斜坡代表后，临空面测向应力解除，其应力状态变为图 3.18 所示状态，其中 σ_3 为重力，σ_2 为侧向压应力，σ_1 为由卸荷作用及 σ_2 和 σ_3 转换产生的张拉力。σ_1、σ_2 和 σ_3 的联合作用便构成边坡斜坡变形破坏的基本动力。水平构造应力对边坡斜坡变形破坏的影响可从两个方向（σ_1 和 σ_2）的挤压作用进行分析。当挤压应力平行于斜坡走向时增大了 σ_2 的值，通过应力转换增大了 σ_1，显然增强了斜坡变形破坏的动力。当挤压应力垂直于斜坡走向时，长期的挤压应力作用使得岩体聚集了比无构造应力条件下更高的卸荷张拉能量。斜坡临空面形成后，σ_1 方向挤压应力解除后，同样增大了 σ_1，显然增强了边坡斜坡变形破坏的动力。有些构造应力很高的山体会出现明显的卸荷张裂现象，图 3.19 为怒江河谷区的岩体卸荷垂向张裂现象，因此无论哪个方向的构造应力都会增加边坡斜坡变形破坏的动力。自然界中垂直的临空面很少，多数是斜坡，因此坡度可以代表水平卸荷程度，坡度越陡，卸荷程度越高。

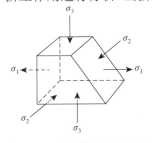

图 3.18　自然斜坡岩体天然
应力示意图

d）地下水的影响

地下水对边坡斜坡变形破坏主要产生两个方面的作用，一是软化岩体，降低岩体强度；二是产生渗透压力，从而促进滑坡产生。因此地下水位以下水力梯度越大，渗透压力越大，对边坡的变形破坏越大。

e）地表水的侵蚀与搬运作用

地表水的侵蚀作用主要是对斜坡脚的侧蚀掏空，增大斜坡坡度，促进边坡斜坡变形破坏。地表水的搬运作用主要是对变形破坏形成的堆积物进行搬运，在搬运过程中还会形成泥石流灾害。水流的破坏程度取决于水的流量和流速（河床坡度）。

图 3.19　怒江河谷区的岩体卸荷垂向张裂现象

f）冰劈与冰蚀作用

冰劈与冰蚀作用主要发生在雪线以上地区，冰劈指岩体裂隙入水冰冻后产生的扩张力对岩体的劈胀作用，促进岩体风化解体；冰蚀指冰雪运动对岩体的刨蚀作用，如冰川运动对岩体的刨蚀作用。图 3.20 为冰劈破坏作用现象。冰蚀作用对岩体的破坏是非常大的。

图 3.20　冰劈破坏作用现象

g）地震作用

地震作用产生的两种波（纵波和横波）在运动过程中均产生加速度，其中纵波产生的加速度将增加斜坡岩体的重力（增加图 3.18 中的 σ_3 值），横波产生的加速度将增加水平应力，即增大图 3.18 中的 σ_1 值和 σ_2 值。这 3 个应力值的增大都意味着增加边坡斜坡变形破坏动力，因此地震起到增加边坡斜坡变形破坏的动力的作用。可用地震加速度峰值表示对边坡必须破坏的影响程度。汶川地震形成的山崩地裂、遍山滚石现象就是地震对边坡斜坡变形破坏作用的具体表现。

h）人类工程活动和农业生产、生活活动影响因素

人类工程活动对边坡斜坡变形破坏的影响体现在 3 个方面，一是边坡开挖改变斜坡的坡度，二是开挖和堆载增大或减小斜坡体垂向应力，三是改变斜坡的水文地质条件。3 个方面的作用对边坡斜坡变形破坏造成促进或减缓的影响。但一般情况下是以工程开挖和堆载为主，而在开挖面和堆载区实施工程加固的范围总是有限的，因而目前人类工程活动总体上是促进边坡斜坡变形破坏。三江并流区最突出的人为影响是斜坡道路开挖，其破坏面大，边坡加固工程有限，并且弃土还形成碎屑流和泥石流危害。

上述 8 个影响要素中，卸荷作用、重力地质作用都与坡度和坡高有关，都与两者成正比关系，在自然界中这两种作用具有相互促进的作用。边坡斜坡变形破坏就是对地质历史形成的构造应力和岩体重力产生的地应力的重新调整。因此可以用坡度和坡高两个因素来代表上述两种作用对边坡斜坡变形破坏的动力影响因素。

（2）抗力因素作用

a）岩体工程特性

岩体工程特性主要指岩体的强度、膨胀性、软化性等，在边坡斜坡抗变形破坏能力中起关键作用，其中岩体强度指标占主导地位。例如，坚硬岩类抗变形破坏能力最强，其变形破坏以张裂变形和崩塌破坏为主；软岩类抗变形破坏能力居中，各类变形破坏都会出现；松散岩类抗变形破坏能力最弱，变形以剪切性蠕变、鼓胀变形及坍塌、崩塌、滑坡等形式出现。因此，可用岩体强度代表边坡的抗变形破坏能力。

b）岩体的结构特征

岩体的结构特征指岩体的层面、节理、裂隙、软硬岩层的组合特征，其对边坡斜坡的抗变形破坏能力非常重要，如岩体的节理、裂隙越发育，抗变形破坏能力越弱，反之则越强；逆坡向层状岩体的抗变形破坏能力比顺坡向层状岩体强；软岩层覆在坚硬岩层之上的岩层结构，比坚硬岩层覆在软岩层之上的岩层结构更利于边坡斜坡稳定，因为坚硬岩层覆在软岩层之上的岩层结构容易形成悬挑式的危岩或造成倾倒变形和座滑破坏。

c）植被作用

水土流失主要通过冲刷边坡斜坡和对坡脚的侵蚀作用改变边坡斜坡的坡度，促进边坡斜坡变形破坏。植被主要起到减缓水土流失的作用，从而减缓边坡斜坡变形破坏。植被越发育，保土作用越明显，斜坡的抗变形破坏能力越强，反之则越弱。

3.2.1.3 卸荷作用区地质灾害发育特征与分区

在三江并流区，上述地质灾害影响因素的叠加组合在区域上表现出一定差异，因而地质灾害发育程度和特征也不同。从高海拔现代冰雪地区至低海拔河谷地区，岩体变形破坏的形式和地貌改造特征有差别，从而在垂向上表现出分带性，见图 3.21。根据地质灾害发育机制，结合区内地应力和构造应力作用特点、地形地貌特征、气候特征、自然生态环境特征、地质灾害发育现状，将三江并流区的地质灾害发育在区域上划分为三大类：现代冰雪剥蚀区（Ⅰ）、植被覆盖的构造剥蚀地貌区（Ⅱ）、河谷峡谷荒漠区（Ⅲ），见图 3.22。

1. 现代冰雪剥蚀区（Ⅰ）

分布于 4500m 海拔以上，地形陡峻，坡度一般大于 45°，不长植被，常年积雪地带经常发生雪崩。该区地质作用主要为重力地质作用和冰蚀地质作用，峻坡地带岩体容易产生卸荷裂隙，受冰楔劈胀作用将加速岩体崩塌。常年积雪地区受冰雪流动刨蚀和冰川搬运作用的影响，形成冰斗、角峰、冰蚀谷等冰川地貌；季节性冰雪覆盖区岩体空隙入水，冰冻与解冻作用容易促使岩体风化解体，冰雪融化后形成碎屑流，见图 3.23。现代冰雪剥蚀区的碎屑物质是低海拔地区泥石流的重要物源。冰雪剥蚀区的地质灾害主要有雪崩、岩崩和碎屑流。该区地质灾害发育强度指数一般大于 0.8，属于地质灾害极高发育区，地质灾害危险性极高。

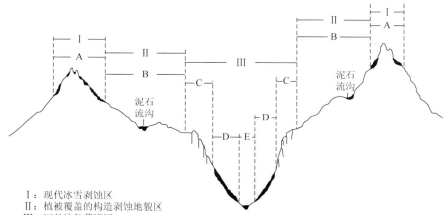

Ⅰ：现代冰雪剥蚀区
Ⅱ：植被覆盖的构造剥蚀地貌区
Ⅲ：河谷峡谷荒漠区
A区：冰雪剥蚀区：地质灾害类型有崩塌、雪崩、碎屑流。
B区：植被覆盖构造剥蚀区：地质灾害类型有各级支流泥石流、泥石流沟岸崩塌、滑坡。
C区：卸荷变形破坏区：地质灾害类型有卸荷张裂、崩塌、风化脱落等。
D区：河谷坡积区：主要为崩塌和风化碎屑堆积区，地质灾害类型有碎屑流、坡面泥石流和冲沟型泥石流，以及堆积层滑坡、坍塌等。
E区：河谷岸坡区：地质灾害类型有江岸坍塌、滑坡、各支流沟谷泥石流。

图 3.21　三江并流区地质灾害垂直分带示意图

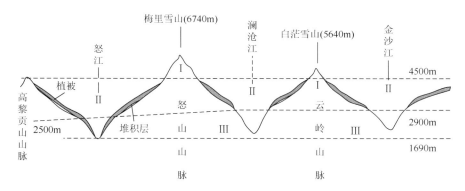

图 3.22　三江并流区地质灾害发育分区示意图

2. 植被覆盖的构造剥蚀地貌区（Ⅱ）

该区分布于海拔 2500～4500m，总体为相对较缓的斜坡地形，坡度一般为 20°～35°。在曾经历的地貌演化过程中，冰雪剥蚀区产生的碎屑物质及坡面岩体风化碎屑物常堆积于缓坡地带，形成一定厚度的坡积层，加之该区降水充沛，现今植被发育。该区和冰雪区是三江并流区的主要产水区，地表水径流大，因此该区一般为泥石流的流通区和临时堆积区。

一般通过该区的三江各级支流在对冰雪剥蚀区的碎屑物质和沿途携带的碎屑物质的搬运过程中，易在该区宽缓沟谷或盆地边缘形成泥石流堆积，见图 3.23。此外，各级支流在溯源侵蚀区的峡谷陡坡地区容易产生崩塌、滑坡、泥石流等。因此该区的地质灾害主要有沟谷型泥石流、沟谷两侧的崩塌、滑坡等，但总体发育面较小，大部分植被区水土保持能力强，边坡稳定性相对于现代冰雪区和河谷区较好。该区地质灾害发育强度指数为 0.6～0.8，为地质灾害高发育区，地质灾害危险性高。

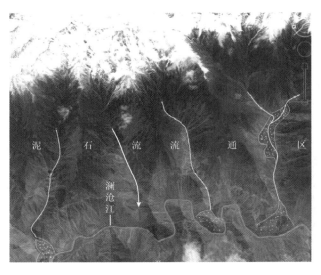

图 3.23　澜沧江流域泥石流沟

资料来源：Google Earth

3. 河谷峡谷荒漠区（Ⅲ）

该区分布于海拔 3500m 以下的三江北部干温河谷地区，地形主要为峡谷陡坡，坡度一般大于 35°。基本呈裸岩（坡肩部分）或荒漠状态，是三江并流区地质灾害强发区和集中区。

首先，三江主干河谷区地质灾害影响因素的作用表现为：坡度陡，重力地质作用突出，容易产生滑坡和崩塌；岩体在长期的水平构造应力和垂向挤压应力作用下，经河流切割后，谷坡侧向应力解除，斜坡岩体处于应力释放状态，导致峡谷坡肩卸荷裂隙发育，坡脚剪应力集中，同样促进崩塌和滑坡的产生；河谷气温高，昼夜温差大，坡肩或坡腰岩石物理风化作用较强，容易产生风化岩屑，成为泥石流和碎屑流物源区；河谷区生态环境脆弱，几乎呈荒漠景观，水土保持能力很弱，容易在坡脚形成碎屑流或坡面泥石流；河谷区人口密度最高，是农业生产和公路、水电等工程集中影响区，农业生产活动和工程建设活动无疑将加剧地质灾害发育。这些动力因素的叠加会有力促进河谷区崩塌、滑坡、坡面泥石流、沟谷泥石流、坡面碎屑流等地质灾害种类的发育。其中坚硬岩石区地质灾害发育程度偏低，如岩浆岩、片麻岩、灰岩等地区。软质岩石地区地质灾害发育程度较高，如三叠系和侏罗系的板岩地区等。

其次，整个三江并流区地貌改造形成的碎屑物质和降水最终都集中通过各级支流向主河道排泄，海拔 3500m 以下的各级支流河谷同时又是大型沟谷泥石流流通区和堆积区。各级支流河谷区同样具备主干河谷区地质灾害发育的动力因素，同样是崩塌、滑坡、坡面泥石流、小型沟谷泥石流、坡面碎屑流等地质灾害的重发区。

总之河谷峡谷荒漠区（III）地质灾害种类齐全，发育面大。其中坡面泥石流、小型沟谷泥石流、坡面碎屑流等地质灾害几乎遍布河谷区，危害面大，对人类生存、生产、生活、工程建设、生态环境都造成普遍危害。崩塌、滑坡、大型沟谷泥石流及高应力聚集的不稳定边坡，除构成以上危害以外，还主要对重大工程建设构成危害，成为三江并流区大型水电工程、道路工程等重大工程建设中突出的环境工程地质问题。该区地质灾害发育强度指数一般大于 0.8，多数大于 0.9，属于地质灾害极高发育区，地质灾害危险性极高。

（1）怒江流域荒漠河谷区

怒江流域的干温河谷地区分布在西藏境内的察瓦龙以北的怒江主干河谷及其大型一级支流河谷。河谷岸坡坡度一般大于 40°，两岸陡崖地段坡度大于 60°。河谷降水量小于 500mm/a，生态环境条件差，植被覆盖率小于 10%，地质灾害以崩塌、碎屑流、坡面泥石流最为普遍，其次是坡积层（由碎屑流和坡面泥石流形成）的滑坡，一级支流的沟谷泥石流。河谷区的交通、行人等人类活动基本得不到安全保障，常受到滚石、坡面泥石流、沟谷泥石流的威胁，见图 3.24。

（2）金沙江荒漠河谷区

金沙江流域的干温河谷地区分布在拖顶乡以北的金沙江主干河谷及其大型一级支流河谷。河谷岸坡坡度一般大于 35°，两岸陡崖地段坡度大于 45°。河谷降水量小于 500mm/a，生态环境条件差，植被覆盖率小于 10%，地质灾害以崩塌、碎屑流、坡面泥石流最为普遍，其次是坡积层（由碎屑流和坡面泥石流形成）的滑坡，一级支流的沟谷泥石流。河谷区的交通、行人等人类活动经常受到滚石、坡面泥石流、沟谷泥石流的威胁，见图 3.25～图 3.28。

（3）澜沧江荒漠河谷区

澜沧江流域的干温河谷地区分布在澜沧江一级支流——永芝河出口以北的澜沧江主干河谷及其大型一级支流河谷。河谷岸坡坡度一般大于 35°，两岸陡崖地段坡度大于 45°。河谷降水量小于 500mm/a，生态环境条件差，植被覆盖率小于 10%，地质灾害以崩塌、碎屑流、坡面泥石流最为普遍，其次是坡积层（由碎屑流和坡面泥石流形成）的滑坡，一级支流的沟谷泥石流。河谷区的交通、行人等人类活动经常受到滚石、坡面泥石流、沟谷泥石流的威胁，见图 3.29。

图 3.24　怒江北部河谷坡面泥石流、碎屑流　　图 3.25　金沙江奔子栏段河谷现代泥石流

图 3.26　金沙江支流—岗曲河谷区坡面泥石流　　图 3.27　金沙江支流—岗曲河谷区崩塌堆积体

图 3.28 金沙江北部河谷区滑坡、泥石流　　图 3.29　澜沧江河谷区坡面泥石流和碎屑流

3.2.2　卸荷作用下高切坡演化机理

3.2.2.1　斜坡卸荷过程研究

自然斜坡开挖后，原有的力学平衡状态被打破，需要构建新的力学平衡状态，于是坡

体内应力就会被重新调整，这种调整实际上是在有限范围内进行的，在开挖临空面附近调整变化较大，而在离开挖临空面较远的区域则调整变化较小，这个有限范围称为卸荷影响范围。坡体失稳范围主要产生在这个有限的卸荷影响范围之内。因此，确定卸荷影响范围在工程上具有重要的意义。

本书通过分析滑坡优势滑带（层间错动带）与卸荷影响范围的关系，研究卸荷对滑坡形成的诱发作用，本节首先研究确定卸荷影响范围。

1. 边坡初始应力场

开挖前坡体内存在着原始应力场 σ_{xij}^0（i, j 分别取坐标 x, y），它是自重应力及构造应力等多种应力场的综合。为简化研究，本书进行如下假设。

1）边坡顶面水平，见图 3.30（a）；

2）坡体内的原始应力场仅为自重应力场；

3）边坡按平面应变问题考虑。

任一点 A 在开挖前的应力如图 3.30（b）所示。

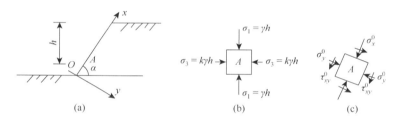

图 3.30　坡体初始应力场

$$\sigma_1 = \gamma h$$
$$\sigma_3 = k\sigma_1 \tag{3.10}$$

式中，γ 为岩土容重；h 为 A 点距离地表的深度；k 为侧压力系数。

若在坡体内开挖出的坡面为 Ox，边坡角度为 α，Oy 垂直于 Ox，则点 A 在 Oxy 坐标系中处于二向应力状态，如图 3.30（c）所示，其表达式见式（3.11）：

$$\sigma_x^0 = 0.5\gamma h[1 + k - (1-k)\cos 2\alpha]$$
$$\sigma_y^0 = 0.5\gamma h[1 + k + (1-k)\cos 2\alpha] \tag{3.11}$$
$$\tau_{xy}^0 = 0.5\gamma h(1-k)\sin 2\alpha$$

式中，$\sigma_x^0, \sigma_y^0, \tau_{xy}^0$ 为拟开挖坡面上的正应力和剪应力；γ 为边坡岩体容重；h 为计算深度；α 为拟开挖边坡坡度；k 为坡体侧压力系数，按 $k = \dfrac{\upsilon}{1-\upsilon}$ 计算，υ 为边坡岩体泊松比。

2. 坡体中附加应力理论解

（1）半无限空间与非半无限空间附加应力关系

在道路开挖过程中，开挖基底线以下区域受力模式大致同半无限空间，路堑边坡的受力模式为非半无限空间。

通过理论分析将非兰无限空间问题转换为半无限空间问题进行解决。

a）集中荷载作用下半无限空间的附加应力

根据 J. Boussinesq 解，在半无限空间弹性体表面上作用有竖向集中力 P 时，弹性体内任意点 M 所引起的轴向附加应力解析解可以用下式表示：

$$\sigma_z = \frac{3P}{2\pi} \cdot \frac{z^3}{R^5} \tag{3.12}$$

式中，σ_z 为 z 方向的方向应力；R 为点 M 至原点 O 的距离，$R = \sqrt{x^2 + y^2 + z^2} = \sqrt{r^2 + z^2}$。

利用几何关系 σ_z 改写为

$$\sigma_z = KP \tag{3.13}$$

其中，

$$K = \frac{3z^3}{2\pi} \cdot \frac{1}{[r^2 + z^2]^{5/2}}$$

式中，K 为集中力作用下的半无限空间附加应力分布系数，由式（3.13）可以看出，在某一确定集中力 P 作用下，轴向附加应力与土体的参数无关；σ_z 是关于空间位置 r 和 z 的函数。

b）集中荷载作用下非半无限空间的附加应力

开挖路堑边坡受力模式可假定为非半无限空间，本书采用"镜像法原理"进行处理，将集中力在地面的边界问题转变为无边界问题后，再用附加应力的叠加原理来求解。

建立如图 3.31 所示的坐标系。其中 z 轴方向沿集中力轴向，x 方向和 y 方向构成坡面平面。集中力在坡面上的作用点为坐标原点 O。

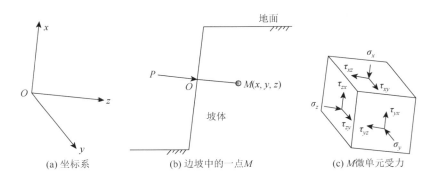

(a) 坐标系　　　　　　(b) 边坡中的一点 M　　　　　　(c) M 微单元受力

图 3.31　坡体表面集中力作用示意图

本问题中，地面上的边界条件为

$$\left.\begin{array}{l} \varepsilon_x = 0 \\ \sigma_x = 0 \end{array}\right\} \tag{3.14}$$

在半无限空间中，按照"镜像法原理"，将集中力在地面的边界问题转变为无边界问题后，集中力作用下坡体中的附加应力由式（3.15）～式（3.17）表示：

$$\sigma_z = \frac{3P}{2\pi} \cdot \frac{z^3}{R^5} - \sigma_z' \tag{3.15}$$

$$\sigma_z' = \frac{3P}{2\pi} \cdot \frac{z_1^3}{R_1^5} \tag{3.16}$$

$$\left.\begin{aligned} x_1 &= 2h - x \\ y_1 &= y \\ z_1 &= z \\ R_1 &= \sqrt{x_1^2 + y_1^2 + z_1^2} \end{aligned}\right\} \tag{3.17}$$

式中，各参数意义同半无限空间理论解。

考虑轴向分量 σ_z：

$$\sigma_z = \frac{3P}{2\pi} \cdot \frac{z^3}{R^5} - \frac{3P}{2\pi} \cdot \frac{z^3}{R_1^5} \tag{3.18}$$

令：

$$K_0 = \frac{3P}{2\pi}\left[\frac{1}{(r^2 + z^2)^{5/2}} - \frac{1}{(r^2 + z^2 + 4h^2 - 4hx)^{5/2}}\right] \tag{3.19}$$

式中，K_0 为非半无限空间附加应力分布系数，是 r、h 和 z 的函数。

则沿集中力方向的附加应力可用式（3.20）表示：

$$\sigma_z = K_0 P \tag{3.20}$$

c）半无限空间与非半无限空间附加应力关系

下面讨论不同深度 h 时，集中力作用下的半无限空间附加应力分布系数 K 和非半无限空间附加应力分布系数 K_0 的关系。通过分析集中荷载轴向力，令 $r = 0$。

分别对比 $h = 0.1$m 和 $h = 20$m 时的 K_0 值和 K 值，见图 3.32 和图 3.33。

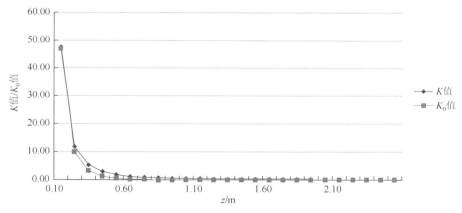

图 3.32　$h = 0.1$m 时 K_0 值与 K 值对比曲线

由图 3.32 和图 3.33 可以看出，h 值同 z 值相近时，K_0 值与 K 值有一定区别，但是区别值非常小；当 h 值同 z 值相差较大时，K_0 值与 K 值基本相近，即 h 对 K_0 结果影响较小，其他情况下类似。

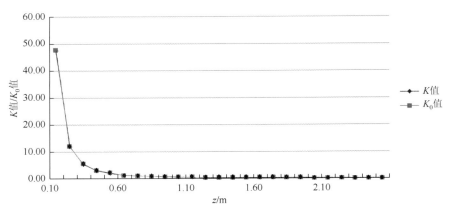

图 3.33 $h = 20m$ 时 K_0 值与 K 值对比曲线

由于在工程开挖尺度下（大于 1m）非半无限空间和半无限空间的附加应力分布系数差别较小，在研究的可接受范围内，所以本书对非半无限空间的受力问题研究均按半无限空间考虑。

（2）条形面积均布荷载作用下的附加应力解析解

在地球表面上，作月有竖直条形均布荷载 P 时，地下任意点引起的应力的解答首先由弗拉曼（Flamant）得出，本书主要研究沿荷载作用线方向的附加应力。

对于地球表面宽度为 b 的竖直条形均布荷载 P，其地下任意点 M 的附加应力 σ_z 由式（3.21）求得

$$\sigma_z = \frac{P}{\pi}\left[\arctan\frac{m}{n} - \arctan\frac{m-1}{n} + \frac{mn}{m^2 + n^2} - \frac{n(m-1)}{n^2 + (m-1)^2}\right] \qquad (3.21)$$

可简化写成：

$$\sigma_z = K_z^s P \qquad (3.22)$$

式中，K_z^s 为条形荷载受竖直条形均布荷载作用时的竖向附加应力分布系数，其值可按 $m = \frac{x}{B}$ 和 $n = \frac{z}{B}$ 的数值由相关文献求得。

（3）三角形分布荷载作用下的附加应力解析解

三角形分布荷载作用下的附加应力解析解可由式（3.23）求得

$$\sigma_z = \frac{P_t}{\pi}\left[\left(\arctan\frac{m}{n} - \arctan\frac{m-1}{n}\right) - \frac{n(m-1)}{n^2 + (m-1)^2}\right] = K_z^t \cdot p_t \qquad (3.23)$$

式中，K_z^t 为条形面积三角形荷载应力分布系数。其值可按 $m = \frac{x}{B}$ 和 $n = \frac{z}{B}$ 的数值由相关文献求得。

3. 开挖卸荷后的坡体应力场

（1）计算原理

在边坡开挖过程中，地表线以下开挖基底线以上所围成的区域，即 $OXDC$ 被挖去，

坡体内应力释放，使边坡岩体向临空面发生卸荷回弹，坡体开挖后，坡体内各点发生应力调整，形成新的应力场（图 3.34）。

本书采用卸荷回弹的方法计算卸荷后的应力场：岩土体被挖除处，岩体失去支撑或上覆荷载，产生卸荷回弹，等效为在原有应力场中叠加附加应力场促使部分原有应力场改变，卸荷应力均按原垂直于坡面应力的反方向施加。

（2）开挖路堑边坡的卸荷应力场分布

在边坡开挖过程中，坡面卸荷回弹力按原状态下垂直作用于坡面的重力分量计算，按三角形分布荷载求坡体内点的卸荷应力，坡脚 A 点的应力值表示为（图 3.35）

$$\sigma_A = K_z^t \sigma_y^0 = 0.5\gamma h[1+k+(1-k)\cos 2\alpha] \cdot K_z^t \qquad (3.24)$$

式中符号意义同前。

（3）开挖路基以下的卸荷应力场分布

在边坡开挖过程中，路基以下坡体卸荷回弹力按原状态下垂直作用于路基面的重力计算，按均布荷载求坡体内点的卸荷应力，坡脚 B 点的应力值可表示为（图 3.36）

$$\sigma_B = K_z^s \gamma h \qquad (3.25)$$

式中符号意义同前。

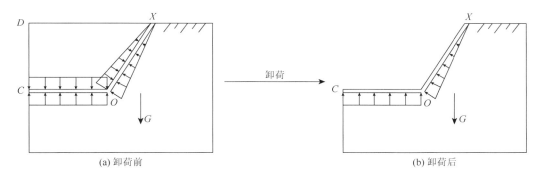

图 3.34　坡体卸荷应力变化示意图

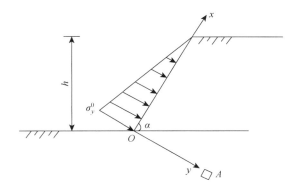

图 3.35　开挖路堑边坡坡体应力值计算示意图

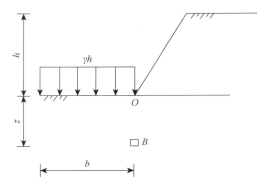

图 3.36　开挖基准面以下坡体内卸荷应力值计算示意图

4. 卸荷影响范围的确定方法

从理论上讲，对于同一个坡体，开挖后的应力影响区和位移影响区是相同的。对于工程实际问题而言，位移场的变化更具有直接意义，根据坡体不同位置位移的大小，可将开挖后的坡体分为松动区、塑性变形区和弹性变形区。弹性变形区内的岩土介质虽然会发生位移，但介质的强度不受影响，因此将松动区和塑性变形区作为研究关注的坡体卸荷影响范围。从工程实际意义来说，一般当坡体内某点位移达到某值以下时，就可以认为该点以后的坡体处于稳定状态。本书按照变形积累的思路寻找卸荷影响范围。

将影响范围外累积位移限定值取为 2mm，即某范围以外所有的变形累积值为 2mm 时，该处为卸荷影响范围，卸荷影响范围取 3B（条形荷载宽度）深度为累积 ΔS 的起算深度，该 3B 范围以外区域为弹性变形区。卸荷影响区某研究单元总回弹变形量按照下式进行计算：

$$\Delta S = \Delta \sigma \cdot \Delta h / E \tag{3.26}$$

式中，ΔS 为从 3B 深度起算至卸荷影响范围边界的回弹位移；Δσ 为从 3B 深度起算至卸荷影响范围边界的应力差；Δh 为从 3B 深度起算至卸荷影响范围边界的距离；E 为从 3B 深度起算至卸荷影响范围边界的平均卸荷模量。

式（3.26）表明，卸荷影响范围与开槽宽度 B、开挖深度 h 及岩土物理力学参数有关。

3.2.2.2　卸荷岩体力学特性

1. 卸荷试验研究

（1）样品制备及矿物鉴定

本次试验岩样为某高边坡区厚 70m、青灰色的厚层-块状变质石英细砂岩（$T_{2-3}z^{3(1-1)}$）。该层为边坡西北侧的正面边坡岩体，岩样较完整，无人为裂缝，经过 120d 自然风干。野外采集的岩块样本送往长江水利委员会长江科学院，按照相关规范和规程，把岩样加工成 ϕ5cm×10cm 的圆柱体标准试样，直径允许变化范围为 4.8～5.4cm，高度允许变化范围为 9～11cm，自然风干，制备过程中未出现人为裂隙。

经矿物鉴定及分析其性状和矿物特征，将其定名为银灰色变质方解石石英细砂岩。

岩石由砂粒（85%左右）和胶结物（15%左右）组成，为孔隙式胶结。砂粒形态：不规则状，多数近等轴状，少数为稍长的其他形状，部分砂粒的边缘呈凹凸不平状，少数颗粒边缘呈平直状。砂粒大小：呈连续不等粒状，大砂粒粒径（宽度）为 0.2mm 左右，中砂粒粒径为 0.1mm 左右，小砂粒粒径为 0.015～0.050mm。砂粒组成：主要是石英（70%左右），方解石次之（12%左右），还有少量长石砂（<1%）、铁质砂（2%左右）及微量云母片。石英砂：干净，无色，透明，表面光滑，无糙面。方解石：呈单晶状，干净，透明，无色。胶结物：主要为黏土胶结物，有少量碳酸盐胶结物，经过变质作用。绢云母约占胶结物的 85%左右，绢云母呈条状，绝大多数长 0.03mm 左右，宽度是长度的 1/4～1/5，如图 3.37 所示。

(a) 矿物　　　　　　　　　　　　　　　　(b) 晶型

图 3.37　砂岩的微观结构（显微镜观测）

（2）试验条件及方案

该高切坡处于青藏高原向四川盆地过渡的斜坡地带，在坝区附近形成 NW—NWW 向的主压力应力场，由于谷坡高陡，相对高差可达 500～2500m，在谷坡、谷底处容易形成自重应力集中，导致了高地应力现象的出现。

岩体开挖卸荷的种类多种多样，可以沿一个方向卸荷，也可以沿两个方向同时卸荷，还可以一个方向卸荷，而另一个方向加载，应根据不同的卸荷条件采用不同的试验方法进行研究。某高陡边坡的开挖属于沿开挖方向的单向卸荷，所以本试验采用峰前恒轴压卸围压试验方法。

把相邻采样部位的两个岩样编为一组，在同一围压下分别进行压缩和卸荷试验，通过对不同围压（10MPa、20MPa、30MPa、40MPa）下的岩样进行对比试验，分析从低到高围压下砂岩卸荷过程的力学特征、变形特征及参数劣化效应。

三轴压缩试验按照相关规程进行。卸荷试验操作方法为：①采用应力控制，按静水压力条件施加（0.5MPa/s）σ_1、σ_3 至预定值（10MPa、20MPa、30MPa、40MPa），稳定 15s；②保持 σ_3 不变，增大 σ_1（0.5MPa/s），直至试样破坏前的某一应力值（根据相应围压下三轴压缩试验所得岩石极限强度值确定，一般为该值的 55%～97%）；③保持 σ_1 恒定，以一定的速率（0.05MPa/s）减小 σ_3，直到试样破坏。

（3）试验结果及变形特性分析

试验结果见表 3.5。

表 3.5　砂岩三轴试验结果

试验方案	岩样编号	初始围压/MPa	卸荷（或破坏）轴压/MPa	破坏围压/MPa
加载	SY-3-1	10	153	
卸荷	SY-4-3	10	150	7.2
加载	SY-2-6	20	231	
卸荷	SY-2-5	20	163	12.8
加载	SY-4-1	30	243	
卸荷	SY-4-2	30	183	14.7
加载	SY-2-2	40	280	
卸荷	SY-2-3	40	224	34.3
加载	SY-1-8	15	150	

图 3.38 为三轴加载和三轴卸荷试验应力-应变曲线的对比。由加载曲线可以看出，随着围压的增大，加载试样的延性特征逐渐表现出来，$\sigma_3 = 40\mathrm{MPa}$ 时，砂岩的延性已经很明显，峰后曲线比较平缓，基本未出现陡降。由卸荷曲线可以发现，岩石均表现明显的脆性破坏，屈服阶段很小，破坏时的轴向应变变化很小，破坏突然且剧烈。对比两类曲线，达到峰值所需偏应力卸荷试验明显小于加载试验，说明卸荷更容易使岩石破坏；无论是总轴向应变还是峰前轴向应变，卸荷试验均小于加载试验；卸荷试验随着初始围压的增大，并未表现出明显的塑性特征，加载试验岩石破坏主要是由轴向的加载压缩变形导致的，而卸荷试验岩石破坏主要是由横向的强烈扩容所致。

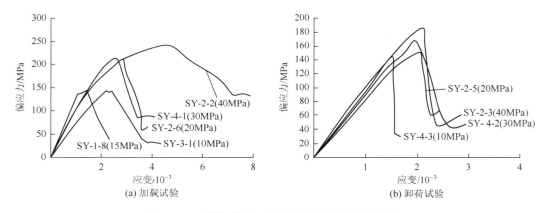

图 3.38　三轴加载和三轴卸荷试验应力-应变曲线

图 3.39 为砂岩卸荷试验应力-应变全过程曲线。从图中可以看出，卸荷岩样的轴向应变在峰前段较加载试验小，卸荷过程中及峰后破坏段轴向应变增加都极小，在围压较大时甚至会产生回弹现象，表现出很强的脆性特征。卸荷岩样的侧向应变在卸荷前增加很小，卸荷过程中侧向应变表现出明显的扩容特征，临近破坏时应变急剧增大，并导致岩石发生破裂。体积应变在峰前段处于压缩状态，扩容现象不明显，卸荷开始后体积扩容明显增强，且初始围压越大，体积扩容越剧烈。

图 3.40 为部分试验岩样的破坏宏观示意图。对比发现，卸荷试验岩样较加载试验岩样更加破碎，脆性特征更加明显，且发育有环向裂纹，体现了沿卸荷方向的扩容；卸荷试验在较低围压时，破裂面为单个张性破裂面，在较高围压时表现一对共轭压剪破裂面，并伴有一些次生微裂隙。

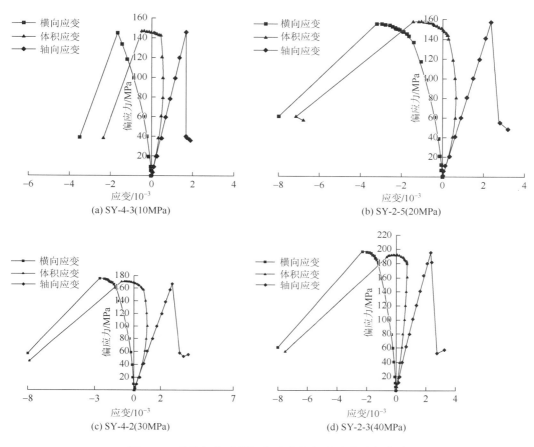

(a) SY-4-3(10MPa)　　　　　　　(b) SY-2-5(20MPa)

(c) SY-4-2(30MPa)　　　　　　　(d) SY-2-3(40MPa)

图 3.39　砂岩部分试样卸荷试验应力-应变全过程曲线

(a) 加载　　　　　　　　　　　(b) 卸荷

图 3.40　部分试验岩样的破坏宏观示意图

2. 卸荷过程中变形参数劣化效应研究

（1）卸荷变形参数劣化过程分析

卸荷条件下岩石的力学性质与加载条件下有明显区别，变形参数出现劣化效应，主要是围压的卸荷导致岩石内部裂隙的扩展、滑动及失稳，以致岩体质量劣化。本书以卸荷量为参变量，对岩石变形参数弱化进行研究，得到劣化参数与表征卸荷程度的卸荷量的关系式。根据李建林等（2010）的研究，卸荷量定义为

$$H = \frac{\sigma_{30} - \sigma_3}{\sigma_{30}} \times 100\% \qquad (3.27)$$

式中，σ_{30} 为初始围压；H 为卸荷量，是表征岩石卸荷程度的物理量。

图 3.41 为卸荷过程中应变随卸荷量的变化曲线。假定刚卸荷时应变为 0，只研究卸荷过程中应变随卸荷量变化曲线。从图中可以看出，卸荷量很小（$H<10\%$）时，轴向应变变化很小，约为（$0.1\sim0.2$）$\times10^{-3}$，虽然横向应变没有陡增，但变化量很大，约为 1×10^{-3}。体积应变刚开始有一小段正值，说明刚卸荷时体积处于压缩状态，之后的变化与横向应变类似；随着卸荷量的增大，应变增长速率变大，虽然轴向应变增速变大，但应变总量不大，

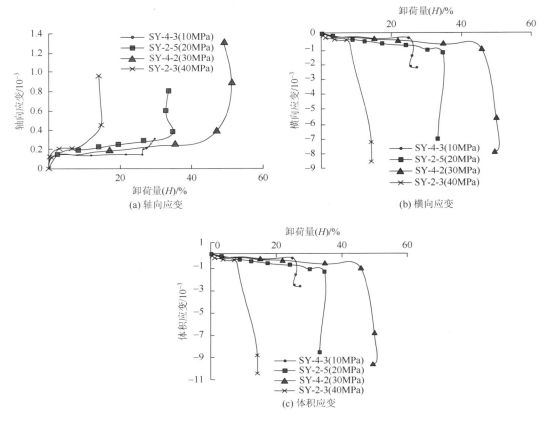

图 3.41　卸荷过程中应变随卸荷量变化曲线

而横向应变和体积应变总量急剧增大，表现出明显的扩容特征；在低围压（10～30MPa）时，破坏时的卸荷量与初始围压大小呈正相关，见表 3.6，但达到高围压时（40MPa）时，不再呈正相关，较小的卸荷量也会使岩石发生破坏，说明在高应力区较小的卸荷程度也会使岩石发生变形破坏，对高应力区的卸荷岩体稳定性进行研究时应引起注意。

表 3.6　各应力区岩样破坏的卸荷量

参数	应力区域			
	较低应力		较高应力	
初始围压/MPa	10	20	30	40
卸荷量(H)/%	26.9	33.8	49.3	14.4

由图 3.42 可以看出，卸荷过程中砂岩变形模量逐渐减小，且随着初始围压的增大，其减小规律逐渐变得非线性；泊松比变化规律与变形模量有类似特点，初始卸荷阶段随围压卸荷的增长而增大缓慢，当应力差达到屈服极限时，急剧增大，泊松比超过 0.5 甚至达到 0.8，此时的泊松比已不具有原来的意义，因为在卸荷回弹过程中还产生了裂缝变形，这些裂缝都与卸荷方向呈近似正交垂直，导致了侧向急剧扩张。

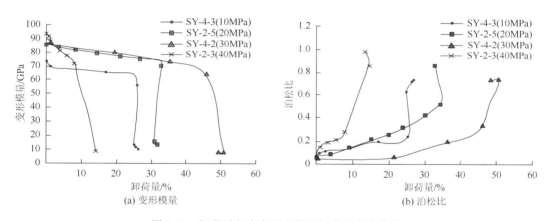

图 3.42　卸荷过程中变形参数随卸荷量变化曲线

（2）变形劣化参数的确定

变形劣化参数包括变形模量和泊松比，在卸荷过程中会出现劣化效应，劣化效应随卸荷程度（即卸荷量 H）的变化表现为非线性特征。卸荷量包含初始围压及卸荷围压进行的程度，而体积扩容、脆性破坏、参数劣化等都对初始围压和卸荷程度敏感，所以用卸荷量来表达岩石卸荷过程变形劣化参数有一定的实际和理论意义。

高、低应力区岩石的劣化效应不尽相同。由以上分析可知，在低应力区（初始围压10～30MPa），当卸荷程度较低时，劣化效应不明显，当卸荷量达到某一程度时参数迅速劣化，岩石发生破坏；在高应力区（40MPa），破坏时的卸荷量与初始围压不再呈正相关，见表 3.6，即较低的卸荷程度也能使岩样发生破坏，由于在较高围压区进行卸荷时岩石的脆性特征更加显著，卸荷时侧向回弹变形更加剧烈，更容易导致岩石破坏。

由此可见，用卸荷量来描述卸荷过程的变形劣化参数具有合理性和可行性，但在高、低应力区有不同的考虑。

（3）卸荷过程中变形劣化参数的拟合曲线

根据上述分析，本书分别对高、低应力下岩石卸荷过程中的变形劣化参数进行拟合计算。

a）低应力（初始围压 10～30MPa）

用 $E = aH^b + c$ 拟合低应力下卸荷过程中变形模量随卸荷量的变化，如图 3.43 所示，公式为

$$E = -8.456\mathrm{e}^4 H^{10.77} + 78.27 \quad (R^2 = 0.9655) \tag{3.28}$$

用四次多项式拟合低应力下卸荷过程中泊松比随卸荷量 H 的变化，如图 3.44 所示，公式为

$$\mu = 32.47H^4 - 1.912H^3 - 1.361H^2 + 0.8396H + 0.079 \quad (R^2 = 0.9794) \tag{3.29}$$

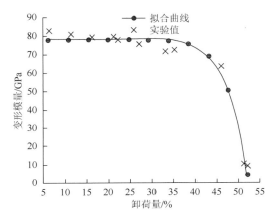

图 3.43　低应力变形模量与卸荷量拟合曲线

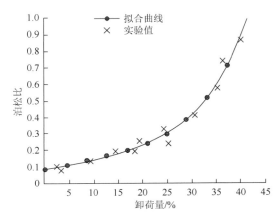

图 3.44　低应力泊松比与卸荷量拟合曲线

b）高应力（初始围压 40MPa）

用 $E = aH^b + c$ 拟合高应力下卸荷过程变形模量随卸荷量的变化，如图 3.45 所示，公式为

$$E = -6285H^{2.276} + 88.3 \quad (R^2 = 0.9837) \tag{3.30}$$

高应力区用 $\mu = a\mathrm{e}^{bh}$ 拟合高应力下卸荷过程中泊松比随卸荷量的变化，如图 3.46 所示，公式为

$$\mu = 0.08293\mathrm{e}^{16.45H} \quad (R^2 = 0.9909) \tag{3.31}$$

由以上拟合可知,砂岩在高应力下的卸荷与低应力下的卸荷对变形参数的影响有所不同：①在较低应力区时，初始应力越大，卸荷破坏所需卸荷量也越大，当达到某一高应力区值后，卸荷破坏所需的卸荷量很小，脆性特征显著。②低应力时，刚开始卸荷时变形参数劣化速率（斜率）很小，当卸荷达到一定程度时，劣化速率陡增，岩石发生破坏；高应力时，从卸荷开始到岩样破坏，变形参数劣化速率不断增大（斜率一直在增大）。

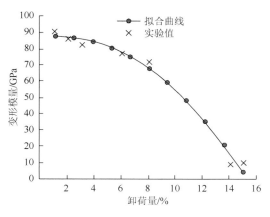
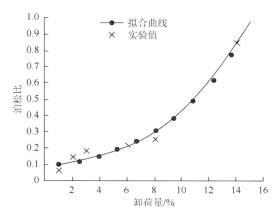

图 3.45　高应力变形模量与卸荷量拟合曲线　　　　图 3.46　高应力泊松比与卸荷量拟合曲线

3.2.2.3　卸荷高切坡运动过程与致灾机制

1. 卸荷条件下坡体响应规律研究

（1）计算方法

本节采用 FLAC3D 法研究开挖卸荷对坡体的影响，重点研究卸荷影响范围及其内坡体的应力变形关系。研究表明，节理卸荷岩体具有明显各向异性非线性力学特性，不仅体现在强度上，还体现在变形上。双大路碎裂岩体节理化严重，且揉皱作用明显，结构面不起主要控制作用。本章主要研究卸荷影响范围，关注的是该范围内的平均概化性质，所以采用连续介质模型是可行的。

（2）计算模型

计算模型取主滑断面。研究表明，卸荷影响范围为坡高的 2.5～3 倍，因此为减少边界效应对本次数值计算的影响，取开挖高度 3 倍范围以上作为模型边界。为下文研究便利，本书取整个坡体建模，研究对象为开挖坡脚附近区域，模型尺寸及研究对象如图 3.47所示。

数值模拟中，各岩体均采用 BRICK 基本单元，具体见图 3.48。

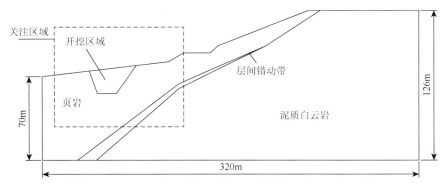

图 3.47　FLAC3D 研究模型

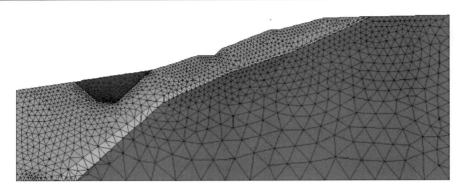

图 3.48　计算模型网格划分图

（3）边界条件和参数

边界条件的设置：岩土体表面周界均采用法向约束条件。

岩土体材料采用理想弹塑性模型，服从莫尔-库仑强度准则。在 FLAC3D 程序中，岩土体的变形参数采用的是剪切模量 G 和体积模量 K，然后再利用下面的公式将变形模量转化为剪切模量和体积模量：

$$G = \frac{E_0}{2(1+\mu)} \tag{3.32}$$

$$K = \frac{E_0}{3(1-2\mu)} \tag{3.33}$$

式中，μ 为各种材料的泊松比。

计算后的边坡岩土体及结构面力学参数见表 3.7。

表 3.7　边坡岩土体及结构面力学参数

参数	页岩	泥质白云岩	层间错动带参数
重度/(kN/m³)	21.7	26.7	20.3
体积模量/MPa	635	1400	515
剪切模量/MPa	545	1300	414
黏聚力/kPa	20	50	20
摩擦角/(°)	22	30	20
抗拉强度/MPa	0.1	1.1	0.01

注：为减少滑坡整体应力变形对开挖卸荷影响区域的影响，本节模拟层间错动带参数相应提高。另外，本节计算关注的是开挖卸荷应力变形场的规律，而不是简单地比较开挖前后坡体应力和变形的大小。

（4）计算结果及分析

a）应力场特征分析

开挖前后自重应力对比见图 3.49。从图中可以看出，开挖卸荷影响范围主要集中在开挖区域附近，说明开挖卸载量越大，对坡体影响越大。

开挖后坡体的主应力场分布放大图见图 3.50。从图中可以看出，开挖后坡体应力发生调整而发生偏转,最大主应力方向由原来的垂直方向转化为平行于开挖面方向。图中标识主要偏转形式及范围大体同本书理论计算,验证了本书所提出公式的可使用性。从图中也可以看出偏转较大的区域主要为开挖面右下角区域,该处受层间错动带及右侧坡体的综合影响大,当层间错动带参数降低时,可引起塑性变形(研究未考虑卸荷对岩体性质的影响)。

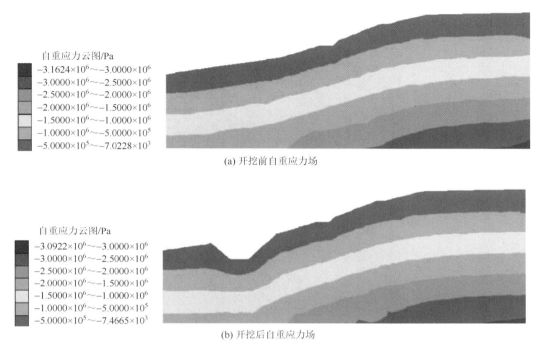

(a) 开挖前自重应力场

(b) 开挖后自重应力场

图 3.49　开挖前后自重应力对比

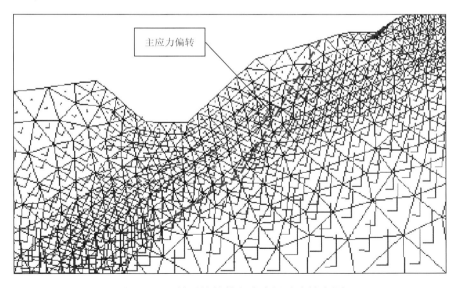

图 3.50　开挖后坡体的主应力场分布放大图

由图 3.51 可以看出,开挖后坡体剪应力场发生明显变化。路堑边坡(左侧坡)剪应力集中区域主要发生在路堑边坡开挖面中下部的坡脚附近区域,应力集中范围大约为坡高的 1/2,所以路堑边坡的破坏范围有限;距离层间错动带比较近的右侧边坡,剪应力集中区域向层间错动带位置转移,引起该处首先发生塑性变形;由于层间错动带位置是应力影响范围内相对薄弱的区域,按应力集中原理,薄弱处最易产生应力集中而破坏。

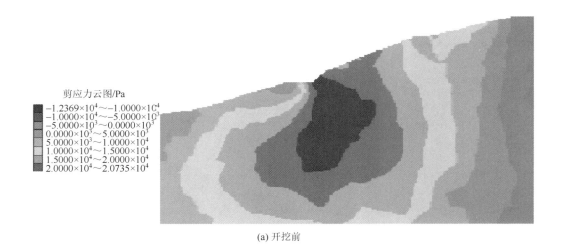

(a) 开挖前

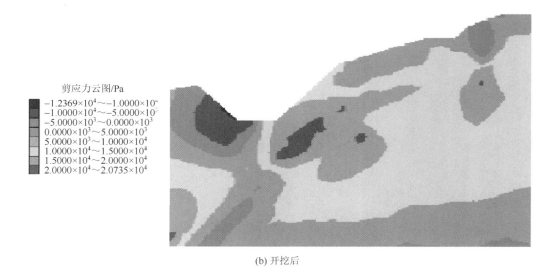

(b) 开挖后

图 3.51　开挖前后剪应力对比

b)变形场分析

图 3.52 及图 3.53 反映了卸荷后的坡体变形场的变化。从图中可以看出,同应力场变化规律类似,整体变形及剪应变破坏位置主要由层间错动带控制。从左侧路堑边坡的位移

影响区域看，卸荷位移影响范围达到 3 倍左右坡高。综合分析以上卸荷后的应力和变形场变化，可知卸荷影响范围内存在薄弱岩体时首先产生破坏，在条件允许时影响整个坡体的稳定性；卸荷影响范围可达到 3 倍的开挖深度。

图 3.52　开挖后位移云图

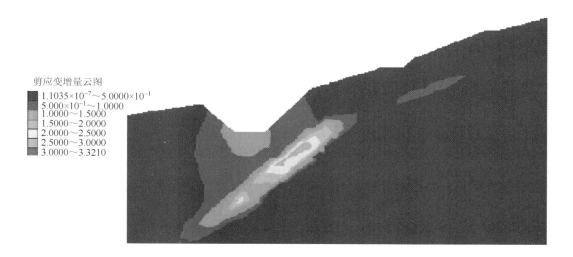

图 3.53　开挖后剪应变增量云图

2. 碎裂岩质高切坡变形破坏机制

（1）计算方法

离散元方法对解决节理裂隙发育岩体介质具有优势，双大路滑坡地质体为碎裂岩体，节理裂缝发育。本书首先采用目前流行离散元计算软件 UDEC 进行数值模拟。

同时对相同的模型采用 FLAC3D 软件进行模拟计算，以期在获得变形破坏规律的同时，获得对节理在碎裂岩体中作用的认识。

根据以上两种数值模拟的计算结果确定节理对本滑坡变形破坏模式的影响较小，从用户交互便捷性方面考虑选择 FLAC3D 计算方法进行以后各个机理的模拟计算。

（2）基于 UDEC 法的变形破坏机制

a）计算模型

计算选用主滑断面具有代表性的地质剖面，综合考虑边坡岩性组合及岩体结构特征等因素，对地质条件进行概化，建立的模型见图 3.56。基本计算条件如下。

1）计算范围见图 3.54。

2）块体莫尔-库仑本构模型，接触面采用库仑滑动模型。

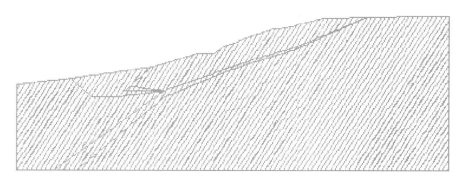

图 3.54　滑坡计算模型（UDEC）

3）总体上考虑一组节理，与 x 轴正方向呈 60°角，间距 3m。

4）初始应力场为自重应力场。

5）边界条件：左右两侧边界做 x 方向约束，底部边界做 y 方向约束，开挖面为自由面。

b）计算参数

根据前期勘查资料及试验数据，结合现场调查资料及工程地质类比，综合确定边坡内各岩土体和结构面的物理力学参数，见表 3.8。

表 3.8　滑坡岩体及结构面力学参数

参数	页岩组（Ⅴ类岩体）	泥质白云岩组（Ⅳ类岩体）	层间错动带参数	层间错动层面	节理面
天然重度/(kN/m³)	21.7	26.7	21.7		
饱和重度/(kN/m³)	22.1	26.9	22.1		
体积模量/MPa	635	2033	523		
剪切模量/MPa	545	1300	417		
黏聚力/kPa	20	50	20	20	20
摩擦角/(°)	22	30	15	15	22
抗拉强度/MPa	0.1	1.1	0.01	0.01	0.01

c）灾变高切坡计算结果及分析

1）灾变高切坡应力场规律。高切坡主应力矢量图见图 3.55。从图中可以看出，边坡开挖卸荷引起应力重分布，主应力迹线发生明显偏转；受岩体结构特征及岩性组合的影响，应力场在层间错动带上明显表现出应力集中现象，这一带是坡体中最容易发生变形和破坏的部位，这与监测数据及分析基本吻合。卸荷引起的层间错动带上的应力集中破坏，导致坡体沿层间错动带的整体变形。同时抗滑段应力矢量密集杂乱，反映此处应力受到主滑段坡体挤压及抗滑段自身应力调整的复杂作用。坡体剪应力分布曲线见图 3.56，说明层间错动带上剪应力集中，在靠近开挖面的凸点部分出现明显的剪应力集中，从而诱发了滑坡。

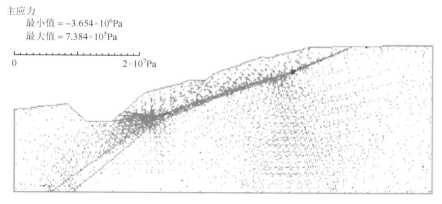

图 3.55　高切坡体主应力矢量分布图

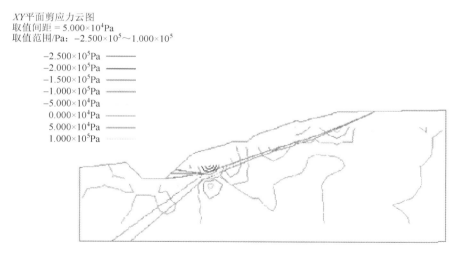

图 3.56　高切坡体剪应力分布图

2）高切坡位移规律。高切坡位移计算结果见图 3.57。从图中位移分布规律看，滑移面整体呈贯通趋势；在方向上的规律方面，后缘滑移以向下位移为主，中下部滑移沿层间错动带方向，前部向临空面发生，坡面部分为斜向下，潜在剪出部分主要为水平方向，说明高切坡变形破坏的潜在滑面应是沿着水平方向。

在位移大小方面：后部牵引部分位移量最小，主滑段部分位移量基本相同，这同监测数据基本吻合，抗滑段路堑边坡位移量最大，这与前缘荷载卸荷变形的边坡浅层稳定性有关，在水平的潜在剪出面上位移量相对地表小，但是密度较大，由此处节理分布密集造成。

由以上高切坡体应力和变形规律可以看出，高切坡体整体上表现出的易滑的坡体结构是滑坡形成的物质基础，验证了本章理论分析的正确性。

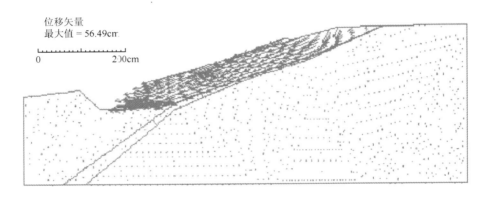

图 3.57　高切坡位移矢量分布图

从离散元的计算结果看，坡体的整体应力分布及变形等受到的坡体结构的影响较大，节理裂隙相对较小。因此本章采用图形效果较好和用户交互操作便捷的 FLAC3D 软件进行模拟计算。

（3）基于 FLAC3D 法的变形破坏机制

a）计算模型及参数

用 FLAC3D 法计算时不考虑节理裂隙的影响，对不同的材料辅以不同的物理力学参数。不用事先假定节理裂隙间距及产状。

计算模型见图 3.47，计算参数见表 3.9。

表 3.9　高切坡岩体及结构面力学参数

参数	页岩	泥质白云岩	层间错动带参数
天然重度/(kN/m³)	21.7	26.7	21.7
体积模量/MPa	635	2033	523
剪切模量/MPa	545	1300	417
黏聚力/kPa	20	50	20
摩擦角/(°)	22	30	15
抗拉强度/MPa	0.1	1.1	0.01

b）计算结果及分析

1）高切坡应力场。图 3.58～图 3.60 为碎裂岩体高切坡在开挖卸荷后的坡体应力分布。数值计算结果表明，在整个斜坡顶部及上级边坡，前缘路堑开挖边坡均出现不同的拉应力集中现象，见图 3.58 和图 3.60，正值部分为拉应力区，边坡浅表层岩体破碎，呈碎裂结构，在这种应力状态下极可能发生局部失稳，这是边坡开挖过程中局部产生浅表层破坏、前缘坍塌的原因。

最大主应力云图/Pa
- $-1.4581\times10^5 \sim -1.4000\times10^5$
- $-1.4000\times10^5 \sim -1.2000\times10^5$
- $-1.2000\times10^5 \sim -1.0000\times10^5$
- $-1.0000\times10^5 \sim -8.0000\times10^4$
- $-8.0000\times10^4 \sim -6.0000\times10^4$
- $-6.0000\times10^4 \sim -4.0000\times10^4$
- $-4.0000\times10^4 \sim -2.0000\times10^4$
- $-2.0000\times10^4 \sim -0.0000\times10^4$
- $0.0000\times10^4 \sim 2.1500\times10^4$

图 3.58 最大主应力分布图（正值部分为拉应力）

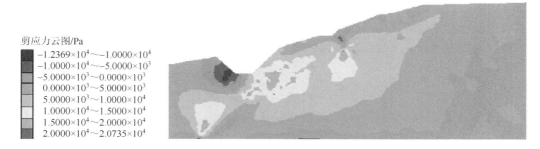

剪应力云图/Pa
- $-1.2369\times10^4 \sim -1.0000\times10^4$
- $-1.0000\times10^4 \sim -5.0000\times10^3$
- $-5.0000\times10^3 \sim 0.0000\times10^3$
- $0.0000\times10^3 \sim 5.0000\times10^3$
- $5.0000\times10^3 \sim 1.0000\times10^4$
- $1.0000\times10^4 \sim 1.5000\times10^4$
- $1.5000\times10^4 \sim 2.0000\times10^4$
- $2.0000\times10^4 \sim 2.0735\times10^4$

图 3.59 剪应力分布图

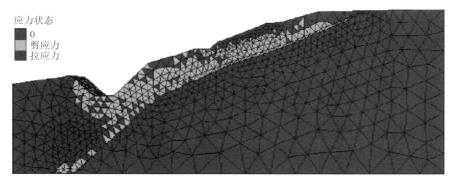

应力状态
- 0
- 剪应力
- 拉应力

图 3.60 最大主应力云图

　　如图 3.59 所示，边坡开挖后坡体内部软弱夹层出现剪应力集中现象。剪应力集中区域主要发生在层间错动带的中下部，岩体沿软弱夹层产生顺层滑移，由于该软弱夹层未临空，受上部岩体推动和底部岩体的阻止作用，开面右下方应力集中程度较高。由于坡体浅表层岩体破碎，在这种应力环境下，沿最大剪应力面逐渐贯通，形成潜在剪出口。如图 3.60 所示，由层间软弱夹层及坡脚附近碎裂岩体中的最大剪应力面组成的潜在滑面逐渐贯通，在一定条件下将发生整体失稳破坏。

　　2）高切坡位移场。高切坡位移矢量图见图 3.61。位移变形的规律同 UDEC 的计算结果类似，高切坡呈现整体滑移趋势。基底面以下的位移矢量较大与本书模拟时的加卸载模量变化取值等有关。

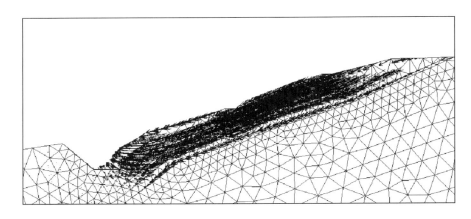

图 3.61　　高切坡位移矢量图

　　c）滑坡形成演化机制

　　滑面（带）岩土体的破坏是剪切破坏。滑坡形成的过程就是滑面的贯通过程。下面通过不同计算时步来分析开挖后滑面的贯通过程，进一步揭示其形成演化机理，见图 3.62。计算中通过同比例弱化主滑段和抗滑段参数而使得滑坡体整体失稳（稳定性系数 $k = 1$）。

　　由图 3.62 可以看出，滑面的形成过程就是层间错动带这一软弱带不断剪切破坏的过程，由此也可以得出，对于地质弱面明显存在的滑坡，其变形破坏过程符合渐进破坏原理。

　　1）开挖卸荷完成后，卸荷影响范围内的坡体变形强烈，尤其是坡脚附近受到的剪应力最大，见图 3.62（a）；卸荷影响范围内的岩体发生剪切变形，引起软弱带在上覆自重应力作用下出现剪应力集中现象。

　　2）滑坡的抗滑段碎裂岩体抗剪强度较高，未发生剪切破坏，而中下部软弱带上的岩土体发生较大的剪应变，逐渐向上发展，引起主滑段中后部岩体发生剪切变形和牵引变形，在各种应力综合作用下，中后部主滑段发生破坏，见图 3.62（b），后缘产生了拉张裂缝。

剪应变增量云图

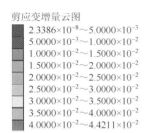

2.3386×10⁻⁸～5.0000×10⁻³
5.0000×10⁻³～1.0000×10⁻²
1.0000×10⁻²～1.5000×10⁻²
1.5000×10⁻²～2.0000×10⁻²
2.0000×10⁻²～2.5000×10⁻²
2.5000×10⁻²～3.0000×10⁻²
3.0000×10⁻²～3.5000×10⁻²
3.5000×10⁻²～4.0000×10⁻²
4.0000×10⁻²～4.4211×10⁻²

(a) 计算1000时步

剪应变增量云图

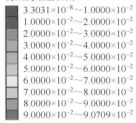

3.3031×10⁻⁸～1.0000×10⁻²
1.0000×10⁻²～2.0000×10⁻²
2.0000×10⁻²～3.0000×10⁻²
3.0000×10⁻²～4.0000×10⁻²
4.0000×10⁻²～5.0000×10⁻²
5.0000×10⁻²～6.0000×10⁻²
6.0000×10⁻²～7.0000×10⁻²
7.0000×10⁻²～8.0000×10⁻²
8.0000×10⁻²～9.0000×10⁻²
9.0000×10⁻²～9.0709×10⁻²

(b) 计算2000时步

剪应变增量云图

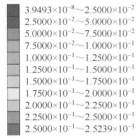

3.9493×10⁻⁸～2.5000×10⁻²
2.5000×10⁻²～5.0000×10⁻²
5.0000×10⁻²～7.5000×10⁻²
7.5000×10⁻²～1.0000×10⁻¹
1.0000×10⁻¹～1.2500×10⁻¹
1.2500×10⁻¹～1.5000×10⁻¹
1.5000×10⁻¹～1.7500×10⁻¹
1.7500×10⁻¹～2.0000×10⁻¹
2.0000×10⁻¹～2.2500×10⁻¹
2.2500×10⁻¹～2.5000×10⁻¹
2.5000×10⁻¹～2.5239×10⁻¹

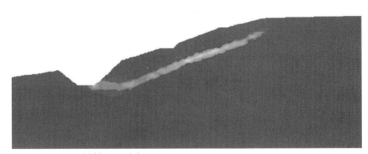

(c) 计算4000时步

剪应变增量云图

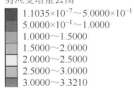

1.1035×10⁻⁷～5.0000×10⁻¹
5.0000×10⁻¹～1.0000
1.0000～1.5000
1.5000～2.0000
2.0000～2.5000
2.5000～3.0000
3.0000～3.3210

(d) 计算结束（稳定系数$k=1$）

图 3.62　滑坡形成演化过程

3）随着剪应力增大，主滑段逐步贯通，继而挤压前缘抗滑段，主滑段及后部牵引段破坏，拉张裂缝主要发生在后缘充分证明了这点，主滑段贯通的范围与现场实际裂缝分布的范围大体相同，说明了数值模拟的合理性。图 3.62（c）的状态基本接近滑坡治理前的状态（对比第 4 章反分析的状态），在此前的整个过程中，滑坡前部发生剪切变形，但是未达到破坏，成为控制整个滑坡稳定性的关键。

4）抗滑段在主滑段和牵引段的挤压下被破坏，滑面贯通，此时稳定性系数为 1，计算停止，见图 3.62（d）。以上各个模拟计算结果验证了本书理论分析的正确性。

3.3　高切坡破坏演化阶段划分和特征信息识别

合理的高切坡分类是高切坡分析和防治的基础。因为高切坡的孕育环境是高切坡变形演化的基础条件，在不同的孕育环境中，高切坡也通常体现出不同的形态和特征。现行的高切坡分类方法有很多，主要可以归纳为：按滑动面与层面的关系分类，按高切坡形成时代分类，按高切坡岩土体类型分类，按高切坡力学性质分类等。在众多的高切坡分类方法中，按高切坡力学性质分类方法对高切坡的防治具有重大的意义，因而应用较为广泛。该分类标准的主要内容是：高切坡按照其起始滑动部位的差异和滑动力学性质的不同，可以分为推移式滑坡、牵引式滑坡和平移式滑坡，见图 3.63。

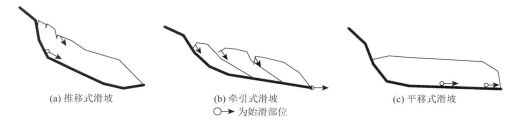

(a) 推移式滑坡　　　　　(b) 牵引式滑坡　　　　　(c) 平移式滑坡
○→ 为始滑部位

图 3.63　滑坡力学性质分类

推移式滑坡详见图 3.63（a），变形和滑动起始于滑坡的后缘位置，后缘滑体的滑动逐渐向坡体前缘扩展，推动前缘滑体滑移。在作用方式上表现为后缘滑体推动前缘滑体变形移动，因而被贴切地称为推移式滑坡。引起推移式滑坡后缘滑体滑移的主要因素有后缘崩坡积物质的堆积、后缘重物堆载、后缘建（构）筑物的修建等。牵引式滑坡详见图 3.63（b），变形和失稳滑移起始于滑坡的前缘，前缘滑体首先失稳滑移，后缘滑体由于前缘滑体滑移而临空，进而产生变形和失稳滑动，滑坡的变形和破坏逐渐由前缘向后部扩展。引起牵引式滑坡前缘变形失稳滑移的主要因素有斜坡坡脚部位受河流冲刷、侵蚀，人工开挖坡脚等。平移式滑坡见图 3.63（c），起始滑动部位分布于滑坡的众多部位。滑坡的众多部位以不同方式启动，并逐渐扩展、发展、贯通。本章主要选取推移式滑坡和牵引式滑坡作为研究对象。

3.3.1　高切坡多场信息演化物理模型试验设计

高切坡是一个固、液、气三相体系，其变形破坏具备应力场、渗流场、湿度场等多场演化特征。从多场、多参量角度对高切坡演化特征展开研究，相对于常规位移信息量研究更加系统全面。为了探索渐进推移式高切坡多场信息演化特征，本书以前文中自主研发的高切坡多场信息监测与模型试验平台为基础，通过选取典型地质模型，在室内重现渐进推移式高切坡的变形破坏过程，监测采集高切坡模型变形滑移过程中的多场信息（变形场、速度场、应力场和温度场），结合高切坡变形演化阶段划分，对渐进推移式高切坡多场信息演化特征展开了研究。

3.3.1.1　相似准则

框架式物理模型试验是以高切坡原型为基础，按照高切坡模型和原型之间的相似准则，在 1g 重力场条件下开展高切坡的破坏过程研究。物理模型试验相似理论是指高切坡原型与室内模型之间应该满足几何相似、质量相似、荷载相似、介质物理性质相似和边界条件相似几个方面的相似性。几何相似是指模型和原型的外形相似，相应的尺寸具有一定的比例关系。通俗地讲，就是模型是原型的几何复制体。质量相似是指模型和原型之间的质量大小和分布满足一定的比例关系。框架式物理模型试验基础相似为质量相似，即模型与原型之间具有相同的密度。荷载相似是指模型与原型所受荷载方向一致，大小满足比例关系。框架式物理模型试验中，荷载多为重力。而在满足长度相似和密度相似的情况下，质量相似自然满足。介质物理性质相似要求模型与原型之间应力、应变、刚度、泊松比相似。边界条件相似是指模型与原型同外界接触部位的各种条件保持相似。

采用量纲分析和 π 方程推导可知高切坡原型和模型应该满足如下相似比：

$$\begin{cases} l^* = n \\ g^* = \varphi^* = u^* = 1 \\ \dfrac{\sigma^*}{c^*} = \dfrac{l^* \rho^*}{c^*} = \dfrac{\varepsilon^* E^*}{c^*} = \dfrac{p^*}{c^*} = 1 \\ \dfrac{k^* t^*}{l^*} = \dfrac{q^* t^*}{l^*} = \dfrac{\varepsilon^* u^*}{l^*} \\ \dfrac{v^*}{k^*} = 1 \end{cases} \tag{3.34}$$

式中，l^*、ρ^*、c^*、φ^*、E^*、v^*、σ^*、ε^*、u^*、p^*、k^*、t^*、g^*、q^* 分别表示长度相似比、密度相似比、黏聚力相似比、内摩擦角相似比、杨氏模量相似比、泊松比相似比、应力相似比、应变相似比、位移相似比、正应力相似比、渗透系数相似比、时间相似比、流速相似比、剪应力相似比。

3.3.1.2　模型概化

模型概化主要包括两个方面的内容：地质模型概化和环境试验条件概化。高切坡地质力学模型研究中，"三段式滑动模式"得到了广大学者的认可。"三段式滑动模式"的基本内容为：高切坡一般是由主滑段、牵引段和抗滑段组成，详见图 3.64。

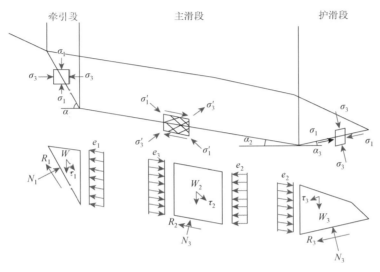

图 3.64　三段式滑动模式及其应力场示意图

在遵循"三段式滑动模式"，并充分利用现有模型框架的基础上，以某灾变高切坡为原型，开展了此次模型试验概化工作。选取灾变高切坡主滑剖面作为代表剖面，进行此次模型试验研究。由于试验场地条件、加工工艺的限制，自主设计的模型试验框架尺寸为长×宽×高 = 2.0m×1.0m×1.5m。试验框架一侧透明，可以作为观测窗同步观测坡体内部滑动面的形成过程。为了对抗滑桩与高切坡体相互作用展开精细研究，综合模型抗滑桩制作工艺，初步选择模型的相似比为 1：40。所选择的相似比引起了室内模型尺寸与试验框架尺寸之间的矛盾。在保留该相似比的基础上，需要对坡体的形态进行必要的概化。以刚体极限平衡法为基础，保持概化前后模型的稳定性系数一致，对试验原型的尺寸进行了概化。

值得注意的是：本书并非在室内重现其原型的破坏过程，是以原型的地质结构为基础概化出简化模型，试验原型灾变高切坡已采用抗滑桩加固治理，此次模型试验是抗滑桩加固模型试验的前期基础工作。

3.3.1.3　高切坡模型试验相似材料选择及配比

此次模型试验采用重力相似比 C_g、密度相似比 C_p 为 1，几何相似比 $C_l = 40$，假设材料为各向同性，由无量纲量相似比等于 1，推导出其余各参数的相似比分别为 $C_c = \lambda, C_\varphi = 1, C_E = \lambda, C_u = 1, C_u = \sqrt{\lambda}$，详见表 3.10。

表 3.10　高切坡模型试验相似比（$\lambda = 40$）

项目	相似比	项目	相似比
长度	λ	重度	1
密度	1	黏聚力	λ
摩擦角	1	弹性模量	λ
泊松比	1	渗透系数	$\sqrt{\lambda}$

　　高切坡相似材料选择时应该把握以下原则：①相似材料应该具有小弹性模量、高重度、低黏聚力、小摩擦角、较小的渗透系数；②价格低廉，易于成型；③滑带相似材料是试验成败的关键，应该优先满足其黏聚力和摩擦角的相似。

　　本次模型试验中涉及的相似材料由滑体、滑带、滑床组成。滑床较为稳定，罗先启等提出采用砖石御体构建坡面，辅以砂浆和石膏薄层构建坚固、光滑、透水性较弱的表面。本次试验中滑体相似材料采用类似方式构建，该方法价格低廉，简单且易于成型。对灾变高切坡的相似材料进行了系统性的研究，探讨了各组成成分对坡体相似材料物理力学性质的影响。本次模型试验以该研究为基础，选择滑体土、江砂、膨润土、玻璃微珠磨料、水为基本配比材料，设计了高切坡模型试验相似材料配比方案，确定了此次模型试验相似材料的最佳配比。相似材料的详细配比方案如下：滑体采用原型土、膨润土、江砂、自来水（质量比为 49.1∶39∶0.9∶1）配比而成；滑带采用原型土、玻璃微珠磨料、自来水（质量比为 32∶60∶8）配比而成。该配比方案下的相似材料的力学性质详见表 3.11。

　　由相似材料的物理力学参数对比可以看出，该配比方案能够基本满足相似比的要求；滑体相似材料的弹性模量实际相似比同理论相似比存在较大的偏离，但是作为模型试验成败关键的滑带相似材料的弹性模量能够基本满足理论相似比。坡体相似材料方案确定后，需要按照概化的坡形砌置模型。为了控制相似材料物理力学性质的均一性，相似材料配制时采用搅拌机对原始材料进行搅拌。搅拌后的相似材料由人工进行压实、挤密，堆砌到相应的位置后植入土压力盒，直至整个坡体堆砌完成。砌筑成型后，坡面等间距布设球形工字钉，作为坡面位移的监测点。

表 3.11　相似材料的力学性质

项目		原型	模型
密度	滑体	21.14	19.2
	滑带	20.3	16.8

续表

项目		原型	模型
黏聚力	滑体	50	11.2
	滑带	32	11.28
摩擦角	滑体	24	18.91
	滑带	22	18.1
弹性模量	滑体	300	2.4
	滑带	100	2.2

3.3.1.4　加载与监测方案

1. 后缘推力加载方案

高切坡模型试验常用的加载方式有离心机加载、倾斜加载和后缘推力加载等。离心机加载通过离心机的高速旋转对模型施加离心力，模拟坡体所受到的重力作用。倾斜加载通过抬升模型平台，增大模型的下滑力，降低坡体的稳定性。后缘推力加载是指在坡体的后缘通过加载系统施加坡体的下滑力。

倾斜加载是对整个坡体模型应力状态的改变，但其最主要的变化趋势是模型前缘偏应力增大，坡体前缘首先产生塑性变形，因而该类加载方式下坡体的前缘首先发生破坏。该变形破坏方式有别于推移式高切坡的变形破坏模式。而后缘推力加载方式，坡体后缘首先产生塑性破坏，同推移式高切坡的变形破坏模型相同，因而本章采用后缘推力的加载方式。该加载方式能够连续降低坡体的稳定性，模拟推移式高切坡的变形破坏，具体的研究过程可以参考夏浩等（2015）的前期工作。

试验中，通过加载系统在坡体后缘施加平行于滑动面的推力，模拟坡体失稳过程中的剩余下滑力。荷载的施加过程可以概括为以下阶段：①等速施加 250N 的后缘推力，该过程历时 75min。②分级施加荷载增量。荷载增量的大小为 200N，施加过程维持时间为 60min，其中前 20min 为等速施加荷载增量，后 40min 为荷载维持时间。③重复以上分级加载方式，直至高切坡发生破坏。后缘推力加载方案设计详见图 3.65。

2. 监测方案

试验中的主要监测内容包括后缘推力荷载、坡体内部土压力、坡面变形、坡面速度及坡面温度，监测内容详见图 3.66。

MTS 加载系统在施加荷载的同时可以自动同步记录所施加的后缘推力荷载。坡体内部土压力由微型土压力盒监测，数据测量间隔为 10s。坡面变形测量由布设于框架前缘的三维激光扫描仪完成，距离模型前缘约 2m，数据采集间隔为 5min，每次坡面耗时约为 2min，

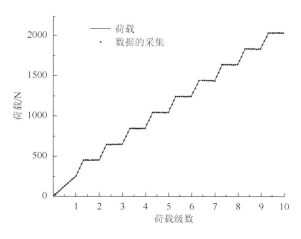

图 3.65   后缘推力分级加载设计图

扫描分辨率设定为 1mm。三维激光扫面数据采集方案详见图 3.66。坡面速度由布设于坡体顶部的摄像机同步采集坡体变形图像。坡面温度监测由布设于坡面顶部的红外热像仪完成，监测区域位于坡体的中后部位移，监测区域大小为 19cm×24.3cm。坡体内部土压力盒空间位置、坡面监测点位置、坡面温度监测区域位置详见图 3.66。试验开始前，对坡体进行一次点云数据采集和坡面初始温度采集，获取变形之前的坡面形态和初始温度分布，作为后文点云处理和温度差值处理的基础。

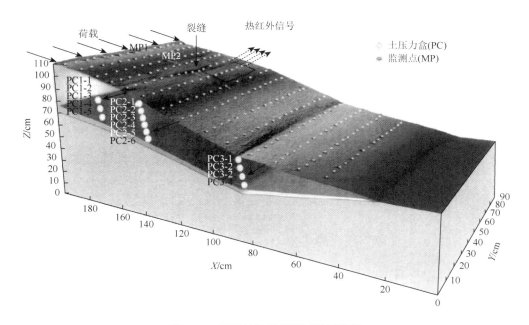

图 3.66   高切坡物理模型试验示意图

3.3.2　高切坡模型演化阶段划分

3.3.2.1　高切坡模型变形破坏过程

此次模型试验共持续 84.3h，后缘推力加载曲线详见图 3.67。通过坡体点云数据，拟合坡体后缘监测点 MP1 和 MP2 重心，获得监测点的位移-荷载-时间曲线，详见图 3.67。

基于后缘加载系统推力曲线和坡体典型监测点的位移曲线，整个模型试验坡体的试验过程可以概括为：整个试验过程中，坡体监测点位移-荷载-时间曲线呈现出阶跃型；试验初期，监测点位移较小，以监测点 MP1 为例，至 1.53h 监测点位移仅为 0.9mm；随着坡体后缘第二级推力 485N 的施加，监测点产生较大的位移增量，而后保持匀速增长，至 6.38h 监测点位移达到 6.7cm；当后缘推力荷载达到 1368N 时，坡体产生较大的位移增量；而后坡体位移平稳增长，至 8.52h 监测点 MP1 的位移达到 14.6cm；坡体发生破坏时，后缘推力荷载达到峰值 1873N，坡体发生快速变形，监测点 MP1 激增至 45cm。坡体失稳时，通过框架侧面观测窗监测到的滑动面形态如图 3.67 所示。

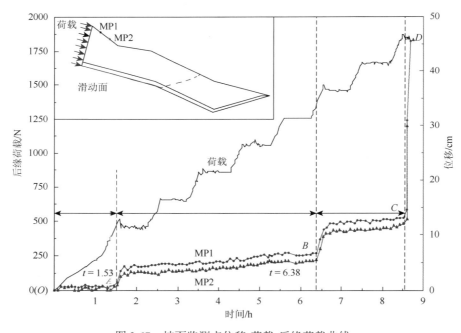

图 3.67　坡面监测点位移-荷载-后缘荷载曲线

土压力数据的衰减可以用来反映坡体滑动面的形成，其确定过程示意图详见图 3.68（a），滑动面产生破坏滑移之前，斜坡土体压缩变形，坡体内部土压力盒监测数据同步保持增长趋势；当滑动面产生滑移破坏时，滑动面附近土压力盒产生滑移，土压力盒监测数据衰减。提取坡体内部土压力盒 1-5 与 2-6 监测数据，得到坡体滑带处土压力-时间曲线，详见图 3.68，土压力盒的空间位置详见图 3.67 和图 3.68。

　　由土压力-时间曲线可知，试验初期至后缘推力荷载达到 485N（1.53h），坡体内部土压力同初始应力差别不大，坡体表面变形微弱；随着后缘推力荷载的增大，坡面位移和坡体内部土压力同步增长；当坡体后缘推力荷载达到 1368N 时（距离试验开始 6.38h），距离坡面深度为 30cm 的微型土压力盒 1-5 土压力监测数据显示，坡体内部土压力呈现出衰减趋势，土压力盒 2-6 监测土压力出现振动趋势，而后继续增长；直至后缘推力荷载达到 1873N 时，土压力盒 2-6 土压力急剧衰减。以上土压力盒的监测结果表明，斜坡土体 1-5 位置的滑移破坏产生于后缘推力荷载为 1368N（6.38h），斜坡土体 2-6 位置的滑移破坏产生于后缘推力荷载为 1873N（8.52h）；后缘推力荷载 1368~1873N 施加过程对应于斜坡模型渐进扩展过程。

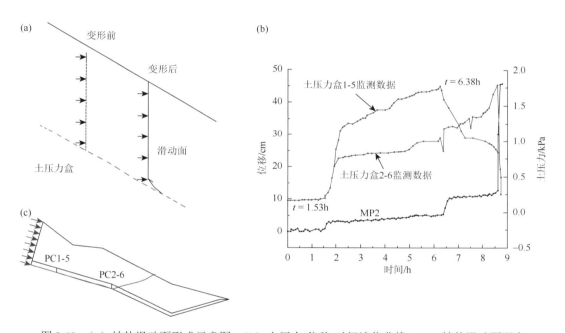

图 3.68　（a）坡体滑动面形成示意图；（b）土压力-位移-时间演化曲线；（c）坡体滑动面形态

3.3.2.2　高切坡模型演化阶段

　　此次模型试验过程中，监测点的位移-时间曲线呈现出明显的台阶状。将该台阶状的位移-时间曲线划分为 4 个阶段：初始变形阶段、匀速变形阶段、加速变形阶段和整体破坏阶段。

　　初始变形阶段详见图 3.67 中的 $O \sim A$，该阶段由试验开始持续 1.53h，后缘推力荷载加载至 485.22N，监测点 MP1 和 MP2 的变形较小，坡面并未观察到肉眼可见的裂缝。

　　匀速变形阶段详见图 3.67 中的 $A \sim B$，该阶段由 1.53h 持续至 6.38h，后缘推力荷载由 485.55N 加载至 1367.93N。1.53~1.71h 第二级荷载施加完毕（485.55N—586.5N—457.89N）引起监测点位移的激增，监测点平均速度达到 3.2~7.2cm/h。1.71~6.38h 后缘推力荷载由

457.89N 加载至 1367.93N，监测点基本上以相同的速率持续变形，平均速度为 0.4～0.7cm/h。垂直于主滑方向的断续裂缝出现在坡体表面。

加速变形阶段详见图 3.67 中的 $B\sim C$，该阶段由 6.38h 持续至 8.52h，后缘推力荷载由 1367.93N 加载至 1873.32N。此阶段初期（6.38～6.72h），后缘推力荷载由 1367.93N 加载至 1452.32N，监测点的位移激增，监测点平均速度达到 9.4～11.6cm/h。而后后缘推力荷载由 1452.32N 加载至 1873.32N（对应于试验的 6.72～8.52h），监测点的位移以 0.7～0.9cm/h 的速率持续增长。

整体破坏阶段详见图 3.67 中的 $C\sim D$，后缘推力荷载达到峰值强度，监测点位移激增，平均速度达到 76.4～141.8cm/h。坡体发生整体失稳滑动破坏。

3.3.3　高切坡模型多场信息演化特征

高切坡的变形滑移具有多场信息演化特征，不同演化阶段的多场信息特征相应地具有一定的差异性。本节以前文的变形演化阶段划分为基础，对各阶段的多场信息演化特征展开研究。本书多场信息特征主要包括坡面变形特征、坡体推力和坡面温度特征等。

3.3.3.1　高切坡模型坡面变形

颗粒图像测速技术用于获取坡体表面监测点的速度矢量，对坡面变形演化特征展开研究，坡面监测点的变形矢量详见图 3.69～图 3.70。由图中的速度矢量可得以下结论。初始变形阶段（0～485.22N，0～1.53h），坡体的速度矢量呈现出均匀模式，详见图 3.69，坡体的速度矢量均指向同方向——指向坡体的主滑方向；坡体的速度矢量主要集中于坡体的后缘部位，该迹象显示坡体的变形主要集中于坡体的后缘部位，中前部位置并未变形；坡体点云数据显示，坡面未见肉眼可见的裂缝，参见图 3.69。

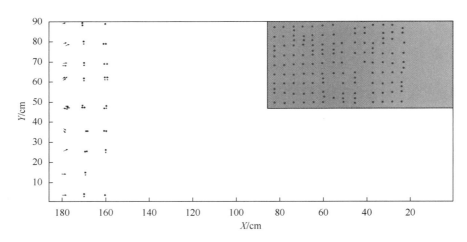

图 3.69　初始变形阶段坡面变形矢量（$t = 1.53$h）

匀速变形阶段（485.22~1367.93N，1.53~6.38h），相对于前一个阶段，此阶段坡体的速度矢量水平方向分量显著增大；此阶段的速度矢量主要集中于坡体的中部位置；坡体的点云数据显示坡体出现断续的垂直于主滑方向的裂缝；对比坡体的速度矢量和坡面裂缝的位置可以发现，此阶段坡体的速度矢量主要集中于坡体的裂缝位置，参见图 3.70。

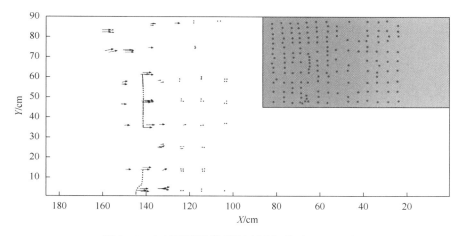

图 3.70　匀速变形阶段坡面变形矢量（$t = 6.38$h）

加速变形阶段（1367.93~1873N，6.38~8.76h），坡体的速度矢量水平方向分量进一步增大；坡体的速度矢量主要集中于坡脚部位；前一阶段坡面断续裂缝进一步贯通；对比坡面速度矢量和坡面裂缝位置可以发现，此阶段坡体的速度矢量同样集中于坡体的裂缝位置，详见图 3.71。

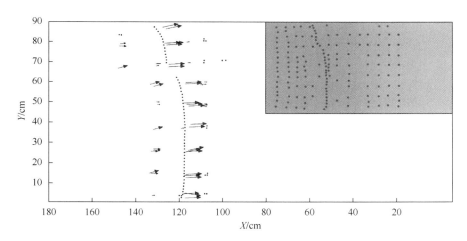

图 3.71　加速变形阶段坡面变形矢量（$t = 8.52$h）

由以上结果可以看出，初始变形阶段坡体的速度矢量于坡体的后缘部位呈现出均匀模型；匀速变形阶段坡体的速度矢量集中于坡体的裂缝位置；随着荷载和变形的增加，速度矢量集中于坡脚部位。

3.3.3.2 高切坡模型坡体推力

推力（岩土侧压力）的计算和确定是高切坡支挡结构设计的基础，通常采用极限平衡法确定支护结构上的推力。计算推力时首先确定滑动面的位置、形状及岩土体物理力学参数，根据传递系数法计算单位宽度滑体的推力；其次需要明确推力的作用形式，通常作用在支护结构上的推力是假定的，一般假定为矩形、抛物线、梯形或者三角形。常用的推力的分布形式详见图 3.72。不同分布形式的推力假定使支挡结构内力计算结果有很大的差异，且忽视了推力分布形式随高切坡演化过程的动态特征。以前文的高切坡演化阶段划分为基础，对各阶段推力分布特征展开研究。需要指出的是上述推力演化特征并未考虑桩上相互作用。

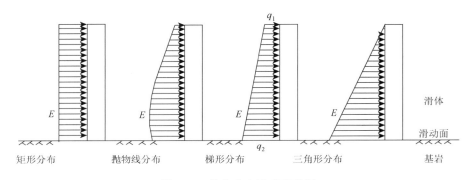

图 3.72　推力分布形式示意图

初始变形阶段（0～485.22N）推力分布特征详见图 3.73（a）。由图中推力分布特征可知，初始变形阶段坡体的推力分布形式呈现出梯形分布，详见图 3.73（b）和图 3.73（c）；推力最大值位于坡体表面，后缘沿深度方向推力的最大值位于 PC1-1，数值为 0.20kPa；中部沿深度方向推力的最大值位于 PC2-2，数值为 0.22kPa；由图 3.73（d）推力空间分布可以看出，坡体推力最大值位于坡形转折处，此处应力集中。

后缘推力荷载作用范围为 485.22～1368N 时，坡体处于匀速变形阶段。由图 3.74 可以看出：此阶段推力分布特征不同于前几个阶段，推力分布形式呈现出梯形，详见图 3.74（b）和图 3.74（c）；推力最大值位置由坡体表面转移至坡体的深部位置；坡体后缘位置，推力的最大值位于 PC-4，数值为 2.22kPa；坡体中部位置，推力的最大值位于 PC-3，数值为 1.59kPa；由推力空间分布可以看出，推力最大值位于坡体的后缘位置。

后缘推力荷载达到 1368N 时，坡体进入加速变形阶段，此阶段的峰值荷载为 1873N。当后缘推力荷载达到 1650N 时，推力分布特征详见图 3.75。此阶段推力分布特征呈抛物线型；后缘推力最大值位于 PC1-4，数值为 3.07kPa；中部推力分布也呈抛物线型，最大值位于 PC2-3，数值为 1.83kPa；由坡体推力空间分布特征可以看出，此阶段推力最大值由前一阶段的坡面 15cm 下移至坡体深部 20cm 处。

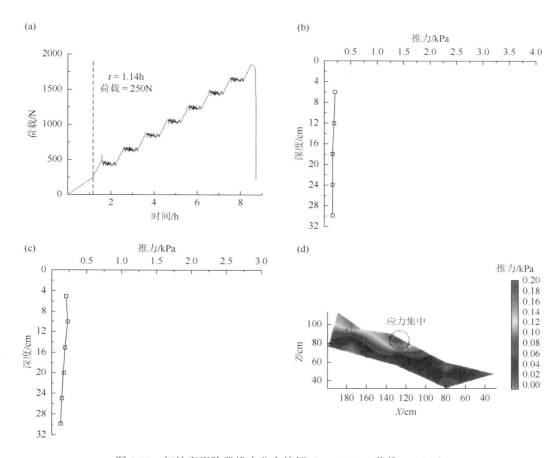

图 3.73　初始变形阶段推力分布特征（$t=1.14$h，荷载 $=250$N）

（a）后缘推力荷载-时间曲线；（b）后缘推力-深度曲线；（c）中部推力-深度曲线；（d）推力特征

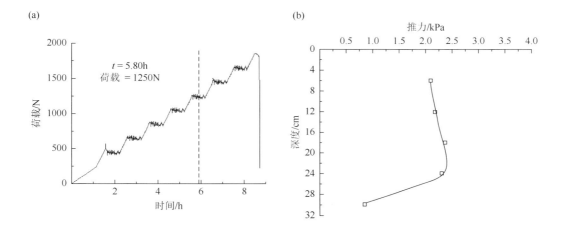

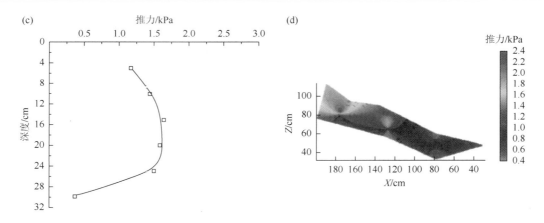

图 3.74　匀速变形阶段推力分布特征（$t = 5.80h$，荷载 $= 1250N$）

（a）后缘推力荷载；（b）后缘推力-深度曲线；（c）中部推力-深度曲线；（d）推力特征

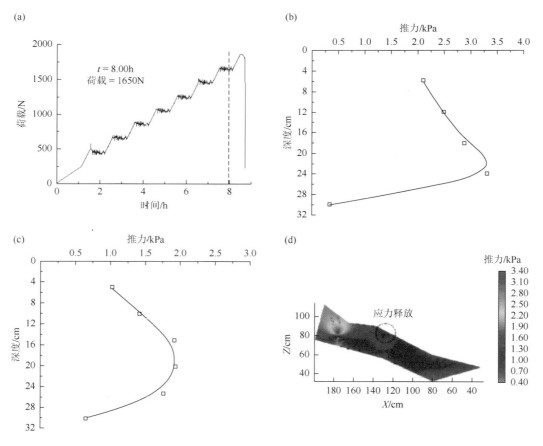

图 3.75　加速变形阶段推力分布特征（$t = 8.00h$，荷载 $= 1650N$）

（a）后缘推力荷载-时间曲线；（b）后缘推力-深度曲线；（c）中部推力-深度曲线；（d）推力特征

此次模型试验的结果显示,坡体的推力分布特征并非是一成不变的,其分布特征随高切坡变形阶段的演化而变化;初始变形阶段推力分布特征呈现出矩形分布,匀速变形阶段推力分布特征呈现出抛物线分布,加速变形阶段推力分布呈现出抛物线分布;坡体推力的最大值随着变形阶段的演化下移至坡体的深部区域。因此,合理的支挡结构设计,其推力分布形式应该建立在高切坡演化阶段识别的基础上,处于不同演化阶段的坡体,其推力分布形式应采用不同的分布形式:处于初始变形阶段的坡体,其推力分布形式推荐采用矩形分布形式;处于匀速变形阶段的坡体,建议采用梯形分布形式;处于加速变形阶段的坡体,其推力分布形式建议采用抛物线分布形式。

3.3.3.3　高切坡模型坡面温度场

模型试验过程中采用了一系列措施,排除和减弱环境因素对坡面温度的干扰。主要措施包括禁止人员在试验区域内走动;关闭门窗,并于阴雨天开展此次试验,避免阳光散射。

坡体的红外辐射动态特征由布设于坡体表面的红外热像仪监测,选取坡体温度变化明显的区域对高切坡变形过程中坡面温度场演化特征展开研究,该研究区域的尺寸为$19cm \times 2.3cm$。以试验开始前坡体的初始温度分布为基准,将变形后的模型温度分布与初始温度分布对齐后,进行差值处理,提取坡面温度增量。坡体变形过程中坡面温度增量分布特征详见图 3.76~图 3.78,温度增量分布特征以云图形式呈现。研究区域内布设两个温

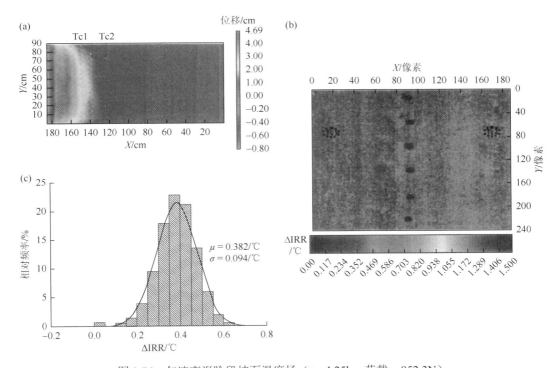

图 3.76　匀速变形阶段坡面温度场($t = 4.25h$,荷载 $= 852.3N$)

(a)坡面位移场;(b)监测区域温度场;(c)监测区域温度增量频率分布直方图

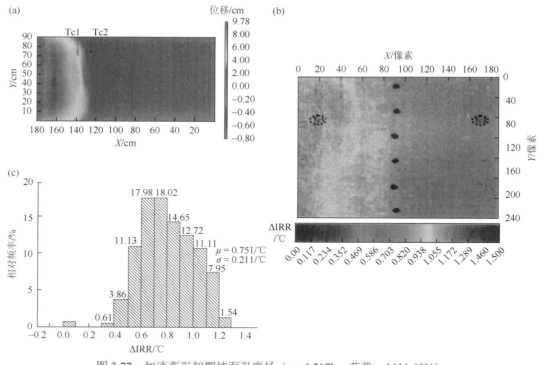

图 3.77　加速变形初期坡面温度场（$t = 4.317$h，荷载 = 1611.60N）

（a）坡面位移场；（b）监测区域温度场；（c）监测区域温度增量频率分布直方图

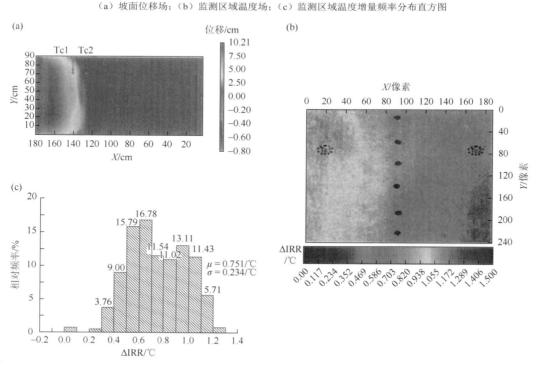

图 3.78　加速变形后期坡面温度场（$t = 8.417$h，荷载 = 1829.57N）

（a）坡面位移场；（b）监测区域温度场；（c）监测区域温度增量频率分布直方图

度监测圆，统计监测圆区域内的平均温度增量，监测圆 Tc1 位于模型的坡脚位置，监测圆 Tc2 位于模型变形区域外，监测圆的位置详见图 3.76～图 3.78。对各个阶段坡体变形区域内外的温度差异展开研究，监测圆温度特征详见图 3.78。试验过程中同步采集室内温度，详见图 3.78。图 3.78 显示此次模型试验过程中，室温基本保持稳定，环境因素对此次试验的结果干扰较小。

初始变形阶段详见图 3.79 中的 *O—A* 阶段，监测区域内坡面温度基本保持不变。匀速变形阶段详见图 3.79 中的 *A—B* 阶段，坡面监测圆的平均温度增量呈现出阶梯状。试验开始至试验 3.3h 内，监测圆 Tc1 和 Tc2 温度差异不大，基本保持一致。随着后缘推力荷载的增大，监测圆 Tc1 和 Tc2 之间的温度差异增大，高切坡变形区域内的监测圆 Tc1 温度增量高于变形区域外的监测圆 Tc2，匀速变形末期，监测圆 Tc1 与 Tc2 之间的温度差异达到 0.24℃。当后缘推力荷载达到峰值荷载的 45.5%时（852.3N，4.25h），监测区域内并未产生显著变形，详见图 3.76（a）。监测区域内温度增量平均值为 0.382℃，标准差为 0.094℃，详见图 3.76（b）和图 3.76（c）。该特征监测区域内的坡面温度升高。监测区域温度增量频率分布直方图详见图 3.76（c），显示监测区域内的温度增量分布特征呈正态分布。

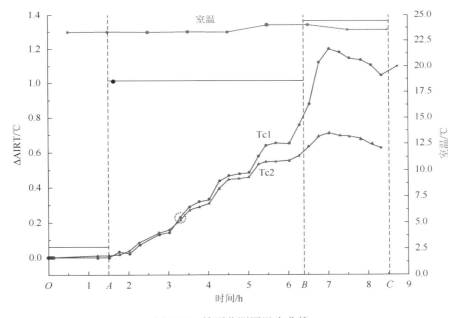

图 3.79　坡面监测圆温度曲线

6.38h 坡体滑动面形成，坡体进入加速变形阶段，详见图 3.79 中 *B—C* 阶段，变形区域内的监测圆（Tc1）温度增量平均值曲线呈现出升高—快速降低的趋势。高切坡模型发生整体失稳滑动前夕，变形区域内部的温度快速降低。该发现同以前关于岩石破坏前夕岩石表面的平均红外辐射温度降低的研究成果一致。

当后缘推力荷载达到峰值荷载 86%（1611.60N，4.32h）时，红外监测区域产生的肉眼可见的 4～6cm 位移详见图 3.77（a），坡面温度增量云图显示变形区域内部坡面温度显著升高。此阶段坡面温度增量云图的平均值为 0.803℃，明显高于前一个阶段。坡面温度增量的标准差为 0.211℃，详见图 3.77（c），高于前一阶段。温度增量标准差增大显示坡面温度增量差异增大。坡面变形区域内外的温度表现出明显的差异性，详见图 3.77（b），变形区域内的温度增量显著高于变形区域以外的温度增量。变形区域内的温度升高来源于坡体的弹塑性变形，坡体材料内部与表面出现互相的挤压、摩擦，导致温度大幅上升。坡面温度增量频率分布直方图详见图 3.77（c），显示此阶段坡面的温度增量分布特征并不服从前一个阶段的正态分布特征。

在加速变形末期，后缘推力荷载达到峰值强度的 97.7%（1829.57N，8.42h），监测区域内部的变形进一步增大，详见图 3.78（a），监测区域的温度增量平均值为 0.751℃，标准差为 0.234℃。标准差较前一个阶段进一步增大，该特征显示坡面监测区域内部温度较前一个阶段有所降低，其变形区域内外的温度差异进一步增大，详见图 3.78（b）。坡面温度增量频率分布直方图详见图 3.78（c），显示低温区域（0.2～0.6℃）所占百分比较前一个阶段的比例有所增大。该试验结果显示高切坡坡体失稳前移，变形区域的温度降低。失稳破坏前夕，裂缝的贯通和扩展引起坡体的能量耗散。

此次模型试验结果显示，坡体变形区域内部的坡面温度高于坡体稳定区域的坡面温度；变形区域平均红外辐射温度特征具有升高—快速降低的演化特征；坡体失稳破坏前夕，温度增量平均值表现出升高—快速降低的演化趋势。

3.3.3.4　模型试验结果验证与对比

三峡库区库岸公路高切坡受周期性降雨和库水位的作用，位移-时间曲线往往呈现出阶梯状形态。此次模型试验通过模型后缘加载的方式，重现了高切坡"阶梯状"位移-时间曲线，与野外高切坡表现出类似的破坏过程。

此次模型试验的颗粒图像测速（PIV）结果显示，高切坡失稳破坏前，坡体的速度分布集中于坡体的局部区域——坡脚裂缝位置。此前，学者的研究成果显示，颗粒图像测速可用于指示斜坡的失稳破坏，本书的研究成果与此具有一致性。

在高切坡原型灾变方面，高切坡的土压力测量成果如图 3.80 和图 3.81 所示。由土压力-深度变化曲线可知，高切坡土压力-深度曲线并非一成不变，而是随着高切坡的变形演化过程表现出差异性；高切坡变形初期，高切坡土压力-深度曲线呈现出矩形分布，详见图 3.80；随着变形破坏的发展，坡体土压力-深度曲线同前一阶段的形态表现出差异性，呈现出抛物线形态，详见图 3.81。该发现同模型试验的土压力-深度变化特征一致。

此次模型试验坡体温度场的研究表明，高切坡区域温度高于非滑动区域。此前学者的野外监测表明，滑动区域和非滑动区域的温度特征表现出差异性，滑动区域的温度高于非滑坡区域。本书的模型试验监测成果同该监测成果具有一致性。

以上野外监测和模型试验成果对比和验证表明，此次模型试验设计合理，能够反映高切坡原型的变形破坏过程模型，试验结果可信。

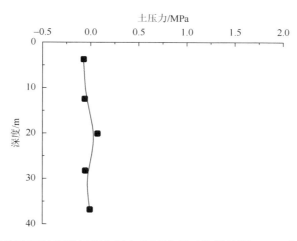

图 3.80　某灾变高切坡变形初期土压力-深度曲线（监测日期：2012 年 11 月 1 日）

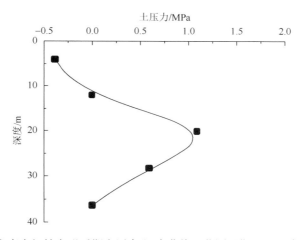

图 3.81　某灾变高切坡变形后期土压力-深度曲线（监测日期：2013 年 9 月 16 日）

第4章 高切坡地质灾害空地结合的调查与监测新技术

4.1 研究背景及研究现状

4.1.1 地质灾害调查现有方法及其局限性

针对不同类型的地质灾害,其调查方法各有差异。目前采用的地质灾害调查方法多为群测群防人工地面调查、传统地面测量、可见光中/高分辨率卫星遥感调查、工程地质测绘、钻探、物探等多种技术手段相结合的方式。

上述地质灾害调查方法从作业方式上多为接触式实地调查方式,作业效率受到天气、地形条件、交通条件的层层限制;虽然可见光卫星遥感调查实现了大范围的非接触式调查,但仍然受到云雾等天气因素的影响和影像质量本身的限制;此外,参与地面调查工作的人员的专业素质参差不齐,虽然依靠群众的群测群防,从一定程度上弥补了专业人员数量的不足,辅助了地质灾害地面监测和预警,但是受限于群众对地质灾害的判别能力,难免造成地质灾害调查工作的延误。

4.1.2 地质灾害评价现有方法及其局限性

现有地质灾害评价方法如下。

(1)成因机理分析评价

以定性地评价地质灾害发生的可能性和可能活动规模为目的的成因机理分析评价,主要内容是分析历史地质灾害的形成条件、活动状况和活动规律,确定造成地质灾害的因素,以及可能造成地质灾害的因素,根据地质灾害活动建立模型或者模式。

(2)统计分析评价

统计分析评价的目的是对地质灾害危险区的范围、规模或发生时间采用模型法或规律外延法进行评价。其内容包括认识导致历史地质灾害的因素、灾害的活动状况及活动有何规律,统计地质灾害的活动范围和模式、地质灾害的频率、地质灾害的密度,对地质灾害的主要影响因素进行分析,针对地质灾害活动,建立起相应的数学模型或找到其周期性规律。

(3)危险性评价

危险性评价是对以往的地质灾害活动和将来发生地质灾害的概率进行评价,以及对地质灾害发生时将产生的危险的程度给予评价。其主要内容包括以下两个方面。

1)对包括大小、密度、频次在内的以往地质灾害活动程度进行客观评价;

2)对可能影响地质灾害的地形地貌条件、地质条件、水文条件、气候条件、植被条件及人为活动等地质灾害的可能影响因素进行评价。

（4）破坏损失评价

破坏损失评价的目的在于对灾害的历史破坏进行评价，并对损失程度及期望损失程度进行分析。其评价的内容主要指以下两个方面。

1）对地质灾害危险性评价和易损性评价进行综合，对地质灾害活动概率、地质活动的破坏范围、地质活动的危害强度及地质活动中受灾体的损失等相关内容进行评价。

2）对地质灾害造成的人员伤亡、经济损失和资源环境的破坏损失程度进行评价和分析。

（5）风险性评价

风险性评价是危险性评价和易损性评价的总和，分析地质灾害发生的概率，分析在不同条件下发生的地质灾害，并分析其可能造成的危害。进行风险性评价就是为了评价发生在不同条件下的地质灾害可能给社会带来的各种危害。

（6）防治工程效益评价

防治工程效益评价就是把防治方案的经济合理性提高到一定程度，达到技术上可行及最佳优化效果的目的，是从经济合理性和科学性角度去评价防治措施。

地质灾害评价的有效性取决于地质灾害调查的情况，监测数据要精确、准确，并需结合地质、水文、气象等地理和自然环境因素，以地质灾害成因和发展趋势要素的关联性为基础开展评价工作。由于地质灾害评价涉及的要素异常复杂，以及地质灾害调查和监测技术的发展带来的数据源的多源异构性，现有地质灾害评价缺乏对地质灾害要素的组织和准确的关联性分析，亟需建立有效的评价机制和模型。

4.1.3　地质灾害监测现有方法及其局限性

地质灾害监测的主要工作内容为监测地质灾害在时空域的变形破坏信息（包括形变及地球物理场、化学场等）和诱发因素动态信息。该工作旨在最大限度地获取空间域的连续变形破坏信息和时间域的连续变形破坏信息，并侧重于时间域动态信息的获取。

现有地质灾害监测方法（表 4.1）存在如下问题。

1）应用重复性高，受适用程度、精度、设施集成化程度、自动化程度和造价等因素的制约。

2）在地质灾害成灾机理、诱发因素研究的基础上，对各种监测技术方法优化集成的研究程度较低。

3）监测仪器设施的研究开发、数据分析理论同相关地质灾害目标参数定性、定量关系的研究程度不足。

综上，要提高地质灾害监测预警技术水平，必须推进地质灾害研究，开发监测技术方法，进行地质灾害监测优化集成方案的研究。

表 4.1　地质灾害监测的主要方法

方法种类		适用性
变形监测	宏观地质调查	各种地质灾害的实地宏观地质巡查
	地表位移监测	崩塌、高切坡、泥石流和地面沉降等地质灾害的地表整体和裂缝位移变形监测

续表

方法种类		适用性
变形监测	深部位移监测	具有明显深部滑移特征的崩滑灾害深部位移监测
物理与化学场监测	应力场监测	崩塌、高切坡、泥石流地质灾害体特殊部位或整体应力场变化监测
	地声监测	岩质崩塌、高切坡及泥石流地质灾害活动过程中的声反射事件特征
	电场、磁场监测	监测灾害体演变过程中的电场、磁场的变化信息
	温度监测	监测高切坡、泥石流等地质灾害在活动中的灾体温度变化信息
	放射性监测	监测裂缝、塌陷等灾害体特殊部位的氡气异常
	汞气监测	监测裂缝、塌陷等灾害体特殊部位的汞气异常
诱发因素监测	气象监测	明显受大气降水影响的地质灾害诱发因素监测,如崩塌、高切坡、泥石流、地面塌陷、地裂缝等地质灾害
	地震监测	明显受地震影响的地质灾害诱发因素监测,如崩塌、高切坡、泥石流、地面沉降等
	人类工程活动	监测人类工程活动对地质灾害的形成、发展过程的影响
地下水监测	地下水动态监测	监测高切坡、泥石流、地面沉降等地质灾害的地下水位的动态变化
	孔隙水压力监测	高切坡、泥石流地质灾害体内孔隙水压力监测
	地下水质监测	监测高切坡、泥石流、地面沉降、海水入侵等地质灾害的地下水质的动态变化

4.2　星载差分干涉雷达在地质灾害面域精准调查中的研究

4.2.1　星载差分干涉雷达技术在地质灾害调查中的应用现状

地质灾害调查评价的传统技术途径以现场调研与地面测量结合为主,然而采用传统方法(沉降板、水平测斜仪和水准测量等)和 GPS 全站仪进行野外作业,实施地质灾害识别的难度较大,同时传统方法和 GPS 难以及时发现大范围监测需求下的局部变形。此外,采用光学遥感技术通常仅提供宏观定性的解译成果,受到西南地区多云多雾等自然条件的影响,不能提供比较精确、定量的地灾信息,无法对地灾的发生进行预警。随着近年来微波遥感与空间对地观测技术的发展完善,相关理论研究和应用拓展已过渡到结合卫星遥感监测手段实施地灾形变分析与岩土力学参数分析反演的思路上来,新型技术的引入使得观测数据在时空分辨率与自动化处理等方面有所提升。

D-InSAR 技术是一项新型地表微变形监测手段,这一星载测量技术不受现场观测环境的限制,克服了野外地表变形监测劳动强度大、自动化程度低的特点,能够开展大范围、高精度、高分辨率的变形监测,对于厘米级形变非常敏感,长时间序列监测可达到毫米级,见图 4.1。

由于在综合投入方面成本优势明显,该技术已经在地质灾害识别与监测中展现出了广阔的应用前景。2007~2011 年通过对金沙江上游长达 80km 的沿岸区域的星载差分干涉影像进行数据分析,成功确定了该区域的滑坡点,见图 4.2,并对个别高切坡体进行了时间序列分析和高切坡体的形变分解。

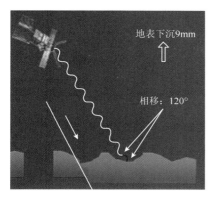

图 4.1　D-InSAR 工作原理示意图（左图）及地表变形监测结果（右图）

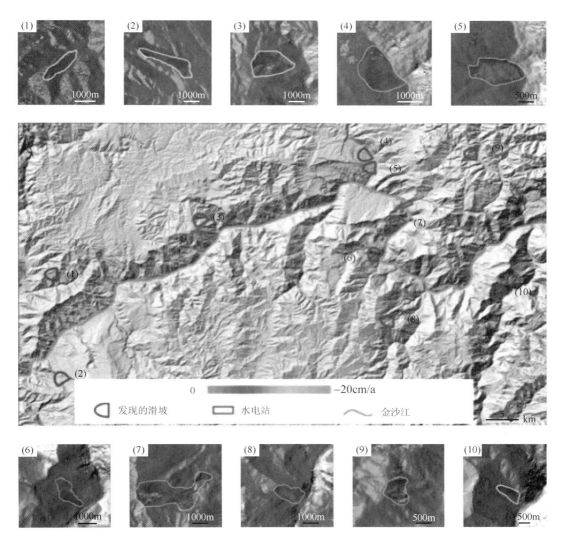

图 4.2　利用 D-InSAR 影像监测高切坡地灾点形变

D-InSAR 在重庆地区地质灾害易发区的地灾体识别和地表变形监测工作的开展，将有利于精准查灾、精准防灾、精准治灾，提高监测预警和救援处置水平。

4.2.2　基于 D-InSAR 展开地灾面域精准调查的研究

本书利用 ALOS-PALSAR 条带模式数据，针对地质灾害体的地表形变变化量，获取高精度的地表形变信息，包括年平均形变速率、时间序列累积形变量、形变中心分布等，在此基础上开展外业核查，同时结合地质调查数据和气象资料对地质灾害体进行综合分析，为地质灾害的大范围精准面域调查提供新的工作手段。

在基于 D-InSAR 进行地质灾害调查和变形监测过程中，时间序列 INSAR 地质灾害形变反演是其关键技术，本书就以下几点展开工作。

4.2.2.1　两轨法干涉测量

D-InSAR 是对在同一地区观测的两幅 SAR 复数影像进行干涉处理，通过相位信息获取地表高程信息及形变信息的技术。根据成像时间，InSAR 可以分为单次轨道（single-pass）干涉和重复轨道（repeat-pass）干涉两种模式。单次轨道干涉是指在同一机载或星载平台上装载两副天线，其中一副天线发射信号，两副天线都接收地面回波信号，并利用获取的数据进行干涉处理。重复轨道干涉是指同一传感器或相似传感器按照平行轨道两次对地成像，利用得到的数据进行干涉处理。两次成像时 SAR 系统之间的空间距离称为空间基线距离，时间间隔称为时间基线。

在忽略噪声的情况下，假定两次成像时大气情况基本一致，通过消除平地相位和地形相位，就能获取地面目标点的形变信息。目前对地形相位进行消除主要有 4 种方法：①利用甚小基线的干涉对，可以无须考虑地形相位的影响，直接获取在雷达视线方向上地面目标点的形变，即甚短基线法；②利用外部 DEM，根据两次成像时的影像参数构建模拟的地形相位干涉条纹图，达到消除地形影响的目的，即两轨法；③加入一景覆盖同一区域的雷达影像，采用同一主图像构建地形对，计算地形相位在形变对中的影响，即三轨法；④利用覆盖同一区域的不包含形变信息的一个干涉对计算地形信息，并将其从形变对中剔除的方法，即四轨法。

两轨法差分干涉测量的技术流程如下。

1）步骤 1：对 SAR 主、辅图像进行精确配准，并做复共轭相乘，生成干涉条纹图，此干涉条纹图的相位仍然是缠绕的，其中包含平地相位、地形相位和形变相位信息。

2）步骤 2：基于多普勒方程、斜距方程和椭球方程，利用轨道参数将外部 DEM 转换到雷达坐标系统模拟 SAR 图像，并将其与 SAR 主图像精确配准，然后将 DEM 的高程值转换成相位值模拟出 SAR 干涉图，可以认为其相位值只含有地形相位信息。

3）步骤 3：从干涉图中减去利用 DEM 模拟生成的干涉图，生成差分干涉图，此时的差分干涉条纹图包含平地相位信息和形变相位信息，而且相位仍然是缠绕的，必须对其进行相位解缠。平地效应的影响使干涉图的条纹过密，无法进行二维相位解缠，所以，在相位解缠之前首先要去除平地效应，另外，干涉图中的相位受到多种噪声的影响，这些噪声严重干扰二维相位解缠算法的效率和精度，甚至影响提取形变信息的精度。因此在形成差分干涉图后，一个重要的工作就是对差分干涉图进行平地效应去除及相位噪声滤除处理。差分干涉图去平并滤波后就可以进行相位解缠。

4）步骤 4：对去平并滤波后的干涉条纹图进行相位解缠，得到解缠后的相位。

5）步骤 5：计算每一像元点在雷达视线方向上的形变量，通过从斜距到地距的转换，将雷达视线方向上的形变量投影到垂直水平坐标系内。为了和其他数据进行比较，还需要将形变图进行地理编码，投影到地理坐标系中。

4.2.2.2 长时间干涉测量技术

长时间干涉测量技术中的一种主要技术——多时相合成孔径雷达（Multi-temporal synthetic aperture radar interferometry，MTInSAR）是 D-InSAR 技术的扩展，其主要目的是解决 D-InSAR 技术受到的时间去相干、空间去相干和大气扰动的影响。基本思想是以从一系列 SAR 图像中选取那些在时间序列上保持高相干性的地面目标点作为研究对象，利用它们的散射特性在长时间基线和空间基线上的稳定性，获取可靠的相位分析，分解各个永久散射体点上的相位组成，消除轨道误差、高程误差和大气扰动等因素对地表形变分析的影响，得到长时间序列内的地表形变信息。

MTInSAR 处理的基本步骤主要包括差分干涉相位图生成；永久散射体候选点选择；形变和高程误差的估计；大气相位校正；PS 点上形变和高程误差的重估计。在永久散射体处理流程中，通过解算方程组获取对研究区域的形变和 DEM 误差的估计，是整个技术流程的难点所在。MTInSAR 的流程如图 4.3 所示。

1）差分干涉相位图生成。首先使给定的 $N+1$ 景 SAR 影像构成干涉组合网络，根据传统的小基线子集方法，在常规的时间基线、空间基线的垂直分量和多普勒质心频率差 3 个相干性影响因子的基础上，增加了时间基线的季节性变化、降水量两个影响因子，用于预估干涉对的相干性；然后根据计算得到的相干矩阵，选取具有高相干性的像对参与后续的时间序列形变反演。将构成干涉组合网络的干涉像对根据 D-InSAR 处理方法生成若干幅干涉相位图。利用外部 DEM 或者相干性较好的若干干涉对生成的 DEM 消除地形相位，生成差分干涉相位图。

2）选择永久散射体候选点。挑选具有稳定散射特性的地面目标作为永久散射体候选点，是永久散射体算法中非常重要的一步，关系后续形变分析的准确性。直接利用 SAR 干涉相位图来选择相位稳定的散射点误差较大，而幅度离散度与相位发散程度有一定的关系，在幅度离散度小于 0.25 时，可以利用幅度离散度来估计相位发散程度。为了对同一地面目标点在不同 SAR 影像上的幅度值进行比较，需要将各影像进行辐射校正。对像元逐个进行幅度值分析，计算每个像元的幅度平均值和标准偏差的比值，并选取合适的评价指标和阈值，筛选出永久散射体候选点。这种方法受影像数量的影响较大，在影像数量较少时，不能正确地对幅度稳定性进行统计，产生较大的误差。

3）形变和高程误差的估计。在选出的 PSC 点上，差分干涉相位可以表示为形变相

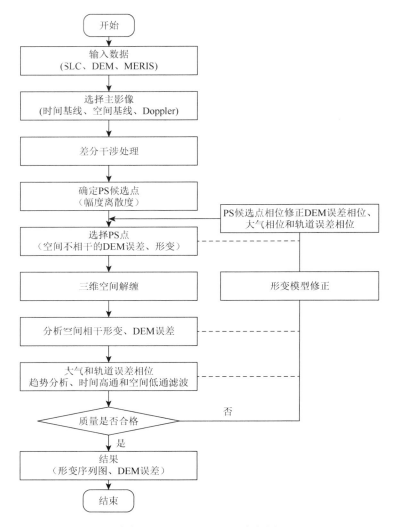

图 4.3 MTInSAR 处理流程图

位、高程误差相位、轨道误差相位、大气扰动相位和噪声相位之和。假定地表形变以线性形变为主，而高程误差相位与高程误差呈线性关系。但是此时每个 PSC 点上的差分干涉相位为缠绕相位，且在不同的差分干涉图上存在着相位漂移，无法直接计算每个 PSC 点上的方程，计算出线性形变速度和 DEM 误差。此时需要构建 Delaunay 三角网连接 PSC 点，建立相邻 PSC 点之间的差分相位模型，降低非线性形变和大气扰动相位的影响。对于每一对相邻的 PSC 点，可以得到若干个方程，构成一个非线性方程组，可以通过周期图等方法来搜索方程组的解——相邻 PSC 点之间的线性形变速度差和 DEM 误差的差异，并计算整体相关系数，采用相位解缠算法得到离散网格中每个 PSC 点上的线性形变速度和 DEM 误差。

4）大气相位校正。在估计出每个 PSC 点上的线性形变速度和 DEM 误差并移除这部分相位之后，剩余的相位由非线性形变相位、大气扰动相位和噪声相位组成，其中大气扰动相位和非线性形变相位在时间域和空间域具有不同的分布特征：非线性形变在空间域的相关长度较小，而在时间域具有低频特征；大气扰动在空间域的相关长度较大，在时间域呈现一个随机分布，可以理解为一个白噪声过程。因而大气扰动相位可以根据其在时间域的高通和空间域的低通特性，在每个 PSC 点上使用三角窗滤波器对时间域进行滤波，提取时间域的高频成分，在每个干涉对上对空间域进行滤波，提取空间域的低频成分，从而得到 PSC 点上的大气扰动相位。利用 Kriging 插值方法估算所有干涉对上所有像素点上的大气扰动相位，并将计算出来的大气相位从差分干涉相位图中移除。

5）PS 点上形变和高程误差的重估计。在移除大气扰动相位之后，利用整体相关系数来选择永久散射体，保留整体相干系数大于一定阈值的 PSC 点作为 PS 点。在保留下来的 PS 点上重新建立方程组，计算出线性形变速度和 DEM 误差，通过 Kriging 插值得到形变时间序列图和修正后的 DEM。

4.2.2.3　地面测量数据与 D-InSAR 处理的融合

地面测量数据与 D-InSAR 处理的融合可以获取更精确的形变信息，地面测量数据提高长时间序列 D-InSAR 处理精度主要体现在消除卫星轨道误差、控制沉降反演结果方面。具体的融合方案如下。

1）在反演线性形变时引入地面测量数据，将其与线性形变结果进行比较，对误差设置一定的阈值，超过该阈值的点被认为是噪声点，并放弃，低于该阈值的点保留，从而控制线性沉降反演过程。

2）将同名点之间的反演结果与地面实测数据相比，得到一线性改正模型，利用此模型来校准反演的形变结果。由于形变存在不确定性，可采用分块原则对各区域的反演结果进行校准。

4.2.2.4　地表形变结果的几何校正

为了将地表形变结果与监测区基础地理数据（包括行政区划图、地形图、线划图等）及专题数据相结合，从而更好地分析地表形变的空间分布特征及其成因，需要对点目标地表形变结果进行几何校正。具体方案如下。

1）以监测区正射影像为参考，结合 DEM 数据对 SAR 平均幅度图选取一定数量的控制点，得到 SAR 坐标与正射影像地理坐标的转换多项式。

2）利用该坐标转换多项式，计算稳定点目标的地理坐标，从而实现点目标地表形变结果的几何纠正。

4.2.2.5　数据处理的质量控制

利用 D-InSAR 技术提取地面沉降信息包括多个复杂的过程，如影像配准、平地相位生成、干涉图生成、去除平地相位、小基线干涉组合、稳定点目标提取、形变信息反演、沉降结果定标等。每个过程的处理结果都需要保证正确无误，否则将对后续处理及最终沉降结果造成影响。

D-InSAR 处理过程检查主要包括以下内容。

1）影像配准检查：对每次配准结果进行检查，如配准精度不够，修改配准参数（如搜索窗口大小），直至满足精度要求。

2）去除平地相位检查：对去平后的干涉图相位进行检查，如果存在残余平地相位，需要计算残余条纹频率，并去除残余平地相位。

3）干涉组合检查：在给定最大时间基线和垂直基线范围内，设置一定的时间基线和垂直基线阈值，对 SAR 影像干涉进行组合，要保证干涉组合网络中包含每幅 SAR 影像，否则重新设定基线阈值，进行干涉组合计算，直至满足要求。

4）稳定点目标提取检查：通过相干系数阈值法提取稳定点目标，若所选点目标过于密集，则需要提高阈值，重新提取点目标；反之，若所选点目标过于稀疏，则需要降低阈值，重新提取点目标。

5）形变信息反演检查：在基于点目标的地面沉降反演处理过程中，需要检查大气相位是否被有效去除，如果没有去除大气相位，需要进行多次迭代运算，实现主辅影像大气相位的估计，去除大气相位干扰，保证形变信息提取的正确性。

6）沉降结果定标检查：利用监测区地面实测数据，对 D-InSAR 提取的地面沉降结果进行定标，消除 D-InSAR 沉降结果的系统性偏差，该偏差与参考区域位置有关，选择不同参考区域将生成不同的 D-InSAR 沉降结果。

4.2.2.6　长时间序列 InSAR 数据与地表测量数据融合处理流程

针对 ALOS-2 PALSAR 条带数据的特点，根据轨道参数、脉冲重复频率、时间信息和外部 DEM 等信息，进行主辅影像精确配准，通过复共轭相乘生成干涉条纹图，利用 SRTM-1 DEM 数据去除平地相位信息和形变相位信息，同时进行相位噪声滤除，提高干涉条纹的质量，对去平并滤波后的干涉条纹图进行相位解缠，获取视线方向上的形变量。

（1）最优干涉对连通图构建

通过对典型干涉对的相干性分析，确定地质灾害易发区的相干性随时间变化的规律，结合 Zebker 建立的空间基线去相干评价函数，评估所有干涉对的相干性，以此为连接权重，利用 MST 方法生成连接所有 SAR 数据的干涉对连接图；在此基础上，增加部分高相干的干涉对，建立计算精度和计算效率平衡的最优干涉对连通图。

（2）分布式散射体提取和自适应干涉相位滤波

以亚像元配准并定标的所有的 SAR 幅度影像为基础，采用 Anderson-Darling 方法对像素的幅度数据矢量进行统计检验，以显著性水平和连通性原则，逐像素确定具有相同散射统计分布的同质像素，以连通数目为阈值确定分布式散射体；利用周期图的方法，对分布式散射体进行去平地处理，消除 DEM 误差的影响，提高分布式散射体的相干性；在此基础上研发自适应复干涉相位滤波算法，对构成干涉对连通图的干涉对进行全分辨率的干涉相位估计，在保持点散射体的干涉相位的基础上，提高分布式散射体的干涉相位质量。

（3）地质灾害体形变参数估计

形变参数估计一直是长时间序列干涉测量中的热点和难点，现有的算法通常是采用

L2 范数最小化算法，在非城市往往会出现大量的形变估计错误。本书以小基线子集软件为基础，对经过自适应复多视处理的全分辨率干涉相位进行解缠，以全分辨率干涉相干图为基础选择高相干系数的点，通过最小二乘法估计形变参数的低通部分和残余地形误差；对于去除残余地形误差的相位图，采用 Barrodale 的改进单纯形法进行 L1 范数最小化计算，形成参数误差图检测并剔除粗差，在此基础上采用 L2 范数最小化算法求解形变参数，提高形变估计的精度和稳定性；通过时间维高通和空间维低通滤波处理估计和移除大气延迟相位的影响，利用 SVD 算法求解高分辨率的非线性形变部分。

（4）提取地质灾害体形变时间序列

利用发展的模型和算法建立沉降的信息提取方法，完成基于分布式散射体的 L 波段 SAR 地质灾害体沉降测量的实验。在模型和算法建立之后，利用 SAR 数据提取地质灾害体形变的数据，与野外水准观测点的地面观测数据和 GPS 数据进行比较验证，分析误差来源，改进建立的函数模型。

（5）分析地质灾害体形变的规律

利用获取的地质灾害体形变时间序列数据集，根据地质灾害易发区的地质条件，结合野外观测点获取的 GPS 测量数据，分析地质灾害体形变的时序变化规律，以及这种变化与地形地理、地质类型与降水量等要素之间的关系，采用数值模型分析，对地质灾害体形变过程进行模拟分析，揭示地质灾害体形变的机理，对地质灾害体的稳定性进行评估。

4.3　无人机低空遥感面域调查方法

4.3.1　无人机低空遥感技术原理

随着社会经济的快速发展，地质环境承受着人类强烈的改造与破坏活动，地质灾害与地质环境问题日渐严重，实现地质环境快速而全面的面域调查，特别是针对地形困难地区的精准面域调查，成为当前颇为紧迫的问题，无人机低空航拍技术具有机动性强、获取数据速度快和可以低空飞行的特点，能够使人们结合遥感数据处理、建模和应用分析技术方法，完成地质灾害调查、监测、应急救援和灾情评估任务；为地质灾害预防与救援方案制定快速提供准确依据。

倾斜摄影测量技术是近些年国际测绘领域发展起来的一项高新技术，突破了以往正射影像只能从垂直角度拍摄的局限（图 4.4）。它是数字制图方面的一个重要突破，它使得非现场测量和分析不仅可以在模型上进行，也可以在倾斜航片上进行。同时，将倾斜摄影测量技术与雷达、热红外等多种传感器相结合，将它们集成在更小的无人机上，拓宽摄影测量技术的应用范围，基于点云数据计算的大规模三维数据生产使得工程测量、三维建模等工作发生颠覆性的变革，开启三维低空遥感在地质灾害调查工作中的新时代。

倾斜摄影通过多旋翼/固定翼无人机飞行平台搭载多个具有一定倾斜角度的传感器，从不同视角采集被测对象的多角度高精度影像（图 4.5），经过数据处理，生成高精度的可量测实景三维模型，尽可能真实地反映被测对象立面的精细化空间信息，是实现地质灾害三维可视化调查的有力的辅助手段。

图 4.4　无人机倾斜摄影工作原理示意图

图 4.5　无人机倾斜摄影多角度倾斜航片数据

4.3.2　倾斜摄影关键技术

倾斜摄影测量技术通常包括影像预处理、多视影像联合平差、多视影像密集匹配、数字表面模型（digital surface model，DSM）生成、真正射影像纠正、三维建模等关键内容。

1. 多视影像联合平差

多视影像数据不仅包括垂直摄影数据，还包括倾斜摄影数据，而部分传统空中三角测量系统无法较好地处理倾斜摄影数据，因此，多视影像联合平差需要充分考虑影像间的几何变形和遮挡关系。结合 POS 系统提供的多视影像外方位元素，采取由粗到精的金字塔匹配策略，在每级影像上进行同名点自动匹配和自由网光束法平差，从而得到较好的同名点匹配结果。同时，建立连接点和连接线、控制点坐标、GPU/IMU 辅助数据的多视影像自检校区域网平差的误差方程，通过联合计算，确保平差结果的精度。

2. 多视影像密集匹配

影像密集匹配是摄影测量的基本问题之一，多视影像具有覆盖范围大、分辨率高等特点。因此，如何在匹配过程中充分考虑冗余信息，快速、准确地获取多视影像上的同名点坐标，进而获取地物的三维信息，是多视影像密集匹配的关键问题。单独使用一种匹配基元或匹配策略往往难以获取建模需要的同名点，因此，近年来随着计算机视觉发展起来的多基元、多视影像匹配逐渐成为人们研究的焦点。目前，在该领域的研究已取得了很大进展，如建筑物侧面的自动识别与提取。通过搜索多视影像上的特征，如建筑物边缘、墙面边缘和纹理，来确定建筑物的二维矢量数据集，影像上不同视角的二维特征可以转化为三维特征，在确定墙面时，可以设置若干影响因子并给予一定的权值，将墙面分为不同的类，将建筑的各个墙面进行平面扫描和分割，获取建筑物的侧面结构，再通过对侧面进行重构，提取出建筑物屋顶的高度和轮廓信息。

3. 数字表面模型（DMS）生成和真正射影像纠正

多视影像密集匹配能得到高精度、高分辨率的 DSM，充分地表达了地形地物的起伏特征，已经成为新一代空间数据基础设施的重要内容。由于多角度倾斜影像之间的尺度差异较大，加之较严重的遮挡和阴影等问题，基于倾斜影像的自动获取 DSM 存在新的难点，可以首先根据自动空三计算出来的各影像外方位元素，分析与选择合适的影像匹配单元进行特征匹配和逐像素级的密集匹配，引入并行算法，提高计算效率。在获取高密度 DSM 数据以后进行滤波处理，将不同匹配单元进行融合，形成统一的 DSM。真正射影像纠正涉及物方连续的 DEM 和大量离散分布粒度差异很大的地物对象，以及海量的像方多角度影像，具有典型的数据密集和计算密集特点。在有 DSM 的基础上，根据物方连续地形和离散地物对象的几何特征，通过轮廓提取、面片拟合、屋顶重建等方法提取物方语义信息；同时在多视影像上，通过影像分割、边缘提取、纹理聚类等方法获取像方语义信息，再根据联合平差和密集匹配的结果建立物方和像方的同名点对应关系，继而建立全局优化采样策略和顾及几何辐射特性的联合纠正，同时进行整体匀光处理，倾斜摄影测量数据处理流程如图 4.6 所示。

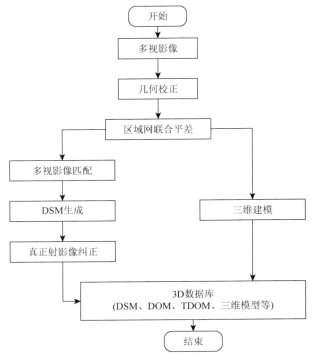

图 4.6　倾斜摄影测量数据处理流程

4.4　基于三维激光扫描的点云实景监测技术

4.4.1　研究背景与三维激光扫描技术基本原理

目前，地质调查和地质灾害调查评价主要借助地质测绘及地质素描等传统工作手段，对于调查人员无法到达的区域（特别是凹岩腔等部位）多采用估算的方式解决，在上述工作模式下，野外调查的第一手数据资料的可靠性难以保证，从而影响后续稳定性及危害性评价。现主要基于全球定位系统（global positioning system，GPS）、全站仪、近景摄影测量技术、位移计、压力计等，采用离散单点的接触式测量方式，数据采集需要作业人员接触危岩区域，给作业人员带来危险隐患，在困难地区也增加作业人员的作业难度；此外，数据采集受天气、植被覆盖、地物阴影等因素的影响，使得难以达到的困难地形区域和存在植被覆盖的岩体及高切坡的精准监测存在极大难度，从而影响危岩灾害防治的效果。

三维激光扫描技术是近年来发展起来的一种主动式遥感技术，相对于以往的方法有如下优势。

1）数据采集过程无须作业人员深入测区，可实现非接触式、全天候作业，且受外界环境影响小；

2）可一定程度穿透植被，获取植被覆盖下的区域的表面数据；

3）直接、快速获取被测区域的高精度三维空间信息。

这一技术的高精度、高空间分辨率、高自动化的作业方式为地质调查和灾害监测开辟了一条新的途径（图 4.7）。

目前，数据采集技术已经较为成熟，然而数据后处理技术却相对滞后，特别是缺乏针对地质调查和灾害监测行业需要的独立的、系统的数据后处理方法和软件。

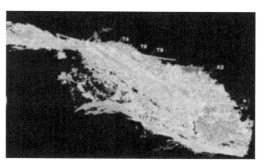

图 4.7　高切坡实景（左图）与三维激光扫描得到的高切坡点云数据（右图）

4.4.1.1　机载 LiDAR 对地定位原理

机载 LiDAR 对地定位原理如图 4.8 所示，系统中的惯性测量单元可以获取传感器的瞬时姿态，动态差分 GPS 可以获取传感器在 WGS-84 坐标系统中的三维空间位置，即大地坐标，激光扫描测距系统可以测出地物点与传感器之间的距离，并且通过几何关系计算出地物点的相对位置。最后通过惯性测量单元、动态差分 GPS、激光扫描测距系统三者

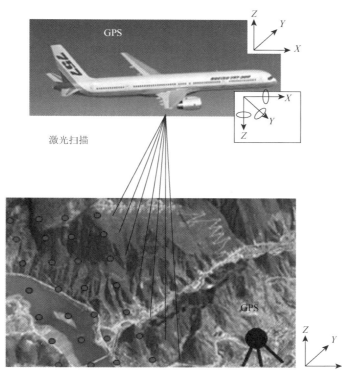

图 4.8　机载 LiDAR 对地定位原理

采集的数据结合计算地物点在地心坐标系中的三维空间坐标。

机载 LiDAR 对地定位基本原理是，假设某一空间参考系中有一已知坐标点（一般已知点坐标由 GPS 测得），通过激光扫描测距系统可以精确测得该已知点到待测点的向量，观测平台的俯仰角、侧滚角和航向角由 IMU 系统测得，通过解析几何的方法就能够计算得到待测点的空间坐标，如图 4.8 所示。

设空间 G 为机载 LiDAR 扫描仪投影中心，其坐标（X_G, Y_G, Z_G）可通过差分动态 GPS 实时得到，传感器的 3 个姿态参数（α, ω, κ）可通过惯性导航系统得到，设待测点为 P（X_P, Y_P, Z_P），待测点与 G 之间的距离可通过激光测距仪得到，通过三角测量原理便可得到任意地面待测点的三维坐标信息。机载 LiDAR 对地定位数学模型可表示为

$$\begin{cases} X_P = X_G + \Delta X \\ Y_P = Y_G + \Delta Y \\ Z_P = Z_G + \Delta Z \end{cases} \tag{4.1}$$

式中，ΔX、ΔY、ΔZ 为 G 点与待测点 P 之间的坐标增量。根据机载 LiDAR 对地定位示意图（图 4.9），利用三角关系就可以得到三维坐标增量的值。

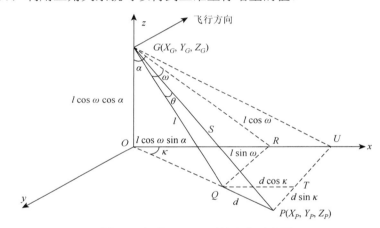

图 4.9　机载 LiDAR 对地定位示意图

由图 4.9 可得

$$\Delta X = GQ \cos \omega \sin \alpha + QP \cos \kappa$$
$$\Delta Y = GQ \sin \omega + QP \sin \kappa \tag{4.2}$$
$$\Delta Z = GQ \cos \omega \cos \alpha$$

式中，ω 为侧滚角；α 为俯仰角；κ 为航偏角。扫描镜共轴的角编码器会给出激光测距点与成像扫描周期内中间像元间的夹角，即图 4.9 中的 θ 角。

在三角形 QPG 中，由余弦定理得

$$QP^2 = GP^2 + GP^2 - 2GQ \cdot GP \cdot \cos \theta \tag{4.3}$$

$$GQ = GP \cos \theta - b \frac{GP \sin \theta}{\sqrt{1-b^2}} \tag{4.4}$$

其中，

$$b = \cos \omega \sin \alpha \cos \kappa + \sin \kappa \cos \omega \tag{4.5}$$

因此，

$$\Delta X = \left(d\cos\theta - b\frac{d\sin\theta}{\sqrt{1-b^2}} \right)\cos\omega\sin\alpha + \frac{d\sin\theta}{\sqrt{1-b^2}}\cos\kappa$$

$$\Delta Y = \left(d\cos\theta - b\frac{d\sin\theta}{\sqrt{1-b^2}} \right)\sin\omega + \frac{d\sin\theta}{\sqrt{1-b^2}}\sin\kappa \qquad (4.6)$$

$$\Delta Z = \left(d\cos\theta - b\frac{d\sin\theta}{\sqrt{1-b^2}} \right)\cos\omega\cos\alpha$$

将坐标增量 ΔX、ΔY、ΔZ 代入机载 LiDAR 对地定位数学模型中，便可得出任意待测点的三维坐标。

4.4.1.2　机载 LiDAR 技术的特点

机载 LiDAR 系统因其能精确、快速地获取地面三维数据而在过去的几十年内得到了广泛认可和迅速发展，成了国际研究开发的一项热门技术。与传统测量、摄影测量等相比，机载 LiDAR 系统有以下几个主要特点。

1）LiDAR 采用主动测量方式，原则上可以全天候 24h 作业，然而，考虑到导航的问题，系统测量通常在白天进行。

2）从飞行设计到数据获取自动化程度高、数据获取周期短。

3）LiDAR 数据精度高，高程达到 15cm，水平位置小于 0.5m，数据绝对精度在 0.3m 以内；同时可以获取高分辨率的数码影像。

4）目前的商业机载 LiDAR 系统大多可获得每平方米 10 个以上高密度点云数据，而高密度点云数据能够更加真实地反映地形地貌，随着各种商业系统数据获取能力的增强，机载 LiDAR 的数据处理效率渐渐受到关注。

5）激光具有一定的穿透力，能够穿透植被树冠，但有时不能完全穿透树林到达地面，同时，穿透时的多次反射也会导致距离测量误差，从而影响点云的高程精度，需要在数据后处理中设计一定的规则进行滤波分类，才可同时获取地面数据和非地面数据，通常为获取高精度 DTM 仍然需要考虑航测季节。

6）可以完成传统测量及摄影测量很难实施的危险地区或不易到达地区的测量工作，如沼泽地、森林保护区、野生动物保护区、有毒废料场所或废料倾倒场所等。

7）受天气影响小，然而激光雷达传感器通常都安装在小型飞机上，此类飞机基本都飞行在云层以下，从安全方面考虑，在天气条件恶劣的情况下一般不会进行航测工作。

8）不需要大量的地面控制工作，具有迅速获取数据的能力。

9）机载雷达将数据获取、处理与应用集成于同一系统中，更有利于提高系统的自动化和高效化程度，同时也需要在数据处理时进行多项改正来得到最终成果。

4.4.1.3　机载 LiDAR 数据获取及处理流程

与传统测绘技术一样，机载 LiDAR 测量技术也可以分为外业工作和内业数据处理两大部分。机载 LiDAR 测量技术的外业工作主要通过航飞采集数据，包括制定飞行任务计划，根据实际情况确定航飞速度和高度，设计适宜的脉冲频率、视场角及激光反射器的转动速度，包括激光雷达测量系统的检校及全球空间定位系统基站的设置等。内业数据处理则包括粗差探测与剔除、滤波分类、DTM 的生成等工作。机载 LiDAR 测量工作从外业数据采集到内业数据处理可分为作业前期准备、数据采集、数据处理 3 个阶段，不同的项目要求或不同的机载 LiDAR 系统工作流程会稍有差异，而主要步骤通常都是相同的，图 4.10 是典型机载 LiDAR 工作流程图。

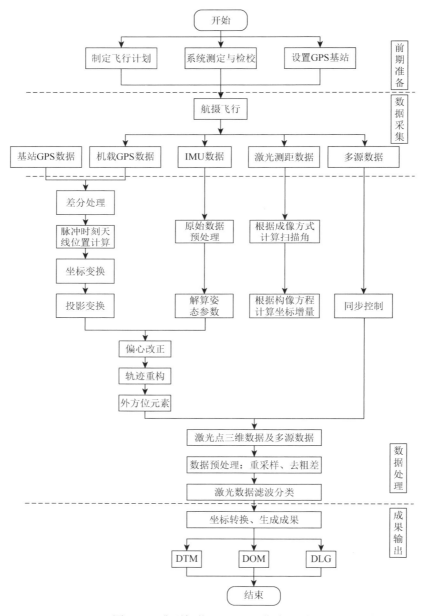

图 4.10　典型机载 LiDAR 工作流程图

4.4.2 基于多回波信息的局部自适应地表信息提取

从激光点云数据中精确提取地表信息是利用三维激光扫描数据对地质灾害体表面开展变形监测工作的关键。因此，本书根据西南地区地形复杂、植被覆盖的客观现实情况，提出并实现了基于多回波信息的局部自适应滤波方法。

4.4.2.1 回波信息叠加分析

1. 首、末次回波信息叠加分析

首、末次回波信息通常差异明显，将首、末次回波信息叠加后，如图 4.11 所示。可以看到，首次回波几乎全部叠加于末次回波的上方，说明首次回波基本是植被冠层、树干等非地面点，而末次回波为地面点的可能性最大，当然，其中也有部分末次回波位于冠层，部分首次回波接近地表，前者大多也是需要通过滤波剔除的树干区域回波信息，后者可能是由低矮植被引起的，也可能是由于地表起伏较大而产生的回波信息。后者是林区机载 LiDAR 滤波的难点之一。

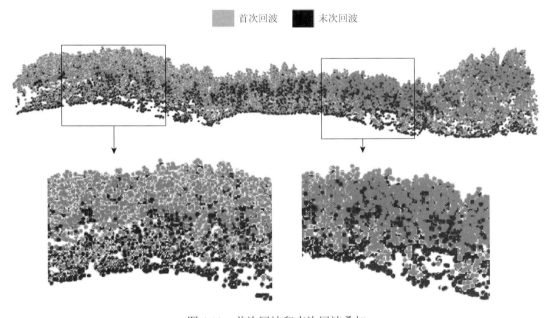

图 4.11 首次回波和末次回波叠加

2. 首次、末次、单次回波分别与中间次回波信息叠加分析

首次回波与中间次回波信息叠加后如图 4.12 所示，中间次回波信息几乎全部位于首次回波信息下方且紧贴首次回波信息，可以推出首次回波大多是植被冠层反射得到的回波信息，中间次回波大多为低矮植被或者高大树木的枝干反射得到的回波信息。

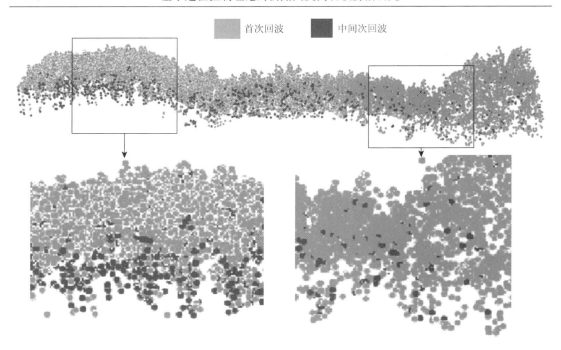

图 4.12　首次回波和中间次回波叠加

末次回波与中间次回波信息叠加后如图 4.13 所示，末次回波点云密度明显大于中间次回波点云密度，中间次回波几乎全部被包含于末次回波中，部分末次回波点云位于中间次回波点云上方，大多末次回波点云位于中间次回波点云下方，可以推测末次回波为大部分地面反射和少部分植被枝干反射得到的回波信息。

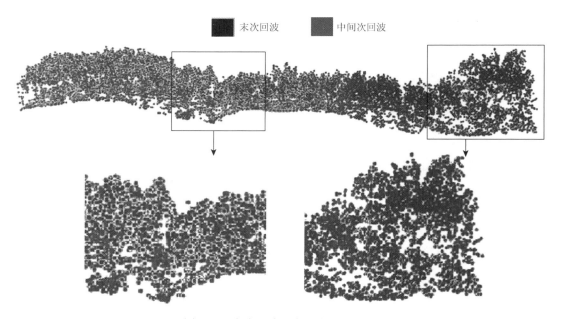

图 4.13　末次回波和中间次回波叠加

单次回波与中间次回波信息叠加后如图 4.14 所示，单次回波点云密度同末次回波一样，明显大于中间次回波点云密度，并且中间次回波几乎全部被包含于单次回波中，不同的是，大多单次回波点云位于中间次回波上方，少部分单次回波点云位于中间次回波下方。由此可以看出，单次回波是由少部分地面、大部分植被冠层表面和部分植被枝干反射得到的回波信息。

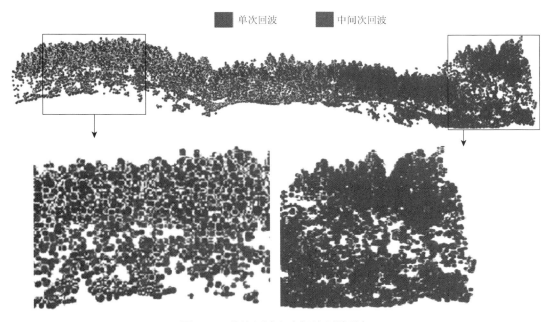

■ 单次回波　　■ 中间次回波

图 4.14　单次回波和中间次回波叠加

3. 基于首、末次回波信息滤波的选择

机载 LiDAR 数据基于多回波滤波的一个重要问题是，需要决定是基于首次回波滤波还是末次回波滤波。因为激光束能够穿透植被，大多数研究者更倾向于将末次回波作为地面点，但是末次回波也可能是其他低矮植被产生的，容易因此而引起误差。

由于机载 LiDAR 系统集成误差及多路径效应，在末次回波信号中可能存在较多零散的低点，尽管在滤波前进行粗差和低点的剔除，但过多的低点也会影响滤波精度，而首次回波中的低点数据量比末次回波要少，所以部分学者选择基于首次回波信号进行滤波。基于首次回波信号的滤波方法没有充分利用激光的穿透能力，由表 4.2 可以看出，首次回波可能是植被或建筑物，在森林密集的林区，可能由于大面积植被遮挡而缺少地面点，从而造成 DTM 精度不高。

表 4.2　多回波类型对应地物

回波次数	回波号	回波类型	地物
1	1	单次回波	地形、植被、建筑物等
2	1	首次回波	植被、建筑物等非地面
	2	末次回波	地面、近地植被

续表

回波次数	回波号	回波类型	地物
	1	首次回波	植被、极少量的建筑物
3	2	中间次回波	植被
	3	末次回波	地面、近地植被

也有综合利用首、末两次回波滤波的研究，这种方法可以在形态学滤波和线性预测滤波等部分滤波算法中得到实现，而不适用于另外一些算法，如将其应用于不规则三角网滤波，不仅不会增强滤波效果，还会因改变滤波统计数据而造成较大的误差，也增大了数据量，反而降低了数据处理效率。

综合以上分析，对于植被覆盖密集的项目区，基于末次回波的信息更有可能是地面的基本现象信息，在能够保证项目区内有足够的地面激光脚点的情况下，相对而言，基于末次回波对机载 LiDAR 数据进行滤波是一个不错的选择。中间次和首次回波信息量相对较少，而且几乎全部为植被区域点云数据，为减少数据量，提高滤波效率，将中间次和首次回波信息直接分类为非地面点集，不再参与滤波计算。本书所收集的实验数据为粗差剔除后的原始数据，因此，将基于末次回波进行滤波。为优化基于末次回波的滤波效果，本书将利用格网分级选取地面种子点。

4.4.2.2　地面种子点选取

1. 一级初始地面种子点的获取

通过对各回波信息进行叠加分析可知，茂密林区机载 LiDAR 三维点云的首次回波和中间次回波信息几乎全部为植被点云数据，而单次回波信息和末次回波信息中包括植被点和地面点两部分。本书通过回波分离，直接将首次回波和中间次回波点云分类为植被点集，以此提高滤波精度和后续滤波工作效率。

实验数据中，单次回波和末次回波信息占总数据量的 70.8%，图 4.15 为单次回波和末次回波点云三维叠加显示图。由该图可见，单次回波和末次回波点云中包括大量植被冠层点云、地面点云和少量树木枝干、低矮植被点云。本书采用同基于高程的各种滤波算法一

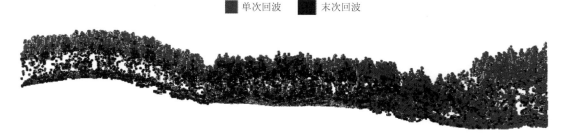

■ 单次回波　　■ 末次回波

图 4.15　单次回波与末次回波点云三维叠加显示图

样的思想,认为粗差剔除后的激光雷达点云数据中,高程越低的点为地面点的可能性越大。从理论上说,要从末次回波点云中选取可靠性更高的地面种子点,就应该将格网设置得更大,然而如果格网设置过大,便会导致获取的地面种子点过少。因此,本书根据单次回波与末次回波点云密度在区域内建立规则格网,在每一格网内分别选取最低点作为一级初始地面种子点。

一级初始地面种子点获取程序实现思想如下。

1)首先遍历所有末次回波点云和单次回波点云,得到点云数据中的 X_{max}、Y_{max}、X_{min}、Y_{min};

2)然后通过末次回波点云和单次回波点云数量 N_1、实验区域面积 S,得到点云密度 ρ,$\rho = N_1/S$,通过点云密度确定规则格网大小;

3)根据设定的规则格网大小对实验区域进行划分;

4)检测每个格网内的点云数据,按高程值对点云数据进行排序,得到高程最小值;

5)遍历所有格网,将每个网格内高程值最小的点云输出为一级初始地面种子点。

2. 二级地面种子点的获取

通过上文程序,获取规则格网内的一级初始地面种子点,如图 4.16 方块点所示。

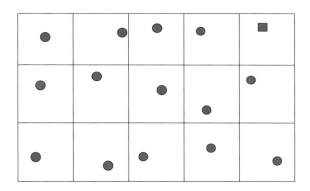

图 4.16　一级初始地面种子点

对于每一个已经确定的一级初始地面种子点 $O_i(x_i, y_i, z_i)$,搜索其邻域内待定的单次和末次回波点云 $R_j(x_j, y_j, z_j)$,在邻域范围内可以根据获取的一级初始地面种子点进行格网设置。图 4.17 圆形点为待定点在一级初始地面种子点格网内的投影图。

根据一级初始地面种子点 $O_i(x_i, y_i, z_i)$ 和其邻域内待定点 $R_j(x_j, y_j, z_j)$(图 4.18)计算其坡度。若坡度在阈值范围内,则认为该末次回波点为二级地面种子点,若坡度超出阈值,则认为该末次回波点为待判断点。

坡度计算公式为

$$T = \frac{z_j - z_i}{\sqrt{(x_j - x_i)^2 + (y_j - y_i)^2}} \tag{4.7}$$

式中，x_i、y_i、z_i 为一级初始地面种子点三维坐标；x_j、y_j、z_j 为待定点三维坐标。

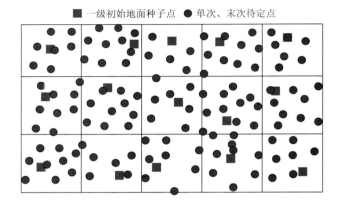

图 4.17　待定点在一级初始地面种子点格网内的投影图

二级地面种子点获取程序设计思想如下。

1）遍历一级初始地面种子点云；

2）对于每个一级初始地面种子点云，搜索在规则格网内的所有待定单次回波和末次回波点云，分别计算格网内种子点与每个待定点云的坡度；

3）将计算所得坡度值与坡度阈值相比，若小于坡度阈值，则输出为二级地面种子点，若大于坡度阈值，则暂不处理；

4）遍历所有格网，得到全部二级地面种子点。

通过以上程序获取二级地面种子点后，将其与一级初始地面种子点合并，通过遍历检查、去除重复点，输出地面种子点云数据，以及还未确定的单次回波点云、末次回波点云。

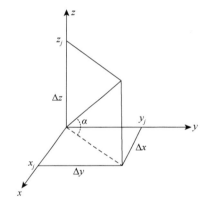

图 4.18　点云几何关系图

4.4.2.3　基于地面种子点集的点云滤波

加权平均与算术平均在理论上类似，但加权平均算法数据中的每个点对平均数的贡献并不是相同的，部分点要比其他的点对平均数的贡献更大。机载 LiDAR 三维点云数据滤波的前提之一是地形具有连续性，认为距离越近的点相似性就越大。因此，以待定点在水平面的投影为圆心，按一定半径搜索其邻域内的地面种子点，通过搜索到的地面种子点高程以距离定权获得待定点投影位置的加权平均高程，可以认为该高程值是该区域地面点的实际高程值。然后将待定点的高程和投影点的加权平均高程之差与高差阈值对比，便可判断该待定点是否为地面点。

　　然而，机载 LiDAR 点云数据量庞大，即使目前仅需以单次回波和末次回波中的待定点为圆心进行滤波，也仍需要耗费大量的时间。因此，本书将结合最小距离滤波，当待定点邻域内存在满足最小距离使用条件的地面种子点时，则直接将其定义为内插点，求得待定点与该点的高差，再与高差阈值对比，进行滤波。将该方法与加权平均算法结合，便可大大提高滤波的运算效率。

　　基于最小距离结合加权平均的三维激光点云数据滤波程序主要包括以下内容。

　　1）根据实验区域面积 S、总地面种子点数目 N_2，得到地面种子点密度 $\rho_2 = N_2/S$。

　　2）通过地面种子点密度、加权平均算法所需要的种子点云个数确定每个待定点所需要搜索的格网边长 L，如要平均每个格网内有 8 个地面种子点，则 $L = \sqrt{8/\rho_2}$。

　　3）首先对于每一个待定点 $Q_i(x_i, y_i, z_i)$，将其投影到水平面上，如图 4.19 方形点所示，其次以每个待定点为中心，建立规则格网，图 4.20 为以待定点中的部分点（菱形点）为中心建立的格网示例，最后按格网边长搜索其邻域内的地面种子点，如图 4.21 中圆形点所示。

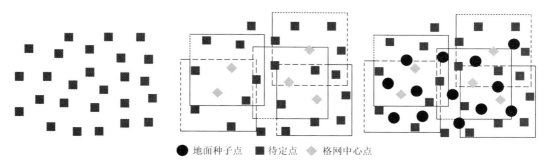

● 地面种子点　■ 待定点　◆ 格网中心点

图 4.19　待定点水平投影显示图　　图 4.20　以待定点为中心建立　　图 4.21　搜索待定点邻域内
　　　　　　　　　　　　　　　　　　　　　　格网图　　　　　　　　　　　　地面种子点

　　4）计算以待定点为中心的规则格网中地面种子点间的最大高差 d_h，假设：①该高差是均匀变化的且位于格网的两对边上；②允许内插误差为 Δh，则可以计算出 $d_s = \Delta h \times L/d_h$，若以待定点为中心的规则格网中存在某地面种子点与待定点的距离小于或者等于 d_s 的情况，那么就用最小距离法，直接用距离待定点最近的地面种子点的高程值来代替加权平均高程值。

　　5）如果不满足最小距离法假设条件，则采用加权平均法内插：对于每个待定点 Q_i (x_i, y_i, z_i) 搜索到的 n 个地面种子点 $M_j(x_j, y_j, z_j)$ $(j = 1, 2, \cdots, n)$，利用加权平均算法得到内插高程 Z_Q，Z_Q 的计算公式为

$$Z_Q = \frac{\sum_{j=1}^{n}(p_j \times Z_j)}{\sum_{j=1}^{n} p_j} \tag{4.8}$$

式中，Z_j 为 n 个地面种子点中第 j 个点的高程；p_j 为 n 个地面种子点中第 j 个点的权重，定义为两点间水平距离平方的倒数，即

$$p_j = \frac{1}{(\sqrt{(x_j - x_i)^2 + (y_j - y_i)^2})^2} = \frac{1}{(x_j - x_i)^2 + (y_j - y_i)^2} \quad (4.9)$$

6）比较待定点 Q 的高程值 Z_i 与其邻域种子点加权平均高程 Z_Q，若 Z_i–Z_Q 大于高差阈值，则认为 Q 点为植被点，反之，则认为该待定点为地面点。

7）判断每个待定的单次和末次回波点云，将其分为植被点和地面点两类。

滤波程序设计思想如下。

1）输入数据：地面种子点云数据和单次回波、末次回波中非地面种子点云数据。

2）遍历所有的数据，分别找出 X_{max}、Y_{max}、X_{min}、Y_{min} 及点云总数 N_2，求出实验区域的最小外包矩形面积 S，由此求出离散点的数据密度 $\rho_2 = N_2/S$。

3）遍历单次回波、末次回波中非地面种子点云，分别以这些待定点云为中心，建立正方形窗口，正方形边长为 L。

4）计算格网内最大高差 d_h，以及 $d_s = \Delta h \times L/d_h$，其中 Δh 表示允许内插误差。

5）遍历格网内所有地面种子点，求得待定点与所有种子点的高差 Δh，若存在 $\Delta h \leqslant d_s$ 的地面种子点，则计算待定点与该地面种子点的高差，当高差在阈值范围内时，则认为该待定点为地面点，否则便为植被点。

6）若不存在 $\Delta h \leqslant d_s$ 的地面种子点，则在对应的正方形窗口内搜索所有地面种子点，分别计算正方形内地面种子点与该待定点的距离，确定每个种子点的权值 p_j。

7）采用加权平均法获取内插高程，计算待插点高程与内插高程之差，同样，当高差在阈值范围内时，认为该待插点为地面点，否则为植被点。

8）分别输出所有地面点和植被点，将地面点和地面种子点合并为地面点，植被点与首次、中间次回波点云合并为植被点。

4.5 测量机器人技术

4.5.1 测量机器人技术原理及组成

测量机器人（measurement robot 或 georobot）又称自动全站仪，是一种集自动目标识别、自动照准、自动测角与测距、自动目标跟踪、自动记录于一体的测量平台。

测量机器人的概念由奥地利维也纳技术大学的卡门教授首先提出，第一台测量机器人也由卡门教授等于 1983 年用视觉经纬仪改制而成的，并且将其用于监测矿区的地表移动。其特点是，带有 CCD 摄像机和马达伺服机构；具有自动精确照准、自动观测、自动记录和数据转换功能，可实现对大型工程建筑物或地表的全自动变形监测；配备相应的图像处理软件后，用两台测量机器人通过模式识别和影像相关匹配，可实现大量自然特征点的高精度快速无接触实时测量，该方法无须在目标点上设置特殊标志，在近距离内，精度达到了±0.12mm，可用于大型工业构件的形状监测；具有自动跟踪特殊目标功能，配以全向棱镜，可实现对运动载体的自动跟踪测量，适合水上测量；只观测方向时，不需要准确照准，通过 CCD 获取的像点坐标对相应的目标点进行视准轴偏差改正，从而求得正确的方向值，这样可提高观测速度。

测量机器人构造如图 4.22 所示。坐标系统为球面坐标系统，望远镜能绕仪器的纵轴和横轴旋转，在水平面 360°、垂直面 180°范围内寻找目标；操纵器的作用是控制机器人的转动；换能器可将电能转化为机械能以驱动步进马达运动；计算机和控制器的功能是从设计开始到终止操纵系统、存储观测数据并与其他系统接口，控制方式多采用连续路径或点到点的伺服控制系统；闭路控制传感器将反馈信号传送给操纵器和控制器，以进行跟踪测量或精密定位；决定制作主要用于发现目标，如采用模拟人识别图像的方法（称为试探分析）或对目标局部特征进行分析的方法（称为句法分析）进行影像匹配；目标捕获用于精确地照准目标，常采用开窗法、阈值法、区域分割法、回光信号最强法及方形螺旋式扫描法等；集成传感器包括采用距离、角度、温度、气压等传感器获取各种观测值。由影像传感器构成的视频成像系统通过影像生成、影像获取和影像处理，在计算机和控制器的操纵下实现自动跟踪和精确照准目标，从而获取物体或物体某部分的长度、厚度、宽度、方位、二维和三维坐标等信息，进而得到物体的形态及其随时间的变化。

测量机器人还提供了一个二次开发平台，利用该平台开发的软件可以直接在全站仪上运行。利用计算机软件实现测量过程、数据记录、数据处理和报表输出的自动化，从而在一定程度上实现监测自动化和一体化。

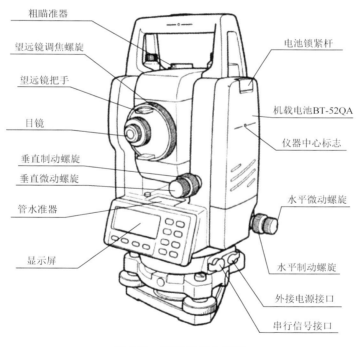

图 4.22 测量机器人构造

4.5.2 测量机器人研究现状

自智能型全站仪出现以来，国内外陆续将其与现代计算机通信技术及数据库等软件技术集成到一起，并且在大型建筑物自动化变形监测中获得快速应用和发展。

德国徕卡（Leica）公司在 1990 年专为非接触的点位进行检查和监测工作，成功地开发了自动极坐标测量系统（automatic polar system，APS），为利用大地测量方法进行自动变形监测做出了开创性贡献。1991 年 Leica 公司成功地将 WILD/LDS V/D 应用到意大利北部阿尔卑斯山区的水电站坝体监测中。1995 年香港 MTRc 铁路公司在地铁九龙塘车站上方兴建大型商场，为了监测该工程对地铁隧道的影响，MTRc 公司邀请徕卡仪器有限公司（香港）运用 APSWIN 系统对该段隧道进行了连续的长期监测，同时为了检验 APSWIN 的精度及可靠性，MTRc 公司派出自己的测量队进行同期人工监测。自 1995 年 8 月仪器组装完成到 1997 年 4 月，进行了近两年的自动监测。通过监测结果分析，APSWIN 进行的 24h 连续自动观测成果与 MTRc 公司测量队的人工监测成果相比，在变形方向和数量上完全吻合，充分说明了基于测量机器人的自动化监测系统的可靠性。

瑞士徕卡（Leica）公司在 APSWIN 系统成功研制的基础上，于 2002 年推出了它的升级换代产品 GeoMoS 自动监测系统。该系统所能控制的传感器不再局限于大地测量所用的全站仪，而是将全球定位系统（global positioning system，GPS）、气象传感器、地质监测传感器，甚至用户需要的任何第 3 方传感器都纳入到连接选项中。GeoMoS 的 Professional 版本可以支持大型数据库 SQL Server，提供 Email 报警和在线命令功能。而 GeoMoS 的 Server 版本则允许控制多个 Professional 版本软件并行运行，使其集成为一个标准的客户/服务器型（C/S）自动化测量系统。目前徕卡 GeoMoS 自动监测系统已经在美国华盛顿 DULLES 机场等处得以应用，并获得了良好效益。

国内基于智能型全站仪的研究，最早的是中南工业大学的张学庄教授于 1997 年 10 月对湖南五强溪水力发电站的大坝变形监测系统的研究。张教授开发研制了"SMDAMS 亚毫米级精度大坝变形自动监测系统"，系统采用空间三边交会的原理测量监测目标点的坐标，提出了"以基线边实时交准解决亚毫米级精度测距"的思想。该系统为了确保亚毫米级的测距精度，集成了计算机控制的测距仪频率校准仪、高精度温度计、气压计与湿度计等。

由徕卡郑州欧亚测量系统有限公司与中国人民解放军信息工程大学测绘学院联合开发的 ADMS 自动变形监测软件（"APSVIN + MRDiff 自动极坐标实时差分监测系统"），是在学习、消化和吸收瑞士 Leica 公司研制的自动极坐标测量系统 APSWIN 的基础上，通过实际的工程应用，并结合国内用户的实际需求成功研制的。目前，该系统已在新疆三屯河水库大坝外部变形监测等工程中发挥作用。

武汉大学测绘学院张正禄、梅文盛教授也于 2002 年开发研制了测量机器人变形监测系统（georobot deformation monitoring system，GRT-DEMOS），并在三峡工程库区巴东高切坡段成功地进行了试验。同时，为了使学生很好地理解和掌握测量机器人自动化测量系统的整体特点和优势，使基于智能型全站仪的自动化测量系统得到更多更好的应用，武汉大学测绘科学与技术学院（2011 年改为武汉大学测绘学院）开发研制了测量机器人的自动测量教学实践系统。

1997 年 10 月在王强溪水力发电站大坝，进行了测量机器人自动变形监测系统（sub-millimeter deformation automatic monitoring system，SMDAMS）的现场实验（张学庄等，1999），系统监测精度可达到亚毫米级。1999 年 11 月在新疆三屯河水库大坝（马伟明，2004）、2000 年 6 月在小浪底大坝（渠守尚和马勇，2001）的外部变形监测中分别采用了由 TCA2003、

TCA1800 和 APSWin 组成的极坐标自动变形监测系统，实现了大坝的无人值守全自动监测。2001 年 8 月在广州地铁陈家祠站（包欢等，2003），进行地铁运行时的持续自动化极坐标变形监测试验，与其他传感器监测结果相比取得了较好效果。2004 年在广州地铁陈沙站（卫健东等，2005），基于 6 台测量机器人建立了监测网络系统，运行取得了较好效果。2006 年在云南溪洛渡水电站（李双平等，2007）的变形监测网中采用 TCA2003 进行了边长和方向观测，投资省、自动化程度高、可靠性强。在上海罗泾港宝钢矿石堆场（张晓日，2007），利用 TCA1800 和 GeoMoS 软件组成的结构监测解决方案，实现了对堆场吊车轨道的监测，效果极佳。

测量仪器的新产品在不断改进和革新，瑞士徕卡公司推出了 TPS1200 和 TPS2000 系列，改进了仪器结构，提升了操作模式；拓普康公司推出了 GPT9000 系列，采用触摸式屏幕，集成 Win CE 操作系统；Trimble 在收购蔡司等公司后推出了集成磁悬浮技术的 S6 和 S8 测量机器人。未来测量机器人的概念已由 H. Kahmen 提出，未来的测量机器人可根据物体的特征点、轮廓线和纹理，用影像处理的方法自动识别、匹配和照准目标，采用空间前方交会的原理获取物体的三维坐标及形状，且将在人工智能方面得到进一步发展，其应用范围将进一步扩大。

4.6　分布式光纤边坡监测技术

4.6.1　概述

光纤感测技术是 20 世纪 70 年代末伴随光导纤维和光纤通信技术发展起来的一种以光纤为媒介，以光波为载体，感知外界被测量信号的新型感测技术。在周围环境因素的影响下，光纤中传输的光波相关特征参量（光强、频率、相位、偏振态等）会发生相应变化，通过各种光电器件对光信号的解调和处理，可实现电压、电流、温度、应变、湿度、加速度、位移等众多参量的感测。目前研制成功的光纤传感器已达百余种，被应用于航空航天、国防军事、土木、水利、电力、能源、环保、智能结构、自动控制和生物医学等众多领域，引起了人们的广泛关注。图 4.23 为市场上按用途分类的光纤传感器及其所占的比重。

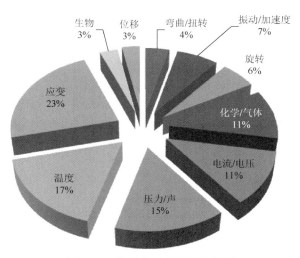

图 4.23　光纤传感器按用途分类

相比于传统传感器，光纤传感器具有许多优点，如可靠性高、耐久性好、本质安全、防水防潮、抗电磁干扰和抗腐蚀等，非常适合应用于环境恶劣的各类边坡监测。此外，由于传感器体积小、质量轻，易于铺设安装，能有效解决与岩土体和工程结构的匹配问题，其对力学参数的影响相对较小，可实现无损检测和评价。鉴于以上诸多优点，光纤传感器技术已较广泛应用于边坡工程的多场信息监测中，其中以分布式光纤感测（distributed fiber optic sensing，DFOS）技术最为突出。

DFOS 除具有普通光纤传感器的优点之外，还可以实现分布式、长距离监测，有效弥补目前在地质和岩土工程中常用感测技术存在的不足，是新一代检测和监测技术的发展方向，已成为国际上主要发达国家（如日本、加拿大、德国、瑞士、英国、美国等）竞相研发的热点技术。分布式光纤监测是指将相关被测参量作为光纤位置坐标的函数，连续测量整根光纤几何路径分布上每点的外部物理参量，获得被测的量在空间的分布和随时间变化的信息。当将集感知和信息传输于一体的光纤像神经网络一样布设于待测体内部时，连续、大面积、实时、立体的信息获取将成为可能。

DFOS 的解调技术主要分为两大类。第一类是光纤布拉格光栅（fiber Bragg grating，FBG）技术，第二类是布里渊散射光时域分析（Brillouin optical time domain analysis，BOTDA）技术。

4.6.2　测量原理

4.6.2.1　FBG 原理

FBG 是指利用掺杂诸如锗、磷等光纤的光敏性，通过某种工艺方法使外界入射光子和纤芯内的掺杂粒子相互作用，导致纤芯折射率沿纤轴方向周期性或非周期性地永久性变化，在纤芯内形成空间相位结构的光学器件，如图 4.24 所示，纤芯的明暗变化代表了折射率的周期变化。

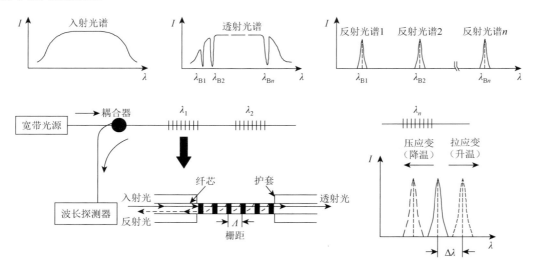

图 4.24　FBG 准分布式测量原理图

光纤光栅的波长变化率与光栅所在位置的轴向应变与温度变化量有良好的线性关系,公式为

$$\frac{\Delta\lambda}{\lambda_{\text{B}}} = \eta\varepsilon + \gamma(T - T_0) \qquad (4.10)$$

式中, $\Delta\lambda / \lambda_{\text{B}}$ 为光纤光栅的波长变化率; η 为应变系数; γ 为温度系数; ε 为光纤轴向应变; $(T - T_0)$ 为温度变化量。

FBG 传感器利用波分复用技术进行串联,可实现高空间分辨率的准分布式测量,与其他光纤传感器相比,具有极高的检测精度(可达到 $1\mu\varepsilon$)和动态实时性。

4.6.2.2　BOTDA

光纤内的布里渊散射现象同时受应变和温度的影响,当光纤沿线的温度发生变化或者存在轴向应变时,光纤中的背向布里渊散射光的频率将发生漂移,频率的漂移量与光纤应变和温度的变化呈良好的线性关系:

$$\nu_{\text{B}}(\varepsilon, T) = \nu_{\text{B}}(0) + \frac{\partial\nu_{\text{B}}(\varepsilon)}{\partial\varepsilon}\varepsilon + \frac{\partial\nu_{\text{B}}(T)}{\partial T}T \qquad (4.11)$$

式中, $\partial\nu_{\text{B}}(\varepsilon) / \partial\varepsilon$ 和 $\partial\nu_{\text{B}}(T) / \partial T$ 分别为布里渊频移-应变系数和布里渊频移-温度系数。

布里渊散射分为自发布里渊散射和受激布里渊散射。入射光受折射率光栅衍射作用而发生背向散射,同时使布里渊散射光发生多普勒效应而产生布里渊频移,称为自发布里渊散射。向光纤两端分别注入反向传播的脉冲光(泵浦光)和连续光(探测光),当泵浦光与探测光的频差处于光纤相遇区域中的布里渊增益带宽内时,由电致伸缩效应而激发声波,产生布里渊放大效应,从而使布里渊散射得到增强,称为受激布里渊散射。

利用自发布里渊散射技术研发了布里渊散射光时域反射计(Brillouin optical time domain reflectometer,BOTDR);利用受激布里渊散射原理研发了 BOTDA 技术,其测量原理见图 4.25。无论是自发布里渊散射,还是受激布里渊散射,其信号都相当微弱,检测也比较困难。其高端解调技术目前都掌握在少数发达国家手中,解调仪都比较昂贵。BOTDA 技术与 BOTDR 相比,光纤需要形成回路,但其空间分辨率和精度大幅度提高。目前基于 BOTDA 技术的商业化解调仪可以实现 5cm 的空间分辨率和 $7\mu\varepsilon$ 的应变测试精度。

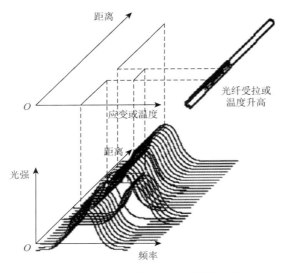

图 4.25　BOTDA 全分布式测量原理图

4.7　空天地一体地质灾害立体化监测体系

4.7.1　地质灾害监测中的突出问题

以群测群防为主的地质灾害监测方式难以满足重特大地质灾害防治需求，工程扰动强度加大、构造活动趋势增强和极端异常气候事件增多，导致群死群伤的重特大地质灾害时有发生。例如，2017 年四川茂县"6·24"特大山体滑坡灾害，体积达 1800m³ 万，滑移距离 2.8km，造成 99 人死亡失踪；2013 年 7 月 10 日四川都江堰三溪村滑坡，滑动距离为 1.3km，造成 166 人死亡失踪；2010 年 8 月 8 日，甘肃舟曲山洪泥石流灾害直接造成 1765 人死亡失踪，损失十分惨重。这些地质灾害皆具有隐蔽性、复杂性和高速远程等特点，不仅会对地质灾害体及周边造成破坏，还会形成灾害链，影响距离达数公里。群测群防多以人工巡查为主，群测群防员技术水平、监测仪器等方面均不能满足地质灾害隐患早期识别要求；部分大型灾害启动部位多位于海拔较高的位置，人很少也很难到达，导致特大型、大型地质灾害的漏报率、误报率高，群死群伤事件时有发生。

群测群防专业化程度不高，专业人员参与较少。

群测群防通常采用埋桩、埋钉、贴片、上漆等简易监测方法，所获数据不精细，或仅是定性判断，此外在监测内容记录和上报方面多采用纸笔记录，无法做到快速上报，且监测数据分析方面缺少直观、科学、快速的分析手段。通过科普培训与宣传，已逐步提高了群测群防员及基层地质灾害管理人员的技术水平，但由于缺少专业人员参与，在临灾预警判断方面存在较大不足。

因此，需要改进群测群防技术方法，引入成本低、实用性强的自动化监测仪器。在数据采集与管理方面采用手机 APP、地质灾害信息管理系统等现代化手段，实现监测数据实时传输和快速处理分析。提高专业人员在群测群防工作中的参与度，以及防灾减灾专业化水平。

专业监测信息化、标准化和科技支撑能力有待进一步提高。

目前已建成的专业监测点布设的监测设施少，覆盖范围小，大部分地质灾害高易发区仍是专业监测空白区，获取的监测数据远不能满足预警预报要求，专业监测资金投入也难以保证监测工作的长期、持续运行，造成监测数据不连续，预警模型和预警判据研究缺乏长期、有效的数据支撑，导致临灾预警预报困难。另外，国家、省、市、县四级互联互通监测网络建设处于起步阶段，在国土资源系统内部未实现信息共享，在水利、气象等部门也未实现信息共享。当前，生产地质灾害专业监测设备的厂家有很多，各种监测设备的型号、数据类型、传输方式等存在多样性，对各类灾害所采用的监测手段也存在很大的随机性，亟须制定相应的国家标准和行业标准进一步规范专业监测工作。快速发展的大数据、物联网、云平台和对地观测等高新技术在地质灾害监测预警中尚处于试点探索阶段，亟须提升监测预警的科技支撑能力。

4.7.2　区域性与现场空-天-地一体地质灾害监测体系

综合上述当今地质灾害监测中的突出问题，本书提出应用多时相高分辨率多光谱光学影像遥感、合成孔径雷达干涉测量、激光雷达测量、三维倾斜摄影测量等对地观测技术，获取区域性地质灾害的分布特征、变形状况及高分辨率地形数据，对地质灾害重点防治区实施区域性地质灾害监测预警，结合实地调查和核实现场监测工作，获取已有地质灾害点变形状况，圈定并监测地表形变区，确定地质灾害隐患点或区段（带）。

4.7.2.1　区域性监测

采用高分辨率多光谱光学影像分析解译工作区地形地貌、地质构造、水系、人类工程活动等条件及灾害体基本形态，在此基础上结合 D-InSAR 获取区域地质灾害体变形数据与高分辨率地形数据，确定灾害体的活动范围、变形特征及活动强度，开展区域地质灾害体的早期识别与精准定位。对于识别出的重大灾害体或地质灾害隐患区段（带）可采用高分辨率 InSAR 技术持续监测地表形变；应用机载或地面 LiDAR 技术获取大型灾害体高精度 DEM 及 DSM，辅助灾害体动态计算和监测预警。通过区域和现场监测预警形成空-天-地地下多源立体监测体系。

区域性地质灾害监测主要利用卫星、航空器及无人机等遥感平台，通过不同分辨率的光学遥感、InSAR、LiDAR 等空间对地观测技术实现大区域内地质灾害识别、地形信息获取及地表变形监测，通过对目标区进行定期监测，对比不同时段灾害体形态与几何特征的变化状况，掌握地质灾害变形的强度、特征和范围，从区域上实现对灾害隐患点的早期识别和对已发现灾害体的变形监测，指导地面调查与现场监测站点的科学布设。

卫星 RS 是对地观测的主要形式，以卫星为观测平台，利用可见光、红外、高光谱和微波等电磁波手段，通过主动或被动的方式以一定的高度（距离）探测目标物体的电磁波信号，揭示地物特性及其变化。用于地质灾害调查与监测预警的主要有高分辨率光学遥感、星载 InSAR、热红外等技术及其数据产品,具备观测范围广、多分辨率(优于 1m)、多角度、多谱段、可大规模连续动态监测的技术特点。

D-InSAR 是利用同一卫星在不同时刻(位置)对地表同一目标区进行多次观测,通过对 SAR 影像中的相位信息进行干涉处理,提取地表形变(或地形)信息的雷达遥感技术。对地质灾害进行监测主要利用差分干涉及相干目标时间序列分析 [如永久散射体干涉测量(PSInSAR)] 技术,实现不同尺度下厘米甚至毫米级地表形变信息的高精度监测,用于表征和识别地质灾害体的移动变形状况。该技术具有大范围、快速、高精度的特点,可在地质灾害隐患排查与早期识别中发挥重要作用。

航空遥感(ARS)也称机载遥感,是指将各种飞机(有人或无人)、飞艇、气球等作为传感器运载工具在空中进行测量的遥感技术,具备高分辨率的特征,可定期观测获取地形地貌信息和数据,精细刻画灾害体的空间三维形态、覆被特征和人居状况,实现对目标地区多种要素的精细监测,分辨率可达厘米级。

机载 LiDAR 基于激光测距原理和三维激光扫描方法,通过记录被测目标地区地面高密度点云的三维坐标、反射率和纹理等信息,快速复建出被测目标的三维模型及线、面、体等各种图件数据,通过对比同地区不同时间序列测量成果,得出该地区地面位移变形,实现对目标地区地面位移变形的监测。

地面监测手段包括三维激光扫描、倾斜摄影测量等技术,侧重获取地质灾害体的形态及其变化特征,适用于已发现重大灾害体的连续动态监测,最高精度可达毫米级,重复观测频率达到分钟级,广泛应用于大型灾害体长期监测及灾后应急等。

4.7.2.2　现场监测

区域性监测起到精准定位重点监测对象的作用。现场监测预警主要结合前期资料,在现场勘查的基础上确定监测站(点)的位置,选择监测技术方法,监测地表位移、深部位移、应力、孔隙水压力、地下水、降水量等要素,合理布设监测网,分析其变形发展趋势,及时做出预警预报,提出科学合理的防治对策。

采用多种技术手段和设备,对灾害体的变形、应力、影响因素和宏观现象等开展监测。

1. 变形监测

(1)地表位移监测

地表位移监测主要包括裂缝位移监测、大地位移监测及角度位移监测等。

裂缝位移监测:根据地质灾害体上裂缝分布发育特征及裂缝位移方向,利用裂缝位移计、测缝计、激光测距仪(激光位移计)等仪器对灾害体裂缝进行位移监测。

大地位移监测:应月精确测量技术(经纬仪、水准仪、全站仪、三维激光扫描仪)或全球导航卫星系统(GNSS)等方法,持续对布设在灾害体上的监测点开展测量,获取位移数据,在方法选择上应综合考虑灾害体所处位置、施测条件和观测环境等要素。

角度位移监测:为获取灾害体局部块段(体)、附着物(房屋、构筑物等)、塌陷变形地面等的倾斜角度位移变化,利用倾角位移传感器(角位移器)、地面倾斜仪等监测变形区角度位移变化。

（2）深部位移监测

将位移传感器、光纤光栅应变传感器布设于钻孔、地下洞室、探井等地点，监测灾害体内部变形，特别是滑带、崩塌面等关键部位的活动状态，评价灾害体的稳定性。

钻孔深部位移观测一般采用活动式、固定式，活动式是沿钻孔测管导槽定期放收监测探头（传感器），连续观测灾害体内部各点位移；固定式为沿钻孔测管固定深度设置单个、多个或全孔段固定位移计、倾角计、光纤光栅应变传感器，定点观测各传感器所在灾害体深部位置变形情况，分析灾害体变形活动状态。

2. 应力监测

将应力传感器布设于坑槽、钻孔、竖井、洞室等目标位置，对土压力、岩体应力和推力开展监测，获取地质灾害变形过程和在防治工程中的应力变化信息，为灾害体稳定性评价、发展趋势分析等提供基础数据。

对土压力进行监测时，应根据灾害体地质结构、监测目的布置土压力计（盒），其承压面应与应力方向垂直。根据压力测量需要，光纤光栅压力传感器可选择弹簧管式或膜片式，埋设时应先在坑槽内均匀放入少量高标号的水泥砂浆，然后将传感器放入坑槽内，保持光纤光栅压力传感器的受力感应板正对着灾害体，并与接触面表面平齐，底部背板缝隙用水泥砂浆填充捣实，不宜留有空隙。

岩体应力监测应在原地应力测量基础上，采用三分量或四分量地应力计传感器监测地应力变化情况；防治工程结构应力监测内容应根据工程类型、结构内力分布、监测目的等确定。

推力监测一般通过钻探、竖井开挖等工程措施布设，利用压力计（盒）、应力传感器等对灾害体深部岩土体滑动或倾倒等过程中产生的推力进行监测。根据灾害体结构特征，一般深部推力监测的每个网点不少于 3 个监测点，依据勘查成果合理布设，当灾害体地质结构不清时，传感器可以考虑等间距连续布置。

3. 影响因素监测

（1）地下水动态监测

根据地质灾害发育位置含水层分布、地下水补给、径流与排泄条件，利用泉、井、钻孔、平斜硐等地下水露头，采用水位自动记录仪、测流仪、水温计、测流堰等，对地下水水位、水量、水质和水温等开展持续定期监测，分析地下水变化对地质灾害的影响，为灾害体稳定性评价、预警分析等提供水文地质依据。

（2）孔隙水压力监测

孔隙水压力是作用于土壤或岩石中微粒、孔隙之间毛细水和重力水所产生的压力，通常分为静孔隙水压力和超静孔隙水压力，其变化是岩土体运动的前兆。目前常用孔隙水压力计开展相关监测。

孔隙水压力计埋设可单孔（点）单埋或多埋，应根据监测点环境条件、水力作用等，合理选择适宜的传感器和测试量程，量程上限一般取静水压力与超孔隙水压力之和的 1.2

倍。平面上沿应力变化最大方向并结合监测对象布置，垂向上应根据应力分布和地层结构布设。采用钻探成孔方式布设的，原则上不得采用泥浆护壁工艺。

（3）含水率监测

含水率变化通常会导致土体自重、黏聚力和内摩擦角的变化，影响土质高切坡、泥石流等灾害体的稳定性。利用时域反射（TDR）、频域反射（FDR）、地质雷达（GPR）等测试技术，现场获取灾害体含水率，结合其他监测手段和信息综合分析灾害体的活动性和稳定性。

（4）地声（次声波）地震动监测

灾害体在变形过程中，因石块之间相互作用、泥石流撞击沟床和岸壁等，岩土体内部产生相对运动与能量释放（地震动波、应力波），产生声发射、震动、电位等效应，改变原始声场、震动频率和电场等。利用地声发射仪、地音探测仪监测灾害体变形过程中局部破裂产生的声响；应用地震仪等监测灾害体及周边原始地震动频率、强度及其变化；运用地电仪监测灾害体及周边因变形摩擦造成的自然原始电场变化等。监测地质灾害变形先兆信息，为准确预警分析提供支撑。

（5）气象（降水）监测

根据监测目的可将气象（降水）监测分为区域气象监测和局地气象监测。区域气象监测是利用气象卫星、雷达与分布在区域范围内的地面气象站、水文站等开展地质灾害气象预警预报；局地气象监测通常在区域气象监测的基础上，利用布设在灾害体附近的常规气象监测站（点），开展以降水量为主的气象监测，包括对降水量、降水强度、温度、湿度等要素的监测。

第 5 章 基于组合模型的高切坡监测数据处理技术

5.1 数据预处理

基于灰色系统的不确定原理,一般认为一切随机过程都是在一定的浮动范围和一定的区间值内变化的,然而我们要得到的系统的行为特征往往是一串确定值的白数。因此,为挖掘、整理原始数据的变化规律,需要通过一系列算子(即灰色生成)来寻求原始数据蕴含的内在规律,弱化其随机性。因此灰色生成在变形监测数据处理过程中起到了原始数据预处理的作用。

本节介绍了五种常见的生成方法——累加生成、累减生成、初值化生成、均值化生成和区间值化生成。其中累加生成和累减生成常用在建立预测模型的第一步和最后一步中,初值化生成、均值化生成和区间值化生成常用在灰色关联度计算中。

1. 累加生成

累加生成是对原始序列做累加处理,顾名思义,结果序列从第二项开始的每一项都包括这一项及前面所有项的总和,结果序列的第一项还是原始序列的第一项数据。这样构成的序列就是累加生序列。

令原始序列为

$$\{x^{(0)}\} = (x^{(0)}(1), x^{(0)}(2), \cdots, x^{(0)}(n)) \tag{5.1}$$

生成算子为

$$x^{(1)}(k) = \sum_{m=1}^{k} x^{(0)}(m) \tag{5.2}$$

则 $\{x^{(1)}\}$ 为 $\{x^{(0)}\}$ 的一次累加生成序列记为1-AGO。如果得到的新序列还不够光滑,或规律性不够明显,则重复此过程(多次累加生成 i-AGO),直到得到较白的序列。

累加生成能使任意非负、摆动的与非摆动的序列,转化为非减的、递增的数列。换言之,累加生成后得到的生成序列,其随机性弱化了,规律性增强了。

2. 累减生成

在建立模型过程中,为了寻求原始数据的规律性,进行了累加生成处理,因此,要对模型计算出来的数据进行累减还原处理。累减生成是累加生成的逆运算,序列中前后相邻的两个数据递减,常记为IAGO。

若 $\{x^{(r-1)}\} = (x^{(r-1)}(1), x^{(r-1)}(2), \cdots, x^{(r-1)}(n))$ 为生成序列,令 $\{x^{(r-1)}\}$ 为 $\{x^{(r)}\}$ 的 IAGO 序列,则有

$$\begin{aligned} x^{(r-1)}(k) &= x^{(r)}(k) - x^{(r)}(k-1) \\ x^{(r-1)}(1) &= x^{(r)}(1) \end{aligned} \tag{5.3}$$

3. 初值化生成

在灰色关联度计算过程中，通过生成算子使无量纲、不可比的数据具有可比性。最常用的生成算子即初值化生成算子，初值化生成就是用序列 x 的初值 $x(1)$ 去除序列 x 中的每一个数。

原始序列为 $X_i = (x_i(1), x_i(2), \cdots x_i(n))$，则初值化生成序列：

$$x'_i(k) = \frac{x(k)}{x(1)}, \quad k = 1, 2, \cdots, n \tag{5.4}$$

4. 均值化生成

均值化生成也主要在灰色关联度计算过程中运用，处理过程为，用序列 x 的平均值去除序列 x 中的所有数据。

$$x'_i(k) = \frac{x(k)}{\frac{1}{n} \sum_{k=1}^{n} x(k)}, \quad k = 1, 2, \cdots, n \tag{5.5}$$

5. 区间值化生成

同样，区间值化生成也主要在灰色关联度计算过程中运用，处理过程为，求出原数据在数据区间内的分布值（相对值）：

$$x'_i(k) = \frac{x_i(k) - \min_k x_i(k)}{\max_k x_i(k) - \min_k x_i(k)}, \quad k = 1, 2, \cdots, n \tag{5.6}$$

对 5 种生成算法各自的特点和适用范围做了总结，结果如表 5.1 所示。

表 5.1　生成算法的特点及适用范围

生成算法	特点	适用范围
累加生成	1）生成数据 $x^{(1)}$ 是数值上不同于原始数据 $x^{(0)}$ 的新数据； 2）$\{x^{(0)}\}$ 的规律是任意非负数，而生成序列 $\{x^{(1)}\}$ 的规律是递增的； 3）在累加过程中，各种大小不一的数据累加到一起，体现数据互补关系的生成	原始序列的预处理
累减生成	—	数据的还原
初值化生成	1）所有初值序列 x_i 有公共交点，$x_i(1) = 1$； 2）初值化生成变不可接近的平行序列为交于 1 点的可接近序列； 3）初值化序列无量纲，新增数据时不必重新计算	灰色关联度计算
均值化生成	均值化生成可使变换序列无量纲化，当新增数据时，均值化数据需要重新计算	灰色关联度计算
区间值化生成	变换数据 $x_i(k)$ 必属于 [0,1]，并且变换序列无量纲化，新增数据时也不必重新计算	灰色关联度计算

5.2　数　据　筛　选

随着研究领域的不断扩大，无论是变形监测、社会经济，还是农业生态，都包含着很多的影响因素。这些因素都共同影响着系统的发展趋势。我们渴望知道在众多的因素中哪些因素是主要的，对系统的整个发展状态起着较大作用；哪些因素是次要的，对系统的整个发展状态起着较小作用。因此，本书引入了灰色理论中的灰色关联度分析算法，有效解决了高切坡预测中多因素筛选问题。灰色关联度分析算法有它的优势，弥补了用数理统计方法做系统分析所存在的缺憾。灰色关联度分析算法对样本量的多少及有无规律无特殊要求，并且使用方便，计算量也小，也不会出现量化结果与定性分析结果不符的情况。

5.2.1　邓氏灰色关联度

1982 年邓聚龙教授提出的灰色模型中的灰色关联度分析算法，这里简称邓氏灰色关联度，其基本思想是比较曲线间几何形状的相似程度。

首先，初始数据是灰色数据，所以通过 5.1 节中的初值化生成、均值化生成、区间值化生成生成算子，使之化为数量级大体相似的无量纲数据。

其次，计算比较序列与参考序列在各点上的差值，设参考序列曲线为 $\{x_i\}$，比较序列曲线为 $\{x_j\}$。

$$\Delta_{ij}(k) = |x_i'(k) - x_j'(k)| \tag{5.7}$$

再次，根据式（5.7）得到的差值序列计算第二层最小差和最大差，即两级环境参数[记比较曲线与参考曲线各点差值的最小值，是第一层最小差 $\min_k \Delta_{ij}(k)$，然后对比所有比较曲线，其中的最小差值为第二层最小差 $\min_j \min_k \Delta_{ij}(k)$]。

$$M = \max_j \max_k \Delta_{ij}(k), m = \min_j \min_k \Delta_{ij}(k) \tag{5.8}$$

然后，计算灰色关联系数为

$$\gamma(x_i(k), x_j(k)) = \frac{m + \zeta M}{\Delta_{ij}(k) + \zeta M} \tag{5.9}$$

式中，$k = 1, 2, \cdots, n$；$i = 1, 2, \cdots, m$；$j = 1, 2, \cdots, m$。ζ 为分辨系数，$\zeta \in (0,1)$，其取值可以调节灰色关联系数的大小，实际运用中常取 0.5。$\gamma(x_i(k), x_j(k))$ 值的大小表明曲线在 k 时刻的距离远近，可见灰色关联系数是参考点与比较点之间距离的一种函数。

最后，由灰色关联系数的平均值计算得灰色关联度为

$$\gamma(x_i, x_j) = \frac{1}{n} \sum_{k=1}^{n} \gamma(x_i(k), x_j(k)) \tag{5.10}$$

通过上面基本原理的详细叙述，我们对原理中看似杂乱的过程进行归纳总结，得到灰色关联度分析的基本计算步骤，其计算步骤归纳如下。

1）根据其原始序列 X_i，计算各序列的初值像（或均值像）为 X_i'。
2）参考序列为 $x_i'(k)$，比较序列为 $x_j'(k)$，求差序列为 $\Delta_{ij}(k)$。

3）求两级最大差（M）与最小差（m）。

4）求灰色关联系数 $\gamma(x_i(k), x_j(k))$。

5）对灰色关联系数取平均值，得灰色关联度 $\gamma(x_i, x_j)$。

5.2.2 广义灰色关联度

赵理和刘思峰（1988）根据邓聚龙的灰色关联度模型构造的思想，提出了广义灰色关联度模型，并研究了其性质和算法。此后的 10 年中，这一新模型得到了较多应用，解决了科研、生产中的大量实际问题，如张继春等（1993）将其应用于岩体爆破质量分析；李长洪（1997）将其应用于矿井事故成因和煤自燃发火因素分析；史向峰和申卯兴（2007）将其应用于导弹武器系统分析等，均取得了满意的效果。本小节对广义灰色关联度做具体介绍，其下有 3 个小分支——灰色绝对关联度、灰色相对关联度和灰色综合关联度。灰色绝对关联度是序列折线相似程度的表征，而灰色相对关联度是序列曲线变化速率接近程度的表征，灰色综合关联度是二者的综合。在实际问题中，可根据情况选择一种关联度。

1. 灰色绝对关联度

设原始数据为 $X_i = (x_i(1), x_i(2), \cdots, x_i(n))$，为了找寻数据的规律性，将其放到同一个起始点进行比较，即将原始序列的每一个值减去序列的第一个值，构成零点化折线为

$$X_i - x_i(1) = (x_i(1) - x_i(1), x_i(2) - x_i(1), \cdots, x_i(n) - x_i(1)) \tag{5.11}$$

零化像为

$$X_i^0 = X_i - x_i(1) \tag{5.12}$$

令

$$s_i = \int_1^n (X_i - x_i(i)) \mathrm{d}t \tag{5.13}$$

零点化处理类似于邓氏灰色关联度中的初始值生成，零点化处理具有以下特点。

1）当 X_i 为增长序列时，$s_i \geqslant 0$；

2）当 X_i 为衰减序列时，$s_i \leqslant 0$；

3）当 X_i 为振荡序列时，s_i 符号不定。

为得到零点化曲线间的关系，使零化像进行相减，令

$$s_i - s_j = \int_1^n (X_i^0 - X_j^0) \mathrm{d}t \tag{5.14}$$

零点化曲线差值具有以下特点。

1）当 X_i^0 恒在 X_j^0 上方时，$s_i - s_j \geqslant 0$；

2）当 X_i^0 恒在 X_j^0 下方时，$s_i - s_j \leqslant 0$；

3）当 X_i^0 与 X_j^0 相交时，$s_i - s_j$ 的符号不定。

通过零点化曲线差值得到曲线的相似程度。因此，X_i 与 X_j 的灰色绝对关联度为

$$\varepsilon_{ij} = \frac{1 + |s_i| + |s_j|}{1 + |s_i| + |s_j| + |s_i + s_j|} \qquad (5.15)$$

灰色绝对关联度具有以下特点。

1）$0 < \varepsilon_{ij} \leqslant 1$；

2）ε_{ij} 只与 X_i、X_j 的几何形状有关，而与其空间相对位置无关，或者说，平移不改变灰色绝对关联度的值；

3）任何两个序列都不是绝对无关的，即 ε_{ij} 恒不为零；

4）X_i 与 X_j 在几何上相似程度越大，ε_{ij} 越大。

2. 灰色相对关联度

灰色相对关联度着眼于各时刻的观测数据相对于始点的变化速率。首先，根据邓氏灰色关联度中的初值化生成方法计算原始序列的初值像 X_i'。其次，同灰色绝对关联度的计算方法，计算零化像 X_i''，分别计算出 s_0'、s_1'。

X_i 与 X_j 的灰色相对关联度为

$$\gamma_{ij} = \frac{1 + |s_0'| + |s_1'|}{1 + |s_0'| + |s_1'| + |s_1' - s_0'|} \qquad (5.16)$$

X_i 与 X_j 的变化速率越接近，γ_{ij} 越大，反之就越小。

3. 灰色综合关联度

灰色综合关联度即灰色绝对关联度与灰色相对关联度的综合，设长度相同、初值不为零的序列，则 X_i 与 X_j 的灰色综合关联度为

$$\rho_{ij} = \theta\varepsilon_{ij} + (1-\theta)\gamma_{ij} \qquad (5.17)$$

式中，ε_{ij} 和 γ_{ij} 分别为 X_i 与 X_j 的灰色绝对关联度和灰色相对关联度，$\theta \in [0,1]$。

灰色综合关联度既体现了折线 X_i 与 X_j 的相似程度，又反映出了 X_i 与 X_j 相对于始点的变化速率的接近程度，是较为全面地表征序列之间的联系是否紧密的一个数量指标。一般地，可取 $\theta = 0.5$，如果对绝对量之间的关系较为关注，θ 可取大一些；如果对变化速率看得较重，θ 可取小一些。

5.2.3　相似性灰色关联度和接近性灰色关联度

刘思峰等（2010）基于广义灰色关联度的算法，对灰色绝对关联度进行改进，给出一类新的灰色关联分析模型。新模型从相似性和接近性两个不同视角测度序列之间的相互关系和影响，克服了原模型存在的问题，易于实际应用。

1. 相似性灰色关联度

设长度相同的序列 X_i 与 X_j，s_i 与 s_j 如式（5.13）中的定义。X_i 与 X_j 的相似性灰色关联度为

$$\varepsilon_{ij} = \frac{1}{1+|s_i - s_j|} \tag{5.18}$$

相似性灰色关联度用于测度序列 X_i 与 X_j 在几何形状上的相似程度。X_i 与 X_j 在几何形状上越相似，ε_{ij} 越大，反之就越小。

2. 接近性灰色关联度

S_i 与 S_j 如式（5.13）中的定义，但序列没有做零点化处理，此方法适用于对接近的数据进行比较。X_i 与 X_j 的接近性灰色关联度为

$$\rho_{ij} = \frac{1}{1+|S_i - S_j|} \tag{5.19}$$

接近性灰色关联度用于测度序列 X_i 与 X_j 在空间中的接近程度。X_i 与 X_j 越接近，ρ_{ij} 越大，反之就越小。接近性灰色关联度仅适用于序列 X_i 与 X_j 意义、量纲完全相同的情况，当序列 X_i 与 X_j 的意义、量纲不同时，计算其接近性灰色关联度没有任何实际意义。

5.3 数据预测

灾害预测系统中往往包含多个影响因素，并且各个影响因素相互影响、相互关联、共同发展。每一个影响因素都会受到其他影响因素的影响，同时也影响着其他因素。目前采用的 MGM（1，N）模型是考虑多个相关影响因素的灰色预测模型，建立了 N 个 N 元微分方程，并考虑到因子在建模中的重要性不同，将其作为权值建立加权多变量灰色模型。

1. 权的选取

灾害监测是工程测量的一项重要内容，然而实际的变形体往往包含多个变形因子，各个因子对模型并没有起到相同的促进作用。根据因子的主次关系，对促进模型发展的主要因子应促进其在模型中的作用，对抑制模型发展的次要因子应抑制其在模型中的作用。所以选择灰色关联度分析作为权的选取依据，对多个变形因子先进行初次灰色关联分析，完成对变形因子的筛选，去掉干扰因子后再次进行灰色关联分析，这样得到的关联度基本反映了因子的主要程度，再进行平滑处理 $p_i = \sqrt{p_i}$，得到的结果记为因子在模型中的重要性（权值 P）。

2. 初始值的加权

n 为序列长度，m 为因子个数，原始序列为

$$x_i^{(0)} = \{x_i^{(0)}(1) \quad x_i^{(0)}(2) \quad \cdots \quad x_i^{(0)}(n)\}, \quad i = 1, 2, \cdots, m \tag{5.20}$$

计算原始数据相邻时序的斜率：

$$D = \begin{bmatrix} x_1^{(0)}(2) - x_1^{(0)}(1) & x_2^{(0)}(2) - x_2^{(0)}(1) & \cdots & x_m^{(0)}(2) - x_m^{(0)}(1) \\ x_1^{(0)}(3) - x_1^{(0)}(2) & x_2^{(0)}(3) - x_2^{(0)}(2) & \cdots & x_m^{(0)}(3) - x_m^{(0)}(2) \\ \vdots & \vdots & & \vdots \\ x_1^{(0)}(n) - x_1^{(0)}(n-1) & x_2^{(0)}(n) - x_2^{(0)}(n-1) & \cdots & x_m^{(0)}(n) - x_m^{(0)}(n-1) \end{bmatrix} \quad (5.21)$$

对原始数据的斜率进行加权处理，再加上原始值后构成新的初始值：

$$\hat{x}_i^{(0)}(1) = x_i^{(0)}(1)$$
$$\hat{x}_i^{(0)}(k) = x_i^{(0)}(k-1) + p_i \times D_{(k-1)i}, \quad k = 2, \cdots, n \quad (5.22)$$

3. 加权 MGM（1, N）模型的建立

对得到的新的初始值进行一次累加生成，生成的序列如下：

$$x_i^{(1)} = \{ x_i^{(1)}(1), x_i^{(1)}(2), \cdots, x_i^{(1)}(n) \}, \quad i = 1, \cdots, m \quad (5.23)$$

建立微分方程组：

$$\left. \begin{aligned} \frac{\mathrm{d}x_1^{(1)}}{\mathrm{d}t} &= a_{11}x_1^{(1)} + a_{12}x_2^{(1)} + \cdots + a_{1m}x_m^{(1)} + b_1 \\ \frac{\mathrm{d}x_2^{(1)}}{\mathrm{d}t} &= a_{21}x_1^{(1)} + a_{22}x_2^{(1)} + \cdots + a_{2m}x_m^{(1)} + b_2 \\ &\cdots\cdots\cdots\cdots \\ \frac{\mathrm{d}x_m^{(1)}}{\mathrm{d}t} &= a_{m1}x_1^{(1)} + a_{m2}x_2^{(1)} + \cdots + a_{mm}x_m^{(1)} + b_m \end{aligned} \right\} \quad (5.24)$$

记 $A = \begin{bmatrix} a_{11} & a_{12} & \cdots & a_{1m} \\ a_{21} & a_{22} & \cdots & a_{2m} \\ \vdots & \vdots & & \vdots \\ a_{m1} & a_{m2} & \cdots & a_{mm} \end{bmatrix}$, $B = \begin{bmatrix} b_1 \\ b_2 \\ \vdots \\ b_m \end{bmatrix}$, $X^{(1)} = \begin{bmatrix} x_1^{(1)} \\ x_2^{(1)} \\ \vdots \\ x_m^{(1)} \end{bmatrix}$

微分方程组可以化简为

$$\frac{\mathrm{d}X^{(1)}}{\mathrm{d}t} = AX^{(1)} + B \quad (5.25)$$

$\hat{a}_i$ 为 a_i 的辨识值，$\hat{b}_i$ 为 b_i 的辨识值，利用最小二乘法求解辨识值：

$$\hat{a} = (L^{\mathrm{T}}L)^{-1}L^{\mathrm{T}}Y_i, \quad i = 1, 2, \cdots, m \quad (5.26)$$

其中，

$$\hat{a} = [\hat{a}_{i1} \ \hat{a}_{i2} \cdots \hat{b}_i]^{\mathrm{T}}, \quad Y_i = [x_i^{(0)}(2), x_i^{(0)}(3), \cdots, x_i^{(0)}(n)]^{\mathrm{T}}$$

$$L = \begin{bmatrix} z_{11} & z_{12} & \cdots & z_{1n} & 1 \\ z_{21} & z_{22} & \cdots & z_{2n} & 1 \\ \vdots & \vdots & & \vdots & \vdots \\ z_{(m-1)1} & z_{(m-1)2} & \cdots & z_{(m-1)n} & 1 \end{bmatrix}$$

$$z_{ij} = \frac{1}{2}(x_j^{(1)}(i+1) + x_j^{(1)}(1)), \quad i = 1, 2, \cdots, m, \ j = 1, 2, \cdots, n$$

建立时间响应函数就是求白化微分方程的解。其方法是将求得的 $\hat{a}$ 的各个分量代入所构造的微分方程组中，假设边界条件为 $\hat{X}^{(1)}(1) = X^{(1)}(1)$，然后按一般方程组进行求解。

对式 $\dfrac{\mathrm{d}X^{(1)}}{\mathrm{d}t} = AX^{(1)} + B$，有 $\dfrac{\mathrm{d}X^{(1)}}{\mathrm{d}t} - AX^{(1)} = B$，两边同乘积分因子 e^{-At}，得

$$\mathrm{e}^{-At}\left(\frac{\mathrm{d}X^{(1)}}{\mathrm{d}t} - AX^{(1)}\right) = \mathrm{e}^{-At}B \tag{5.27}$$

积分后整理得 MGM（$1, N$）模型的时间响应函数：

$$\hat{x}^{(1)}(t) = \mathrm{e}^{\hat{A}t}x^{(1)}(0) + \hat{A}^{-1}(\mathrm{e}^{\hat{A}t} - I) \times \hat{B} \tag{5.28}$$

将第 1 个数据 $x^{(0)}(1)$ 作为响应函数的第一个数据，则响应函数为

$$\hat{x}^{(1)}(k) = \mathrm{e}^{\hat{A}(k-1)}x^{(1)}(1) + \hat{A}^{-1}(\mathrm{e}^{\hat{A}(k-1)} - I) \times \hat{B} \tag{5.29}$$

式中，I 为单位矩阵；$k = 1, 2, \cdots, n$。

矩阵指数函数 $\mathrm{e}^{\hat{A}t}$ 可按下式求算：

$$\mathrm{e}^{-\hat{A}t} = I + \hat{A}t + \frac{\hat{A}^2}{2!}t^2 + \cdots = I + \sum_{k=1}^{\infty}\frac{\hat{A}^k}{k!}t^k \tag{5.30}$$

对 $\hat{x}^{(1)}(k)$ 做累减生成，将其还原为相应变量的原始序列值：

$$\hat{x}^{(0)}(1) = x^{(0)}(1)$$

$$\hat{x}^{(0)}(k) = \hat{x}^{(1)}(k) - \hat{x}^{(1)}(k-1), \quad k = 2, 3, \cdots, n \tag{5.31}$$

当 $k < n$ 时，结果为模拟值；当 $k = n$ 时，结果为滤波值；当 $k > n$ 时，结果为预测值。

5.4 数据精度分析

灰色预测检验一般有残差大小检验、关联度检验和后验差检验。残差大小检验是对模型值和实际值的误差进行逐点检验；关联度检验通过考察模型值曲线与建模序列曲线的相似程度进行检验；后验差检验是对残差分布的统计特性进行检验。

1. 残差大小检验

残差大小检验将预测模型计算出来的预测值与实际值进行逐点比较，观察其残差大小与相对误差是否满足要求。

设原始建模序列为

$$x^{(0)} = (x^{(0)}(1), x^{(0)}(2), \cdots, x^{(0)}(n)) \tag{5.32}$$

按预测模型计算得到的预测值序列为

$$\hat{x}^{(0)} = (\hat{x}^{(0)}(1), \hat{x}^{(0)}(2), \cdots, \hat{x}^{(0)}(n)) \tag{5.33}$$

原始序列 $x^{(0)}(k)$ 与预测序列 $\hat{x}^{(0)}(k)$ 的绝对误差序列为

$$\Delta^{(0)}(k) = |x^{(0)}(k) - \hat{x}^{(0)}(k)|, k = 1, 2, \cdots, n \tag{5.34}$$

相对误差为

$$\varphi(k) = \frac{\Delta^{(0)}(k)}{x^{(0)}(k)} \times 100\%, \quad k = 1, 2, \cdots, n \tag{5.35}$$

φ 不大于 10%，称 $\varphi(k)$ 为原点误差，一般原点误差越小越好。

取相对误差的平均值为平均相对误差：

$$\overline{\varphi} = \frac{1}{n} \sum_{i=1}^{n} |\varepsilon(i)| \tag{5.36}$$

2. 关联度检验

关联度检验属于几何检验，是对模型曲线的形状与建模数据列的曲线的几何形状的接近程度的检验。

对预测序列 $\hat{x}^{(0)}(k)$ 与原始序列 $x^{(0)}(k)$ 做灰色关联度分析。

灰色关联度分析的实质是对时间序列数据进行几何关系比较。若两个比较序列在各个时刻点都重合在一起，则灰色关联度为 1。同时，两个序列在任何时刻都不可能垂直，所以灰色关联度恒大于 0。

通常取分辨系数为 0.5，一般要求灰色关联度大于 0.6。灰色关联度越大，表示预测值越接近原始数据，模型精度越好。

3. 后验差检验

原始序列为

$$x^{(0)} = (x^{(0)}(1), x^{(0)}(2), \cdots, x^{(0)}(n)) \tag{5.37}$$

由式（5.19）得到的残差序列为

$$\Delta^{(0)}(k), k = 1, 2, \cdots, n \tag{5.38}$$

计算原始序列与残差的平均值：

$$\overline{x}^{(0)} = \frac{1}{n} \sum_{k=1}^{n} x^{(0)}(k), \quad \overline{\Delta}^{(0)} = \frac{1}{n} \sum_{k=1}^{n} \Delta^{(0)}(k) \tag{5.39}$$

计算原始序列的方差为

$$S_1^2 = \frac{1}{n} \sum_{k=1}^{n} (x^{(0)}(k) - \overline{x}^{(0)})^2 \tag{5.40}$$

残差的方差为

$$S_2^2 = \frac{1}{n} \sum_{k=1}^{n} (x^{(0)}(k) - \overline{\Delta})^2 \tag{5.41}$$

然后，计算后验差：

$$C = \frac{S_2}{S_1} \tag{5.42}$$

计算小误差概率：

$$P = P\{|\Delta^{(0)}(k) - \overline{\Delta}^{(0)}| < 0.6745 S_1\} \tag{5.43}$$

根据 C 与 P 的计算结果可评定模型精度：当 $P > 0.95$、$C < 0.35$ 时，模型精度为一级

（好）；当 $P>0.8$ 、 $C<0.5$ 时，模型精度为二级（合格）；当 $P>0.7$ 、 $C<0.65$ 时，模型精度为三级（勉强合格）；当 $P\leqslant0.7$ 、 $C\geqslant0.65$ 时，模型精度为四级（不合格）。

5.5　加权灰色模型在高切坡监测中的应用

三峡库区现已进行了多次 175～145m 周期性调水，使得库岸地质灾害体岩土体力学性质和受力状态发生了动态、周期性变化。三峡库区蓄水前江面宽 250～350m，蓄水后水位为 175m 时，江面宽 700～800m。三峡库区蓄水后水位每年将在 175～145m 范围内周期性涨落，近坝库段水位比蓄水前上升 100 多米，这将直接改变库岸的地质环境，已经造成了近坝库段的大型高切坡，大坪高切坡体就是大型高切坡体之一，大坪高切坡位于巴东县境内长江北岸，上距巴东县城 3km，下距三峡工程坝址 61km。高切坡区内山顶高程为 800～1545m，河谷切割深度为 600～800m。严重影响该区域地质灾害体的稳定性，甚至造成失稳成灾（如 2003 年 7 月 13 日发生在秭归县沙镇溪镇的千将坪高切坡灾害），同时也将涉及附近居民，甚至三峡大坝的安全。

为了更好地对三峡库区地质灾害进行监测与防治，国土资源部启动了地质灾害监测预警工程，测量地下水位、雨量等指标，并采用 GPS、钻孔倾斜仪等监测技术对三峡库区重大崩滑体、重点水库岸坡段实施立体监测，以三峡库区某高切坡为例，主要专业监测设施见表 5.2。

表 5.2　大坪高切坡监测设施一览表

类别	名称	孔口高程/m	孔深/m	滑带位置/m	稳定水位/m	备注
测斜孔	大 1	251.26	50.49	39.80～40.80		
	大 2	221.4	70.43	61.75～62.20		50m 处变形严重
	大 3	182.57	78.6	69.10～69.30		
	大 4	289.96	61.36	54.10～57.40		
	大 5	255.03	80.61	73.40～74.00		
	大 6	215.34	81.44	74.00～74.20		
推力孔	大 7	251.26	49.76	41.90～42.85		
	大 8	221.4	70.5	63.38～64.00		
	大 9	182.57	77.9	69.90～70.40		
	大 10	289.96	60.71	54.50～54.60		
	大 11	255.03	80.2	73.40～74.00		
	大 12	215.34	80.81	74.80～75.00		
水位孔	大 13	251.26	49.6	40.00～40.50	41	
	大 14	221.4	69.9	61.95～62.40	59.98	
	大 15	182.57	76.91	70.10～70.80	32.1	
	大 16	289.96	60.97	53.60～54.13	55.43	
	大 17	255.03	80.65	70.90～72.20	60.31	
	大 18	215.34	80.55	73.75～74.00	64.9	
GPS 监测墩	14 个（其中监测基点两个）					

注：表中"大 1"指大坪高切坡 1 号。

2007～2010 年大坪高切坡的位移变化趋势如图 5.1 所示。

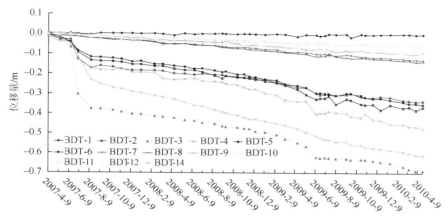

图 5.1　2007～2010 年大坪高切坡位移变化趋势图

BDT-1 表示 1 号监测墩，其他同理

5.5.1　监测因素的合理选择

随机选取大坪高切坡呈线形分布的 3 个水位孔，即 BDT-1、BDT-2 和 BDT-3，监测因子有长江水位、降水量、北方向位移（SN）、东方向位移（SE）和高程位移（SH）等，对 2007 年 6 月至 2009 年 6 月 3 个水位孔等周期观测的数据进行关联分析，合理选择建模因子。

以灰色关联系数排序，得到的计算结果见表 5.3～表 5.11。

表 5.3　BDT-1 水位对 SN 的影响分析

因子	长江水位	降水量	SH	SE
灰色关联度	0.809666	0.806621	0.805224	0.657661

表 5.4　BDT-1 水平对 SE 的影响分析

因子	降水量	长江水位	SH	SN
灰色关联度	0.714315	0.691972	0.684895	0.657661

表 5.5　BDT-1 水位对 SH 的影响分析

因子	长江水位	降水量	SE	SN
灰色关联度	0.973779	0.91010	0.795623	0.670093

表 5.6　BDT-2 水位对 SN 的影响分析

因子	SE	长江水位	降水量	SH
灰色关联度	0.783988	0.758004	0.743299	0.449191

表 5.7　BDT-2 水位对 SE 的影响分析

因子	长江水位	降水量	SN	SH
灰色关联度	0.92823	0.911797	0.752453	0.465041

表 5.8　BDT-2 水位对 SH 的影响分析

因子	降水量	长江水位	SE	SN
灰色关联度	0.521194	0.514817	0.507122	0.449191

表 5.9　BDT-3 水位对 SN 的影响分析

因子	SE	长江水位	降水量	SH
灰色关联度	0.672271	0.48458	0.483842	0.441657

表 5.10　BDT-3 水位对 SE 的影响分析

因子	SN	长江水位	降水量	SH
灰色关联度	0.55195	0.493936	0.492092	0.421965

表 5.11　BDT-3 水位对 SH 的影响分析

因子	降水量	长江水位	SE	SN
灰色关联度	0.812954	0.809322	0.546245	0.441657

由以上各表可以看出，不同的点位对长江水位、降水量、SE、SN、SH 的影响是不一样的，有些变化很大，有些变化很小，如表 5.10 中，BDT-3 对 SE 的影响分析中，灰色关联度都没有超过 0.6，而表 5.11 BDT-3 对 SH 的影响分析中，最大的达到 0.812954，最小的达到 0.441657。同一个观测因子对不同的点的影响程度也不一样，如降水量对 BDT-2 的 SE 的影响最大，达到 0.911797，对 BDT-3 的 SN 的影响最小，只达到 0.483842。因此，根据灰色关联度分析，不同的点可以选择不同的观测因子进行观测，从而节省观测费用。

5.5.2　过程分析

表 5.12 是大坪高切坡 GPS 监测数据。监测因子有 5 个：长江水位、降水量、1 号水位孔水位、2 号水位孔水位和 3 号水位孔水位。本书利用 2007～2009 年 24 组数据进行预测。由于篇幅限制，表 5.12 只截取了一部分数据。

表 5.12　大坪高切坡 GPS 监测数据

时间序号	长江水位/m	降水量/mm	1 号水位孔水位/m	2 号水位孔水位/m	3 号水位孔水位/m
1	145.58	116.8	210.31	166.95	140.62
2	145.52	83.5	211.81	167.48	141.42
3	145.57	312.4	210.54	167.27	141.64
4	145.72	308.4	210.40	167.22	143.94
5	148.74	60.1	210.47	167.01	153.5
6	148.74	60.1	210.47	167.01	153.5
7	172.65	119.1	210.56	168.17	167.67
8	170.66	38.1	210.66	167.23	167.37
9	170.66	38.1	210.66	167.23	167.37
10	169.2	3.6	210.52	167.35	167.35

观察表 5.12 的原始数据，由于原始数据不在一个数量级上，所以首先对影响因子进行预处理：

$$x_0 = [(x_0(:,1)-142),x_0(:,2),(x_0(:,3)-209),(x_0(:,4)-166),(x_0(:,5)-139)]$$

使原始数据变为同一数量级可比较的序列，基于灰色理论的数据处理过程，按照步骤依次进行预测预报处理。

1. 关联分析，选取重要因子

选择前 24 组数据作为原始数据，计算 1 号水位孔水位、2 号水位孔水位、3 号水位孔水位、长江水位、降水量各自的灰色关联度，结果如下。

1 号水位孔水位的灰色关联度排序如下。

降水量（0.9816）＞2 号水位孔水位（0.8924）＞3 号水位孔水位（0.7501）＞长江水位（0.6224）

2 号水位孔水位的灰色关联度排序如下。

1 号水位孔水位（0.8771）＞降水量（0.8625）＞3 号水位孔水位（0.7699）＞长江水位（0.6456）

3 号水位孔水位的灰色关联度排序如下。

长江水位（0.90257）＞3 号水位孔水位（0.76899）＞2 号水位孔水位（0.75987）＞降水量（0.64989）

由计算结果可以看出，高切坡和水位孔水位有直接关系，因此，水位孔水位即目标因子，由目标因子的灰色关联度计算结果可得：1 号水位孔水位与降水量的关联最为密切，与2 号水位孔水位和 3 号水位孔水位的关联次之，而与长江水位的关联最小；同理可以得出，2 号水位孔水位与 1 号水位孔水位、降水量的关联比较紧密，与 3 号水位孔水位关联次之，而与长江水位关联相对较小；3 号水位孔水位与长江水位的关联紧密，而与降水量关联最小。

通过高切坡带水位点的点位分布可以得出，1 号水位孔水位位于高切坡带的后缘部分，距离长江较远，其高程高于长江水位，基本不受长江水位的影响，但与降水量的关联最密切。2 号水位孔水位位于高切坡带的中部，其高程也高于长江水位，受降水量影响最大，而受长江水位影响最小。3 号水位孔水位位于高切坡体前缘，其高程低于长江水位，水位孔水位主要受长江水位控制，而与降水量关联不密切。由灰色关联分析得出的结论与实际相符，因此，灰色关联分析为对主变量因子的选取提供了数据支持。

由于长江水位对 1 号水位孔水位、2 号水位孔水位的影响都很小，将其加入模型中不能起到很明显的促进作用，所以本书剔除长江水位，对降水量、1 号水位孔水位、2 号水位孔水位、3 号水位孔水位（分别用 x_1,x_2,x_3,x_4 表示）建立模型。而对于 3 号水位孔水位，降水量对其影响最小，并且存在很大的随机性，所以剔除降水量，对长江水位、1 号水位孔水位、2 号水位孔水位、3 号水位孔水位（分别用 x_1,x_2,x_3,x_4 表示）建立模型。

2. 初始值加权处理

我们预测的目标因子是 1 号水位孔水位、2 号水位孔水位和 3 号水位孔水位，以 1 号水位孔水位为例，由于长江水位对其影响特别小，所以剔除长江水位这个因子，对降水量、1 号水位孔水位、2 号水位孔水位、3 号水位孔水位再次求灰色关联度，设自身灰色关联度为 1。计算结果：降水量、1 号水位孔水位、2 号水位孔水位、3 号水位孔水位的灰色关联度依次为 0.9624、1.0000、0.8047、0.6176。将灰色关联度转化为重要性，分别为 0.9810、1.0000、0.8971、0.7859。其中 0.9810 即降水量的权重，设其为 P_1；1.0000 为 1 号水位孔水位自身的权重，设其为 P_2；0.8971 为 2 号水位孔水位自身的权重，设其为 P_3；0.7859 为 3 号水位孔水位自身的权重，设其为 P_4。根据式（5.22）计算得到新的初始值，见表 5.13。

表 5.13　原始数据加权前后的初始值对比

时间序号	降水量/mm	1 号水位孔水位/m	2 号水位孔水位/m	3 号水位孔水位/m
1	117.1796	210.3100	166.9160	142.0975
2	84.1320	211.8100	167.4254	141.2487
3	308.0554	210.5400	167.2916	141.5929
4	308.4759	210.4000	167.2251	143.4475
5	64.8128	210.4700	167.0316	151.4530

将加权处理后的数据作为新的原始数据，建立多变量灰色模型。

3. 建立 PMGM（1, N）模型并计算

根据 5.3 节中模型的建模计算过程，首先建立微分方程，然后根据最小二乘法求出辨识参数的解：

$$\hat{A}=\begin{bmatrix}\hat{a}_{1i}\\\hat{a}_{2i}\\\hat{a}_{3i}\\\hat{a}_{4i}\end{bmatrix}=\begin{bmatrix}-1.0830 & 30.9349 & 23.2125 & -61.0924\\0.0061 & -0.2165 & 0.0906 & 0.1553\\0.0010 & -0.1190 & 0.1350 & -0.0032\\0.0009 & -0.7079 & -0.3268 & 1.2198\end{bmatrix},\quad\hat{B}=\begin{bmatrix}-10.3575\\14.6519\\12.9578\\11.9140\end{bmatrix}\qquad(5.44)$$

最后将参数带入函数模型 $\hat{x}^{(1)}(k)=\mathrm{e}^{\hat{A}(k-1)}x^{(1)}(1)+\hat{A}^{-1}(\mathrm{e}^{\hat{A}(k-1)}-I)\times\hat{B}$ 中求出拟合值，拟合值累减得到最后结果。

4. 模型精度分析

为了检验所建立的模型是否合适，采用三种检验方法进行检验。

（1）残差检验

拟合值与原始值进行逐点误差检查，结果见表 5.14。

表 5.14　PMGM（1, N）模型的残差检验

监测因子	时间序号	原始数据	PMGM（1, N）预测数据	绝对误差	相对误差	平均相对误差
1 号水位孔	1	210.31	210.3100	0	0	
	2	211.81	211.6709	1.3171	0.0066	
	3	210.54	210.6048	0.7321	0.0035	0.0044
	4	210.4	210.4636	2.0672	0.0100	
	5	210.47	210.5674	0.4188	0.0021	
2 号水位孔	1	166.95	166.9500	0	0	
	2	167.48	167.4561	0.6433	0.0250	
	3	167.27	167.2865	0.5302	0.0232	0.0131
	4	167.22	167.2760	0.3416	0.0130	
	5	167.01	166.9585	0.1342	0.0045	
3 号水位孔	1	140.62	140.6200	0	0	
	2	141.42	141.3394	0.2308	0.0087	
	3	141.64	141.3684	0.3286	0.0121	0.0059
	4	143.94	142.4858	0.0992	0.0039	
	5	153.5	146.4676	0.1183	0.0047	

观察表 5.14 中的误差数据，每个监测因子各时序的残差值均很小，平均相对误差也在 3%以下，特别是 1 号水位孔（沉降）的平均相对误差在 0.5%以下。因此，加权模型达到了很好的预测精度。

（2）关联度检验

经过计算，沉降、库水位、测压管水位拟合值与原始数据的灰色关联度均大于 0.6。

（3）后验差检验

由后验差、小误差概率公式，得到的各监测因子的精度计算结果如下。

1 号水位孔：后验差 $C = 0.1889$，小误差概率 $P = 1$。

2 号水位孔：后验差 $C = 0.2478$，小误差概率 $P = 1$。

3 号水位孔：后验差 $C = 0.3051$，小误差概率 $P = 1$。

根据 5.4 节数据精度分析中后验差检验的评定指标，各因子精度等级均为一等。因此，PMGM（1, N）模型的预测结果还是十分准确的，有一定的实用价值。

5.5.3　对比分析

加权多变量灰色模型经过精度检验，合格，可以用于预测，分别对多变量灰色模型加权前后的精度进行对比，见表 5.15。

表 5.15　PMGM（1, *N*）模型与 MGM（1, *N*）模型的精度对比

监测因子	时间序号	原始数据	MGM（1, *N*）预测值	PMGM（1, *N*）预测值
1 号水位孔	1	210.31	210.3100	210.3100
	2	211.81	211.6711	211.6709
	3	210.54	210.6041	210.6048
	4	210.4	210.4645	210.4636
	5	210.47	210.5725	210.5674
	平均相对误差		0.00054	0.00052
	后验差 *C*		0.1916	0.1889
	小误差概率 *P*		1	1
2 号水位孔	1	166.95	166.9500	166.9500
	2	167.48	167.4553	167.4561
	3	167.27	167.2911	167.2865
	4	167.22	167.2723	167.2760
	5	167.01	167.2173	166.9585
	平均相对误差		0.00066	0.00044
	后验差 *C*		0.2890	0.2478
	小误差概率 *P*		1	1
3 号水位孔	1	140.62	140.6200	140.6200
	2	141.42	141.3298	141.3394
	3	141.64	141.4118	141.3684
	4	143.94	142.4904	142.4858
	5	153.5	146.1898	146.4676
	平均相对误差		0.01936	0.02028
	后验差 *C*		0.3467	0.3051
	小误差概率 *P*		1	1

　　由表 5.15 的对比结果可知，对于目标因子沉降，PMGM（1, *N*）模型的平均相对误差比 MGM（1, *N*）模型提高了 0.11%；对于目标因子测压管水位，PMGM（1, *N*）模型的平均相对误差比 MGM（1, *N*）模型提高了 0.82%；对于目标因子库水位，PMGM（1, *N*）模型的平均相对误差比 MGM（1, *N*）模型提高了 1.3%。每个因子的后验差也均有提高，可以看出加权后的模型是有一定的优越性的。

　　观察图 5.2～图 5.4 可以得出，PMGM（1, *N*）的预测值也更贴近原始值，并且表 5.15 中的精度对比结果也显示加权后的精度有所提高，可见 PMGM（1, *N*）模型对水位孔水位的预测有整体的精度提高。

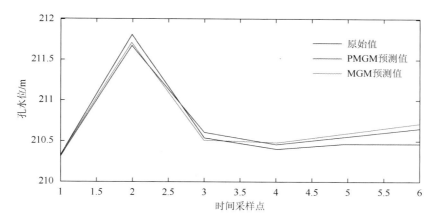

图 5.2　1 号水位孔水位加权前后预测值对比

横轴"1"表示某月初,"1.5"表示某月 15 日,依此类推,下同

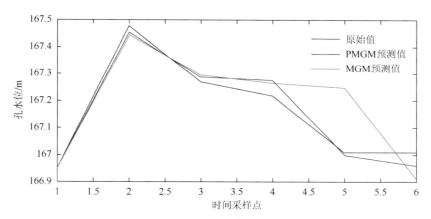

图 5.3　2 号水位孔水位加权前后预测值对比

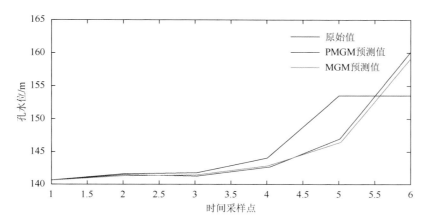

图 5.4　3 号水位孔水位加权前后预测值对比

5.6 灰色模型的优化

5.6.1 初始值优化模型

由灰色模型的建模方法可知，观测值的预测值的表达式为

$$\hat{x}^{(1)}(k+1) = C\mathrm{e}^{-ak} + \frac{u}{a} \tag{5.45}$$

式中，C 为待定的常数，通过确定初始条件可以求得 C 的值，从而得到观测值的预测值，C 值不同，预测值的表达式也不同，因此，C 的合理取值对提高预测精度有一定的影响，常用的确定 C 的方法有如下几种形式。

1）由中位值来确定常数 C。即根据观测值的个数，将中间位置的观测值作为初始条件，来求解常数 C。

2）用最后一个观测值来确定常数 C。沉降观测的数据受其他因素的影响较大，从而误差较大，并且数据之间的关联度较大，为了使预测值精度高，可以用最后一个观测值作为初始值来计算常数 C。

3）用误差平方和最小确定常数 C。误差平方和为

$$S = \sum_{k=1}^{n}(x^{(1)}(k) - \hat{x}^{(1)}(k))^2 = \sum_{k=1}^{n}(x^{(1)}(k) - C\mathrm{e}^{-ak})^2 \tag{5.46}$$

要使误差平方和最小，可以用式（5.46）对 C 求导数，令其导数为 0，然后求解出 C，最后将 C 代入式（5.45）即可。

5.6.2 灰色模型的适应范围

灰色模型具有样本小、信息贫、不确定性低等优点，使得该模型在许多领域得到了广泛的应用，但并不意味着灰色模型的应用具有随意性。只有在模型的适用范围之内使用，才能得到高精度的预测结果，若超出了该模型的适用范围，应用灰色模型进行预测或预报就难以得到理想的结果。

设函数 $f(t) = c\mathrm{e}^{at} + b$，则 $x(n) = c\mathrm{e}^{an} + b$ 为满足函数 $f(t)$ 的数据列，则

$$x(n) - x(n-1) = c\mathrm{e}^{an} - c\mathrm{e}^{a(n-1)} = f'(x_0) = ac\mathrm{e}^{ax_0} \tag{5.47}$$

由函数 $f(x)$ 的定义可知：

$$f(x_0) = c\mathrm{e}^{ax_0} + b = \frac{c\mathrm{e}^{an} - c\mathrm{e}^{a(n-1)}}{a} + b = \lambda x(n-1) + (1-\lambda)x(n) \tag{5.48}$$

将 $x(n)$ 代入式（5.48）中，则得到 λ 与 a 的关系如下：

$$\lambda = \frac{1}{1 - e^{-a}} - \frac{1}{a} \tag{5.49}$$

这里，称 λ 为背景值参数，利用 Matlab 软件，得到 λ 与 a 的关系图，如图 5.5 所示。

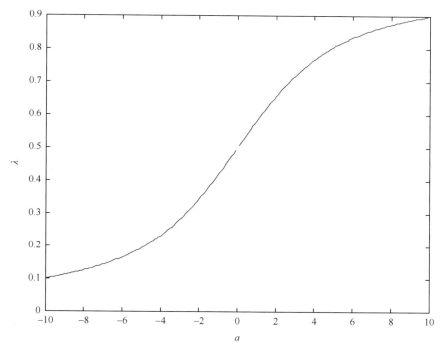

图 5.5　发展系数 a 与背景值参数 λ 的关系

由图 5.5 可以看出，只有在 a 趋近于零的时候，才有 $\lambda = 0.5$，因此，在传统的灰色模型中取 $\lambda = 0.5$ 只适合 a 特别小的情况。由于灰色模型是一阶微分方程，它主要应用在初始数据序列的长期趋势呈单调变化的情况下。由 $f(t)$ 的性质可知，原始观测数据不管是采用累加形式还是累减形式，使得观测数据的总的趋势是递增还是递减，灰色模型由式（5.45）得到的预测数据所连成的曲线总是凹的。在变形监测数据处理过程中，有些监测数据变化不明显，有些监测数据变化非常明显，需要对变化不明显的观测数据进行长期预测，需要对变化非常明显的观测数据进行短期预测，减少事故的发生。

为了进一步确定灰色模型的适用范围，不妨在对 a 取不同值时，看模型的预报效果。不妨取 $a = -1.5, -1, -0.8, -0.6, -0.5, -0.4, -0.3, -0.2, -0.1$ 进行模拟计算，其中观测数据列为

$$x_i^0(k) = \left(1 - \frac{1}{a}\right)(1 - e^a) e^{-a(k-1)}, \quad k = 1,2,3,4,5,6,7,8 \tag{5.50}$$

通过计算，得到如下观测数据：

$$a = -0.1, x_1^0 = (x_1^0(1), x_1^0(2), x_1^0(3), x_1^0(4), x_1^0(5), x_1^0(6), x_1^0(7), x_1^0(8))$$
$$= (1.0468, 1.1569, 1.2786, 1.413, 1.5616, 1.7259, 1.9074, 2.108)$$

$$a = -0.2, \quad x_2^0 = (x_2^0(1), x_2^0(2), x_2^0(3), \cdots, x_2^0(8))$$
$$= (1.0876, 1.3284, 1.6225, 1.9818, 2.4205, 2.9564, 3.611, 4.4105)$$

$$a = -0.3, \quad x_3^0 = (x_3^0(1), x_3^0(2), x_3^0(3), \cdots, x_3^0(8))$$
$$= (1.1231, 1.5161, 2.0465, 2.7624, 3.7289, 5.0335, 6.7945, 9.1716)$$

$$a = -0.4, \quad x_4^0 = (1.1539, 1.7214, 2.568, 3.831, 5.7152, 8.5261, 12.719, 18.975)$$

$$a = -0.5, \quad x_5^0 = (1.1804, 1.9462, 3.2087, 5.2902, 8.7221, 17.48, 23.709, 39.09)$$

$$a = -0.6, \quad x_6^0 = (1.2032, 2.1923, 3.9947, 7.2787, 13.263, 24.166, 44.034, 80.235)$$

$$a = -0.8, \quad x_7^0 = (1.239, 2.7575, 6.1369, 13.658, 30.396, 67.648, 150.55, 335.06)$$

$$a = -1, \quad x_8^0 = (1.2642, 3.4366, 9.3415, 25.393, 69.025, 187.63, 510.03, 1386.4)$$

$$a = -1.5, \quad x_9^0 = (1.29485, 5.8028, 26.006, 116.55, 522.35, 2341, 10492, 47021)$$

以上面的数据为原始观测数据，根据灰色模型理论建立一元灰色模型，得到不同观测数据对应的时间响应函数如下。

$$\hat{x}_1^{(1)}(k) = 11e^{0.099917(k-1)} - 9.9533, \quad k = 1,2,3,\cdots$$
$$\hat{x}_2^{(1)}(k) = 5.9999e^{0.19934(k-1)} - 4.9123, \quad k = 1,2,3,\cdots$$
$$\hat{x}_3^{(1)}(k) = 4.3334e^{0.29777(k-1)} - 3.2103, \quad k = 1,2,3,\cdots$$
$$\hat{x}_4^{(1)}(k) = 3.5e^{0.39475(k-1)} - 2.3461, \quad k = 1,2,3,\cdots$$
$$\hat{x}_5^{(1)}(k) = 2.9998e^{0.48984(k-1)} - 1.8194, \quad k = 1,2,3,\cdots$$
$$\hat{x}_6^{(1)}(k) = 2.6666e^{0.58263(k-1)} - 1.4634, \quad k = 1,2,3,\cdots$$
$$\hat{x}_7^{(1)}(k) = 2.2496e^{0.7599(k-1)} - 1.0106, \quad k = 1,2,3,\cdots$$
$$\hat{x}_8^{(1)}(k) = 2.0002e^{0.92423(k-1)} - 0.73602, \quad k = 1,2,3,\cdots$$
$$\hat{x}_9^{(1)}(k) = 1.687e^{1.2703(k-1)} - 0.3922, \quad k = 1,2,3,\cdots$$

利用累减还原，得到各数据的预测值如下。

$$\hat{x}_1^0 = (\hat{x}_1^0(1), \hat{x}_1^0(2), \hat{x}_1^0(3), \hat{x}_1^0(4), \hat{x}_1^0(5), \hat{x}_1^0(6), \hat{x}_1^0(7), \hat{x}_1^0(8))$$
$$= (1.0468, 1.1559, 1.2773, 1.4116, 1.5599, 1.7238, 1.9049, 2.1051)$$

$$\hat{x}_2^0 = (1.0876, 1.3235, 1.6155, 1.9719, 2.4069, 2.9378, 3.5858, 7.4769)$$

$$\hat{x}_3^0 = (1.1231, 1.503, 2.0244, 2.7265, 3.6722, 4.9459, 6.6614, 8.9719)$$

$$\hat{x}_4^0 = (1.1539, 1.694, 2.514, 3.7308, 5.5365, 8.2162, 12.193, 18.094)$$

$$\hat{x}_5^0 = (1.1804, 1.896, 3.0944, 5.0503, 8.2424, 13.452, 21.955, 35.831)$$

$$\hat{x}_6^0 = (1.2032, 2.1086, 3.776, 6.7617, 12.108, 21.683, 38.829, 69.532)$$

$$\hat{x}_7^0 = (1.2390, 2.5602, 5.4739, 11.704, 25.023, 53.500, 117.49, 244.57)$$

$$\hat{x}_8^0 = (1.2642, 3.0402, 7.6611, 19.305, 48.648, 122.59, 308.92, 778.46)$$

$$\hat{x}_9^0 = (1.2948, 7.4219, 15.394, 54.833, 195.31, 695.67, 2477.9, 8826)$$

为了分析 a 与平均误差的关系，不妨用平均误差来评定模型的拟合效果，平均误差公式为 $\dfrac{1}{8}\sum_{i=1}^{8}(\hat{x}^{(0)}(i) - x^{(0)}(i))^2$，平均相对误差计算见表 5.16。

表 5.16　a 与平均误差之间的关系

a	平均误差	平均相对误差/%
−0.1	0.0016	0.138
−0.2	0.0141	0.763
−0.3	0.0685	2.013
−0.4	0.2597	4.641
−0.5	0.85314	8.337
−0.6	2.5457	13.34
−0.8	18.623	27.01
−1	112.83	43.85
−1.5	6031.9	81.23

由表 5.16 可以看出，平均相对误差与 a 的关系很大，发展系数越大，平均相对误差越大；发展系数越小，平均相对误差越小。当 $a \geq -0.3$ 时，预测值的平均相对误差小于 98%；当 $a \leq -1$ 时，预测值的平均相对误差小于 56%；当 $a \geq -1.5$ 时，预测值的平均相对误差甚至低于 19%。

由表 5.17 可以看出，当 a 小于−0.1 时，10 步预测的正确性达到 99%以上；当 a 小于−0.3 时，10 步预测的正确性达到 95%以上，可以利用一元灰色模型做中长期预测。当 a 等于−1 时，1 步预测的正确性达到 50%左右，精度较低，需要进行误差修正，当发展系数大于−1.5 时，1 步预测的正确性低于 15%，精度更低，灰色模型的预测就失去了意义，需要用其他的方法进行预测，如一元或多元回归分析、时间序列、多项式回归等方法。

表 5.17　不同 a 值与预测误差之间的关系（%）

预测误差	−0.1	−0.2	−0.3	−0.4	−0.5	−0.6	−0.8	−1	−1.5
1 步误差	0.146	0.828	2.18	5.14	9.27	14.83	29.88	47.95	85.08
2 步误差	0.155	0.894	2.39	5.64	10.18	16.3	32.64	51.75	88.14
3 步误差	0.162	0.960	2.62	6.13	11.09	17.74	37.83	55.27	90.58
4 步误差	0.169	1.025	2.83	6.62	11.99	19.16	40.27	58.53	92.51
5 步误差	0.178	1.091	3.05	7.11	12.88	20.55	42.62	61.56	94.05
10 步误差	0.202	1.686	4.71	9.56	17.49	26.59	49.12	71.61	97.63

综上所述，利用模拟数据进行预测，根据 a 的取值的不同，可以将灰色模型分为有效区、慎用区、修正区和禁用区。通过对不同数据进行分析，结合预测的精度进行分析讨论，得到下述结论。

1）当 $a \geqslant -0.3$ 时，一元灰色模型可用于观测数据的中长期预测；

2）当 $-0.5 \leqslant a < -0.3$ 时，一元灰色模型可用于观测数据的短期预测，对于观测数据的中长期预测要慎用；

3）当 $-0.8 \leqslant a < -0.5$ 时，一元灰色模型用于观测数据的短期预测时要根据实际情况，有可能效果好，也有可能效果不好，应该十分谨慎；

4）当 $-1 \leqslant a < -0.8$ 时，不能直接利用一元灰色模型，采用残差修正灰色模型效果才好；

5）当 $a < -1$ 时，利用一元灰色模型进行预测时精度很低，应该采用其他模型进行预测。

在利用一元灰色模型建模对观测数据进行预测时，应该先利用本书介绍的灰色模型理论求解出 a 值，然后，判断发展系数在哪个范围，再确定该组监测数据是否可以用灰色模型进行预测，预测精度如何，是否符合项目的要求。

5.6.3　优化背景值参数的灰色模型

由图 5.5、表 5.16、表 5.17 可以看出，灰色模型预测值的精度的高低与 a 和 u 的精度的高低关系很大，由图 5.5 可知，a 和 u 的精度高低取决于原始序列的构成形式和背景值函数的大小。在建模过程中，GM(1,1)白化微分方程中的 $\dfrac{\mathrm{d}x}{\mathrm{d}t}$ 对应的值一般与 $X_{(t+1)}$ 和 $X_{(t)}$ 有关。一般认为在很短的 Δt 时间内，变量 $X_{(t)} \to X_{(t+1)}$ 之间不发生较大的变化，即不会出现突变量。因此，我们经常认为变形体的突变是按照平均速率发生的，$\dfrac{\mathrm{d}x}{\mathrm{d}t}$ 的背景值取 $X_{(t+1)}$ 和 $X_{(t)}$ 的平均值，即

$$Z_{(t)} = \frac{1}{2}(X_{(t+1)} + X_{(t)}) \tag{5.51}$$

为了提高变形监测预测模型的精度，使建立的灰色模型更加符合变形体实际变形的规律，不妨引入背景值参数 λ，对不同的观测参数赋予不同的 λ 值，建立一元优化灰色模型。$\dfrac{\mathrm{d}x}{\mathrm{d}t}$ 的背景值不是采用常用的平均值，而是根据（$X_{(t+1)}$，$X_{(t)}$）的影响程度的大小，采用式（5.52）来确定，即

$$Z_{(t+1)} = \lambda X_{(t+1)} + (1-\lambda)X_{(t)} \tag{5.52}$$

当 $\lambda = \dfrac{1}{2}$ 时，预测模型即常用的一元灰色模型，通常情况下，λ 的取值为 $0 \leqslant \lambda \leqslant 1$。通过选取合适的算法，在精度最高的情况下，得到合理的 λ 值，建立相应的一元优化灰色

模型，得到观测参数的最佳预报值。

1. 直接计算法

GM(1,1) 模型的白化微分方程如下：

$$\frac{dx^{(1)}}{dt} + ax^{(1)} = u \tag{5.53}$$

式中， $x^{(1)} = \left\{ X_{(1)}^{(1)}, X_{(2)}^{(1)}, \cdots, X_{(n)}^{(1)} \right\}$ ； $t = 1, 2, \cdots, n$ 。

a 和 u 为待估的灰参数，其估计值为 $\hat{y} = (\hat{a}, \hat{u})^{\mathrm{T}}$ 。将式（5.52）代入式（5.53）中，得到式（5.53）的离散形式：

$$X_{(k+1)}^{(0)} = -a \left[\lambda X_{(k+1)}^{(1)} + (1 - \lambda) X_{(k)}^{(1)} \right] + u = a\lambda X_{(k+1)}^{(0)} - aX_{(k)}^{(1)} + u \tag{5.54}$$

化简得

$$X_{(k+1)}^{(0)} = \frac{1}{1 + a\lambda} \left(u - aX_{(k)}^{(1)} \right) \quad k = 1, 2, \cdots, n - 1 \tag{5.55}$$

式（5.55）为一非线性方程。为了得到参数 a、u、λ 的最佳估计值，不妨取 $\lambda = \frac{1}{2}$ ，则一元加权灰色模型变为传统的灰色模型，由式（5.53）、式（5.55）计算得到参数的估计值为 $\hat{y}^0 = (a^0, \hat{u}^0)^{\mathrm{T}}$ 。令 $X = X^0 + \delta X = [\lambda^0, a^0, u^0]^{\mathrm{T}} + (\delta\lambda, \delta a, \delta u)^{\mathrm{T}}$ ，利用泰勒级数展开式，在 X 处展开到一次项，得到式（5.56）：

$$\begin{aligned}
V_{(k+1)} &= \frac{1}{1 + a^0 \lambda^0} \left(u^0 - a^0 X_{(k)}^{(1)} \right) + \frac{(a^0)^2 X_{(k)}^{(1)} - u^0 a^0}{(1 + a^0 \lambda^0)^2} \delta\lambda \\
&\quad - \frac{X_{(k)}^{(1)} + u^0 \lambda^0}{(1 + a^0 \lambda^0)^2} \delta a + \frac{1}{1 + a^0 \lambda^0} \delta u^0 - X_{(k+1)}^0 \\
&\geqslant L_{(k+1)}^0 + e_{(k+1)} \delta\lambda + f_{(k+1)} \delta a + g_{(k+1)} \delta u - L_{(k+1)}
\end{aligned} \tag{5.56}$$

则式（5.56）表示成矩阵形式为

$$V = B\delta X - L \tag{5.57}$$

式中， $V = [V_{(2)}, V_{(3)}, \cdots V_{(n)}]^{\mathrm{T}}$ ；

$\delta X = [\delta\lambda, \delta a, \delta u]^{\mathrm{T}}$ ；

$L_{(k+1)} = L_{(k)} - L_{(k+1)}^0$ ；

$L = [L_{(2)}, L_{(3)}, \cdots, L_{(n)}]^{\mathrm{T}}$ ；

$$B = \begin{bmatrix} e_{(2)} & e_{(3)} & \cdots & e_{(n)} \\ f_{(2)} & f_{(3)} & \cdots & f_{(n)} \\ g_{(2)} & g_{(3)} & \cdots & g_{(n)} \end{bmatrix}^{\mathrm{T}} ;$$

$k = 1, 2, \cdots, n+1$。

由式（5.55），利用最小二乘法得

$$\delta X = (B^{\mathrm{T}} B)^{-1} B^{\mathrm{T}} L \qquad (5.58)$$

则参数估计值为

$$\hat{a} = a^0 + \delta a, \quad \hat{u} = u^0 + \delta u, \quad \hat{\lambda} = \lambda_0 + \delta \lambda \qquad (5.59)$$

由计算得到的 λ 求解出 a，然后判断 a 在哪个范围，再确定该组监测数据是否可以用灰色模型进行预测，预测精度如何，是否符合项目要求。若该组数据适合灰色模型预测，则可建立优化灰色模型。

2. 分步迭代法

建模时一般是先确定 λ，再计算 a 和 u 的值，最后建立灰色模型的时间响应函数，再进行预测。在这里，将 λ 与 a、u 分两步计算，若数据量过多会造成法方程矩阵病态，所以采用分步迭代的计算方法。

为了以较快的收敛速度得到参数 a、u、λ 的最佳估计值，不妨取 $\lambda^{(0)} = \dfrac{1}{2}$、$a^{(0)} = 1$、$u^{(0)} = 0$，将初始值带入式（5.57）中，得到改正数的初始值为

$$V^{(0)} = B \delta X^{(0)} - L \qquad (5.60)$$

首先计算背景值参数的改正数，其余两个参数 a 和 u 暂时不改正：

$$\lambda^{(1)} = \lambda^{(0)} + \delta \lambda^{(1)} \qquad (5.61)$$

$$\Delta \delta \hat{X}^{(1)} = [\delta \lambda^{(1)}, 0, 0]^{\mathrm{T}} \qquad (5.62)$$

$$\delta \hat{X}^{(1)} = \delta X^{(0)} + \Delta \delta \hat{X}^{(1)} \qquad (5.63)$$

得到第一次迭代改正数如下：

$$\begin{aligned} V^{(1)} &= B \delta X^{(1)} - L \\ &= B \delta X^{(0)} + e \delta \lambda^{(1)} - L = e \delta \lambda + V^{(0)} \end{aligned} \qquad (5.64)$$

式中，$e = [e_{(2)} \quad e_{(3)} \quad \cdots \quad e_{(n)}]^{\mathrm{T}}$ 为 B 的第一列向量，由最小二乘法可求出 λ 的迭代值。

$$\frac{\partial (V^{(1)})^{\mathrm{T}} V^{(1)}}{\partial (\delta \lambda^{(1)})} = 2(V^{(1)})^{\mathrm{T}} e \dot{=} 0 \qquad (5.65)$$

得

$$(e \delta \lambda^{(1)} + V^{(0)})^{\mathrm{T}} e = \delta \lambda^{(1)} e^{\mathrm{T}} e + (V^{(0)})^{\mathrm{T}} e = 0 \qquad (5.66)$$

即

$$\delta \lambda^{(1)} = -\frac{(V^{(0)})^{\mathrm{T}} e}{e^{\mathrm{T}} e} \qquad (5.67)$$

令

$$B_{\lambda} = \begin{pmatrix} -(\lambda x^{(1)}(1) + (1-\lambda)x^{(1)}(2)) & 1 \\ -(\lambda x^{(1)}(2) + (1-\lambda)x^{(1)}(3)) & 1 \\ \vdots & \vdots \\ -(\lambda x^{(1)}(n-1) + (1-\lambda)x^{(1)}(n)) & 1 \end{pmatrix}, \quad y_{\lambda} = [x^{(0)}(2), x^{(0)}(2), \cdots, x^{(0)}(n)]^{\mathrm{T}} \quad （5.68）$$

与灰色模型参数的计算过程类似，求解出模型参数 a 和 u 的迭代值 $a^{(1)}$ 和 $u^{(1)}$，如下：

$$\begin{pmatrix} \hat{a} \\ \hat{u} \end{pmatrix} = (B_{\lambda}^{\mathrm{T}} B_{\lambda})^{-1} B_{\lambda}^{\mathrm{T}} y_{\lambda} \quad （5.69）$$

按照同样的方法，再对 $a^{(1)}$、$u^{(1)}$、$\lambda^{(1)}$ 进行改正，直到满足 $|\delta X_i^{(k+1)} - \delta X_i^{(k)}| \leqslant \varepsilon (i = 1,2,3)$，则迭代结束。则参数的最佳估计值为

$$\lambda = \lambda^{(0)} + \delta\lambda^{(1)} + \delta\lambda^{(2)} + \cdots + \delta\lambda^{(k)} \quad （5.70）$$

5.6.4　预测值计算

通过上面两种方法得到了新的模型参数 a 和 u，得到一元灰色模型的时间响应函数：

$$\hat{x}^{(1)}(k+1) = \left(\hat{x}^{(0)}(1) - \frac{u}{a} \right) \mathrm{e}^{-ak} + \frac{u}{a} \quad （5.71）$$

得到 $\hat{y}^{(1)}(k+1)$ 的累减生成函数，即得到观测值的预测值如下：

$$\begin{cases} \hat{x}^{(0)}(k) = (1 - \mathrm{e}^a)(x^{(1)}(1) - \dfrac{u}{a})\mathrm{e}^{-a(k-1)} & k = 2,3,\cdots,n \\ \hat{x}^{(0)}(1) = x^{(0)}(1) \end{cases} \quad （5.72）$$

随着 k 取 1，2，$\cdots$，即得到未来时刻的预测值 $\hat{x}^{(0)}(n+1)$，$\hat{x}^{(0)}(n+2)$，$\cdots$，则残差序列为 $q = \{q(1), q(2), \cdots, q(n)\}$，其中 $q(k) = x^{(0)}(k) - \hat{x}^{(0)}(k)$。

5.7　优化模型的精度分析

5.7.1　数据维数的选取的影响分析

参加建模预测的原始观测数据的多少对预测数据精度的影响较大，在某些情况下，并不是观测数据越多越好，为了使建立的预测模型对观测数据的预测精度最高，选取合适的观测数据维数显得非常重要。

为了验证数据维数对预测精度的影响，这里选取某地高切坡监测数据中，观测数据变化相对平稳的深层水平位移监测数据进行研究，以 CX2 号孔 2012 年 8 月 27 日至 9 月 10 日深度为 1m 的监测数据来建模，用 9 月 11 日至 9 月 15 日的监测数据验证建立的理论预测的正确性。

15 个原始观测数据如下所示。

$$X(k) = (10.47, 10.76, 11.05, 11.34, 11.63, 11.92, 11.92, 12.21, 12.50, 12.79, 13.08, 13.37, 13.66, 13.95, 14.24)$$

从监测数据中按顺序选取 5 个观测数据建立一元灰色模型,得到的不同维数的数据响应函数如下(表 5.18):

$$\hat{x}_5(k+1) = 629.98e^{-0.021005k} - 616.9 \tag{5.73}$$

表 5.18　5 维数据的预测值与拟合值

类别	观测日期	原始值/mm	拟合值/mm	差值/mm	其他
原始数据	9 月 6 日	13.08	13.08	0	
	9 月 7 日	13.37	13.3726	0.0026	
	9 月 8 日	13.66	13.6565	−0.0035	
	9 月 9 日	13.95	13.9494	−0.0006	
	9 月 10 日	14.24	14.2424	0.0024	$C = 0.00826$ $P = 100\%$
预测值	9 月 11 日	14.53	14.5447	0.0147	
	9 月 12 日	14.82	14.8535	0.0335	
	9 月 13 日	15.11	15.1688	0.0588	
	9 月 14 日	15.40	15.4908	0.0908	
	9 月 15 日	15.69	15.8196	0.1296	

注:C 表示后验差,P 表示小误差概率。

从监测数据中按顺序选取 7 个观测数据建立一元灰色模型,得到的不同维数的数据响应函数如下(表 5.19):

$$\hat{x}_7(k+1) = 590.3e^{-0.021452k} - 577.8 \tag{5.74}$$

表 5.19　7 维数据的预测值与拟合值

类别	观测日期	原始值/mm	拟合值/mm	差值/mm	其他
原始数据	9 月 4 日	12.50	12.50	0	
	9 月 5 日	12.79	12.80	0.01	
	9 月 6 日	13.08	13.077	−0.003	
	9 月 7 日	13.37	13.3613	−0.0087	
	9 月 8 日	13.66	13.6510	−0.0090	
	9 月 9 日	13.95	13.9470	−0.0030	$C = 0.01102$ $P = 100\%$
	9 月 10 日	14.24	14.2495	0.0095	
预测值	9 月 11 日	14.53	14.5585	0.0285	
	9 月 12 日	14.82	14.8741	0.0541	
	9 月 13 日	15.11	15.1967	0.0867	
	9 月 14 日	15.40	15.5262	0.1262	
	9 月 15 日	15.69	15.8629	0.1729	

从监测数据中按顺序选取 9 个观测数据建立一元灰色模型，得到的不同维数的数据响应函数如下（表 5.20）：

$$\hat{x}_9(k+1) = 552.02\mathrm{e}^{-0.021918k} - 540.1 \tag{5.75}$$

表 5.20　9 维数据的预测值与拟合值

类别	观测日期	原始值/mm	拟合值/mm	差值/mm	其他
原始数据	9 月 2 日	11.92	11.9200	0	
	9 月 3 日	12.21	12.2325	0.0225	
	9 月 4 日	12.50	12.5036	0.0036	
	9 月 5 日	12.79	12.7806	−0.0094	
	9 月 6 日	13.08	13.0638	−0.0162	
	9 月 7 日	13.37	13.3533	−0.0167	
	9 月 8 日	13.66	13.6492	−0.0108	$C = 0.014183$
	9 月 9 日	13.95	13.9517	0.0017	$P = 100\%$
	9 月 10 日	14.24	14.2609	0.0209	
预测值	9 月 11 日	14.53	14.5769	0.0469	
	9 月 12 日	14.82	14.8999	0.0799	
	9 月 13 日	15.11	15.2301	0.1201	
	9 月 14 日	15.40	15.5676	0.1676	
	9 月 15 日	15.69	15.9125	0.2225	

从监测数据中按顺序选取 11 个观测数据建立一元灰色模型，得到的不同维数的数据响应函数如下（表 5.21）：

$$\hat{x}_{11}(k+1) = 548.89\mathrm{e}^{-0.021202k} - 537.26 \tag{5.76}$$

表 5.21　11 维数据的预测值与拟合值

类别	观测日期	原始值/mm	拟合值/mm	差值/mm	其他
原始数据	8 月 31 日	11.63	11.6300	0	
	9 月 1 日	11.92	11.7619	−0.1581	
	9 月 2 日	11.92	12.0139	0.0939	
	9 月 3 日	12.21	12.2714	0.0614	
	9 月 4 日	12.50	12.5343	0.0343	
	9 月 5 日	12.79	12.8029	0.0129	$C = 0.008708$
	9 月 6 日	13.08	13.0773	−0.0027	$P = 100\%$
	9 月 7 日	13.37	13.3575	−0.0125	
	9 月 8 日	13.66	13.6437	−0.0163	
	9 月 9 日	13.95	13.9361	−0.0139	
	9 月 10 日	14.24	14.2347	−0.0053	

类别	观测日期	原始值/mm	拟合值/mm	差值/mm	其他
	9 月 11 日	14.53	14.5397	0.0097	
	9 月 12 日	14.82	14.8513	0.0313	
预测值	9 月 13 日	15.11	15.1696	0.0596	
	9 月 14 日	15.40	15.4946	0.0946	
	9 月 15 日	15.69	15.8266	0.1366	

从监测数据中按顺序选取 13 个观测数据建立一元灰色模型，得到的不同维数的数据响应函数如下（表 5.22）：

$$\hat{x}_{13}(k+1) = 540.65\mathrm{e}^{-0.020719k} - 529.6 \tag{5.77}$$

表 5.22　13 维数据的预测值与拟合值

类别	观测日期	原始值/mm	拟合值/mm	差值/mm	其他
	8 月 29 日	11.05	11.05	0	
	8 月 30 日	11.34	11.3183	−0.0217	
	8 月 31 日	11.63	11.5552	−0.0748	
	9 月 1 日	11.92	11.7971	−0.1229	
	9 月 2 日	11.92	12.0441	0.1241	
	9 月 3 日	12.21	12.2962	0.0862	
原始数据	9 月 4 日	12.50	12.5536	0.0536	
	9 月 5 日	12.79	12.8164	0.0264	
	9 月 6 日	13.08	13.0847	0.0047	$C = 0.004902$
	9 月 7 日	13.37	13.3587	−0.0113	$P = 100\%$
	9 月 8 日	13.66	13.6383	−0.0217	
	9 月 9 日	13.95	13.9238	−0.0262	
	9 月 10 日	14.24	14.2153	−0.0247	
	9 月 11 日	14.53	14.5129	−0.0171	
	9 月 12 日	14.82	14.8168	−0.0032	
预测值	9 月 13 日	15.11	15.1269	0.0169	
	9 月 14 日	15.40	15.4436	0.0436	
	9 月 15 日	15.69	15.7669	0.0769	

数据拟合曲线如图 5.6 所示。

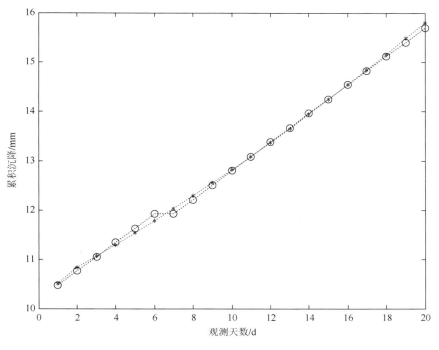

图 5.6　13 维原始观测值与拟合值对比图

图 5.6 中，圆圈表示原始观测值，*表示拟合值，从图 5.6 中可以看出，两者差值不大，拟合精度较高。

从监测数据中按顺序选取 15 个观测数据建立一元灰色模型，得到的不同维数的数据响应函数如下（表 5.23）：

$$\hat{x}_{15}(k+1) = 540\mathrm{e}^{-0.021011k} - 499.53 \qquad (5.78)$$

表 5.23　15 维数据的预测值与拟合值

类别	观测日期	原始值/mm	拟合值/mm	差值/mm	其他
	8 月 27 日	10.47	10.47	0	
	8 月 28 日	10.76	10.8288	0.0688	
	8 月 29 日	11.05	11.0587	0.0087	
	8 月 30 日	11.34	11.2935	−0.0465	
原始数据	8 月 31 日	11.63	11.5333	−0.0967	$C = 0.007407$ $P = 100\%$
	9 月 1 日	11.92	11.7782	−0.1418	
	9 月 2 日	11.92	12.0283	0.1083	
	9 月 3 日	12.21	12.2837	0.0737	
	9 月 4 日	12.50	12.5445	0.0445	

续表

类别	观测日期	原始值/mm	拟合值/mm	差值/mm	其他
原始数据	9 月 5 日	12.79	12.8109	0.0209	
	9 月 6 日	13.08	13.0829	0.0029	
	9 月 7 日	13.37	13.3607	−0.0093	
	9 月 8 日	13.66	13.6444	−0.0156	
	9 月 9 日	13.95	13.9341	−0.0159	
	9 月 10 日	14.24	14.2300	−0.0100	$C = 0.007407$ $P = 100\%$
预测值	9 月 11 日	14.53	14.5321	0.0021	
	9 月 12 日	14.82	14.8407	0.0207	
	9 月 13 日	15.11	15.1558	0.0458	
	9 月 14 日	15.40	15.4776	0.0776	
	9 月 15 日	15.69	15.8062	0.1162	

为了分析的方便，将 5 维、7 维、9 维、11 维、13 维、15 维的预测值的灰色模型的估计差值画成如图 5.7 所示。

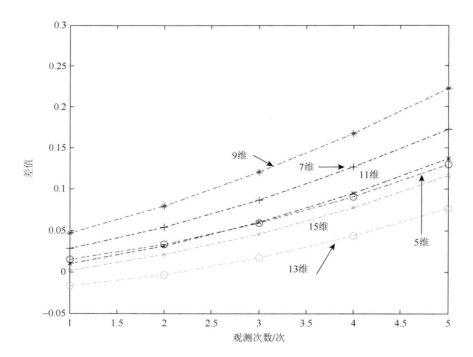

图 5.7　各维数的预测值的差值对比图

各维数的具体差值如表 5.24 所示。

表 5.24　预测值差值对比分析

维数	9 月 11 日	9 月 12 日	9 月 13 日	9 月 14 日	9 月 15 日	C
5	0.0147	0.0335	0.0588	0.0908	0.1296	0.00826
7	0.0285	0.0541	0.0867	0.1262	0.1729	0.01102
9	0.0469	0.0799	0.1201	0.1676	0.2225	0.014183
11	0.0097	0.0313	0.0596	0.0946	0.1366	0.008708
13	−0.0171	−0.0032	0.0169	0.0436	0.0769	0.004902
15	0.0021	0.0207	0.0458	0.0776	0.1162	0.007407

由表 5.18～表 5.24 可以看出，不同维数的观测数据的拟合精度都达到了一级，但 C 的值有大有小，C 值是先变大，再变小，又变大。观测数据的维数为 13 时，预测值的差值最小，精度最高。

由上述计算结果可以看出，观测数据的维数应该根据实际情况进行选择，维数越少，拟合数据距离预测数据越近，拟合数据的影响就越大；反之，维数越多，拟合数据距离预测数据越远，拟合数据的影响就越小，根据上述计算结果可以看出，拟合数据的维数选取 11～15 个最合适。

由表 5.24 可以看出，选定维数后，预测的日期越靠前，预测精度越高，预测日期越长，预测的观测数据的精度越低，说明预测时段有一定的限度，预测日期不能太长，从另一个方面说明，用灰色模型做长期预测时精度较低，基坑施工过程是一个动态变化过程，受多种因素的影响。

5.7.2　初始值的选取的影响分析

由灰色模型的建模机理可知，预测值的大小与初始值的选取有一定的关系，为了使建立的模型对观测数据的预测精度最高，选取合适的初始值显得非常重要，分别选取第一个观测数据、中间的观测数据、最后一个观测数据作为初始值，分别计算 C 值，验证初始值的选择对模型预测精度的影响。

选取观测数据变化相对平稳的沉降累积监测数据进行研究，用 D08 号点 2012 年 9 月 8 日至 9 月 22 日的监测数据来建模，用 9 月 23 日至 9 月 25 日的监测数据验证建立的理论预报的正确性，见表 5.25。

20 个原始观测数据如下所示。

$$X(k) = (-23.58, -34.03, -37.77, -47.96, -48.31, -52.15, -57.86, -59.65, -62.66, -65.55, -75.50,$$
$$-76.25, -78.85, -79.57, -83.48, -83.80, -83.86, -83.86, -91.48, -91.63)$$

选取第 1 个数据作为初始值，前 15 个数据作为观测值，后 5 个数据作为预测值建立一元灰色模型，得到的数据响应函数如下：

$$\hat{x}_1(k+1) = -659.81e^{-0.059715k} + 636.23 \tag{5.79}$$

表 5.25　观测数据的预测值与拟合值

类别	观测日期	原始值/mm	拟合值/mm	差值/mm	其他
原始数据	9 月 3 日	−23.58	−23.58	0	
	9 月 9 日	−34.03	−40.601	−6.571	
	9 月 10 日	−37.77	−43.099	−5.329	
	9 月 11 日	−47.96	−45.751	2.209	
	9 月 12 日	−48.31	−48.566	−0.256	
	9 月 13 日	−52.15	−51.555	0.595	
	9 月 14 日	−57.86	−54.727	3.133	
	9 月 15 日	−59.65	−58.094	1.556	
	9 月 16 日	−62.66	−61.669	0.991	
	9 月 17 日	−65.55	−65.464	0.086	$C = 0.29808$
	9 月 18 日	−75.50	−69.492	6.008	$P = 100\%$
	9 月 19 日	−76.25	−73.768	2.482	
	9 月 20 日	−78.85	−78.308	0.542	
	9 月 21 日	−79.57	−83.126	−3.556	
	9 月 22 日	−83.48	−88.241	−4.761	
预测值	9 月 23 日	−83.80	−93.671	−9.871	
	9 月 24 日	−83.86	−99.435	−15.575	
	9 月 25 日	−83.86	−105.553	−21.693	
	9 月 26 日	−91.48	−112.049	−20.569	
	9 月 27 日	−91.63	−118.943	−27.313	

观测值的拟合图如图 5.8 所示。

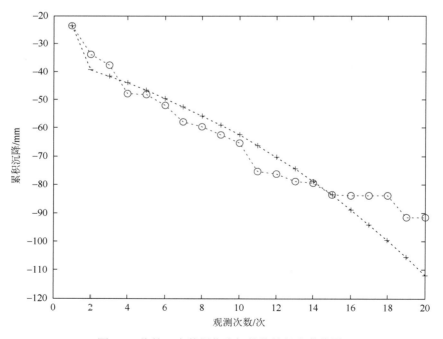

图 5.8　将第 1 个数据作为初始值的拟合曲线图

图 5.8 中，圆圈表示原始观测值，＋表示拟合值，从图 5.8 中可以看出，两者差值不大，拟合精度较高，预测值的精度较差。

选取中间的（第 8 个，即 9 月 15 日）数据作为初始值，前 15 个数据作为观测值，后 5 个数据作为预测值（表 5.26），建立一元灰色模型，得到的数据响应函数如下：

$$\hat{x}_{中}(k+1) = -656.74e^{-0.059715k} + 636.23 \tag{5.80}$$

表 5.26　观测数据的预测值与拟合值

类别	观测日期	原始值/mm	拟合值/mm	差值/mm	其他
原始数据	9 月 8 日	−23.58	−20.511	3.069	
	9 月 9 日	−34.03	−40.412	−6.382	
	9 月 10 日	−37.77	−42.898	−5.128	
	9 月 11 日	−47.96	−45.538	2.422	
	9 月 12 日	−48.31	−48.34	−0.03	
	9 月 13 日	−52.15	−51.315	0.835	
	9 月 14 日	−57.86	−54.472	3.388	
	9 月 15 日	−59.65	−57.824	1.826	
	9 月 16 日	−62.66	−61.382	1.278	
	9 月 17 日	−65.55	−65.159	0.391	$C = 0.29204$ $P = 100\%$
	9 月 18 日	−75.50	−69.169	6.331	
	9 月 19 日	−76.25	−73.425	2.825	
	9 月 20 日	−78.85	−77.943	0.907	
	9 月 21 日	−79.57	−82.739	−3.169	
	9 月 22 日	−83.48	−87.831	−4.351	
预测值	9 月 23 日	−83.80	−93.235	−9.435	
	9 月 24 日	−83.86	−98.972	−15.112	
	9 月 25 日	−83.86	−105.06	−21.20	
	9 月 26 日	−91.48	−111.53	−20.05	
	9 月 27 日	−91.63	−118.39	−26.76	

观测值的拟合图如图 5.9 所示。

图 5.9 中，圆圈表示原始观测值，＋表示拟合值，从图 5.9 中可以看出，两者差值不大，拟合精度较高，预测值的精度较差。

选取最后一个（第 15 个，即 9 月 22 日）数据作为初始值，前 15 个数据作为观测值，后 5 个数据作为预测值（表 5.27），建立一元灰色模型，得到的数据响应函数如下：

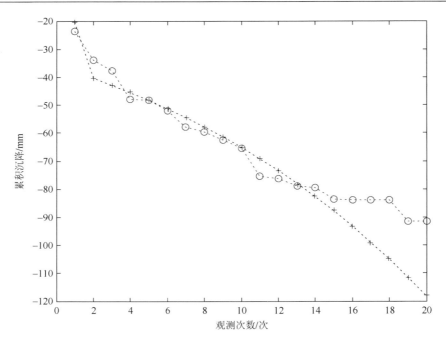

图 5.9　将中间数据作为初始值的拟合曲线图

$$\hat{x}_{\overset{}{\text{末}}}(k+1) = -658.57\mathrm{e}^{-0.059715k} - 636.23 \tag{5.81}$$

表 5.27　观测数据的预测值与拟合值

类别	观测日期	原始值/mm	拟合值/mm	差值/mm	其他
	9 月 8 日	−23.58	−22.336	1.244	
	9 月 9 日	−34.03	−40.524	−6.494	
	9 月 10 日	−37.77	−43.018	−5.248	
	9 月 11 日	−47.96	−45.665	2.295	
	9 月 12 日	−48.31	−48.475	−0.165	
	9 月 13 日	−52.15	−51.457	0.693	
	9 月 14 日	−57.86	−54.624	3.236	
原始数据	9 月 15 日	−59.65	−57.985	1.665	$C = 0.29564$ $P = 100\%$
	9 月 16 日	−62.66	−61.553	1.107	
	9 月 17 日	−65.55	−65.341	0.209	
	9 月 18 日	−75.50	−69.361	6.139	
	9 月 19 日	−76.25	−73.629	2.621	
	9 月 20 日	−78.85	−78.16	0.69	
	9 月 21 日	−79.57	−82.969	−3.399	
	9 月 22 日	−83.48	−88.075	−4.595	

续表

类别	观测日期	原始值/mm	拟合值/mm	差值/mm	其他
预测值	9 月 23 日	−83.80	−93.494	−9.694	
	9 月 24 日	−83.86	−99.247	−15.387	$C = 0.29564$ $P = 100\%$
	9 月 25 日	−83.86	−105.35	−21.49	
	9 月 26 日	−91.48	−111.84	−20.36	
	9 月 27 日	−91.63	−118.72	−27.09	

观测值的拟合图如图 5.10 所示。

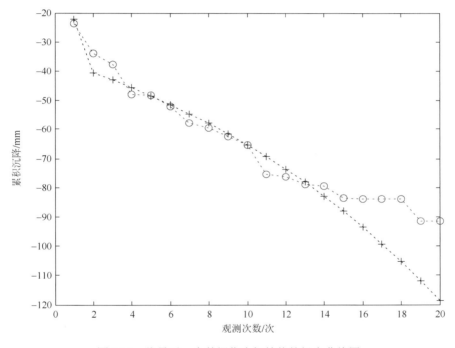

图 5.10　将最后一个数据作为初始值的拟合曲线图

图 5.10 中，圆圈表示原始观测值，＋表示拟合值，从图 5.10 中可以看出，两者差值不大，拟合精度较高，预测值的精度较差，只能用于短期预测。预测值差值对比分析见表 5.28。

表 5.28　预测值差值对比分析

日期	原始值/mm	初值/mm	中间值/mm	末值/mm
9 月 23 日	−83.80	−9.871	−9.435	−9.694
9 月 24 日	−83.86	−15.575	−15.112	−15.387
9 月 25 日	−83.86	−21.693	−21.20	−21.49
9 月 26 日	−91.48	−20.569	−20.05	−20.36
9 月 27 日	−91.63	−27.313	−26.76	−27.09

由表 5.25～表 5.28 可以看出，在精度符合要求的情况下，选取中间观测值作为初始值的拟合精度最高，由预测值的差值对比分析可以看出，选取中间观测值作为初始值的预测精度最高。因此，在实际数据预测过程中，选取中间观测数 10～15 维灰色模型的预测精度最高。

5.7.3 平移变换对精度的影响

为了提高预测数据的精度或者满足灰色模型的建模要求，需要对原始数据进行变换，常用的有平移变换、对数变换、方根变换等，如若观测数据中的数据较大，就采用对数变换，将原观测数据变小，可以减少建模计算中求矩阵的逆阵的奇异性。灰色模型建模时要求原始数据为非负数据，而常用的高切坡或沉降监测数据为负数，此时，可以对原始数据加上一个常数或乘以一个负数，进行平移变换，使原序列变成正数再进行建模预测。有些数据较小，会造成相对误差较大，可以加上一个常数，进行平移变换，然后进行预测，得到预测值后，再把这个常数减掉，降低相对误差。对原始数据进行某种运算，实际是为了改变建模计算时零点的大小，在这里，以平移变换为例，讨论平移变换对原始数据拟合和预测数据的精度的影响。

选取边坡竖向位移监测观测成果验证平移变换的优化效果，选取 9 月 8 日～9 月 26 日这 19d 等时距观测的监测数据，将前 15d 的观测数据作为拟合实测值，后 4d 的数据作为预测检验值（表 5.29），建立一元灰色模型，得到的数据响应函数如下：

$$\hat{x}(k+1) = 19.536e^{-0.089686k} - 19.536 \tag{5.82}$$

表 5.29 观测数据的预测值与拟合值

类别	观测日期	原始值/mm	拟合值/mm	差值/mm	其他
	9 月 8 日	0.00	0	0	
	9 月 9 日	0.27	1.833	1.563	
	9 月 10 日	1.11	2.005	0.895	
	9 月 11 日	1.89	2.1932	0.3032	
	9 月 12 日	2.56	2.399	−0.161	
	9 月 13 日	2.56	2.6241	0.0641	
	9 月 14 日	3.46	2.8703	−0.5897	
原始数据	9 月 15 日	3.98	3.1396	−0.8404	$C = 0.53097$ $P = 100\%$
	9 月 16 日	4.11	3.4342	−0.6758	
	9 月 17 日	4.11	3.7564	−0.3536	
	9 月 18 日	4.20	4.1089	−0.0911	
	9 月 19 日	7.42	4.4944	−2.9256	
	9 月 20 日	4.45	4.9162	0.4662	
	9 月 21 日	4.54	5.3775	0.8375	
	9 月 22 日	4.69	5.882	1.192	

续表

类别	观测日期	原始值/mm	拟合值/mm	差值/mm	其他
预测值	9 月 23 日	4.98	6.434	1.454	
	9 月 24 日	5.18	7.0377	1.8577	$C = 0.53097$
	9 月 25 日	5.27	7.698	2.428	$P = 100\%$
	9 月 26 日	5.50	8.4203	2.9203	

观测值和拟合值的效果如图 5.11 所示。

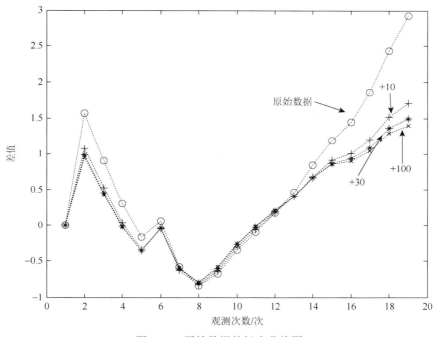

图 5.11　原始数据的拟合曲线图

图 5.11 中，圆圈表示原始观测值，＋表示拟合值，从图 5.11 中可以看出，两者差值较大，拟合精度较差，只能用于短期预测。

为了提高预测精度，将每个原始观测数据加上 30 后（表 5.30），再建立一元灰色模型，得到的数据响应函数如下：

$$\hat{x}_{+30}(k+1) = 3134.8\mathrm{e}^{-0.00992k} - 3104.8 \tag{5.83}$$

表 5.30　观测数据加上 30 后的预测值与拟合值

类别	观测日期	原始值/mm	拟合值/mm	差值/mm	其他
原始数据	9 月 8 日	0.00	0	0	
	9 月 9 日	0.27	1.2572	0.9872	$C = 0.042252$
	9 月 10 日	1.11	1.5688	0.4588	$P = 100\%$

续表

类别	观测日期	原始值/mm	拟合值/mm	差值/mm	其他
原始数据	9 月 11 日	1.89	1.8836	−0.0064	
	9 月 12 日	2.56	2.2015	−0.3585	
	9 月 13 日	2.56	2.5226	−0.0374	
	9 月 14 日	3.46	2.8469	−0.6131	
	9 月 15 日	3.98	3.1744	−0.8056	
	9 月 16 日	4.11	3.5052	−0.6048	
	9 月 17 日	4.11	3.8393	−0.2707	
	9 月 18 日	4.20	4.1767	−0.0233	$C = 0.042252$ $P = 100\%$
	9 月 19 日	7.42	4.5175	−2.9025	
	9 月 20 日	4.45	4.8616	0.4116	
	9 月 21 日	4.54	5.2092	0.6692	
	9 月 22 日	4.69	5.5603	0.8703	
预测值	9 月 23 日	4.98	5.9149	0.9349	
	9 月 24 日	5.18	6.273	1.093	
	9 月 25 日	5.27	6.6347	1.3647	
	9 月 26 日	5.50	6.9999	1.4999	

拟合曲线图如图 5.12 所示。

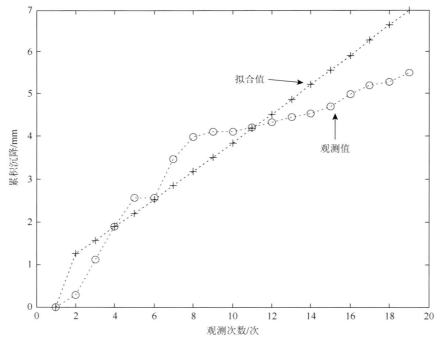

图 5.12　原始数据加 30 后的拟合曲线图

为了进一步说明模型的改进效果，不妨选取平移值为 10、30、100 进行预测，整理后得到图 5.13。

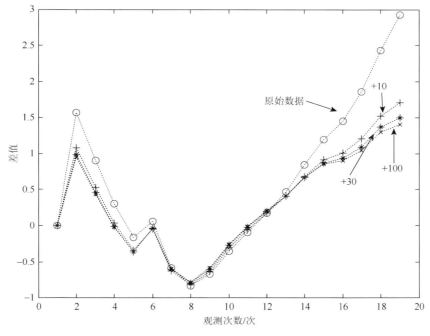

图 5.13　不同平移值的拟合曲线图

由表 5.31 可以看出，在精度符合要求的情况下，选取大的平移值能提高预测值的精度，因此，在实际数据预测过程中，利用一维灰色模型建模时，对观测数据进行平移，选取合适的平移值，能使预测精度最高。

表 5.31　不同平移值的拟合差对比分析

日期	原始值的拟合差/mm	平移值为 0 的拟合差/mm	平移值为 10 的拟合差/mm	平移值为 30 的拟合差/mm	平移值为 100 的拟合差/mm
9 月 23 日	4.98	1.454	1.007	0.93487	0.90157
9 月 24 日	5.18	1.8577	1.2029	1.093	1.043
9 月 25 日	5.27	2.428	1.5186	1.3647	1.2955
9 月 26 日	5.50	2.9203	1.7043	1.4999	1.4091

5.8　灰色幂模型的应用

5.8.1　灰色幂模型建模

灰色幂模型是一种可用于描述和预测数据序列非线性发展态势的一阶单变量灰色系

统模型，它是传统灰色模型的拓展形式，灰色参数中的幂指数能够较好地反映变形监测数据的非线性特征，鉴于灰色幂模型的优点，对其应用进行研究是很有必要的。

灰色幂模型的建模过程与灰色模型类似，主要分为累加生成、背景值生成、累减生成3个步骤，但不同的是在运用灰色幂模型进行求解过程中要考虑幂指数会随着数据序列不同而变化，要比灰色模型复杂。

首先，对原始数据序列进行累加，从第二项开始累加，新的序列的每个值是原始序列的第一个值到新的序列所对应的值的累加所得，假设非负的原始数据序列为

$$X^{(0)} = (x^{(0)}(1), x^{(0)}(2), \cdots, x^{(0)}(n)) \tag{5.84}$$

那么 $X^{(0)}$ 的一次累加生成序列为

$$X^{(1)} = (x^{(1)}(1), x^{(1)}(2), \cdots, x^{(1)}(n)) \tag{5.85}$$

式中，$x^{(1)}(k) = \sum_{i=1}^{k} x^{(0)}(i), k = 1, 2, \cdots, n$。累加的过程减弱了原始序列的随机性，增强了原始序列的规律性。

其次，根据一次累加序列求出背景值序列，背景值生成是在求解灰色模型时，取每相邻的两个一次累加序列值的平均值或取两个一次累加值中间的某一个值，用生成的背景值序列来代替一次累加生成序列在灰色模型中进行运算求值，如假设 $Z^{(1)}$ 为 $X^{(1)}$ 紧邻均值生成序列：$Z^{(1)} = (z^{(1)}(2), z^{(1)}(3), \cdots, z^{(1)}(n))$，其中，

$$z^{(k)} = px^{(1)}(k) + (1-p)x^{(1)}(k-1), \quad k = 2, 3, \cdots, n \tag{5.86}$$

p 取 $0 \sim 1$ 的任意一值，一般情况下取 $p = 0.5$，其中 $Z^{(1)}$ 被称为背景值。

利用累加序列和背景值序列构建如下方程：

$$\frac{\mathrm{d}x^{(1)}(k)}{\mathrm{d}t} + az^{(1)}(k) = b \tag{5.87}$$

称式（5.87）为 GM（1, 1）模型。将灰色作用量 b 乘以背景值的 γ 次方，即 $(z^{(1)}(k))^{\gamma}$，其中 $\gamma \neq 1$，得

$$\frac{\mathrm{d}x^{(1)}(k)}{\mathrm{d}t} + az^{(1)}(k) = b(z^{(1)}(k))^{\gamma} \tag{5.88}$$

称式（5.88）为灰色幂模型，称 γ 为幂指数，可以根据不同的变形监测数据来调整 γ，使预测的精度达到最优。

一般情况下：

$$\frac{\mathrm{d}x^{(1)}}{\mathrm{d}t} + ax^{(1)} = b(x^{(1)})^{\gamma} \tag{5.89}$$

式（5.89）为灰色幂模型的白化方程，当 $\gamma = 0$ 时，式（5.89）就变为灰色模型的白化方程。此时，幂模型变为 GM（1, 1）模型，随着幂指数在 $0 \sim 2$ 的取值不断变化，灰色模型可以找到使拟合和预测精度最佳的结果。

灰色幂模型的白化微分方程的解为

$$\hat{x}^{(1)}(t) = \left\{ \mathrm{e}^{-(1-\gamma)at} \left[(1-a)\int b\mathrm{e}^{(1-\gamma)at}\mathrm{d}t + c \right] \right\}^{\frac{1}{1-\gamma}} \tag{5.90}$$

它的解变为

$$\hat{x}^{(1)}(t) = c\mathrm{e}^{-a(t-1)} + \frac{b}{a} \tag{5.91}$$

设 $X^{(0)}, Z^{(1)}$ 如上所述，建立矩阵：

$$B = \begin{bmatrix} -z^{(1)}(2) & (z^{(1)}(2))^\gamma \\ -z^{(1)}(3) & (z^{(1)}(3))^\gamma \\ \vdots & \vdots \\ -z^{(1)}(n) & (z^{(1)}(n))^\gamma \end{bmatrix}, Y = \begin{bmatrix} x^{(0)}(2) \\ x^{(0)}(3) \\ \vdots \\ x^{(0)}(n) \end{bmatrix} \tag{5.92}$$

简化成下式：

$$Y = B \begin{bmatrix} \hat{a} \\ \hat{b} \end{bmatrix} + \Delta \tag{5.93}$$

然后，式中的参数 $[\hat{a}, \hat{b}]$ 用最小二乘法求解，其结果为

$$\begin{bmatrix} \hat{a} \\ \hat{b} \end{bmatrix}^{\mathrm{T}} = (B^{\mathrm{T}}B)^{-1}B^{\mathrm{T}}Y \tag{5.94}$$

最后，用累加生成的序列和均值序列进行计算后，需要对求解灰色模型得到的新序列进行处理，得到其拟合和预测的数据序列，对累加生成的序列进行逆运算，即累减生成：

$$\hat{x}^{(0)}(k) = \hat{x}^{(1)}(k) - \hat{x}^{(1)}(k-1) \tag{5.95}$$

5.8.2　幂指数的求解

灰色幂模型的参数除了 a 和 b 以外，又增加了一个幂指数值 γ，它的特点是，可以根据不同的数据序列变换参数幂值 γ，使拟合和预测的精度达到最优。不同的数据应当选取不同的幂指数 γ，因此，需要研究怎样根据原始数据来求解幂指数，使模型的预测精度达到最佳，一种求解方法如下。

使等式（5.89）两边同时除以 $(x^{(1)})^\gamma$，可以得到：

$$\frac{\mathrm{d}x^{(1)}}{\mathrm{d}t} \bigg/ (x^{(1)})^\gamma + a(x^{(1)})^{1-\gamma} = b \tag{5.96}$$

式（5.96）两边同时对 t 求导可得

$$\left[\frac{\mathrm{d}^2 x^{(1)}}{\mathrm{d}t}(x^{(1)})^\gamma - \gamma \left(\frac{\mathrm{d}x^{(1)}}{\mathrm{d}t} \right)^2 (x^{(1)})^{\gamma-1} \right] \bigg/ (x^{(1)})^{2\gamma} + a(1-\gamma)(x^{(1)})^{-\gamma}\frac{\mathrm{d}x^{(1)}}{\mathrm{d}t} = 0 \tag{5.97}$$

简化式（5.97）后得到：

$$\frac{d^2 x^{(1)}}{dt^2}(x^{(1)})^\gamma - \gamma\left(\frac{dx^{(1)}}{dt}\right)^2 (x^{(1)})^{\gamma-1} = -a(1-\gamma)(x^{(1)})^\gamma \frac{dx^{(1)}}{dt}$$ （5.98）

并用背景值序列 $z^{(1)}(k)$ 代替 $x^{(1)}(k)$ 得到：

$$[x^{(0)}(k) - x^{(0)}(k-1)][z^{(1)}(k)]^\gamma - \gamma[x^{(0)}(k)]^2[z^{(1)}(k)]^{\gamma-1}$$
$$= -a(1-\gamma)(z^{(1)})^\gamma x^{(0)}(k)$$ （5.99）

同理，当 $t = k+1$ 时，有

$$[x^{(0)}(k+1) - x^{(0)}(k)][z^{(1)}(k+1)]^\gamma - \gamma[x^{(0)}(k+1)]^2[z^{(1)}(k+1)]^{\gamma-1}$$
$$= -a(1-\gamma)[z^{(1)}(k+1)]^\gamma x^{(0)}(k+1)$$ （5.100）

相除可以得到：

$$\frac{[x^{(0)}(k) - x^{(0)}(k-1)][z^{(1)}(k)]^\gamma - \gamma[x^{(0)}(k)]^2[z^{(1)}(k)]^{\gamma-1}}{[x^{(0)}(k+1) - x^{(0)}(k)][z^{(1)}(k+1)]^\gamma - \gamma[x^{(0)}(k+1)]^2[z^{(1)}(k+1)]^{\gamma-1}}$$
$$= \frac{z^{(1)}(k)x^{(0)}(k)}{[z^{(1)}(k+1)]^\gamma x^{(0)}(k+1)}$$ （5.101）

化简得到：

$$\gamma = \frac{[x^{(0)}(k+1) - x^{(0)}(k)] \cdot z^{(1)}(k) \cdot x^{(0)}(k) - [x^{(0)}(k) - x^{(0)}(k-1)] \cdot z^{(1)}(k+1) \cdot z^{(1)}(k) \cdot x^{(0)}(k+1)}{[x^{(0)}(k+1)]^2 \cdot z^{(1)}(k) \cdot x^{(0)}(k) - [x^{(0)}(k)]^2 \cdot z^{(1)}(k+1) \cdot x^{(0)}(k+1)}$$

（5.102）

对于一组数据序列来说，在不同的数据点处求得的幂指数值是不一样的，应根据节点处 k 取不同值时的 γ_k 值，取平均数得到最终的幂指数值：

$$\gamma = \frac{1}{n-2}\sum_{k=2}^{n-1} \gamma_k$$ （5.103）

除此之外，另有两种解法为优化算法求解和等步长试探法，优化算法中比较常见的有 PSO 算法、蚁群算法和遗传算法等。可利用这些算法对求解过程进行优化，以期得到最佳幂指数值。

5.8.3　等间隔灰色幂模型

5.8.3.1　新陈代谢灰色幂模型

对一组较长的时间序列来说，随着时间的不断推移，多种不确定因素就会不断对模型预测效果产生影响，而最初的原始数据对系统产生的影响会逐渐变小，用来进行长期预测必然会导致其精度降低。因此，在用灰色幂模型进行预测的过程中，需要不断地将最新的预测数据带入数据序列中进行计算，并别除旧数据，组成新的序列来进行预测，这种方法可以有效地提高预测精度，由此建立起来的模型就是新陈代谢灰色幂模型。如有一组序列：

$$X = \{x^{(0)}(1), x^{(0)}(2), \cdots, x^{(0)}(t)\} \tag{5.104}$$

对其用灰色幂模型进行预测后，得到新的预测值 $\hat{x}^{(0)}(t+1)$，然后将旧数据 $x^{(0)}(1)$ 剔除，在序列的末尾加上新的预测值 $\hat{x}^{(0)}(t+1)$，得到新的序列：

$$X' = \{x^{(0)}(2), x^{(0)}(3), \cdots, x^{(0)}(t), \hat{x}^{(0)}(t+1)\} \tag{5.105}$$

再用新的序列建立灰色模型，并往前进行递推，逐渐剔除旧数据，增加新数据。其主要步骤如下。

第一步，将已有的变形监测数据 $X = \{x^{(0)}(1), x^{(0)}(2), \cdots, x^{(0)}(t)\}$ 按照式（5.2）、式（5.3）进行累加、累减、求背景值等步骤，然后带入灰色幂模型中进行试验，找出适合预测的最佳维数 N。

第二步，根据已知的序列和维数，按照式（5.89）建立灰色幂模型，对灰色幂模型的主要参数值 a、b、γ 进行求解，并预测出新的数据 $\hat{x}^{(0)}(t+1)$。

第三步，剔除刚开始的旧数据 $x^{(0)}(1)$，增加最新预测的数据 $\hat{x}^{(0)}(t+1)$，然后重复第一步和第二步，求出新的参数值 a_1、b_1、γ_1 和预测值 $\hat{x}^{(0)}(t+2)$。

第四步，按照第二步和第三步依次剔除旧数据，增补新数据，求出新参数值和新预测值，直到所有数据预测完成为止。

5.8.3.2　基于半参数的灰色幂模型

在运用传统的灰色模型和灰色幂模型求解参数时，所用到的最小二乘法是在假设没有粗差和系统误差的前提下进行的，但是系统误差和粗差在自然条件下是广泛存在的，如果能在求解参数的过程中采用某种方法将数据中的粗差和系统误差剔除，就可以提高拟合和预测的精度。如前文所说，对建筑物进行变形监测所得到的数据难免会因为各种原因产生系统误差，并且变形监测对精度的要求是非常高的。半参数模型考虑系统误差和偶然误差对参数计算的影响，引入非参数分量，能有效地减少系统误差对模型的影响，本书将半参数模型应用在灰色幂模型求解参数的过程中，通过补偿最小二乘法来减弱系统误差对灰色幂模型拟合和预测的影响。

传统的灰色幂模型用经典最小二乘法来求解参数，考虑到数据中带有系统误差，加入修正项 $\hat{s}$ 后得到半参数的估计模型的误差方程为

$$V = B\hat{u} + \hat{s} - Y \tag{5.106}$$

式中，$\hat{u} = [\hat{a}, \hat{b}]^{\mathrm{T}}$，$B$ 矩阵和 Y 矩阵为

$$B = \begin{bmatrix} -z^{(1)}(2) & (z^{(1)}(2))^{\gamma} \\ -z^{(1)}(3) & (z^{(1)}(3))^{\gamma} \\ \vdots & \vdots \\ -z^{(1)}(n) & (z^{(1)}(n))^{\gamma} \end{bmatrix}, \quad Y = \begin{bmatrix} x^{(0)}(2) \\ x^{(0)}(3) \\ \vdots \\ x^{(0)}(n) \end{bmatrix}$$

根据补偿最小二乘原则，有

$$V^{\mathrm{T}}PV + \alpha \hat{s}^{\mathrm{T}}R\hat{s} = \min \tag{5.107}$$

根据补偿最小二乘原理，由法方程按照求条件极值的拉格朗日函数法构造函数：

$$\Phi = V^{\mathrm{T}}PV + \alpha \hat{s}^{\mathrm{T}}R\hat{s} + 2K^{\mathrm{T}}(B\hat{u} + \hat{s} - L - V) \tag{5.108}$$

最终可以得到：

$$\hat{s} = (P + \alpha R)^{-1}P(L - B\hat{u}) \tag{5.109}$$

$$\hat{u} = (B^{\mathrm{T}}PB)^{-1}B^{\mathrm{T}}P(L - \hat{s}) \tag{5.110}$$

灰色幂模型参数列 $\hat{u} = [\hat{a}, \hat{b}]^{\mathrm{T}}$ 的求解过程一般都是用传统的最小二乘法 [式（5.106）]，忽略了变形监测原始数据中可能存在的系统误差。系统误差的存在会导致预测精度降低，用半参数模型替代灰色幂模型求解参数的最小二乘法模型可以减小系统误差的影响，进一步提高拟合和预测的精度。

参数 α 是一个给定的纯量因子，在极小化过程中对 V 和 s 这两个参数起平衡的作用，所以称其为平滑因子，平滑因子的求取方法有很多，但是本书采取较为适合灰色幂模型预测的交叉核实法，交叉核实法的基本思想是首先选取合适的平滑因子 α，然后得到其函数 $CV(\alpha)$ 和平滑因子 α 的拟合曲线，最后通过此拟合曲线来进行预测，使所有预测点的均方误差达到最小。因此在求解过程中，首先，需要根据原始数据 Y_i 利用广义交叉核实法求出 α：

$$GCV(\alpha) = n^{-1}\frac{\sum\limits_{i=1}^{n}(Y_i - \hat{Y}_i)^2}{(1 - n^{-1}\mathrm{tr}(J(\alpha)))^2} \tag{5.111}$$

确定窗宽参数时，求出使 $GCV(\alpha)$ 最小的 α 值，即

$$GCV(\alpha) = \min \tag{5.112}$$

R 矩阵是一个适当给定的正定矩阵，其作用是被用来估计参数 $\hat{s}$ 的某种函数类型，取：

$$R = G^{\mathrm{T}}G\begin{bmatrix} 1 & -1 & & & & & \\ -1 & 2 & -1 & & & & \\ & -1 & 2 & -1 & & & \\ & & \cdots & \cdots & \cdots & & \\ & & & -1 & 2 & -1 \\ & & & & -1 & 1 \end{bmatrix} \tag{5.113}$$

其中，G 矩阵一般取：

$$G = \begin{bmatrix} -1 & 1 & & & \\ & -1 & 1 & & \\ & & \cdots & \cdots & \\ & & & -1 & 1 \end{bmatrix} \tag{5.114}$$

然后，根据 α 值和矩阵 R 求出 $\hat{s}$ 矩阵，接着，再用式（5.110）中的补偿最小二乘法来求出灰色幂模型的参数值 $\hat{u}=[\hat{a},\hat{b}]^{\mathrm{T}}$。

最后，根据已经得到的幂指数值、a 和 b 来求解白化方程，再进行累减，最终得到拟合值和预测值。

5.8.3.3　基于抗差估计的灰色幂模型

对建筑物进行变形监测得到的数据，难免会因仪器或者客观条件的不足而导致数据中存在粗差，粗差指超过一定范围的较大的误差，是由变形监测过程中的操作失误导致的。粗差在自然界中是广泛存在的，在灰色幂模型求解参数的过程中，主要应用的是最小二乘法，这种方法不易剔除粗差的干扰，在应用最小二乘法的过程中会将某个粗差平摊到其他数据中，导致数据预测的误差增大，结果的可靠性降低。

鉴于最小二乘法不能有效地抵抗粗差对数据的影响，本书采用基于抗差估计的最小二乘法来求解灰色幂模型的参数，以此来削弱粗差对灰色幂模型参数的影响。抗差估计采用的是选权迭代的方法，权值的选取和与真实值的残差有关。

基于抗差估计的灰色幂模型的求解参数的方法为

$$\hat{u}=(B^{\mathrm{T}}\overline{P}B)^{-1}B\overline{P}L \tag{5.115}$$

式中，$\overline{P}$ 为等加权矩阵，它的表达式为

$$\overline{P}=\begin{bmatrix}\overline{p}(2)\\&\overline{p}(3)\\&&\ddots\\&&&\overline{p}(n)\end{bmatrix} \tag{5.116}$$

式中，$\overline{p}(k)$ 是观测值的权值，其中 $k=2,3,\cdots,n$ 是残差值的函数，当误差变大时，权值也会变大，这样可以降低误差较大的观测值对整组数据序列的影响。权值的选取方法有很多种，用不同的方法选取的函数也不同，采用可靠性高的 IG3 选取权值的方法，其权值的选取方法为

$$\overline{p}(k)=\begin{cases}1,&v(k)<k_0\\[2mm]\dfrac{k_0}{|v(k)|}\left[\dfrac{k_1-|v(k)|}{k_1-k_0}\right]^2,&k_0\leqslant v(k)<k_1\\[2mm]0,&v(k)\geqslant k_1\end{cases} \tag{5.117}$$

式中，取 $k_0=2.5\sigma$，$k_1=3.5\sigma$，σ 为原始数据序列的先验单位权中误差，基于抗差估计的灰色幂模型参数求解步骤如下。

第一步，根据已知的变形监测数据，用经典最小二乘法求出灰色幂模型参数和白化微分方程，利用灰色幂模型的白化微分方程求出一次累加数据序列 $\hat{x}^{(1)}(k)$。

第二步，根据第一步中求解得到的一次累加序列 $\hat{x}^{(1)}(k)$ 和原始数据的一次累加序列 $x^{(1)}(k)$，求两者之间的差值，并根据差值大小来计算新的权阵。

第三步，将第二步中所得到的权阵带入，再次求出白化微分方程的参数，并根据参数值求一次累加序列。

第四步，重复第二步和第三步，不断求出参数值和累加序列，直至残差值小于设定的限值，这时求出最终的参数值和数据序列。

5.8.4 非等间隔灰色幂模型

在变形监测过程中，需要对建筑物或者变形体进行定期监测，但是在这个过程中也会存在一些不可抗的因素而造成每次观测的时间间隔不相等，如天气条件、人为因素、施工现场调度等。用传统的灰色模型对变形体进行预测，通常情况下默认时间间隔相等，而变形监测数据的非等时间间隔会对工程的形变量预测带来不便。所以，为了克服这种不便，需要采用某些措施对非等间隔数据序列进行处理，使其可以正常进行拟合和预测。

5.8.4.1 删除法

用灰色模型处理缺失数据变形监测序列时，常用的方法就是删除法，这种方法不需要对原始数据进行处理，按照一定的数学方法用未缺失的数据和不相等的时间间隔来计算白化模型的参数。其计算过程如下。

假设原始数据序列为

$$X^{(0)}(t_k) = (x^{(0)}(t_1), x^{(0)}(t_2), \cdots, x^{(0)}(t_n)) \qquad (5.118)$$

其时间间隔为 $\Delta t_k = t_k - t_{k-1} \neq \text{const}, k = 2, 3, \cdots, n$。

首先，对原始数据序列进行一次累加，得

$$X^{(1)}(t_k) = (x^{(1)}(t_1), x^{(1)}(t_2), \cdots, x^{(1)}(t_n)) \qquad (5.119)$$

非等间隔数据序列累加的计算方法与等间隔数据序列有所不同，要用每个数据乘以相应的时间间隔后再进行累加，即

$$x^{(1)}(t_k) = \sum_{i=1}^{k} \Delta t_i x^{(0)}(t_i) \qquad (5.120)$$

然后，根据一次累加序列生成背景值序列：

$$Z^{(1)}(t_k) = (z^{(1)}(t_1), z^{(1)}(t_2), \cdots, z^{(1)}(t_n)) \qquad (5.121)$$

式中，$Z^{(1)}(t_k) = 0.5x^{(1)}(t_{k-1}) + 0.5x^{(1)}(t_k)$。根据已有的背景值序列和累加序列，利用第 2 章中的求解参数的方法求解出灰色幂模型的参数，并得出其相应的白化微分方程：

$$\hat{x}^{(1)}(t_i) = \left\{ \frac{b}{a} + \left[x^{(1)}(t_k)^{1-\gamma} - \frac{b}{a} \right] e^{(\gamma-1)a(t_i-t_k)} \right\}^{\frac{1}{1-\gamma}} \tag{5.122}$$

最后，用累减的方法求解出拟合值和预测值，其中得到的累减值需要再除以相应的时间间隔，即

$$\hat{x}^{(0)}(t_i) = \frac{\hat{x}^{(1)}(t_i) - \hat{x}^{(1)}(t_{i-1})}{\Delta t_i}, i = 2,3,\cdots,n \tag{5.123}$$

删除法的优点是过程比较简单，不需要对原始数据序列进行插值填补。直接在计算参数的方法上稍做改进就可以解算参数，得到较精确的结果。但是这种方法也有其局限性，由于原始数据的不连贯性，在缺失的数据较多、时间跨度较大时，拟合和预测的偏差也会较大，所以在应用过程中，要根据实际情况进行分析，综合处理。

5.8.4.2　插值填补法

删除法没有对原始数据进行处理，直接用缺失数据的原始序列进行计算，而插值填补法是用插值的方法利用未缺失的数据对缺失的数据进行拟合，来使得非等间隔的数据序列变成等间隔，然后对其进行拟合和预测。下面以简单的线性插值法为例，简要介绍插值填补法求解非等间隔数据序列。

设有一非等间隔序列：

$$X^{(0)}(t_k) = (x^{(0)}(t_1), x^{(0)}(t_2), \cdots, x^{(0)}(t_n)) \tag{5.124}$$

式中，$\Delta t_k = t_k - t_{k-1} \neq \text{const}, k = 2,3,\cdots,n$，求出其平均时间间隔：

$$\Delta t_0 = \frac{\sum_{k=1}^{n-1} \Delta t_k}{n-1} = \frac{t_n - t_1}{n-1}, \quad k = 1,2,\cdots,n \tag{5.125}$$

通过如下变换得到等间隔序列：

$$x^{(0)}(t_k)' = x^{(0)}(t_k) - \frac{t_k - (k-1)\Delta t_0}{\Delta t_0} \cdot [x^{(0)}(t_k) - x^{(0)}(t_{k-1})] \tag{5.126}$$

用得到的等间隔序列进行建模，求出灰色幂模型白化微分方程，并对数据序列进行预测。其求解步骤如下。

第一步，从变形监测数据中整理出非等间隔的时间序列：

$$X^{(0)}(t_k) = (x^{(0)}(t_1), x^{(0)}(t_2), \cdots, x^{(0)}(t_n)) \Delta t_k = t_k - t_{k-1} \neq \text{const}, \quad k = 2,3,\cdots,n \tag{5.127}$$

第二步，根据整理出来的变形监测数据选择合适的插值方法，对非等间隔序列进行插值，得到等间隔的数据序列：

$$X^{(0)}(t_k) = (x^{(0)}(t_1'), x^{(0)}(t_2'), \cdots, x^{(0)}(t_n')) \Delta t_k' = t_k' - t_{k-1}' = \text{const}, \quad k = 2,3,\cdots,n \tag{5.128}$$

第三步，按照之前的灰色幂模型的预测步骤进行一次累加得出序列，构造背景值序列，用等步长试探法求出幂指数值 γ，再根据幂指数值和累加序列、背景值序列，用最小二乘法求解参数 a、b；

第四步，将求解出来的参数 a、b、γ 带入白化微分方程中，并将初始时间间隔带入方程中，得到数据序列 $\hat{x}^{(1)}(t_k)$：

$$\hat{x}^{(1)}(t_k) = \left\{ \frac{b}{a} + \left[(x^{(0)}(t_1))^{1-\gamma} - \frac{b}{a} \right] e^{-a(1-\gamma)(t_k - t_1)} \right\}^{\frac{1}{1-\gamma}} \qquad (5.129)$$

第五步，对累加序列 $\hat{x}^{(1)}(t_k)$ 进行累减得到拟合序列：

$$\hat{X}^{(0)}(t_k) = (\hat{x}^{(0)}(t_1), \hat{x}^{(0)}(t_2), \cdots, \hat{x}^{(0)}(t_n)) \qquad (5.130)$$

除了线性插值以外，还有很多其他的插值方法，比较常用的还有拉格朗日插值法、牛顿插值法、牛顿-科茨插值法、Hermite 插值法、多项式拟合插值法、三次样条插值法等方法，实质上插值过程是一种对真实数据的模拟，因此，插值方法必然是与真实数据越符合，预测的效果就越好。针对同一组数据，不同等时距化处理方法建模效果必然有差别，因此，在对变形监测数据进行预测的过程中，应结合实际情况，选择合理的插值方法。这种插值方法相对于删除数据法，多了一步用插值来模拟原始数据的过程，相对来说比较复杂，但是这种方法的精度较高。

5.8.5 非等间隔灰色幂模型在边坡监测中的应用

5.8.5.1 数据来源

佛山市顺德区顺峰山公园中的旧寨山距离顺德区中心约 2km，中心地理坐标为 113°16′38″E，22°48′54″N。勘查区位于交通便利地区，附近有 S43 和 G1501 等公路主干道，交通十分方便。

顺峰山公园兴建于 1999 年，位于旧寨山南侧边坡上，植被发育良好，坡面上存在一些碎石块，这些碎石块由上部岩体崩落所致。碎石块在外力的作用下可能会发生滑动或滚动，从而会威胁坡下行人的安全。环山路下方边坡坡度比较平缓，局部存在部分冲沟，在一定条件下，可能会演变为较大规模的高切坡或崩塌，因此，需要对其进行变形监测。通过监测，及时反映边坡的整体稳定性和安全性，以此来避免地质灾害事故的发生。根据场地实际情况，本项目共布设 3 个监测基准点，均布设于水泥地面上，用冲击钻钻孔并在顶部打入半圆形、中心刻有精细"+"字标志的不锈钢专用标志作为标芯。

5.8.5.2 等间隔灰色幂模型算例

1. 幂指数对精度的影响算例分析

为了验证幂指数的选取对预测结果的影响，选取顺峰山边坡监测 CZ1 号点来进行试验，分别用不同的幂指数和灰色幂模型对数据拟合并预测，以此来分析幂指数取不同值对变形监测预测效果的影响，对 CZ1 号点监测得到的结果如表 5.32 所示。

表 5.32　取不同幂指数值的预测值（CZ1 号边坡监测点）　　（单位：mm）

项目	日期	原始值	$r = 0.1$	$r = 0.3$	$r = 0.5$	$r = 0.8$
拟合值	2014-6-6	0.00	0.00	0.00	0.00	0.00
	2014-6-20	0.08	0.4759	0.3468	0.1404	0.0006
	2014-7-4	0.17	0.6788	0.6612	0.4324	0.0136
	2014-7-18	0.58	0.8878	0.9371	0.7417	0.0716
	2014-8-1	1.07	1.1388	1.2312	1.0693	0.2040
	2014-8-15	1.58	1.4473	1.5599	1.4159	0.4221
	2014-8-29	1.67	1.8296	1.9345	1.7824	0.7192
	2014-9-12	1.76	2.3052	2.3656	2.1697	1.0769
	2014-9-26	2.28	2.8975	2.8643	2.5788	1.4708
	2014-10-10	3.06	3.6361	3.4429	3.0108	1.8760
预测值	2014-10-24	3.56	4.5573	4.1154	3.4665	2.2701
	2014-11-7	3.78	5.7066	4.8975	3.9472	2.6350
	2014-11-21	4.13	7.1406	5.8078	4.4539	2.9576
	2014-12-5	4.23	8.9301	6.8675	4.9878	3.2293
	2014-12-19	4.54	11.1632	8.1010	5.5502	3.4460
精度评定			$C = 0.6040$ $P = 86.67\%$	$C = 0.4275$ $P = 86.67\%$	$C = 0.1834$ $P = 100\%$	$C = 0.3478$ $P = 100\%$

由表 5.32 和图 5.14 可以看出，当取不同幂指数值时，会对拟合和预测的结果产生较大的影响，因此，根据初始数据合理地选取幂指数值可以提高灰色幂模型的预测精度，不合理选取幂指数值会使预测的精度降低。

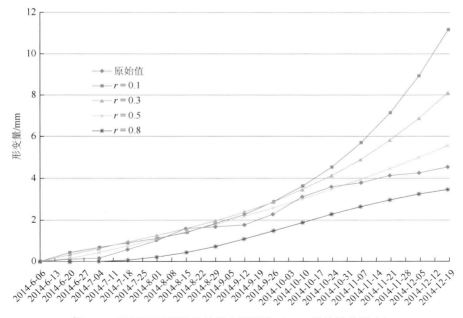

图 5.14　取不同幂指数值的拟合预测值（CZ1 号边坡监测点）

2. 灰色幂模型和灰色模型对比预测

CZ1 号点的灰色模型预测值后验差 $C = 1.4476$，灰色幂模型预测值后验差 $C = 0.3823$。由表 5.33 和图 5.15 可以看出，对于拟合和预测不同类型数据，灰色幂模型都比灰色模型具有优势，因此，在变形监测预测过程中，可以用灰色幂模型替代灰色模型。

表 5.33　灰色模型和灰色幂模型拟合预测对比（CZ1 号边坡监测点）　　　　（单位：mm）

项目	日期	原始数据	灰色模型		灰色幂模型	
			拟合值	残差值	拟合值	残差值
拟合值	2014-6-6	0.00	0.00	0	0.00	0
	2014-6-20	0.06	0.9371	0.8771	0.0258	−0.0342
	2014-7-4	0.17	1.1301	0.9601	0.2085	0.0385
	2014-7-18	0.66	1.3629	0.7029	0.6332	−0.0268
	2014-8-1	1.47	1.6438	0.1738	1.2431	−0.2269
	2014-8-15	2.37	1.9824	−0.3876	1.9192	−0.4508
	2014-8-29	2.47	2.3908	−0.0792	2.5506	0.0806
	2014-9-12	3.03	2.8834	−0.1466	3.0636	0.0336
	2014-9-26	3.58	3.4774	−0.1026	3.4239	−0.1561
	2014-10-10	3.67	4.1939	0.5239	3.6277	−0.0423
	2014-10-24	3.70	5.0579	1.3579	4.0906	0.39064
预测值	2014-11-7	4.00	6.0999	2.0999	4.6376	0.6376
	2014-11-21	4.24	7.3566	3.1166	5.2946	1.0546
	2014-12-5	4.28	8.8722	4.5922	5.4968	1.2168
	2014-12-19	4.75	10.7001	5.9501	6.0540	1.304
	2015-1-2	5.05	12.9045	7.8545	6.7935	1.7435
精度评定			$C = 1.4476$ $P = 31.25\%$		$C = 0.3823$ $P = 93.75\%$	

3. 新陈代谢灰色幂模型

由表 5.34 和图 5.16 可以看出，在剔除旧数据、增补新数据后，用新陈代谢灰色幂模型预测比直接预测精度有所提高。

表 5.34　灰色幂模型和新陈代谢灰色幂模型预测结果（CZ4 号边坡监测点）　　　（单位：mm）

项目	日期	原始数据	灰色幂模型		新陈代谢灰色幂模型	
			拟合值	残差值	拟合值	残差值
拟合值	2014-6-6	0.00	0.00	0.00	0.00	0.00
	2014-6-20	0.05	0.0498	−0.0002	0.0498	−0.0002
	2014-7-4	0.13	0.2312	0.1012	0.2312	0.1012
	2014-7-18	0.96	0.5044	−0.4556	0.5044	−0.4556
	2014-8-1	1.56	0.8382	−0.7218	0.8382	−0.7218

续表

项目	日期	原始数据	灰色幂模型		新陈代谢灰色幂模型	
			拟合值	残差值	拟合值	残差值
拟合值	2014-8-15	2.08	1.2117	−0.8683	1.2117	−0.8683
	2014-8-29	2.17	1.6096	−0.5604	1.6096	−0.5604
	2014-9-12	2.87	2.0199	−0.8500	2.0199	−0.8500
	2014-9-26	3.08	2.4337	−0.6463	2.4337	−0.6463
预测值	2014-10-10	3.13	3.0234	−0.1065	2.8436	−0.2864
	2014-10-24	3.17	3.4122	0.2422	3.2441	0.0741
	2014-11-7	3.54	3.7885	0.2485	3.6309	0.0909
	2014-11-21	3.85	4.1504	0.3004	4.0007	0.1507
	2014-12-5	5.16	4.4964	−0.6636	7.4510	−0.8089
	2014-12-19	5.45	4.8254	−0.6246	4.6802	−0.7698
精度评定			$C = 0.2628$ $P = 100\%$		$C = 0.2559$ $P = 100\%$	

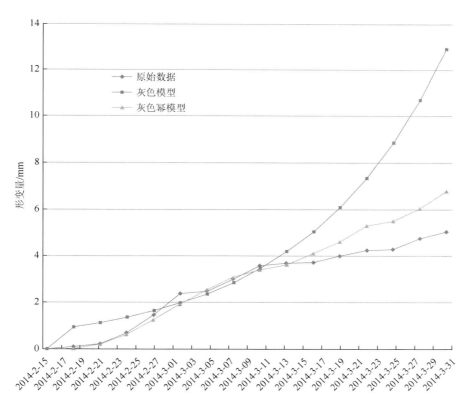

图 5.15　灰色幂模型与灰色模型拟合预测对比（CZ1 号边坡监测点）

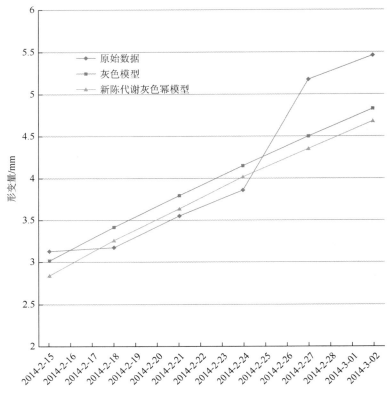

图 5.16　灰色幂模型和新陈代谢灰色幂模型对比（CZ4 号边坡监测点）

4. 半参数灰色幂模型

灰色幂模型在拟合和预测过程中，可能会由原始数据存在系统误差而导致预测精度降低，取顺峰山边坡监测 CZ4 号点分别用灰色幂模型和半参数灰色幂模型进行拟合和预测，来验证半参数灰色幂模型是否可以提高模型预测的精度。

用前 12 期数据进行拟合，后 5 期数据进行预测，用半参数优化后的灰色幂模型对其进行预测，并与没有优化的模型进行对比，得到拟合和预测的结果如表 5.35 和图 5.17 所示。

表 5.35　灰色幂模型和半参数灰色幂模型对比（CZ4 号边坡监测点）　　　（单位：mm）

项目	日期	原始数据	灰色幂模型		半参数灰色幂模型	
			拟合值	残差值	拟合值	残差值
拟合值	2014-2-15	0.00	0.00	0.00	0.00	0.00
	2014-2-18	0.03	0.0083	−0.0217	0.0197	−0.0103
	2014-2-21	0.08	0.0688	−0.0112	0.1475	0.0675
	2014-2-24	0.44	0.2447	−0.1953	0.4482	0.0082
	2014-2-27	1.06	0.5726	−0.4874	0.9154	−0.1446
	2014-3-2	2.58	1.0477	−1.5323	1.5016	−1.0784
	2014-3-5	2.66	1.6328	−1.0272	2.1466	−0.5134

续表

项目	日期	原始数据	灰色幂模型		半参数灰色幂模型	
			拟合值	残差值	拟合值	残差值
拟合值	2014-3-8	3.47	2.2751	−1.1949	2.7935	−0.6765
	2014-3-11	4.21	2.9200	−1.2899	3.3968	−0.8131
	2014-3-14	4.23	3.5212	−0.7088	3.9251	−0.3049
	2014-3-17	4.26	4.0443	−0.2157	7.4594	0.0994
预测值	2014-3-20	7.41	4.4681	0.1582	4.6919	0.3819
	2014-3-23	4.46	4.7834	0.3234	4.9229	0.4629
	2014-3-26	5.06	4.9899	−0.0701	5.0584	−0.0016
	2014-3-29	5.34	5.0944	−0.2455	5.0831	−0.2320
	2014-4-1	5.51	5.1079	−0.4021	5.1079	−0.4269
精度评定			$C = 0.2827$ $P = 100\%$		$C = 0.2137$ $P = 100\%$	

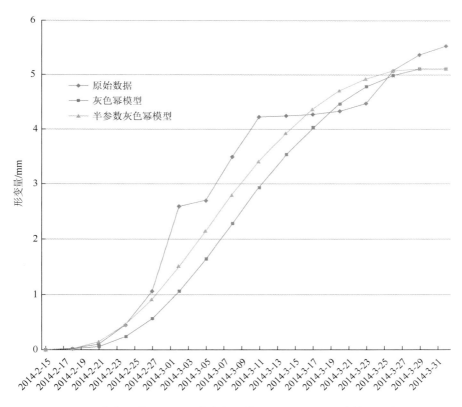

图 5.17　灰色幂模型和半参数灰色幂模型对比（CZ4 号边坡监测点）

　　根据两组数据的拟合和预测结果可以得出结论：半参数灰色幂模型可以减弱初始数据序列中的系统误差的影响，进而提高灰色幂模型的预测精度。

5.8.5.3　非等间隔灰色幂模型算例

关于用灰色幂模型来拟合和预测非等间隔数据序列，选择合适的插值方法对非等间隔数据序列进行插值，使数据序列的时间间隔相等，然后再用灰色幂模型进行预测。

对顺峰山边坡监测 CZ18 号点分别用不同的方法处理非等间隔序列，其原始数据和时间间隔见表 5.36，得到的结果见表 5.37。

表 5.36　非等间隔数据序列（CZ18 号边坡监测点）

序号	日期	时间间隔/d	原始数据/mm
1	2014-2-15	0	0
2	2014-2-18	3	0.05
3	2014-2-21	3	0.23
4	2014-2-27	6	1.64
5	2014-3-2	6	3.52
6	2014-3-8	6	7.4
7	2014-3-11	3	4.74
8	2014-3-17	3	4.87

表 5.37　不同插值方法的预测结果（CZ18 号边坡监测点）

项目	日期	累积时间间隔/d	原始数据/mm	删除法预测结果/mm	线性插值预测结果/mm	拉格朗日插值预测结果/mm
拟合值	2014-2-15	0	0	0.00	0.00	0.00
	2014-2-18	3	0.05	0.2315	0.0493	0.0437
	2014-2-21	6	0.23	1.0615	0.3260	0.3013
	2014-2-27	12	1.64	1.8745	1.5513	1.5117
	2014-3-2	18	3.52	3.0692	3.0479	3.0436
	2014-3-8	24	7.4	4.2473	4.2621	7.4030
	2014-3-11	27	4.74	4.7298	4.6896	4.7466
	2014-3-17	33	4.87	4.8503	4.9912	4.8695
预测值	2014-3-29	36	4.98	5.0816	5.0097	5.0579
	2014-4-1	39	5.15	5.3451	5.1798	5.2012
	2014-4-4	42	5.25	5.5736	5.2263	5.2469
	2014-4-7	45	5.41	5.7488	5.4334	5.3193
精度评定				$C = 0.1479$ $P = 100\%$	$C = 0.0711$ $P = 100\%$	$C = 0.0704$ $P = 100\%$

由图 5.18 结果的对比可以看出用删除法对数据进行处理后，再用灰色幂模型进行预测得到的精度相对于插值法较低；对比两种插值方法可以看出，拉格朗日插值法预测结果更接近这两组数据的原始数据，它比线性插值法拟合和预测的精度更高。

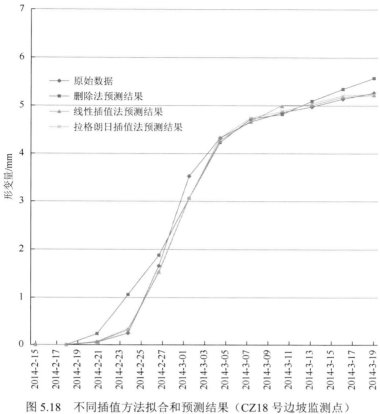

图 5.18　不同插值方法拟合和预测结果（CZ18 号边坡监测点）

第6章　公路灾变高切坡全过程控制技术

6.1　公路灾变高切坡超前诊断技术研究

6.1.1　公路各类灾变高切坡坡体结构概化模型研究

6.1.1.1　单一边坡极限高度计算

1. 边坡临界高度的主要影响因素

对于边坡设计，不管开挖高度如何，技术上都没有什么问题，但是如果在边坡坡度一定的情况下，开挖高度太大，边坡支护的费用就会相应地增多，还有可能出现高切坡、塌方等重大事故。边坡临界高度的影响因素有很多，如坡度、坡形和岩土体的物理力学性质等内因，以及边坡周围环境等外因。对于岩质边坡，还有结构面、节理走向、倾角等因素。

边坡的坡度在一定程度上决定边坡的稳定性，在实际工程中，如何在边坡设计中确定合适的坡度去保证边坡高度小于临界高度成为设计的首要问题。如果由于场地等因素，边坡的坡度无法减小，使得边坡的开挖高度大于临界高度，则就必须对边坡进行支护。一般而言，边坡临界高度与坡度成反比，也就是坡度越大，边坡临界高度就越小；坡度越小，边坡临界高度就越大。

目前边坡临界高度的确定并没有统一的标准，主要方法有极限分析法、工程地质类比法及有限元法等。其中，极限分析法是在假定滑裂面形状的基础上，运用静力学和运动学原理求解边坡临界高度，其结果具有很大的人为性；工程地质类比法是建立在统计学基础上的一种经验方法，其结果具有很强的地域性；有限元法是一种近年来发展比较迅速的数值方法，但是采用不同的屈服准则和收敛准则，得到的结果差异比较大，在推广方面也比较困难。

针对目前边坡临界高度确定存在的以上问题，提出在极限分析计算中，破裂面的确定根据滑移线场法确定的屈服机构，然后分别计算屈服机构中各个区域的极限平衡，使边坡体总抗滑力等于总下滑力，求出边坡临界高度的解析表达式。其结果在边坡工程初步设计中有一定的参考价值。

2. 边坡破裂面的确定

破裂面形状对边坡临界高度计算影响非常大，不同的破裂面可能得出的结果差异很大。在理论计算中，目前破裂面基本上都是假定的，主要形状有直线、对数螺旋线、圆弧等，如果选择不当，就会造成较大的误差。可见，边坡破裂面形状和位置的确定是理论计算的关键因素。

（1）滑移线场法

滑移线场法是基于刚塑性体的 Prandtl-Reuss 假设，由岩土体静力平衡方程和莫尔-库仑屈服准则推导出一阶拟线性偏微分方程，然后利用应力边界条件，求出滑移线的解。由莫尔-库仑屈服准则可知，滑移线有 α、β 两族，其平衡微分方程为

$$沿 \alpha 线：\quad \mathrm{d}p - 2(p + \sigma_c)\tan\varphi\mathrm{d}\theta = \frac{\gamma\sin(\theta + \mu)\mathrm{d}y}{\cos\varphi\cos(\theta - \mu)} \qquad (6.1)$$

$$沿 \beta 线：\quad \mathrm{d}p + 2(p + \sigma_c)\tan\varphi\mathrm{d}\theta = -\frac{\gamma\sin(\theta - \mu)\mathrm{d}y}{\cos\varphi\cos(\theta + \mu)} \qquad (6.2)$$

滑移线就是破裂面的迹线。根据滑移线场理论和边界条件，在岩土受力体中构造相应的滑移线网，然后利用滑移线的性质和应力边界条件，得出滑裂面的位置。但是，在理论计算中，对于有重土几乎是不能得出解析解的。

对于边坡稳定性而言，岩土体的自重是不能忽略的。因此，在边坡计算中，常常将土重视为作用在坡顶的外荷载，进而转化为求解边坡极限承载力的滑移线场解。如何把岩土体自重折算为外荷载是比较困难的，但是可以由滑移线确定边坡滑裂面的位置，然后运用极限分析法确定边坡的临界高度。

（2）边坡破裂面的位置

根据滑移线场法的基本原理，建立确定边坡破裂面的数学模型，做以下几点假设。

1）在构建滑移线场时，不考虑岩土体自重，把土体自重等效为外荷载，作用在水平的边坡坡肩边缘；

2）满足平面应变条件，即二维假设；

3）岩土体遵循莫尔-库仑屈服准则；

4）边坡破裂面通过坡趾。

图 6.1 中，h 为边坡的高度，坡角为 θ，q 为岩土体自重等效的外荷载。由滑移线场理论可知，$ABCD$ 线就是边坡的破裂面。塑性区主要由 I 区主动区 OAB，II 区过渡区 OBC，III 区被动区 OCD 组成。其中，AB、CD 线为直线段，BC 线为对数螺旋线，采用莫尔-库仑屈服与破坏准则时，两族滑移线间的夹角为 $\frac{\pi}{2} - \varphi$。由滑移线的破坏机构可得，$\angle BOA = \angle BAO = \frac{\pi}{4} + \frac{\varphi}{2}$，$\angle OBA = \frac{\pi}{2} - \varphi$，$\triangle OBA$ 为等腰三角形。由几何关系可知，$\angle BOC = \frac{\pi}{2} - \theta$。$BC$ 为对数螺旋线，曲线方程为 $R = R_0\mathrm{e}^{(-\psi)\tan\varphi}$，其中 R_0 为初始半径（OC），ψ 为对数螺旋线的展开角（$0 \leqslant \psi \leqslant \frac{\pi}{2} - \theta$），$\varphi$ 为岩土体内摩擦角。$\angle COD = \angle CDO = \frac{\pi}{4} - \frac{\varphi}{2}$，$\angle OCD = \frac{\pi}{2} + \varphi$，$\triangle OCD$ 为等腰三角形。

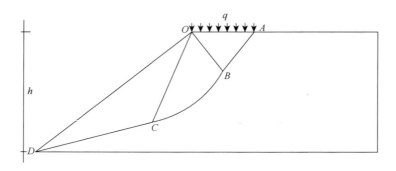

图 6.1　顶部受荷无重土坡滑移线分布图

只要知道边坡的坡角、坡高及岩土体的内摩擦角就能确定 A、B、C、D 的坐标，进而确定边坡破裂面的位置。

3. 边坡临界高度的理论计算

根据滑移线场法确定无重土坡的滑裂面，但是土体自重是边坡失稳的主要因素，土体自重是不能忽略的。由滑移线场的性质可知，土体自重不影响两族滑移线的夹角，但对滑移线形状有影响，假设二体自重的影响有限，对其不予考虑。因此，在计算中把无重土坡的滑裂面作为土体自重作用下的滑裂面（图 6.2）。

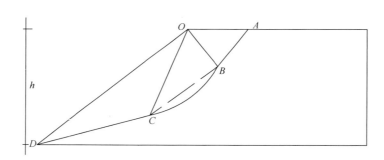

图 6.2　有重土坡滑裂面图

经过计算，得出边坡临界高度 $h = \dfrac{c \cdot P}{\gamma \cdot Q}$，边坡临界高度与黏聚力 c 成正比，与土的重度 γ 成反比。具体计算过程见相关专题。

4. 结论

基于滑移线场法边坡临界高度的理论计算方法，充分运用了滑移线场法确定边坡屈服机构的形状，克服了以往临界高度理论计算中边坡滑裂面形状的人为假定，为边坡滑裂面形状的确定提供了理论依据；并结合现阶段工程中常用的极限分析法计算边坡临界高度，使边坡临界高度理论计算值更贴近工程实际。同时理论计算出的边坡临界高度都小于极限上限值，符合实际情况；与有限元解相差很小，解决了有限元计算值推广难的问题。

6.1.1.2　复杂边坡稳定性研究

目前边坡稳定性分析理论基本上都是针对单一边坡而言的，由于单一边坡的坡面形状为一条直线、物理力学性质均一，各种稳定性方法计算结果差别不大，应用广泛，积累了丰富的经验，尤其是泰勒根据摩擦圆分析法，并经过大量算例制成了使用较为简便的单一边坡的泰勒稳定图。为了更快速、方便地计算可能存在多个剪出口或滑动面的复杂边坡的稳定性，研究一种新的计算方法，使得复杂边坡的稳定性问题转化为单一边坡的稳定性问题非常必要。

采用将复杂边坡转化为单一边坡的稳定性计算方法，可以简便计算复杂边坡的稳定性，快速应用于公路高切坡等复杂边坡稳定性的判断，从而有效防治人工切坡引起的地质灾害。

1. 矢量法

（1）基本思想

任何复杂边坡的最小安全系数都能找到一个单一边坡的稳定性系数与之对应。单一边坡稳定性的主要影响因素为坡长（高）、坡角及岩土体的物理力学指标等。由数学物理理论可知，矢量是一个既有大小又有方向的向量，若把边坡的坡长和坡角分别看成矢量的大小和方向的话，那么对边坡的稳定性分析就可以转化为矢量数学问题来求解。任何一个单一边坡都可以用矢量表示，可以将复杂边坡看作若干单一边坡矢量之和（图 6.3 和图 6.4）。

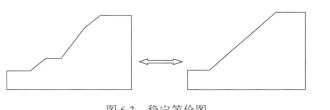
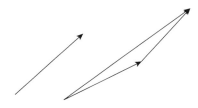

图 6.3　稳定等价图　　　　　　　　　图 6.4　边坡的矢量表示图

（2）基本原理

对于单一边坡，边坡总是发生整体失稳，其剪出口总是从坡脚剪出；而对于复杂边坡，边坡可能发生局部失稳也可能发生整体失稳，也就是说边坡可能从坡脚剪出，也可能从其他剪出口剪出（图 6.5）。因此，若要准确计算复杂边坡的安全系数，必须计算所有可能剪出口的安全系数，找出最小安全系数所对应的剪出口。若任何一个局部安全系数小于整体安全系数，则发生局部失稳，其对应的矢量是最小安全系数对应的局部单一边坡矢量或局部单一边坡矢量和；若所有局部安全系数都大于整体安全系数，则发生整体失稳，其对应的矢量是整体单一边坡矢量之和。

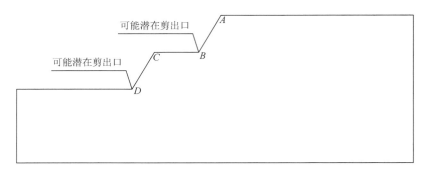

图 6.5　边坡剪出口对比图

（3）计算流程

具体计算过程如下。

1）找出所有可能的剪出口和破坏方式，如图 6.6 中沿 B 点的边坡体上部局部失稳，沿 D 点的边坡体下部局部失稳或整体失稳。

2）计算所有破坏模式的矢量或矢量和，图 6.6 中若沿 B 点的边坡体上部局部失稳，其矢量为 $\overrightarrow{BA}$；若沿 D 点的边坡体下部局部失稳，其矢量为 $\overrightarrow{DC}$；若沿 D 点的边坡体整体失稳，其矢量为 $\overrightarrow{DA}$。

3）采用泰勒稳定图法对所有矢量或矢量和表示的单一边坡稳定性进行计算，如图 6.6 中，矢量 $\overrightarrow{BA}$ 代表的是以 BA 为坡面的单一边坡；矢量 $\overrightarrow{DC}$ 代表的是以 DC 为坡面的单一边坡；矢量 $\overrightarrow{DA}$ 代表的是以 DA 为坡面的单一边坡。

4）最小安全系数对应的高切坡体就是最先发生的破坏模式，最小安全系数就是复杂边坡的安全系数。图 6.6 中，若以矢量 $\overrightarrow{BA}$ 代表的单一边坡稳定性小于以矢量 $\overrightarrow{DC}$ 代表的单一边坡和以矢量 $\overrightarrow{DA}$ 代表的单一边坡的稳定性，则边坡体发生上部局部失稳，其稳定性系数为以 BA 为坡面的单一边坡的稳定性系数；若以矢量 $\overrightarrow{DC}$ 代表的单一边坡稳定性小于以矢量 $\overrightarrow{BA}$ 代表的单一边坡和以矢量 $\overrightarrow{DA}$ 代表的单一边坡的稳定性，则边坡体发生下部局部失稳，其稳定性系数为以 DC 为坡面的单一边坡的稳定性系数；若以矢量 $\overrightarrow{DA}$ 代表的单一边坡稳定性小于以矢量 $\overrightarrow{BA}$ 代表的单一边坡和以矢量 $\overrightarrow{DC}$ 代表的单一边坡的稳定性，则边坡体发生整体失稳，其稳定性系数为以 DA 为坡面的单一边坡的稳定性系数。

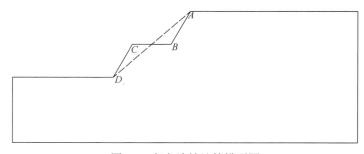

图 6.6　复杂边坡计算模型图

2. 结论

通过将复杂边坡稳定性矢量简化算法的基本思想、基本原理与有限元强度折减法计算结果进行对比，可以得出以下主要结论。

1）该方法能够把复杂边坡稳定性分析转化为对单一边坡安全系数进行求解，使复杂边坡安全系数求解变得简单、方便。

2）该方法通过对若干局部单一边坡安全系数和整体单一边坡安全系数的大小进行比较，可以判断出复杂边坡是发生局部失稳还是整体失稳及失稳范围。

3）用该方法计算的复杂边坡安全系数等于若干局部单一边坡和整体单一边坡安全系数的最小值。

4）通过对比用矢量简化法和有限元强度折减法对复杂边坡稳定性系数的计算结果发现，该方法用于公路高切坡等复杂边坡研究中。

6.1.2　公路各类高切坡无支护开挖指标体系研究

6.1.2.1　开挖卸荷高切坡的抗剪强度指标

以损伤力学的基本原理为基础，考虑土质边坡和岩质边坡的不同特性，采用不同的方法来定义卸荷带内岩土体的损伤特性。其中对于土质边坡，采用易于测定的无侧限抗压强度来定义卸荷带内土体的结构损伤；岩质边坡则采用超声波测定的岩体波速变化来定义卸荷带内岩体的卸荷损伤。以此为基础，定量确定卸荷带内岩土体的抗剪强度指标变化。

1. 土质人工高切坡

（1）土体的结构性

土体具有结构性，土体的结构性是指土体颗粒和孔隙的性状与排列形状及颗粒之间的胶结情况。胡瑞林（1996）将土的结构性归结为 4 个方面：①结构单元特征；②颗粒排列特征；③空隙性；④结构连接。显然不同类型的土，其沉积环境不同，颗粒组成、排列不同，其结构性会有很大的差异。龚晓南等（2000）建议根据土体结构屈服应力与其先期固结压力的关系来判断土体结构性的强弱，并将黏土结构性分为弱结构性、较强结构性及强结构性三级。

土体的结构一旦被破坏，必然对其强度指标产生影响。边坡开挖卸荷过程可以看作对土体的一种扰动，这种扰动破坏了土体的原状结构，导致土体抗剪强度降低。沈珠江把这种结构遭到破坏引起的抗剪强度指标的变化定义为结构损伤，并采用损伤力学的方法进行定量化研究。

（2）土体的结构损伤

a）结构损伤的定义

根据土体的结构损伤的性质和特点，采用原状土样的无侧限抗压强度与扰动土样的无侧限抗压强度来定义土体的结构损伤变量：

$$D_c = 1 - \frac{q_r - q_0}{q_y - q_0} \qquad (6.3)$$

式中，D_c 为土体结构损伤变量；q_y 为原状土样的无侧限抗压强度；q_r 为扰动土样的无侧限抗压强度；q_0 为重塑土的无侧限抗压强度。

显然，对于原状土样，其结构损伤为 0，完全扰动土样（重塑土）对应的结构损伤应为 1，一般扰动土样的结构损伤应介于 0～1。

b）结构损伤演化方程

采用施建勇定义的土体结构损伤演化方程：

$$D_c = 1 - e^{-f(\varepsilon_1 - \varepsilon_0)} \qquad (6.4)$$

式中，f 为损伤参数；ε_1 和 ε_0 分别为原状土样和重塑土样无侧限抗压试验峰值强度对应的轴向应变。

c）卸荷带内土体抗剪强度指标的确定

土体受到扰动后，其结构遭到不同程度的破坏，导致抗剪强度指标降低，通过对扰动土样结构损伤的定义及损伤演化方程的描述，可以定量确定考虑结构损伤后的扰动土样抗剪强度指标。建议卸荷带内土体抗剪强度指标计算公式如下。

卸荷带内土体的内摩擦角：

$$\varphi = \varphi_y - D_c(\varphi_y - \varphi_0) \qquad (6.5)$$

式中，φ 为卸荷带内土体的内摩擦角；φ_y 为原状土样的内摩擦角；φ_0 为重塑土样的内摩擦角；D_c 为土体的结构损伤变量。

卸荷带内土体的黏聚力：

$$c = c_y - D_c(c_y - c_0) \qquad (6.6)$$

式中，c 为卸荷带内土体的黏聚力；c_y 为原状土样的黏聚力；c_0 为重塑土样的黏聚力。

2. 岩质人工高切坡

开挖边坡破坏了坡体原有的静力平衡条件，引起岩体内的应力重分布，使得岩体内原有的裂隙不断融合和扩张，在岩体内产生大量的卸荷裂隙，并在开挖边坡一定深度范围内形成卸荷带，卸荷带内岩土体的抗剪强度急剧下降。我们可以将卸荷带内的岩体作为一种结构遭到部分破坏的损伤体来看待，应用损伤理论的基本原理来研究卸荷带内岩体强度指标的降低程度。

近年来，随着超声波仪器设备的普遍使用，利用超声波技术定量研究岩体损伤特性已成为可能。超声波测试技术具有简便、快捷、可靠、经济等优点，非常适合岩体的动参数测定。实践表明，不同损伤程度的岩体具有不同的声学特性。一般而言，岩体结构越致密、坚硬、完整，测得的超声波速度越高；反之，岩体损伤程度越高、越破碎，则相应的岩体超声波速度越低。因此，可以通过测定无损岩体的超声波速度，以及卸荷带内受损岩体的超声波速度，来定义卸荷带内岩体的损伤程度。

（1）岩体卸荷损伤的定义

根据岩体开挖前后测得的岩体超声波速度来定义岩体的卸荷损伤：

$$D_x = 1 - \left(\frac{V_P}{V_0}\right)^2 \tag{6.7}$$

式中，V_P 为各向同性卸荷岩体的超声波速度（m/s）；V_0 为原状岩体的超声波速度（m/s）；D_x 为卸荷损伤变量。

（2）卸荷带内岩体抗剪强度指标的确定

假设岩体为各向同性体，相应的卸荷损伤变量为标量，根据各向同性损伤理论，可以定义卸荷带内岩体的抗剪强度指标如下。

卸荷带内受损岩体的内摩擦角：

$$\varphi = \varphi_y(1 - D_x) \tag{6.8}$$

式中，φ 为卸荷带内受损岩体的内摩擦角；φ_y 为原状岩体的内摩擦角；D_x 为岩体的结构损伤变量。

卸荷带内岩体的黏聚力：

$$c = c_y(1 - D_x) \tag{6.9}$$

式中，c 为卸荷带内岩体的黏聚力；c_y 为原状岩体的黏聚力；D_x 为岩体的卸荷损伤变量。

6.1.2.2 雨水入渗高切坡的抗剪强度指标

将人工高切坡分为土质边坡和岩质边坡分别进行讨论。其中土质边坡采用非饱和土理论定义土体的吸力损伤，定量计算雨水入渗后土体的抗剪强度指标；而岩质边坡则通过岩体干湿状态抗压强度的变化来定义其湿化损伤，并以此定量确定雨水入渗后岩质边坡内岩体抗剪强度指标。

1. 土质人工高切坡

廖红建等（2008）对人工开挖边坡的长期稳定性进行了一系列室内三轴试验，探讨了土体在浸水后的强度降低问题，并得出了人工开挖边坡由于雨水浸入、长期地质风化、扰动等，其有效黏聚力大幅度降低，甚至降为零。浸水试验表明，浸水使土体的黏聚力降低50%以上，而内摩擦角的大小几乎不变，抗剪强度线呈平行移动，说明水的渗透主要使土体的吸力遭到破坏。其他的相关试验也证明了这一结论。因此，我们可以认为，雨水入渗对非饱和土抗剪强度的影响是通过减少其黏聚力来表现的，相应地，有效内摩擦角基本保持不变。

（1）非饱和土的抗剪强度理论

雨水入渗后，土体含水量增大，导致土体内的吸力部分丧失，从而降低了土体的抗剪强度，进而影响了边坡的稳定性。因此可采用非饱和土理论来定量计算吸力丧失导致的土体抗剪强度降低程度。

有关非饱和土的抗剪强度计算公式较多，比较常用的有 Bishop 公式、Fredlund 公式、卢肇钧计算公式等，相对较为成熟的当推 Fredlund 公式。

Fredlund 建议的非饱和土的抗剪强度计算公式为

$$\tau = c' + (\sigma - u_{\mathrm{a}})\tan\varphi' + (u_{\mathrm{a}} - u_{\mathrm{w}})\tan\varphi^{b} \tag{6.10}$$

式中，c'、φ' 分别为土的有效黏聚力和有效内摩擦角；σ 为破坏面上的净法向应力；u_{a} 为孔隙气压力；$(u_{\mathrm{a}} - u_{\mathrm{w}})$ 为土体破坏时在破裂面上的基质吸力；φ^{b} 表示抗剪强度随基质吸力而增加的速率。

雨水入渗后，土体中的基质吸力丧失殆尽，导致土体抗剪强度降低，当土体完全饱和后，饱和土体抗剪强度计算公式为

$$\tau = c' + (\sigma - u_{\mathrm{a}})\tan\varphi' \tag{6.11}$$

相应地，减小的抗剪强度为 $(u_{\mathrm{a}} - u_{\mathrm{w}})\tan\varphi^{b}$。

（2）土体的吸力损伤

a）吸力损伤的定义

$$D_{\mathrm{u}} = \frac{(u_{\mathrm{a}} - u_{\mathrm{w}}) - u}{(u_{\mathrm{a}} - u_{\mathrm{w}})} \tag{6.12}$$

式中，D_{u} 为吸力损伤变量；$(u_{\mathrm{a}} - u_{\mathrm{w}})$ 为原状土体的吸力；u 为雨水入渗后土体的吸力。

b）考虑吸力损伤的土体抗剪强度计算公式

建议考虑吸力损伤的土体抗剪强度计算公式为

$$\tau = c' + (\sigma - u_{\mathrm{a}})\tan\varphi' + (1 - D_{\mathrm{u}})(u_{\mathrm{a}} - u_{\mathrm{w}})\tan\varphi^{b} \tag{6.13}$$

式中符号意义同前。

当非饱和土体未发生吸力损伤时，$D_{\mathrm{u}} = 0$，对应的土体抗剪强度计算公式即式（6.11）；而当非饱和土体为水所饱和时，土体吸力完全丧失，对应的 $D_{\mathrm{u}} = 1$，将其代入式（6.13）后，即可求得饱和土体的抗剪强度计算公式。而当土体发生部分吸力损伤时，对应的土体抗剪强度公式为式（6.13）。

c）考虑吸力损伤的土体抗剪强度指标

雨水入渗导致土体中部分吸力丧失，其抗剪强度减小，主要表现在黏聚力的减小上，有效内摩擦角基本保持不变，这也为大多数试验结果所证实。因此，考虑吸力损伤的土体抗剪强度指标可表达如下。

考虑吸力损伤的土体有效内摩擦角：

$$\varphi_{\mathrm{u}} = \varphi_{\mathrm{y}} \tag{6.14}$$

式中，φ_{u} 为考虑吸力损伤的土体有效内摩擦角；φ_{y} 为原状土体的有效内摩擦角。

考虑吸力损伤的土体有效黏聚力：

$$c_{\mathrm{u}} = c' + (1 - D_{\mathrm{u}})(u_{\mathrm{a}} - u_{\mathrm{w}})\tan\varphi^{b} \tag{6.15}$$

式中，c_{u} 为考虑吸力损伤的土体有效黏聚力；其他符号意义同前。

2. 岩质人工高切坡

对于岩质人工高切坡来说，在开挖卸荷、风化作用下，岩体边坡表面及内部形成了大量的卸荷裂隙和风化裂隙。在降雨条件下，雨水会沿岩体裂隙渗透进入坡体内部，使岩体含水量增大，甚至达到饱和状态，降低岩体的抗剪强度。我们将这种作用称为岩体的湿化损伤，并根据损伤理论的基本原理来定量确定其降低程度。

（1）岩体湿化损伤的定义

根据岩体在干湿状态下抗压强度的变化来定义岩体的湿化损伤：

$$D_s = 1 - \frac{R_c}{R_0} \tag{6.16}$$

式中，R_0 为干燥状态下单轴岩体的抗压强度；R_c 为岩体饱和单轴抗压强度；D_s 为岩体湿化损伤变量。

（2）饱和状态下岩体抗剪强度指标的确定

假设岩体为各向同性体，相应的湿化损伤变量为标量，根据各向同性损伤理论，可以定义岩体的饱和抗剪强度指标如下。

考虑湿化损伤岩体的内摩擦角：

$$\varphi = \varphi_y(1 - D_s) \tag{6.17}$$

式中，φ 为考虑湿化损伤岩体的内摩擦角；φ_y 为干燥状态下岩体的内摩擦角；D_s 为岩体的湿化损伤变量。

考虑湿化损伤岩体的黏聚力：

$$c = c_y(1 - D_s) \tag{6.18}$$

式中，c 为考虑湿化损伤岩体的黏聚力；c_y 为干燥状态下岩体的黏聚力；D_s 为岩体的湿化损伤变量。

6.1.2.3 人工高切坡的长期强度

一般来说，影响人工高切坡坡体长期强度的因素有很多，如开挖卸荷、雨水入渗、风化剥蚀、重力侵蚀、河水冲刷等。但在工程使用年限内，主要影响因素是开挖卸荷和雨水入渗。根据前两节研究内容，可以确定人工高切坡的长期抗剪强度指标。

1. 土质人工高切坡的长期强度

考虑开挖卸荷和雨水入渗的综合作用，根据 6.1.2.1 和 6.1.2.2 小节的研究结果，土质人工高切坡的长期强度指标可按如下公式确定。

内摩擦角：

$$\varphi = \varphi_y - D_c(\varphi_y - \varphi_0) \tag{6.19}$$

式中，φ 为长期条件下土体的有效黏聚力；其他符号意义同前。

黏聚力：

$$c = c_y - D_c(c_y - c_0) - D_u(u_a - u_w)\tan\phi^b \qquad (6.20)$$

式中，c 为长期条件下土体的有效黏聚力；其他符号意义同前。

　　2. 岩质人工高切坡的长期强度

考虑开挖卸荷和雨水入渗的综合作用，岩质人工高切坡的长期强度指标可按如下公式确定。

内摩擦角：

$$\varphi = \varphi_y(1 - D_x)(1 - D_s) \qquad (6.21)$$

式中，φ 为长期条件下岩体的有效内摩擦角；其他符号意义同前。

黏聚力：

$$c = c_y(1 - D_x)(1 - D_s) \qquad (6.22)$$

式中，c 为长期条件下岩体的有效黏聚力；其他符号意义同前。

6.1.2.4　结论

采用损伤理论的基本原理，结合影响人工高切坡长期抗剪强度指标的两个主要因素——开挖卸荷和雨水入渗，并根据岩质边坡和土质边坡的不同特点，分别定义了土质人工高切坡的结构损伤变量和吸力损伤变量，以及岩质高切坡的卸荷损伤变量和湿化损伤变量，以此为基础，分别给出了各自的长期抗剪强度指标的定量计算公式，相应的计算参数均可通过常规试验获取。以人工岩质高切坡为例，经计算，表明开挖卸荷、雨水入渗的双重作用使得边坡岩体长期强度指标降低了近 50%，导致边坡的稳定性急剧恶化，甚至可能转变成高切坡。以本书计算理论为基础，可以对现存的大量人工高切坡的长期稳定性做出评价，以指导工程实践。

6.1.3　公路灾变高切坡超前诊断理论与方法体系构建

6.1.3.1　基于莫尔-库仑屈服或破坏准则超前诊断土质高切坡稳定性

边坡稳定性问题一直是边坡工程中的一个重要研究内容。现行的边坡稳定性分析方法主要有极限平衡法和极限分析法。用极限平衡法分析所得到的解仅仅满足假想破坏平面内的点，对于其他点是否违背了土体的破坏准则是无法证明的。因而这个解只满足了平衡，而没有满足屈服准则及其相关联流动法则。然而，用极限分析法根据上限定理和下限定理可以得到边坡稳定性分析中的真实解。对于土质边坡，各种各样的条件都可能导致土坡因为自重而引起破坏，同时坡体材料的剪切抗力由莫尔-库仑屈服或破坏准则确定，因此本章基于简单的边坡（只计算破坏面通过坡趾下方的情况，且破坏机构服从对数螺旋机构）进行稳定性计算，提出基于莫尔-库仑屈服或破坏准则的土质高切坡稳定性超前诊断，将土坡临界高度值 H_c 作为土质高切坡稳定性超前诊断标准，并给出了相应计算结果的数据表和图。

1. 基本原理

这里极限分析的上限定理可以陈述为，对于任意的假想的破坏机构，如果土重做的功率超过了内部能量耗损率，图 6.7 中的边坡就会由自重引起破坏。因此，对于这类机构，使外功率与内部能量耗损率相等，即可得到临界高度的一个上限解。

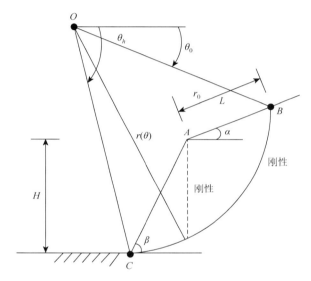

图 6.7　莫尔-库仑边坡稳定性的破坏机构

由几何关系可以看出，比值 H/r_0 和 L/r_0 可以表示为以下形式：

$$\frac{H}{r_0} = \frac{\sin\beta}{\sin(\beta-\alpha)}\{\sin(\theta_h+\alpha)\exp[(\theta_h-\theta_0)\tan\varphi]-\sin(\theta_0+\alpha)\} \tag{6.23}$$

$$\frac{L}{r_0} = \frac{\sin(\theta_h-\theta_0)}{\sin(\theta_h+\alpha)} - \frac{\sin(\theta_h+\beta)}{\sin(\theta_h+\alpha)\sin(\beta-\alpha)}\{\exp[(\theta_h-\theta_0)\tan\varphi]\sin(\theta_h+\alpha)-\sin(\theta_0+\alpha)\}$$

$$\tag{6.24}$$

外功率为

$$\gamma r_0^3 \Omega(f_1 - f_2 - f_3) \tag{6.25}$$

$$f_1(\theta_h,\theta_0) = \frac{1}{3(1+9\tan^2\varphi)}\{(3\tan\varphi\cos\theta_h+\sin\theta_h)\exp[3(\theta_h-\theta_0)\tan\varphi]-(3\tan\varphi\cos\theta_0+\sin\theta_0)\}$$

$$\tag{6.26}$$

$$f_2(\theta_h, \theta_0) = \frac{1}{6} \frac{L}{r_0} \left(2\cos\theta_0 - \frac{L}{r_0}\cos\alpha \right) \sin(\theta_0 + \alpha) \tag{6.27}$$

$$f_3(\theta_h, \theta_0) = \frac{1}{6}\exp[(\theta_h - \theta_0)\tan\varphi] \left[\sin(\theta_h - \theta_0) - \frac{L}{r_0}\sin(\theta_h + \alpha) \right]$$
$$\left\{ \cos\theta_0 - \frac{L}{r_0}\cos\alpha + \cos\theta_h\exp[(\theta_h - \theta_0)\tan\varphi] \right\} \tag{6.28}$$

内部损耗率为

$$\int_{\theta_0}^{\theta_h} cV\cos\varphi \frac{r\mathrm{d}\theta}{\cos\varphi} = \frac{cr_0^2\Omega}{2\tan\varphi}\{\exp[2(\theta_h - \theta_0)\tan\varphi] - 1\} \tag{6.29}$$

临界高度：

使外功率与内部能量损耗率相等，得

$$H = \frac{c}{\gamma} f(\theta_h, \theta_0) \tag{6.30}$$

$$f(\theta_h, \theta_0) = \frac{\sin\beta\{\exp[2(\theta_h - \theta_0)\tan\varphi] - 1\}}{2\sin(\beta - \alpha)\tan\varphi(f_1 - f_2 - f_3)}\{\sin(\theta_h + \alpha)\exp[(\theta_h - \theta_0)\tan\varphi] - \sin(\theta_0 + \alpha)\}$$

$$\tag{6.31}$$

根据上限定理，给出临界高度 H_c 的一个上限，并把所得的 θ_h 和 θ_0 值代入式（6.30）后，即得到土质边坡临界高度的一个最小上限。记 $N_s = \min f(\theta_h, \theta_0)$，无量纲数 N_s 为稳定性系数。则有

$$H_c \leqslant \frac{c}{\gamma} N_s \tag{6.32}$$

2. 常用的稳定性系数 N_s 表

表 6.1～表 6.5 为计算得到的内摩擦角 φ 为 20°～35°，坡比 i 为 1∶0.25～1∶1.5，坡角 α 为 5°～20°的稳定性系数 N_s 结果表，根据表中对应数据的稳定性系数 N_s 值，我们可以通过式（6.32）推求出该条件下边坡的临界坡高 H_c，以此来进行土质高切坡稳定性超前诊断。

表 6.1　稳定性系数 N_s 表（1）

φ	α	不同 i 下的 N_s					
		1∶0.25	1∶0.5	1∶0.75	1∶1	1∶1.25	1∶1.5
20°	5°	7.347	9.487	12.306	16.028	21.248	29.131
	10°	7.159	9.364	12.157	15.847	21.029	28.862
	15°	7.044	9.206	11.952	15.585	20.690	28.412
	20°	6.897	8.992	11.652	15.166	20.086	27.497

表 6.2　稳定性系数 N_s 表（2）

| φ | α | 不同 i 下的 N_s | | | | | |
		1：0.25	1：0.5	1：0.75	1：1	1：1.25	1：1.5
25°	5°	8.386	11.440	15.896	22.768	34.660	59.143
	10°	8.217	11.323	15.754	22.595	34.448	58.872
	15°	8.108	11.175	15.565	22.353	34.128	58.429
	20°	7.972	10.981	15.230	21.984	33.592	57.590

表 6.3　稳定性系数 N_s 表（3）

| φ | α | 不同 i 下的 N_s | | | | | |
		1：0.25	1：0.5	1：0.75	1：1	1：1.25	1：1.5
30°	5°	9.603	14.075	21.419	35.413	69.755	218.671
	10°	9.516	13.962	21.283	35.245	69.538	218.364
	15°	9.412	13.822	21.104	35.013	69.218	217.864
	20°	9.284	13.642	20.860	34.669	68.694	216.933

表 6.4　稳定性系数 N_s 表（4）

| φ | α | 不同 i 下的 N_s | | | | | |
		1：0.25	1：0.5	1：0.75	1：1	1：1.25	1：1.5
35°	5°	11.243	17.817	30.838	65.391	257.338	—
	10°	11.157	17.708	30.704	65.222	257.097	—
	15°	11.056	17.574	30.533	64.991	256.740	—
	20°	10.935	17.404	30.302	64.654	256.158	—

表 6.5　稳定性系数 N_s 表（5）

| φ | α | 不同 i 下的 N_s | | | | | |
		1：0.25	1：0.5	1：0.75	1：1	1：1.25	1：1.5
40°	5°	13.388	23.512	49.725	185.350	—	—
	10°	13.304	23.405	49.593	185.171	—	—
	15°	13.205	23.275	49.424	184.926	—	—
	20°	13.088	23.113	49.201	184.571	—	—

3. 对应的拟合关系曲线

（1）稳定性系数 N_s 与内摩擦角 φ 的关系曲线

图 6.8～图 6.11 分别给出了坡角 $\alpha = 5°$、$\alpha = 10°$、$\alpha = 15°$、$\alpha = 20°$，坡比 i 分别为 1：1.5、1：1.25、1：1、1：0.75、1：0.5、1：0.25 时，稳定性系数 N_s 与内摩擦角 φ 的关系曲线，由图 6.8～图 6.11 我们可以查到指定边坡的稳定性系数 N_s，然后通过式（6.32）推求出该条件下边坡的临界坡高 H_c，以此来进行土质高切坡稳定性超前诊断。

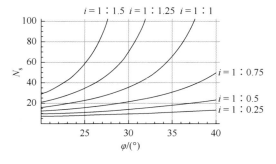

图 6.8　$\alpha = 5°$，稳定性系数 N_s 与内摩擦角 φ 的关系

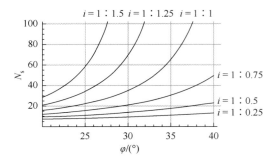

图 6.9　$\alpha = 10°$，稳定性系数 N_s 与内摩擦角 φ 的关系

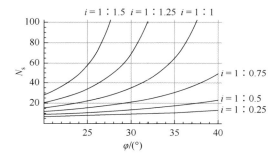

图 6.10　$\alpha = 15°$，稳定性系数 N_s 与内摩擦角 φ 的关系

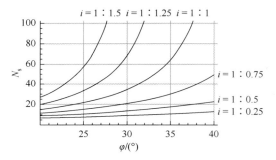

图 6.11　$\alpha = 20°$，稳定性系数 N_s 与内摩擦角 φ 的关系

（2）稳定性系数 N_s 与坡角 α 的关系曲线

图 6.12～图 6.17 分别给出了坡比 $i = 1：0.25$、1：0.5、1：0.75、1：1、1：1.25、1：1.5，内摩擦角 φ 为 20°～40°时，稳定性系数 N_s 与坡角 α 的关系曲线。由图 6.12～图 6.17 我们可以查到指定边坡的稳定性系数 N_s，然后通过式（6.32）推求出该条件下边坡的临界坡高 H_c，以此来进行土质高切坡稳定性超前诊断。

（3）稳定性系数 N_s 与坡角 β（坡比 i）的关系曲线

图 6.18～图 6.21 分别给出了坡角 $\alpha = 5°$、$\alpha = 10°$、$\alpha = 15°$、$\alpha = 20°$，内摩擦角 φ 为 20°～40°时，稳定性系数 N_s 与坡角 β 的关系曲线。通过以下各图我们可以查到指定边坡的稳定性系数 N_s，然后通过式（6.32）推求出该条件下边坡的临界坡高 H_c，以此来进行土质高切坡稳定性超前诊断。

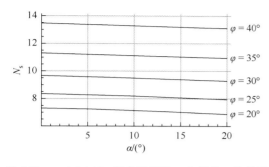 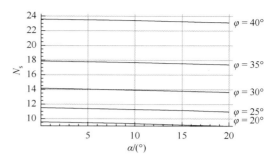

图 6.12　$i = 1 : 0.25$，稳定性系数 N_s 与坡角 α 的关系　　图 6.13　$i = 1 : 0.5$，稳定性系数 N_s 与坡角 α 的关系

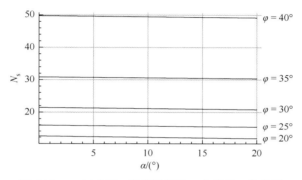

图 6.14　$i = 1 : 0.75$，稳定性系数 N_s 与坡角 α 的关系

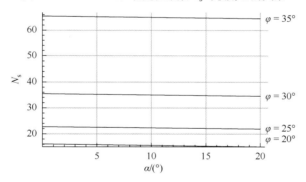

图 6.15　$i = 1 : 1$，稳定性系数 N_s 与坡角 α 的关系

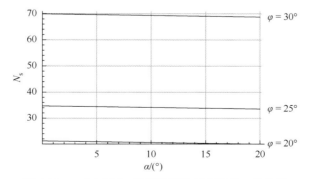

图 6.16　$i = 1 : 1.25$，稳定性系数 N_s 与坡角 α 的关系

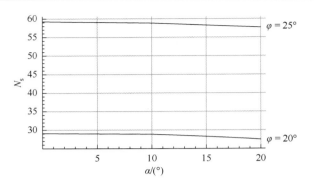

图 6.17　$i = 1 : 1.5$，稳定性系数 N_s 与坡角 α 的关系

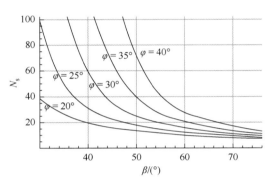

图 6.18　$\alpha = 5°$，稳定性系数 N_s 与坡角 β 的关系

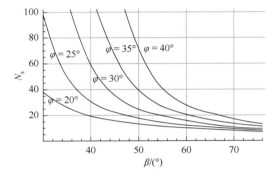

图 6.19　$\alpha = 10°$，稳定性系数 N_s 与坡角 β 的关系

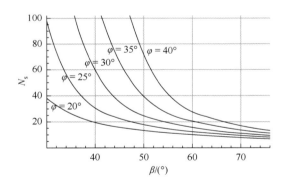

图 6.20　$\alpha = 15°$，稳定性系数 N_s 与坡角 β 的关系

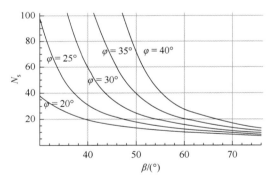

图 6.21　$\alpha = 20°$，稳定性系数 N_s 与坡角 β 的关系

6.1.3.2　基于 Hoek-Brown 破坏准则超前诊断岩质高切坡稳定性

1. 基本原理

在实际工程问题中，很多岩土介质破坏服从非线性破坏准则，特别是岩石介质破坏一

般服从非线性 Hoek-Brown（H-B）破坏准则（图 6.22），因此在这些介质中莫尔-库仑准则下的边坡极限分析理论不再适用。

（1）非线性 H-B 破坏准则

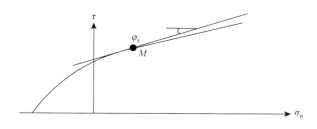

图 6.22　非线性 H-B 破坏准则

$$\sigma_1 - \sigma_3 = \sigma_c \left[m\sigma_3 \middle/ \sigma_c + s \right]^n \tag{6.33}$$

式中，σ_c 为岩石的单轴抗压强度；σ_1 和 σ_3 分别为大主应力与小主应力。参数 m、s、n 可以通过参数 GSI 来确定，GSI 为地质强度参数，能够反映岩体的质量特性。

$$\frac{m}{m_i} = \exp\left(\frac{\text{GSI} - 100}{28 - 14D} \right) \tag{6.34}$$

$$s = \exp\left(\frac{\text{GSI} - 100}{9 - 3D} \right) \tag{6.35}$$

$$n = \frac{1}{2} + \frac{1}{6}\left[\exp\left(-\frac{\text{GSI}}{15} \right) - \exp\left(-\frac{20}{3} \right) \right] \tag{6.36}$$

式中，m_i 取决于岩石类型，原则上可以通过岩石三轴试验获得的结果进行回归分析得到；D 为扰动系数，取值范围为 0～1，0 表示岩体未受到扰动，1 表示岩体受到严重的扰动。

将 H-B 破坏准则写成切线形式：

$$t = c_t + \sigma_n \tan\varphi_t \tag{6.37}$$

式中，φ_t、c_t 分别为切线摩擦角和该直线在 τ 轴上截取的长度；参数 c_t 可以用下式表示：

$$\frac{c_t}{\sigma_c} = \frac{\cos\varphi_t}{2}\left[\frac{mn(1-\sin\varphi_t)}{2\sin\varphi_t} \right]^{n/(1-n)} - \frac{\tan\varphi_t}{m}\left(1 + \frac{\sin\varphi_t}{n} \right)\left[\frac{mn(1-\sin\varphi_t)}{2\sin\varphi_t} \right]^{1/(1-n)} + \frac{s}{m}\tan\varphi_t \tag{6.38}$$

（2）极限分析

由外力虚功等于物体所能接受的变形功得到极限高度及其稳定性（图 6.23）。

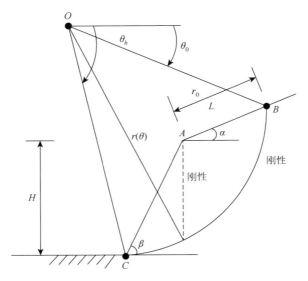

图 6.23　莫尔-库仑边坡稳定性的破坏机构

$$H = \frac{c_t}{\gamma} \frac{\sin\beta\{\exp[2(\theta_h-\theta_0)\tan\varphi_t]-1\}}{2\sin(\beta-\alpha)\tan\varphi(f_1-f_2-f_3)}\{\sin(\theta_h+\alpha)\exp[(\theta_h-\theta_0)\tan\varphi_t]-\sin(\theta_0+\alpha)\}$$

$$= \frac{\left\{\dfrac{\cos\varphi_t}{2}\left[\dfrac{mn(1-\sin\varphi_t)}{2\sin\varphi_t}\right]^{n/(1-n)}-\dfrac{\tan\varphi_t}{m}\left(1+\dfrac{\sin\varphi_t}{n}\right)\left[\dfrac{mn(1-\sin\varphi_t)}{2\sin\varphi_t}\right]^{1/(1-n)}+\dfrac{s}{m}\tan\varphi_t\right\}\sigma_c}{\gamma}$$

$$\times \frac{\sin\beta\{\exp[2(\theta_h-\theta_0)\tan\varphi]-1\}}{2\sin(\beta-\alpha)\tan\varphi_t(f_1-f_2-f_3)}\{\sin(\theta_h+\alpha)\exp[(\theta_h-\theta_0)\tan\varphi_t]-\sin(\theta_0+\alpha)\}$$

（6.39）

$$f_1(\theta_h,\theta_0) = \frac{1}{3(1+9\tan^2\varphi_t)}\{(3\tan\varphi\cos\theta_h+\sin\theta_h)\exp[3(\theta_h-\theta_0)\tan\varphi_t]$$
$$-(3\tan\varphi\cos\theta_0+\sin\theta_0)\}$$
（6.40）

$$f_2(\theta_h,\theta_0) = \frac{1}{6}\frac{L}{r_0}\left(2\cos\theta_0-\frac{L}{r_0}\cos\alpha\right)\sin(\theta_0+\alpha)$$
（6.41）

$$f_3(\theta_h,\theta_0) = \frac{1}{6}\exp[(\theta_h-\theta_0)\tan\varphi_t]\left[\sin(\theta_h-\theta_0)-\frac{L}{r_0}\sin(\theta_h+\alpha)\right]\left\{\cos\theta_0-\frac{L}{r_0}\cos\alpha\right.$$
$$\left.+\cos\theta_h\exp[(\theta_h-\theta_0)\tan\varphi_t]\right\}$$
（6.42）

$$\frac{H}{r_0} = \frac{\sin\beta}{\sin(\beta-\alpha)}\{\sin(\theta_h+\alpha)\exp[(\theta_h-\theta_0)\tan\varphi_t]-\sin(\theta_0+\alpha)\}$$
（6.43）

稳定性系数 N_s 可表示为

$$N_s = \frac{\gamma H_c}{s^{0.5}\sigma_c}$$
（6.44）

$$H_c = \frac{s^{0.5}\sigma_c N_s}{\gamma} \qquad (6.45)$$

2. 常用的稳定性系数 N_s 表

表 6.6～表 6.10 为 m_i 分别为 7、10、15、17、25 时，GSI 为 10～80，坡比 i 为 1：0.25～1：1.5，α 为 5°～20°的稳定性系数 N_s 的计算结果表。根据表中对应数据的稳定性系数 N_s 值，我们可用式（6.45）推求出该条件下边坡的临界坡高 H_c，以此来进行岩质高切坡稳定性超前诊断。

表 6.6　稳定性系数 N_s 表（6）

m_i	GSI	α	不同 i 下的 N_s					
			1：0.25	1：0.5	1：0.75	1：1	1：1.25	1：1.5
7	10	5°	0.797	1.996	4.855	10.057	17.993	28.965
		10°	0.794	1.989	4.838	10.012	17.890	28.755
		15°	0.790	1.982	4.817	9.952	17.742	28.423
		20°	0.786	1.973	4.790	9.868	17.504	27.790
	20	5°	1.355	3.492	7.990	15.249	25.430	38.658
		10°	1.349	3.480	7.958	15.171	25.265	38.342
		15°	1.344	3.467	7.919	15.068	25.025	37.834
		20°	1.338	3.451	7.869	14.920	24.635	36.844
	30	5°	1.651	4.052	8.758	15.984	25.777	38.172
		10°	1.644	4.038	8.721	15.897	25.600	37.840
		15°	1.637	4.021	8.674	15.780	25.344	37.303
		20°	1.629	4.001	8.614	15.612	24.910	36.243
	40	5°	1.732	3.975	8.204	14.571	23.075	33.715
		10°	1.724	3.959	8.167	14.488	22.909	33.412
		15°	1.716	3.942	8.121	17.477	22.667	32.921
		20°	1.707	3.921	8.061	14.216	22.267	31.943
	50	5°	1.708	3.652	7.225	12.568	19.667	28.507
		10°	1.700	3.637	7.191	12.494	19.552	28.246
		15°	1.691	3.619	7.148	12.395	19.310	27.822
		20°	1.681	3.598	7.093	12.252	18.961	26.973
	60	5°	1.648	3.288	6.230	10.622	16.456	23.711
		10°	1.640	3.273	6.199	10.558	16.332	23.491
		15°	1.630	3.255	6.161	10.472	16.152	23.133
		20°	1.620	3.234	6.110	10.347	15.853	22.414
	70	5°	1.584	2.958	5.359	8.938	13.700	19.628
		10°	1.575	2.943	5.331	8.882	13.596	19.443
		15°	1.565	2.926	5.296	8.807	13.442	19.143
		20°	1.553	2.905	5.250	8.699	13.188	18.538
	80	5°	1.528	2.683	4.642	7.547	11.424	16.258
		10°	1.518	2.668	4.615	7.499	11.335	16.102
		15°	1.506	2.650	4.583	7.433	11.204	15.849
		20°	1.494	2.629	4.540	7.337	10.986	15.338

表 6.7 稳定性系数 N_s 表（7）

m_i	GSI	α	不同 i 下的 N_s					
			1：0.25	1：0.5	1：0.75	1：1	1：1.25	1：1.5
10	10	5°	0.932	2.863	7.688	16.379	29.561	47.747
		10°	0.929	2.856	7.662	16.308	29.394	47.403
		15°	0.926	2.847	7.631	16.213	29.154	46.858
		20°	0.922	2.836	7.591	16.079	28.767	45.820
	20	5°	1.607	4.910	11.918	23.100	38.717	58.978
		10°	1.602	4.900	11.873	22.984	38.467	58.497
		15°	1.600	4.880	11.817	22.830	38.105	57.725
		20°	1.591	4.860	11.745	22.609	37.515	56.221
	30	5°	1.943	5.548	12.628	23.379	37.886	56.220
		10°	1.937	5.530	12.576	23.253	37.625	55.732
		15°	1.930	5.510	12.511	23.085	37.244	54.946
		20°	1.923	5.486	12.428	22.843	36.621	53.392
	40	5°	2.007	5.312	11.580	20.908	33.305	48.789
		10°	2.000	5.294	11.530	20.791	33.068	48.352
		15°	1.992	5.273	11.468	20.634	32.721	47.645
		20°	1.984	5.248	11.387	20.409	32.151	46.238
	50	5°	1.945	4.767	10.029	17.808	28.085	40.851
		10°	1.937	4.750	9.984	17.706	27.880	40.478
		15°	1.929	4.730	9.928	17.569	27.582	39.875
		20°	1.920	4.706	9.855	17.372	27.090	38.670
	60	5°	1.844	4.190	8.507	14.892	23.315	33.759
		10°	1.836	4.173	8.468	14.805	23.144	33.448
		15°	1.827	4.154	8.419	14.688	22.892	32.944
		20°	1.818	4.131	8.355	14.519	22.477	31.933
	70	5°	1.742	3.676	7.186	12.391	19.267	27.792
		10°	1.733	3.661	7.152	12.317	19.123	27.534
		15°	1.724	3.643	7.108	12.218	18.913	27.115
		20°	1.714	3.621	7.052	12.074	18.565	26.274
	80	5°	1.652	3.250	6.095	10.324	15.928	22.883
		10°	1.643	3.235	6.064	10.261	15.807	22.669
		15°	1.633	3.218	6.026	10.176	15.631	22.321
		20°	1.622	3.196	5.976	10.054	15.339	21.620

表 6.8 稳定性系数 N_s 表（8）

m_i	GSI	α	不同 i 下的 N_s					
			1：0.25	1：0.5	1：0.75	1：1	1：1.25	1：1.5
15	10	5°	1.180	4.624	13.325	28.816	52.227	84.488

| m_i | GSI | α | 不同 i 下的 N_s | | | | | |
			1：0.25	1：0.5	1：0.75	1：1	1：1.25	1：1.5
15	10	10°	1.178	4.614	13.282	28.692	51.934	83.882
		15°	1.175	4.601	13.230	28.527	51.501	82.920
		20°	1.171	4.586	13.162	28.294	50.831	81.088
	20	5°	2.062	7.554	19.067	37.266	62.621	95.490
		10°	2.057	7.534	19.000	37.080	62.218	94.712
		15°	2.052	7.511	18.908	36.883	61.634	93.465
		20°	2.046	7.483	18.794	36.480	60.684	91.034
	30	5°	2.458	8.236	19.415	36.236	58.874	87.461
		10°	2.452	8.212	19.337	36.042	58.470	86.703
		15°	2.446	8.184	19.240	35.784	57.881	85.482
		20°	2.438	8.151	19.115	35.412	56.917	83.070
	40	5°	2.487	7.684	17.416	31.749	50.739	74.430
		10°	2.480	7.660	17.342	31.573	50.379	73.765
		15°	2.473	7.633	17.251	31.338	49.854	72.690
		20°	2.465	7.600	17.133	30.999	48.990	70.551
	50	5°	2.356	6.743	14.860	26.721	42.367	61.684
		10°	2.349	6.721	14.796	26.570	42.021	61.123
		15°	2.341	6.700	14.716	26.367	41.574	60.217
		20°	2.332	6.695	14.612	26.076	40.838	58.405
	60	5°	2.183	5.791	12.443	22.155	34.900	50.669
		10°	2.176	5.772	12.388	22.027	34.645	50.205
		15°	2.168	5.748	12.320	21.587	34.273	49.453
		20°	2.159	5.721	12.231	21.612	33.658	47.946
	70	5°	2.018	4.958	10.367	18.287	28.682	41.535
		10°	2.010	4.940	10.320	18.181	28.471	41.152
		15°	2.002	4.920	10.262	18.038	28.163	40.531
		20°	1.993	4.894	10.186	17.833	27.653	39.286
	80	5°	1.874	4.269	8.651	15.099	23.577	34.062
		10°	1.866	4.252	8.610	15.010	23.402	33.747
		15°	1.857	4.233	8.560	14.891	23.146	33.235
		20°	1.848	4.209	8.495	14.718	22.723	32.207

表 6.9　稳定性系数 N_s 表（9）

| m_i | GSI | α | 不同 i 下的 N_s | | | | | |
			1：0.25	1：0.5	1：0.75	1：1	1：1.25	1：1.5
17	10	5°	1.288	5.422	15.842	37.445	62.289	100.789
		10°	1.285	5.410	15.791	34.179	61.939	100.067
		15°	1.282	5.396	15.729	34.001	61.435	98.919
		20°	1.279	5.379	15.650	33.723	60.625	96.735

续表

m_i	GSI	α	不同 i 下的 N_s					
			1∶0.25	1∶0.5	1∶0.75	1∶1	1∶1.25	1∶1.5
17	20	5°	2.255	8.684	22.083	43.224	72.665	110.825
		10°	2.250	8.661	22.001	43.009	72.198	109.922
		15°	2.245	8.635	21.899	42.723	71.520	108.475
		20°	2.239	8.604	21.769	42.314	70.418	105.655
	30	5°	2.674	9.357	22.211	41.513	67.479	100.264
		10°	2.668	9.330	22.122	41.292	67.016	99.396
		15°	2.661	9.299	22.012	40.996	66.342	97.996
		20°	2.654	9.263	21.869	40.572	65.238	95.232
	40	5°	2.685	8.665	19.795	36.150	57.806	84.818
		10°	2.599	8.639	19.712	35.950	57.397	84.060
		15°	2.671	8.608	19.609	35.683	56.799	82.836
		20°	2.663	8.572	19.476	35.298	55.815	80.400
	50	5°	2.525	7.558	16.823	30.323	48.070	70.077
		10°	2.518	7.535	16.751	30.152	47.723	69.441
		15°	2.510	7.507	16.661	29.922	47.216	68.411
		20°	2.502	7.473	16.544	29.592	46.381	66.355
	60	5°	2.323	6.454	14.044	25.086	39.562	57.466
		10°	2.316	6.433	13.982	24.943	39.274	56.940
		15°	2.308	6.403	13.906	24.750	38.852	56.088
		20°	2.299	6.378	13.806	24.473	38.157	57.481
	70	5°	2.131	5.490	11.665	20.670	32.471	47.055
		10°	2.124	5.471	11.613	20.550	32.233	46.622
		15°	2.115	5.449	11.548	20.390	31.885	45.920
		20°	2.106	5.422	11.463	20.159	31.309	44.512
	80	5°	1.965	4.694	9.699	17.033	26.659	38.555
		10°	1.958	4.676	9.654	16.934	26.462	38.199
		15°	1.949	4.656	9.599	16.800	26.174	37.621
		20°	1.940	4.631	9.527	16.608	25.698	36.460

表 6.10　稳定性系数 N_s 表（10）

m_i	GSI	α	不同 i 下的 N_s					
			1∶0.25	1∶0.5	1∶0.75	1∶1	1∶1.25	1∶1.5
25	10	5°	1.765	9.044	27.130	59.077	107.269	173.646
		10°	1.761	9.025	27.045	58.823	106.667	172.402

续表

m_i	GSI	α	不同 i 下的 N_s					
			1：0.25	1：0.5	1：0.75	1：1	1：1.25	1：1.5
25	10	15°	1.759	9.003	26.940	58.487	105.800	170.462
		20°	1.755	8.976	26.805	58.011	104.407	166.667
	20	5°	3.088	13.496	34.819	68.337	114.975	175.406
		10°	3.083	13.462	34.691	67.998	114.237	173.982
		15°	3.077	13.422	34.532	67.547	113.166	171.692
		20°	3.071	13.376	37.428	66.902	111.424	167.232
	30	5°	3.586	14.012	33.715	63.186	102.795	152.791
		10°	3.579	13.974	33.581	62.850	102.091	151.469
		15°	3.572	13.929	33.415	62.401	101.065	149.338
		20°	3.563	13.875	33.191	61.756	99.385	145.130
	40	5°	3.516	12.698	29.473	54.006	86.453	126.908
		10°	3.509	12.661	29.350	53.709	85.841	125.776
		15°	3.501	12.618	29.199	53.310	84.948	123.945
		20°	3.492	12.567	29.002	52.737	83.480	120.305
	50	5°	3.227	10.904	24.772	44.855	71.214	103.884
		10°	3.219	10.872	24.667	44.603	70.702	102.942
		15°	3.211	10.833	24.536	44.265	69.953	101.418
		20°	3.202	10.788	27.437	43.779	68.719	98.375
	60	5°	2.897	9.179	20.520	36.890	58.303	84.768
		10°	2.890	9.151	20.432	36.681	57.880	83.993
		15°	2.882	9.118	20.322	36.400	57.261	82.738
		20°	2.872	9.078	20.179	35.995	56.239	80.226
	70	5°	2.596	7.689	16.925	30.264	47.692	69.206
		10°	2.589	7.664	16.851	30.090	47.344	68.570
		15°	2.581	7.635	16.759	29.858	46.835	67.540
		20°	2.572	7.601	16.640	29.524	45.994	65.476
	80	5°	2.340	6.456	13.962	24.836	39.047	56.584
		10°	2.333	6.434	13.900	24.653	38.761	56.062
		15°	2.325	6.409	13.824	24.501	38.342	55.217
		20°	2.316	6.379	13.724	24.224	37.650	53.523

3. 拟合关系曲线

图 6.24～图 6.63 分别给出了 m_i 分别为 7、10、15、17、25，GSI 为 10～80，稳定性系数 N_s 与坡角 β 的关系曲线。通过各图我们可以查到指定边坡的稳定性系数 N_s，我们可以通过式（6.45）推求出该条件下边坡的临界坡高 H_c，以此来进行岩质高切坡稳定性超前诊断。

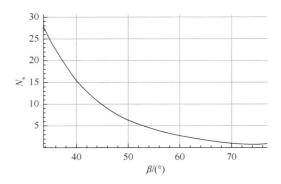

图 6.24　$m_i = 7$、GSI = 10 时，稳定性系数 N_s 与坡角 β 的关系

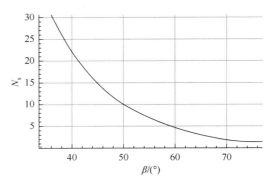

图 6.25　$m_i = 7$、GSI = 20 时，稳定性系数 N_s 与坡角 β 的关系

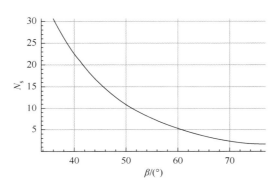

图 6.26　$m_i = 7$、GSI = 30 时，稳定性系数 N_s 与坡角 β 的关系

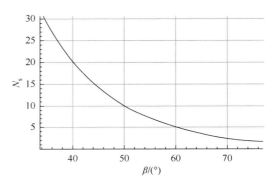

图 6.27　$m_i = 7$、GSI = 40 时，稳定性系数 N_s 与坡角 β 的关系

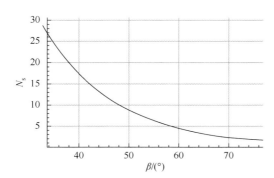

图 6.28　$m_i = 7$、GSI = 50 时，稳定性系数 N_s 与坡角 β 的关系

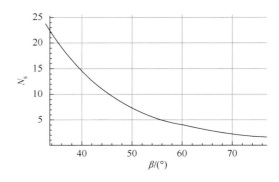

图 6.29　$m_i = 7$、GSI = 60 时，稳定性系数 N_s 与坡角 β 的关系

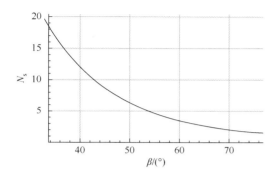

图 6.30　$m_i = 7$、GSI = 70 时，稳定性系数 N_s 与坡角 β 的关系

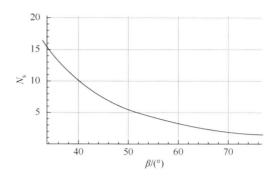

图 6.31　$m_i = 7$、GSI = 80 时，稳定性系数 N_s 与坡角 β 的关系

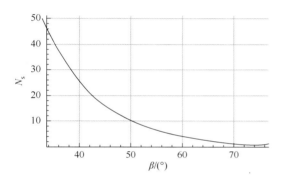

图 6.32　$m_i = 10$、GSI = 10 时，稳定性系数 N_s 与坡角 β 的关系

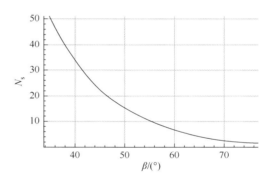

图 6.33　$m_i = 10$、GSI = 20 时，稳定性系数 N_s 与坡角 β 的关系

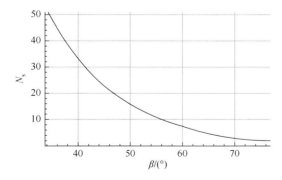

图 6.34　$m_i = 10$、GSI = 30 时，稳定性系数 N_s 与坡角 β 的关系

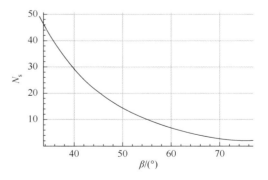

图 6.35　$m_i = 10$、GSI = 40 时，稳定性系数 N_s 与坡角 β 的关系

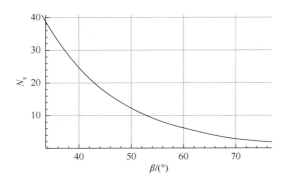

图 6.36　$m_i = 10$、GSI $= 50$ 时，稳定性系数 N_s 与坡角 β 的关系

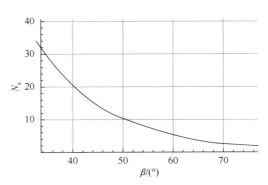

图 6.37　$m_i = 10$、GSI $= 60$ 时，稳定性系数 N_s 与坡角 β 的关系

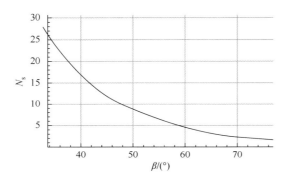

图 6.38　$m_i = 10$、GSI $= 70$ 时，稳定性系数 N_s 与坡角 β 的关系

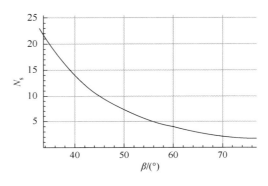

图 6.39　$m_i = 10$、GSI $= 80$ 时，稳定性系数 N_s 与坡角 β 的关系

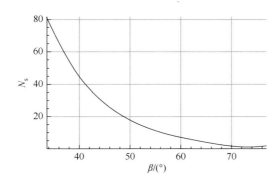

图 6.40　$m_i = 15$、GSI $= 10$ 时，稳定性系数 N_s 与坡角 β 的关系

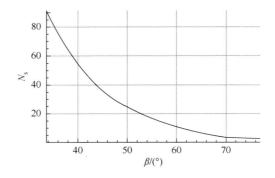

图 6.41　$m_i = 15$、GSI $= 20$ 时，稳定性系数 N_s 与坡角 β 的关系

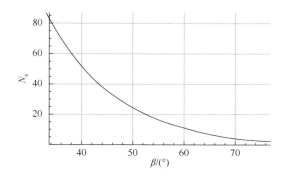

图 6.42　$m_i = 15$、GSI = 30 时，稳定性系数 N_s 与坡角 β 的关系

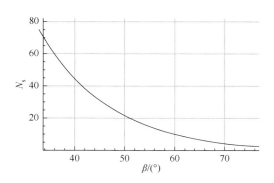

图 6.43　$m_i = 15$、GSI = 40 时，稳定性系数 N_s 与坡角 β 的关系

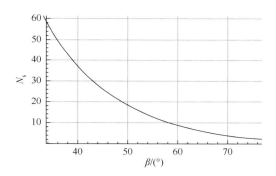

图 6.44　$m_i = 15$、GSI = 50 时，稳定性系数 N_s 与坡角 β 的关系

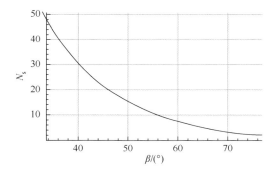

图 6.45　$m_i = 15$、GSI = 60 时，稳定性系数 N_s 与坡角 β 的关系

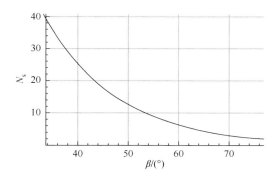

图 6.46　$m_i = 15$、GSI = 70 时，稳定性系数 N_s 与坡角 β 的关系

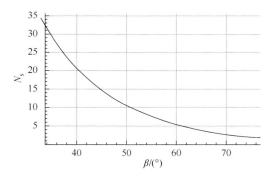

图 6.47　$m_i = 15$、GSI = 80 时，稳定性系数 N_s 与坡角 β 的关系

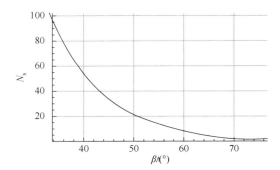

图 6.48　$m_i = 17$、GSI = 10 时，稳定性系数 N_s 与坡角 β 的关系

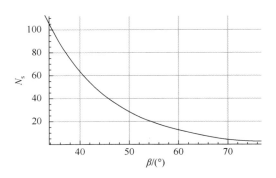

图 6.49　$m_i = 17$、GSI = 20 时，稳定性系数 N_s 与坡角 β 的关系

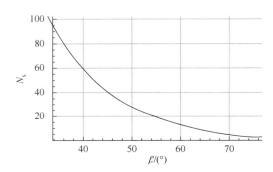

图 6.50　$m_i = 17$、GSI = 30 时，稳定性系数 N_s 与坡角 β 的关系

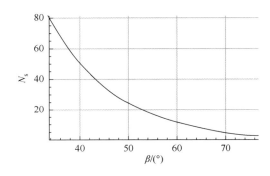

图 6.51　$m_i = 17$、GSI = 40 时，稳定性系数 N_s 与坡角 β 的关系

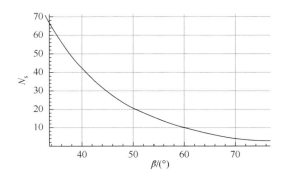

图 6.52　$m_i = 17$、GSI = 50 时，稳定性系数 N_s 与坡角 β 的关系

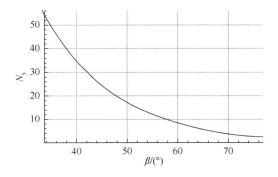

图 6.53　$m_i = 17$、GSI = 60 时，稳定性系数 N_s 与坡角 β 的关系

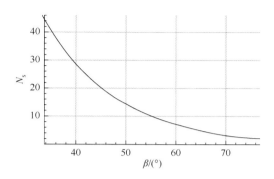

图 6.54　$m_i = 17$、GSI $= 70$ 时，稳定性系数 N_s 与坡角 β 的关系

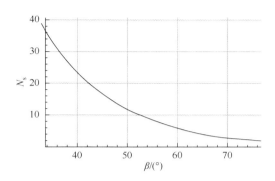

图 6.55　$m_i = 17$、GSI $= 80$ 时，稳定性系数 N_s 与坡角 β 的关系

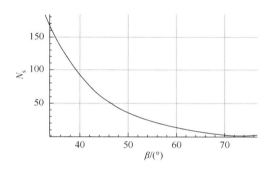

图 6.56　$m_i = 25$、GSI $= 10$ 时，稳定性系数 N_s 与坡角 β 的关系

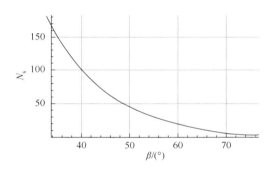

图 6.57　$m_i = 25$、GSI $= 20$ 时，稳定性系数 N_s 与坡角 β 的关系

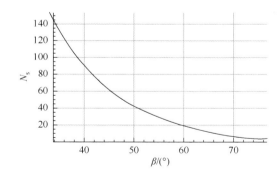

图 6.58　$m_i = 25$、GSI $= 30$ 时，稳定性系数 N_s 与坡角 β 的关系

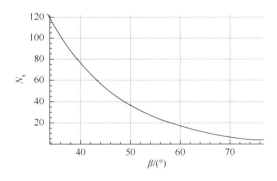

图 6.59　$m_i = 25$、GSI $= 40$ 时，稳定性系数 N_s 与坡角 β 的关系

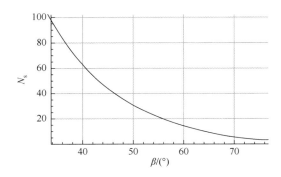

图 6.60　$m_i = 25$、GSI = 50 时，稳定性系数 N_s 与坡角 β 的关系

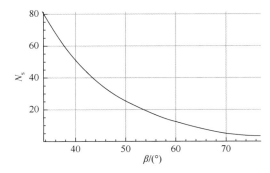

图 6.61　$m_i = 25$、GSI = 60 时，稳定性系数 N_s 与坡角 β 的关系

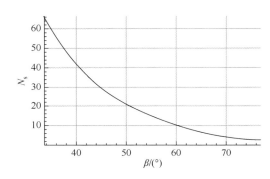

图 6.62　$m_i = 25$、GSI = 70 时，稳定性系数 N_s 与坡角 β 的关系

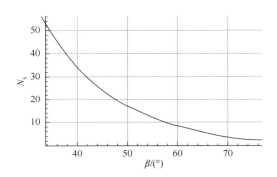

图 6.63　$m_i = 25$、GSI = 80 时，稳定性系数 N_s 与坡角 β 的关系

6.1.3.3　超前诊断层状岩质高切坡稳定性

在极限分析理论中，边坡（坑壁）的极限高度（临界高度）是指无支撑边坡（坑壁）由自重引起破坏的高度。虽然这个极限解不能准确给出边坡的自稳高度，但它可以给出竖直边坡未加支撑时所不能超过的最大高度，因此，对指导边坡的开挖有非常重要的意义。极限分析中给出的经典求解竖直边坡极限高度的公式针对的是均质岩土体边坡。而在实际工程中，经常遇到层状岩体开挖形成的边坡。一些学者对层状岩体边坡的稳定性问题进行了探讨，但由于此类边坡问题具有复杂性，仍然需要深入研究。本章针对如何确定此类边坡的极限高度进行了探讨。

1. 层状岩体不同方向抗剪强度指标的确定

与均质岩土体不同,层状岩体的变形和强度特性具有明显的各向异性。层状岩体的层面一般是在沉积过程中形成的,相邻层岩体的强度有较大差异,多见软弱夹层。在力学上,一般可以把这种层状岩体视为横观各向同性材料。在平行于层面方向上,其弹性性质是相同的,而在垂直于层面方向上表现为各向异性。与层面垂直的轴是材料的弹性旋转对称轴,其应力-应变关系可以由 5 个弹性系数来表征。在考虑层状岩体的强度特性时,则必须建立相应的破坏准则。对此,张玉军和刘谊平(2001)提出了层状岩体抗剪强度随层面夹角的改变而变化的经验公式。作者在此基础上探讨了用极限分析上限法求解层状岩体边坡无支撑临界高度的计算方法。

一般来说,岩体的抗剪强度在平行于层面方向上具有最低值 $S_{\min}$,而在垂直于层面方向上具有最高值 $S_{\max}$。当所求抗剪强度方向与层面为任意倾角 θ 时(图 6.64),岩体抗剪强度可以用如下函数来表示:

$$S = S(S_{\min}, S_{\max}, \theta) \tag{6.46}$$

具体的 c、φ 值表达式为

$$\begin{cases} c = c_{\min} + (c_{\max} - c_{\min})\dfrac{2\theta}{\pi} \\ \varphi = \varphi_{\min} + (\varphi_{\max} - \varphi_{\min})\dfrac{2\theta}{\pi} \end{cases} \tag{6.47}$$

式中,$c_{\min}$ 和 $\varphi_{\min}$ 分别为岩体沿层面方向上的黏聚力和内摩擦角;$c_{\max}$ 和 $\varphi_{\max}$ 分别为岩体垂直于层面方向上的黏聚力和内摩擦角。

一些实验资料证明 c 与 φ 和 θ 之间呈非线性关系。本章为简化计算,直接采用上述线性公式。在工程实际中,它们之间的对应关系应参照试验资料。

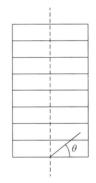

2. 极限分析法原理

极限分析法在 20 世纪 50 年代初已由杜拉克(Drucker)等应用于土力学中,现已广泛应用于地基、边坡等土工稳定性问题中。极限分析法采用塑性理论中的上、下限定理来确定稳定性问题的真实解的范围。通过求解最小的上限解和最大的上限解,可以有效地缩小这个真实解的范围。极限分析法假定岩土体发生塑性变形遵循正交法则和莫尔-库仑屈服准则。极限分析

图 6.64　所求 c、φ 值面与岩层层面的夹角

的下限法要求求解一个同时满足力的平衡条件、边界条件和屈服条件(一般采用莫尔-库仑屈服准则)的应力场,一般宜采用有限元分析法。上限法中,如果假设被破坏的岩土体以刚体形式运动,则只需求解一个简单的方程,从而得到了更为广泛的应用。上限定理要求在任意的机动场(符合正交法则,并满足速率边界条件的应变率场)中,表面力和体积力的功率之和与内能损耗率相平衡,可用下式表示:

$$\int_S T_i v_i \mathrm{d}S + \int_V X_i v_i \mathrm{d}V = \int_V \sigma_{ij} \dot{\varepsilon}_{ij} \mathrm{d}V \qquad i, j = 1, 2, 3 \tag{6.48}$$

式中，X_i 为体积力；T_i 为表面力；v_i 为机动容许的速度场；$\dot{\varepsilon}_{ij}$ 为与 v_i 相容的应变率场；σ_{ij} 为与 X_i 和 T_i 关联的应力场；S 和 V 分别为表面力作用面积和被破坏的岩土体体积。孔隙水压力和地震荷载对边坡稳定性的影响可以在上式左边第二项中加以考虑，本书为简化计算，不予考虑。

3. 均质岩土边坡的临界高度

边坡的运动破坏机制如图 6.65（a）所示，其中假定破坏面（滑面）为与边坡坡面成 β 角的平面，按平面问题考虑即图 6.65 中的直线 BC，将发生破坏的岩土体 ABC 视为刚体。边坡的几何形状由 H、α、α' 确定，如图 6.65 所示。

在不考虑坡顶超载的情况下，外力功只有重力做功一项，因此外功率 $\dot{W}$ 可以表示为

$$\dot{W} = \frac{1}{2} \cdot \gamma \cdot \frac{H \sin \beta}{\sin \alpha} L_{BC} \cdot v \cdot \cos\left(\frac{\pi}{2} - \alpha + \beta + \varphi\right) \tag{6.49}$$

式中，γ 为岩土体容重；H、α、β 见图 6.65；L_{BC} 为 BC 的长度；φ 为岩体的内摩擦角；v 为运动速度矢量大小。

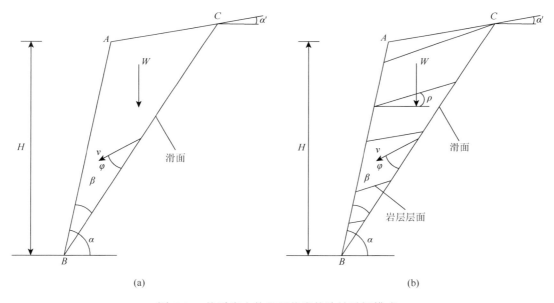

(a)　　　　　　　　　　　　　　　(b)

图 6.65　均质岩土体及层状岩体边坡破坏模式

将滑体 ABC 视为刚体，内能耗散仅发生在滑动面 BC 上。因此，内能耗散率 $\dot{D}$ 可表示为

$$\dot{D} = c \cdot v \cdot \cos \varphi \cdot L_{BC} \tag{6.50}$$

式中，c 为岩体黏聚力；其他同式（6.49）。

根据极限分析上限定理，由外功率等于内能耗散率，经数学变换可得到边坡的极限高度 H 与破坏面角度参数 β 之间的关系如下：

$$H = \frac{2c\sin\alpha}{\gamma} \frac{\cos\varphi}{\sin\beta\cos\left(\dfrac{\pi}{2}-\alpha+\beta+\varphi\right)} \tag{6.51}$$

式中，c 与式（6.50）相同；α 为坡角；β 为滑面与坡面夹角；γ 为岩土体容重。

由 $\dfrac{\partial H}{\partial \beta}=0$ 可求出极限高度最小值所对应的破坏面角度 β_{cr} 值：

$$\beta_{cr} = \frac{\alpha-\varphi}{2} \tag{6.52}$$

代入式（6.51）中，得极限高度最小值，即此边坡的临界高度 H_{cr} 为

$$H_{cr} = \frac{2c\sin\alpha}{\gamma} \frac{\cos\varphi}{\sin^2\left(\dfrac{\alpha-\varphi}{2}\right)} \tag{6.53}$$

4. 层状岩体的临界高度

对于如图 6.65（b）所示的一般层状岩体，层面与水平面夹角为 ρ，可以采用同样的方法求出给定滑面时边坡的极限高度 H_L：

$$H_L = \frac{2c_L\sin\alpha}{\gamma} \frac{\cos\varphi_L}{\sin\beta\cos\left(\dfrac{\pi}{2}-\alpha+\beta+\varphi_L\right)} \tag{6.54}$$

其中，

$$c_L = c_{\min} + (c_{\max}-c_{\min})\frac{2\theta}{\pi}$$

$$\varphi_L = \varphi_{\min} + (\varphi_{\max}-\varphi_{\min})\frac{2\theta}{\pi}$$

$$\theta = |\alpha-\rho-\beta| \qquad 0 \leqslant \rho \leqslant \frac{\pi}{2}$$

式中，c_L 和 φ_L 分别为层状岩体沿破坏面方向的剪切强度指标（黏聚力和内摩擦角）；$c_{\min}$ 和 $\varphi_{\min}$ 分别为岩体平行于层面方向的黏聚力和内摩擦角；$c_{\max}$ 和 $\varphi_{\max}$ 分别为岩体垂直于层面方向的黏聚力和内摩擦角；θ 为滑面方向与岩层层面的夹角。

此处当 $0\leqslant\rho\leqslant\pi/2$ 时，边坡为顺层边坡，而当 $\pi/2\leqslant\rho\leqslant\pi$ 时，边坡为反倾边坡。因为反倾边坡的稳定性较好，且其破坏机理与顺层边坡有所不同，在此不考虑，仅对顺层边坡进行讨论。当岩层倾角 ρ 为给定的值时，式（6.54）中仅 β 为变量，根据上限定理，用自变量 β 对 H_L 求偏导，使之为零：

$$\frac{\partial H_L}{\partial \beta} = 0$$

即可得此边坡的极限高度最小值对应的 β，代入上式即可求出最小值 H_{Lcr}。

H_L 的函数关系式比较复杂，因而直接用自变量 β 对 H_L 求偏导比较困难，可以用计算机编程，采用搜索法求出极限高度的最小值，即边坡的临界高度 H_{Lcr}。

对于不同的岩层倾角的顺层边坡，经计算得到，当 $\theta = 0$（即 $\rho = \alpha - \beta$），$\beta = (\alpha - \varphi_{min})/2$，即 $\rho = \dfrac{\alpha + \varphi_{min}}{2}$ 时，边坡临界高度达到此层状岩体边坡可能的临界高度最小值 H_{Lcrmin}：

$$H_{Lcrmin} = \frac{4c_{min}\sin\alpha}{\gamma}\frac{\cos\varphi_{min}}{\sin^2\left(\dfrac{\alpha - \varphi_{min}}{2}\right)} \tag{6.55}$$

如为水平层状岩体时，边坡临界高度取得最大值 H_{Lcrmax}，边坡处于最稳定状态。令式（6.55）中 $\rho = 0$，可求出此滑面所对应的边坡临界高度为 H_0：

$$H_0 = \frac{2c_0\sin\alpha}{\gamma}\frac{\cos\varphi_0}{\sin\beta\cos\left(\dfrac{\pi}{2} - \alpha + \beta + \varphi_0\right)} \tag{6.56}$$

其中，

$$c_0 = c_{min} + (c_{max} - c_{min})\frac{2\alpha - 2\beta}{\pi}$$

$$\varphi_0 = \varphi_{min} + (\varphi_{max} - \varphi_{min})\frac{2\alpha - 2\beta}{\pi}$$

用计算机编程，采用搜索法很容易求出临界高度的最大值 H_{Lcrmax}。

5. 临界高度与岩层倾角的关系

假设某层状岩体边坡，岩层平均容重 $\gamma = 15\text{kN/m}^3$，在平行于层面方向上，$c = 3\text{MPa}$，$\varphi = 30°$；在垂直于层面方向上，$c = 10\text{MPa}$，$\varphi = 50°$。当岩层与水平面夹角从 0° 逐渐变化到 90°，以不同的坡度开挖边坡时，其临界高度可以采用上述方法计算出来。表 6.11 为边坡竖直时的临界高度。当岩层倾角为 48°～70° 时，θ 和 β 之和为 90°，即滑面和层面重合，边坡将发生顺层面的破坏；当岩层倾角小于 48° 或大于 70° 时，边坡发生切割岩层破坏的可能性较大。图 6.66 为边坡坡度分别为 90°、1:0.5、1:0.75 和 1:1 时，边坡临界高度随岩层层面与水平面的夹角变化关系曲线。从图中可以看出，层状岩体边坡的临界高度受坡度和岩层倾角的控制。岩层倾角相同时，临界高度随坡角的增大而减小；边坡坡角相同时，临界高度随岩层倾角的增大（从 0°～90°）先减小后增大，大致呈"V"字形。

表 6.11　不同岩层倾角对应的竖直边坡临界高度

$\rho/(°)$	$\beta/(°)$	临界高度/m	$\rho/(°)$	$\beta/(°)$	临界高度/m
0	27	5.13	...	...	...
10	29	4.27	60	30	1.39
20	32	3.51	...	...	...
30	35	2.81	70	20	1.58
40	38	2.17	80	21	2.03
48	42	1.68	90	21	2.48

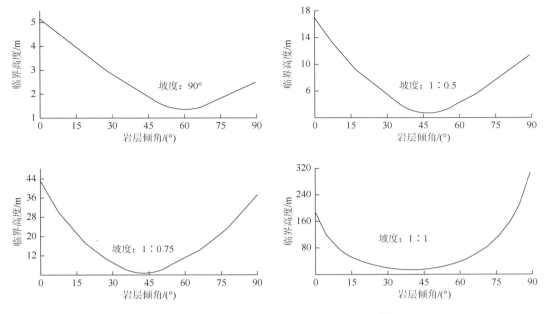

图 6.66　边坡临界高度与岩层倾角之间的关系曲线

6. 小结

极限分析理论应用能量分析方法，把边坡临界高度问题简化为求解一个能量平衡方程，为评价边坡稳定性提供了一种有效的途径。通过对一假定的层状岩体边坡进行分析，发现当岩层倾角在某一范围时，θ 和 β 之和为 90°，即滑面和层面重合，边坡将发生顺层面的破坏，此时边坡的极限高度为相对较小的值。经理论推导得出的计算层状岩体边坡临界高度的公式可以为层状岩体边坡稳定性评价提供依据。

6.1.3.4　基于非线性破坏准则超前诊断高切坡稳定性

从本质上说岩土类材料的本构关系是非线性的,因此大多数岩土类材料遵循非线性破坏准则。本章以岩土材料的非线性破坏准则为基础，研究高切坡的稳定性超前诊断。

1. 非线性破坏准则

大多数岩土类材料遵循非线性破坏准则，R.Baker 通过试验证明了大多数岩土材料遵循的非线性破坏准则，并给出表达式：

$$\tau = P_a A \left(\frac{\sigma_n}{P_a} + T \right)^n \tag{6.57}$$

式中，τ 为剪切应力；σ_n 为法向应力；P_a 为大气压强；A、n 和 T 为无量纲参数。

Jing 等指出，参数 n 受剪切强度的影响；A 是一个尺度参数，控制剪切强度的大小；T 是转换参数，控制包络线在 σ_n 轴的位置。他们的取值范围是 $0.5 \leqslant n \leqslant 1$，$0 < A$，$0 \leqslant T$，

A、n 和 T 通过测定三轴试验数据及迭代处理得到。

当 $n = 1$，$A = \tan\varphi$，$T = (c/P_a)\tan\varphi$ 时，即表达出莫尔-库仑准则的形式。

当 $c = 0$ 时，$T = 0$ 为纯摩擦模型（PF 模型），详见图 6.67，对于大多数土体可以近似认为 $c = 0$。但是对于岩体，一般认为不可以忽略抗拉强度，当 $n = 0.5$，$A = 2\sqrt{t/P_a}$，$T = t/P_a$ 时，即格里菲斯强度准则。

H-B 准则也可以写成式（6.58）的形式。

R.Baker 提出的非线性莫尔包络线（图 6.68）是莫尔-库仑准则和格里菲斯强度准则的推广形式，并能够表现出 H-B 准则，因此更具有广泛性。

任意一点 M 的强度准则：

$$\tau = c_t + \sigma_n \tan\varphi_t \tag{6.58}$$

式中，c_t 和 φ_t 为点 M 处的切线黏聚力和内摩擦角，详见图 6.68。其他值可分别由式（6.59）和式（6.60）确定。

$$c_t = \frac{1-n}{n} P_a \tan\varphi_t \left[\left(\frac{\tan\varphi_t}{nA} \right)^{\frac{1}{n-1}} - T \right] + \frac{1}{n} P_a \tan\varphi_t T \tag{6.59a}$$

$$\tan\varphi_t = nA \left(\frac{\sigma_n}{P_a} + T \right)^{n-1} \tag{6.59b}$$

当 $T = 0$ 时：

$$c_t = \frac{1-n}{n} P_a \tan\varphi_t \left(\frac{\tan\varphi_t}{nA} \right)^{\frac{1}{n-1}} \tag{6.60a}$$

$$\tan\varphi_t = nA \left(\frac{\sigma_n}{P_a} \right)^{n-1} \tag{6.60b}$$

由式（6.59）和式（6.60）可以看出，内摩擦角与法向应力有关，且随着法向应力的变化而变化；黏聚力为内摩擦角的函数。

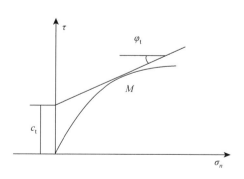

图 6.67　PF 模型的非线性破坏准则的切线

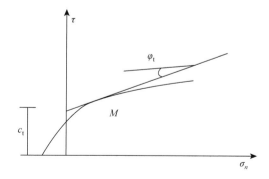

图 6.68　非线性莫尔包络线的切线

2. 基于上限定理的边坡稳定分析

（1）边坡静力稳定分析

在边坡静力稳定分析中只考虑边坡在自重因素影响下的稳定性问题。图 6.69 所示的旋转间断机构，其破坏面假定通过坡趾。$\triangle ABC$ 绕旋转中心 O 相对对数螺旋面 BC 以下的静止材料做刚体旋转，因此 BC 面是一个速度间断面。

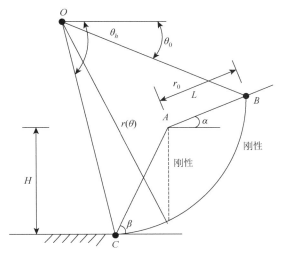

图 6.69　边坡破坏机构

由几何关系可以看出：

$$\frac{H}{r_0} = \frac{\sin\beta}{\sin(\beta-\alpha)}\{\sin(\theta_h+\alpha)\exp[(\theta_h-\theta_0)\tan\varphi_t]-\sin(\theta_0+\alpha)\} \tag{6.61}$$

$$\frac{L}{r_0} = \frac{\sin(\theta_h-\theta_0)}{\sin(\theta_h+\alpha)} - \frac{\sin(\theta_h+\beta)}{\sin(\theta_h+\alpha)\sin(\beta-\alpha)}\{\exp[(\theta_h-\theta_0)\tan\varphi_t]\sin(\theta_h+\alpha)-\sin(\theta_0+\alpha)\} \tag{6.62}$$

分别求出 OBC、OAB 和 OAC 区土重的功率，经过相减并简化得到 ABC 区土重的功率为

$$\dot{W}_{\text{soil}} = \gamma r_0^3 \Omega(f_1-f_2-f_3) \tag{6.63}$$

式中，γ 为土体的重度；f_1、f_2 和 f_3 见式（6.64）、式（6.65）和式（6.66）。

$$f_1 = \frac{1}{3(1+9\tan^2\varphi_t)}\{(3\tan\varphi_t\cos\theta_h+\sin\theta_h)\exp[3(\theta_h-\theta_0)\tan\varphi_t]-(3\tan\varphi_t\cos\theta_0+\sin\theta_0)\} \tag{6.64}$$

$$f_2 = \frac{1}{6}\frac{L}{r_0}\left(2\cos\theta_0-\frac{L}{r_0}\cos\alpha\right)\sin(\theta_0+\alpha) \tag{6.65}$$

$$f_3 = \frac{1}{6}\exp[(\theta_h-\theta_0)\tan\varphi_t]\left[\sin(\theta_h-\theta_0)-\frac{L}{r_0}\sin(\theta_h+\alpha)\right]$$
$$\left\{\cos\theta_0-\frac{L}{r_0}\cos\alpha+\cos\theta_h\exp[(\theta_h-\theta_0)\tan\varphi_t]\right\} \tag{6.66}$$

内部能量耗损发生在间断面 BC 上，表达式为

$$\dot{D} = \int_{\theta_0}^{\theta_h} cV\cos\varphi_t \frac{r\mathrm{d}\theta}{\cos\varphi_t} = \frac{cr_0^2 \Omega}{2\tan\varphi_t}\{\exp[2(\theta_h - \theta_0)\tan\varphi_t] - 1\} \tag{6.67}$$

当外功率与内部能量耗损相等时，得到边坡的临界高度表达式：

$$H = \frac{c_t}{\gamma}f(\theta_h, \theta_0) \tag{6.68}$$

$$f(\theta_h, \theta_0) = \frac{\sin\beta\{\exp[2(\theta_h - \theta_0)\tan\varphi_t] - 1\}}{2\sin(\beta - \alpha)\tan\varphi_t(f_1 - f_2 - f_3)}\{\sin(\theta_h + \alpha)\exp[(\theta_h - \theta_0)\tan\varphi_t] - \sin(\theta_0 + \alpha)\}$$

$$\tag{6.69}$$

$$f = c_t f(\theta_h, \theta_0) \tag{6.70}$$

$$\left.\begin{aligned}\frac{\partial f}{\partial \theta_0} &= 0\\[2mm]\frac{\partial f}{\partial \theta_h} &= 0\\[2mm]\frac{\partial f}{\partial \varphi_t} &= 0\end{aligned}\right\} \tag{6.71}$$

稳定性系数定义为

$$N = \gamma H_c / 10^6 \tag{6.72}$$

（2）地震动力荷载作用下的边坡稳定分析

研究地震动力荷载作用下的边坡稳定性问题，只考虑地震动力荷载作用，其他的动力作用与其类似。

地震动力荷载作用下的边坡的破坏机制与滑裂面等比较复杂。土坡主要是坡顶向下一定深度的拉裂及坡脚向上延伸的剪切滑移，岩坡主要受风化层影响较大。这里我们只讨论滑面通过坡脚处时，地震屈服加速度的算法。

岩土体与地震惯性力（图6.70）做的外力功率可表达为

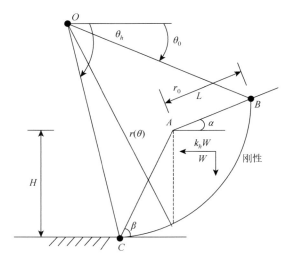

图6.70　边坡破坏机构

$$\dot{W} = \gamma r_0^3 \Omega [(f_1 - f_2 - f_3) + k_h(f_4 - f_5 - f_6)] \tag{6.73}$$

$$f_4 = \frac{1}{3(1+9\tan^2\varphi_t)}\{(3\tan\varphi_t\sin\theta_h - \cos\theta_h)\exp[3(\theta_h - \theta_0)\tan\varphi_t] - (3\tan\varphi_t\sin\theta_0 - \cos\theta_0)\}$$

$$\tag{6.74}$$

$$f_5 = \frac{1}{6}\frac{L}{r_0}\left(2\sin\theta_0 + \frac{L}{r_0}\sin\alpha\right)\sin(\theta_0 + \alpha) \tag{6.75}$$

$$f_6 = \frac{\exp[(\theta_h - \theta_0)\tan\varphi_t]}{6}\left(\frac{H}{r_0}\right)\frac{\sin(\theta_h + \beta)}{\sin\beta}\left\{2\sin\theta_h\exp[(\theta_h - \theta_0)\tan\varphi_t] - \frac{H}{r_0}\right\} \tag{6.76}$$

式中，k_h 为地震系数，$k_h = a/g$，a 为地震加速度，g 为重力加速度；f_1、f_2、f_3、H/r_0、L/r_0 见式（6.61）～式（6.66）。

因此，可以计算出地震屈服加速度系数：

$$k_h = \frac{\dfrac{c_t r_0^2}{2\tan\varphi_t}\{\exp[2(\theta_h - \theta_0)\tan\varphi_t] - 1\} - r_0^3\gamma(f_1 - f_2 - f_3)}{\gamma r_0^3(f_4 - f_5 - f_6)} \tag{6.77}$$

$$\left.\begin{aligned}\frac{\partial k_h}{\partial \theta_0} &= 0 \\ \frac{\partial k_h}{\partial \theta_h} &= 0 \\ \frac{\partial k_h}{\partial \varphi_t} &= 0\end{aligned}\right\} \tag{6.78}$$

3. 结论

首次应用 R.Baker 等提出的大多数岩土体遵循的非线性莫尔包络线来解决边坡稳定性问题。该方法不但适用于土质边坡，同样也适用于岩质边坡，这对 R.Baker 基于极限平衡理论下的土质边坡稳定性问题是一种补充与检验。

基于切线法的思想，用切线强度代表非线性破坏准则下土体内一点的强度，从而把非线性破坏准则问题转换为可以用传统的莫尔-库仑破坏准则进行求解的问题。通过上限定理推导出求解边坡临界高度的方法，并定义此种情况下的边坡稳定性系数。给出计算方法，指导工程实践。

本章的计算方法在一定程度上弥补了极限分析中采用非线性破坏准则解决问题的不足。但是本章对边坡内的应力场计算进行了简化和假设，并且岩质边坡的稳定性主要受结构面的影响，因此具有一定的局限性。

6.2　公路灾变高切坡超前处治设计与施工关键技术研究

6.2.1　超前处治结构与高切坡的耦合作用机制研究

6.2.1.1　超前支护桩与高切坡作用机理研究

超前支护桩是整治危险性高切坡常用的支护结构。边坡开挖后，由于卸荷回弹，必然在坡体一定深度范围内产生趋向于开挖面的坡面变形，超前支护桩就可以约束坡面自由变形的发展，在高切坡坡体与支护桩之间产生相互作用，相当于超前支护桩给高切坡坡面施加一个约束力，限制坡面变形的进一步发展，同样，坡体也会有相应大小的荷载（即作用在超前支护桩上的土压力）作用在超前支护桩上，土压力的大小及分布特征是进行超前支护桩结构设计的基础和依据。同时由于钢筋混凝土超前支护桩自身的刚度较大，开挖坡体变形和应力调整难以充分进行，进而导致施加在超前支护桩上的荷载较大。为解决这一问题，我们在超前支护桩靠山侧设置一层刚度较小的 EPS 垫层材料，通过 EPS 材料自身的变形达到减小桩土压力的目的。因此本书采用数值模拟方法，研究其超前支护锚杆的受力机制，并揭示 EPS 垫层材料对高切坡超前支护桩作用机制的影响，为超前支护抗滑桩的设计和优化提供理论依据，是一项具有重大现实意义的研究。

1. 超前支护桩与高切坡坡体之间的相互作用机制

（1）土体运动对桩的极限水平压力

Ito 和 Matsui（1975）基于土体塑性变形理论推导了土体运动作用在桩上的最大水平力的计算公式。一系列现场试验和模型测试证明 Ito 理论可以比较准确地预测变形土体对桩的压力（Ito et al.，1982）。但是，这一公式只适用于桩间距在一定范围内的情况，对于大的桩间距或很小的桩间距来说，其假定的桩间塑性流动机制并不是临界状态（Poulos et al.，1995）。对黏性土还可以采用一种经验解法。桩-土相对运动产生的作用于桩上的极限压力 p_u 和土的不排水抗剪强度 c_u 的关系可以用下式表示（Poulos et al.，1995）：

$$p_u = N_p c_u \tag{6.79}$$

式中，N_p 为水平抗力系数，对单桩来说，在地表面处取 2，随深度线性增加，到 3.5 倍桩径（桩宽）或更深处达到最大值 9，可表示为

$$N_p = 2\left(1 + \frac{z}{d}\right) \leqslant 9 \tag{6.80}$$

式中，z 为距离地表面的深度；d 为桩径或桩宽。

（2）高切坡计算模型及参数选取

本节以一个具体的高切坡为例，采用有限差分软件 FLAC3D 进行分析。研究超前支护桩与坡体之间的相互作用机制问题。假设自然边坡坡高 12m，坡度为 1∶1.5。因公路建设需要对坡体进行开挖，开挖高度为 6m。经过分析，若不对边坡进行支护而直接对坡体

开挖，将导致高切坡失稳破坏，为此，采用超前支护桩对高切坡进行超前加固防护。工程采用先施工超前支护桩，再进行边坡开挖。超前支护桩为 C25 钢筋混凝土结构，桩长 12m，截面尺寸为 1.0m×0.8m。图 6.71 为模型的有限元网格划分情况。高切坡及支护桩的尺寸和材料参数见表 6.12。

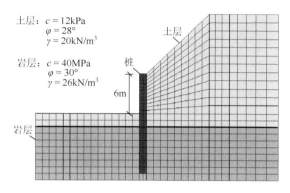

图 6.71　开挖后边坡的模型有限元网格划分

桩和土体之间的相互作用通过 FLAC3D 内建的 interface 单元模型来模拟，其中包括桩的 4 个侧面，以及桩底与土体的接触面，接触面性质参数见表 6.12。模型的边界条件：顶部为自由面，底面固定，其他为滚动绞支约束。作用在桩上的土压力考虑为桩前和桩背土压力、桩侧摩阻力和桩底摩阻力共同作用的合力。

表 6.12　材料参数及模型主要尺寸

材料	参数	参数取值
土体	容重/(kN/m³)	20.0
	黏聚力/kPa	12.0
	内摩擦角/(°)	28
	剪胀角/(°)	0
	弹性模量/kPa	$2.0×10^5$
	泊松比	0.25
岩体	容重/(kN/m³)	26.0
	黏聚力/kPa	40.0
	内摩擦角/(°)	30
	剪胀角/(°)	0
	弹性模量/kPa	$1.5×10^7$
	泊松比	0.25
钢筋混凝土桩	容重/(kN/m³)	24.0
	弹性模量/kPa	$2.5×10^7$，$5.0×10^7$，$10.0×10^7$
	泊松比	0.2
	截面尺寸/m	1.0×8.0

续表

材料	参数	参数取值
接触面	黏聚力/kPa	6.0（土层），1000（岩层）
	内摩擦角/(°)	18（土层），30（岩层）
	剪胀角/(°)	0
	弹性模量/kPa	2.0×10^5
	泊松比	0.25

（3）计算结果与分析

图 6.72 和图 6.73 分别给出了不同刚度超前支护桩受到的土压力曲线和桩的位移挠度曲线。

由图 6.72 可以看出，桩的刚度大小对开挖段上桩的作用力大小和分布形式影响很小，而稳定岩土体部分，桩的反力最大值和分布形式则因刚度不同而有较大的差异。另外，开挖高度内土压力在深度上的分布既不是均匀分布形式，也不是线性增加分布形式，而是中间大两端小的形式。

图 6.73 反映了支护桩桩身变形量随桩身刚度变化的关系图，支护桩的刚度越大，桩的变形量越小。

图 6.74 为作用在开挖面以上部分支护桩上的土压力，并与其他计算模式的结果进行比较。图中三条土压力曲线分别是 Poulos 等（1995）经验公式 [式（6.79）、式（6.80）] 的计算结果、朗肯主动土压力和 FLAC3D 的计算结果。从 FLAC3D 的计算结果看，作用在超前支护桩上的土压力还远没有达到极限土压力值，分布形式也与其他分析方法确定的土压力分布形式有很大差别。与朗肯主动土压力的三角形分布相比，最大值相差不大，但土压力分布形式和合力作用点位置均有很大差异。与 Poulos 经验公式相比，土压力要小很多，土压力沿桩身分布也不相同。

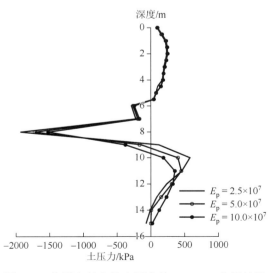

图 6.72　作用在桩上的土压力的 FLAC3D 分析结果

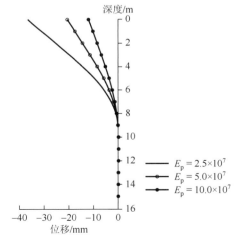

图 6.73　FLAC3D 得出的桩位移曲线

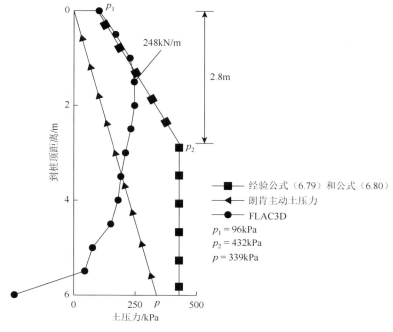

图 6.74　开挖段桩上的土压力分布

因此，对于高切坡超前支护桩的设计，其设计荷载无论是采用朗肯主动土压力还是极限土压力都是不合适的。极限土压力过高估计了施加在支护桩上的土压力的荷载，造成浪费；朗肯主动土压力则低估了土压力合力作用点的位置，可能存在安全隐患。基于此，提出了一种超前支护梯形土压力分布模式，详见图 6.75 中的实线，合力作用点位置为桩开挖部分的中点。土压力的大小为 $\beta\gamma H$，γ 和 H 分别为土的容重和开挖高度；α、β 为系数，可以根据数值模拟结果或实测数据进行取值。

2. 新型高切坡超前支护桩作用机制研究

（1）EPS 材料的力学特性

EPS 是一种提炼自石油的化工材料，也称土工泡沫材料。EPS 材料在成型过程中颗粒膨胀，形成了许多均匀的封闭空腔，这种结构决定了 EPS 材料具有轻质、耐压、耐水、耗能减震、隔热保温等诸多优良工程特性，在工程结构抗震和路基处理方面得到了越来越多的应用。欧洲、美国、日本等国家或地区已广泛应用并制定了专门的 EPS 设计及施工规范。

EPS 材料的物理力学性质与其密度密切相关，密度越高，对应的刚度、抗压强度也越大。近几年，加拿大的 Zarnani 和 Bathurst（2009）采用理论分析、数值模拟和振动台试验等手段对 EPS 材料缓冲垫层进行了很多研究。国内，同济大学的凌建明等（2003）采用刚性试验机对 EPS 材料进行了单轴压缩试验及疲劳试验，得出了压缩条件下 EPS 材料的本构关系和疲劳特性，给出了抗压强度、弹性模量，取值详见图 6.76。

试验表明，EPS 材料在受压时其应力-应变曲线上不存在弹性与塑性间的明确分界点。EPS 材料块体的抗压强度为对应于屈服阶段下的压缩应力值（存在一个范围），而非一般意义下的材料抗压强度。当压应变为 5%时，材料已处于屈服阶段后期，塑性变形开始明显增强，并且此后的压应变及压应力仍继续增长，不存在应变软化。因此取压应变为 5%时对应的压应力值作为 EPS 材料的抗压强度，这与挪威、日本等国规范的取值是一致的。

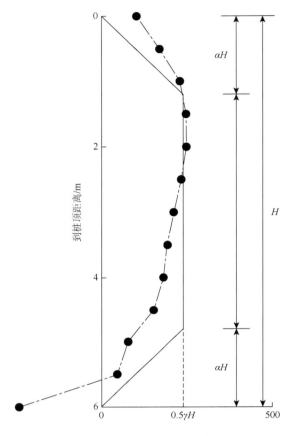

图 6.75　开挖段桩上的土压力分布

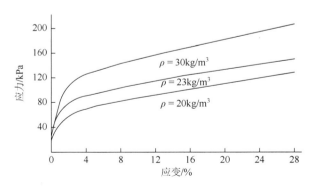

图 6.76　EPS 块体材料应力-应变曲线

可以看出，EPS 材料具有较高的抗压强度和很好的塑性变形能力，具有作为缓冲垫层材料的良好潜质。

（2）计算模型及参数选择

以一个具体的高切坡为例，采用 ANSYS 进行研究分析。研究 EPS 材料对超前支护桩与变形坡体相互作用机制的影响问题。

假设自然边坡坡高 12m，坡度为 1：1.5，上部为土层，下部为岩体。因公路建设需要进行开挖，开挖高度为 6m。经过分析，若不对边坡进行支护而直接开挖，将导致高切坡失稳破坏，为此，采用超前支护桩对高切坡进行超前加固防护，即先施工超前支护桩，再进行边坡开挖。超前支护桩为 C25 钢筋混凝土结构，桩长 12m，截面尺寸为 1.0m×1.5m，桩顶距坡脚 6m，坡脚处土层厚 2m，以下为基岩。

滑体土和稳定基岩采用 ANSYS 中提供的面单元 PLANE42 进行模拟，抗滑桩被认为是强度很高的弹性材料，采用 ANSYS 中提供的梁单元 BEAM3 对抗滑桩进行模拟。抗滑桩的锚固段设置在稳定基岩中，锚固长度为 6m，截面尺寸为 1m×1.5m，间距为 5m。有限元计算网格图见图 6.77。

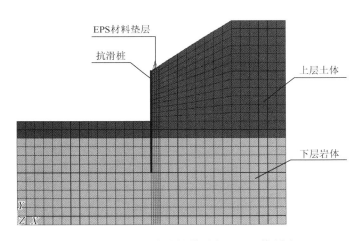

图 6.77　开挖后边坡的模型有限元网格划分

计算中考虑到岩土体材料的非线性特点，岩土体的本构关系采用理想弹塑性模型，屈服准则采用广泛应用于岩土类材料的 Drucker-Prager 屈服准则。作用在桩上的土压力考虑为桩前和桩背土压力、桩侧摩阻力和桩底摩阻力共同作用的合力。材料参数的取值见表 6.13 和表 6.14。

超前支护桩截面尺寸为 1m×1.5m，间距 5m，而本次平面应变计算纵向只有 1m，也就是说每根桩要承担 5m 宽的滑体的剩余下滑力，因此在有限元模型中可将土体的重量乘以 5，同时为了确保原有的稳定安全系数不发生变化，将岩土体的黏聚力也乘以 5，即保证 γ/c 不发生变化。

表 6.13　岩土体材料参数表

项目	参数	参数取值
上层土体	黏聚力/kPa	12.0
	内摩擦角/(°)	20
	容重/(kN/m³)	20.0
	泊松比	0.35
	弹性模量/MPa	20.0
下层岩体	黏聚力/MPa	0.8
	内摩擦角/(°)	40
	容重/(kN/m³)	26.0
	弹性模量/MPa	15.0
	泊松比	0.25
钢筋混凝土桩	容重/(kN/m³)	24.0
	弹性模量/MPa	5.0×10^7
	泊松比	0.2
	截面尺寸	1.0m×1.5m
	桩间距	5

表 6.14　不同类型 EPS 材料垫层参数表

材料	参数	参数取值
EPS19	黏聚力/kPa	40.7
	容重/(kN/m³)	19.0
	泊松比	0.1
	弹性模量/MPa	5.69
EPS22	黏聚力/MPa	51.0
	容重/(kN/m³)	22.0
	泊松比	0.12
	弹性模量/MPa	6.9
EPS29	黏聚力/MPa	75
	容重/(kN/m³)	29.0
	泊松比	0.16
	弹性模量/MPa	9.75

（3）聚苯乙烯（EPS）垫层厚度对超前支护桩的影响

为研究不同厚度 EPS 材料垫层对超前支护桩桩土共同作用的影响，分别在超前支护桩靠山侧布置厚 0~0.8m、密度为 19kg/m³ 的 EPS（EPS19）垫层，进行数值模拟分析研究。图 6.78~图 6.81 分别为不同厚度 EPS19 垫层下超前支护桩土压力、位移、剪力、弯矩分布曲线。

由图 6.78 可以看出，虽然土压力分布曲线形状比较相似，但 EPS 材料垫层对土压力的大小有明显影响，设置 EPS 材料可以减小作用在超前支护桩上的土压力，EPS 材料越厚，土压力越小。

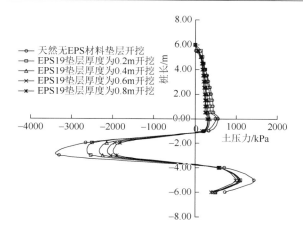

图 6.78　不同厚度 EPS19 材料垫层对超前支护桩桩身土压力分布的影响

由图 6.79 可以看出，在超前支护桩桩后不同 EPS 材料垫层厚度下，其桩身的位移分布形式一致，即最大位移出现在抗滑桩顶部，土体开挖段超前支护桩位移绝对值自上而下逐渐减小，在埋深 3.0m 以下抗滑桩位移绝对值基本为零；超前支护桩桩身位移绝对值随着 EPS 材料垫层厚度的增大而减小；未设置垫层时，超前支护桩最大位移绝对值为 35.5mm，当设置垫层厚度为 0.2m、0.4m、0.6m、0.8m 时，对应的桩身位移绝对值减小到 35.2mm、31.1mm、28.0mm、25.8mm。

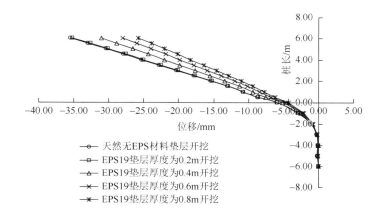

图 6.79　不同厚度 EPS19 材料垫层对超前支护桩桩身位移分布的影响

由图 6.80 可以看出，桩身剪力分布形式基本一致，但超前支护桩桩身剪力绝对值随着 EPS 材料垫层厚度的增大而减小；未设置垫层时，桩身最大主动剪力和最大被动剪力值分别为 2297kN 和 3646.5kN，当垫层厚度为 0.2m、0.4m、0.6m、0.8m 时，其桩身最大主动剪力值分别为 2105kN、1714.1kN、1535.3kN、1414.2kN，最大被动剪力值分别为 2912.5kN、2666.3kN、2470.5kN、2312.2kN。

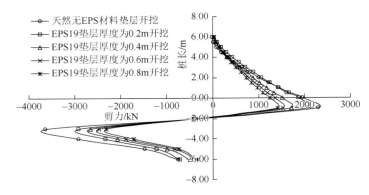

图 6.80　不同厚度 EPS19 材料垫层对超前支护桩桩身剪力分布的影响

由图 6.81 可以看出，在超前支护桩桩后不同 EPS 材料垫层厚度下，其桩身的弯矩分布形式一致，桩身最大弯矩值在埋深 2m 处；超前支护桩桩身弯矩绝对值随着 EPS 材料垫层厚度的增大而减小，最大弯矩值的减小尤为明显；未设置垫层时桩身最大弯矩绝对值为 8974kN·m，当垫层厚度为 0.2m、0.4m、0.6m、0.8m 时，对应的桩身最大弯矩绝对值为 8274kN·m、7311kN·m、6600kN·m、6084kN·m。

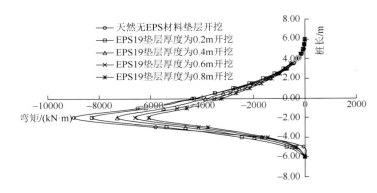

图 6.81　不同厚度 EPS19 材料垫层对超前支护桩桩身弯矩分布的影响

（4）EPS 材料垫层类型对超前支护桩的影响

为研究不同类型 EPS 材料垫层对超前支护桩桩土共同作用的影响，在超前支护桩靠山侧布置 0.4m 厚的 EPS 材料垫层，选取 3 种不同密度的聚苯乙烯泡沫，分别为 EPS19、EPS22、EPS29，其材料特性见表 6.14，进行数值模拟研究分析。图 6.82～图 6.85 分别为不同类型 EPS 材料垫层下超前支护桩土压力、位移、剪力、弯矩曲线。

由图 6.82 可以看出，虽然土压力分布曲线形状比较相似，但不同 EPS 材料垫层密度对土压力大小的影响不同，EPS 材料密度越小，施加在超前支护桩上的土压力绝对值越小。

由图 6.83 可以看出，超前支护桩桩身位移随着 EPS 材料垫层密度的增大而增大，即采用密度最大的 EPS29 时，超前支护桩的桩身位移绝对值最大，采用密度最小的 EPS19 的桩身位移绝对值最小，采用 EPS22 时桩身位移绝对值居中，但均小于天然无垫层开挖情况时的桩身位移绝对值。

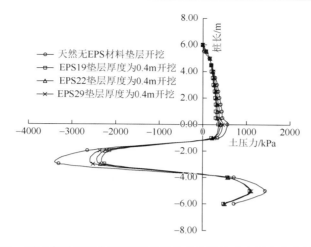

图 6.82　不同类型 EPS 材料垫层对超前支护桩桩身土压力分布的影响

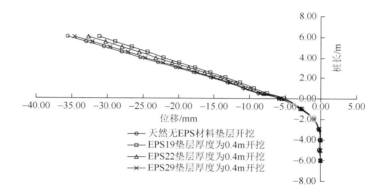

图 6.83　不同类型 EPS 材料垫层对超前支护桩桩身位移分布的影响

由图 6.84 可以看出，超前支护桩桩身剪力绝对值随着 EPS 材料垫层密度的减小而减小，即采用密度最大的 EPS29 时，超前支护桩的桩身剪力绝对值最大，采用密度最小的 EPS19 时桩身剪力绝对值最小，采用 EPS22 时桩身剪力绝对值居中，但均小于天然无垫层开挖情况时的桩身剪力绝对值。

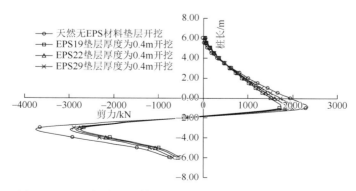

图 6.84　不同类型 EPS 材料垫层对超前支护桩桩身剪力的影响

由图 6.85 可以看出，超前支护桩桩后采用不同类型 EPS 材料垫层时，其桩身的弯矩分布形式一致，桩身最大弯矩绝对值在埋深 2m 处；超前支护桩桩身弯矩绝对值随着 EPS 材料垫层密度的增大而增大，即采用密度最大的 EPS29 时，超前支护桩的弯矩绝对值最大，采用密度最小的 EPS19 时，桩身弯矩绝对值最小，采用 EPS22 时桩身弯矩绝对值居中，但均小于天然无垫层开挖情况时的桩身弯矩绝对值。

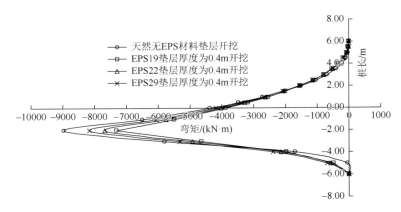

图 6.85　不同类型 EPS 材料垫层对超前支护桩桩身弯矩分布的影响

3. 结论

1）超前支护桩能有效地加固危险性高切坡，避免由开挖不当导致的高切坡发生。计算结果表明，作用在超前支护桩上的土压力不仅与坡体开挖量有关，而且与坡体岩土性质、支护桩的相对刚度有关。作用在超前支护桩上的土压力荷载远小于极限土压力荷载，合力大小与主动土压力比较接近，但合力作用点比主动土压力分布所确定的合力作用点高，大致呈梯形分布。上述结论对高切坡超前支护桩设计具有重要的指导意义。

2）在超前支护桩桩后设置 EPS 材料垫层后，作用在超前支护桩上的土压力、位移、剪力、弯矩绝对值明显减小，说明本书提出的新型超前支护结构是可行的。

3）EPS 材料垫层的厚度对超前支护桩桩土的共同作用有显著影响，超前支护桩上的土压力、位移、剪力及弯矩绝对值均随 EPS 材料垫层厚度的增大而减小。

4）EPS 材料垫层的密度对超前支护桩桩土的共同作用也有显著影响，超前支护桩上的土压力、位移、剪力及弯矩绝对值均随 EPS 材料垫层密度的减小而减小。

5）在工程具体应用中应从经济与安全角度合理选择 EPS 材料垫层的厚度和密度。

6.2.1.2　超前支护锚杆与高切坡作用机理研究

高切坡超前支护可用的支护结构有抗滑桩、锚杆等。其中灌浆锚杆在高切坡超前支护设计中具有明显的优点和重要的地位。在边坡开挖之前，预先在边坡开挖面以下设置足够长度和密度的灌浆锚杆，在边坡开挖过程中，由于边坡卸荷回弹，必然在坡体一定深度范围内（卸荷带内）产生趋向于开挖面的坡面变形，超前支护锚杆的存在可以约束这种变形的发生，进而大大减弱坡面开挖卸荷带的形成和发展，有利于边坡的稳定（图 6.86）。本章根据超前支护锚杆的受力特点，对高切坡超前支护锚杆的作用机理问题进行了研究。

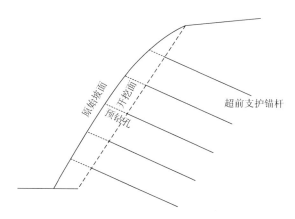

图 6.86　边坡超前支护锚杆示意图

1. 超前支护锚杆的受力特点

自 20 世纪 70 年代以来，许多人对埋置在各类岩体中的锚杆进行了原位监测，取得了大量的研究成果，其中尤以 Freeman（1978）在 Kielder 试验隧道中进行的全长黏结锚杆试验研究工作最为出色。他系统地研究了全长黏结锚杆的受力过程和剪应力沿锚杆的分布规律，基于原位监测结果，他提出了中性点、黏结长度、锚固段长度等重要概念。中性点是指锚杆和灌浆体胶结面上的剪应力为零时所对应的点；黏结长度是指锚杆从锚头到中性点的锚杆长度；锚固段长度是指从中性点到锚杆末端的长度。在黏结段，作用在锚杆上的剪应力方向指向锚头，而在锚固段，剪应力的方向指向锚杆端部（图 6.87）。

超前支护锚杆的受力特点与隧道全长黏结式锚杆的受力特点相似，同样存在中性点、黏结长度、锚固段长度等概念。一旦边坡开挖，坡体发生倾向于开挖面的卸荷回弹变形，超前支护锚杆的存在限制了这种变形的进一步发展和传播，由于锚杆与岩体的相互作

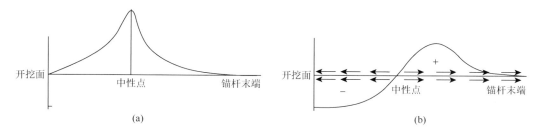

图 6.87　超前支护锚杆荷载传递特性

（a）锚杆轴力分布；（b）超前支护锚杆剪应力分布

用，锚杆的超前设置约束了岩体边坡开挖后的自由变形，由此锚杆内产生轴向力，同时，

岩体锚杆又对岩体施加相应的反作用力，从而避免边坡开挖卸荷带进一步向岩体深部发展，进而达到整治边坡的目的。

2. 高切坡开挖特性

大量事实表明，自然边坡开挖后，会在坡体一定深度范围内形成卸荷带，卸荷带也常常是高切坡发生变形破坏的位置，并在坡体开挖面上产生最大的自由变形，这种变形沿着坡体深度快速衰减，并最终在卸荷带内边界处趋于零。弹性岩体开挖的简单力学分析表明，边坡开挖后，其应力场、位移场均会发生变化，而发生变化的区域就是开挖卸荷带的影响区域，但这种开挖卸荷作用的影响是有限的，不会波及很大的范围。在影响范围内，边坡内的应力场和变形场会发生显著变化，而超过这个区域后，边坡则不受影响。

3. 超前支护锚杆荷载传递

计算模型如下。

自然边坡在开挖后，在无任何支护条件下，会在开挖面及其影响深度范围内产生自由变形。

如果在开挖前预先设置超前支护锚杆，超前支护锚杆的存在就可以约束坡面自由变形的发展，坡面岩土体与锚杆之间相互作用，超前支护锚杆就给坡面施加了一个约束力，限制了坡面自由变形的进一步发展；相应地，坡面也会对超前支护锚杆施加相应大小的荷载（图 6.88）。因此，坡面岩土体在边坡开挖后的自由变形量应等于超前支护锚杆施加在坡面的约束力导致的岩土体的变形量与坡面施加在超前支护锚杆上的荷载使得超前支护锚杆产生的伸长量两部分之和。

$$\mathrm{d}u = \mathrm{d}u_b + \mathrm{d}u_r = \frac{\sigma_b}{E_b}\mathrm{d}x + \frac{\Delta\sigma_r}{E_r}\mathrm{d}x \tag{6.81}$$

式中，$\mathrm{d}u$ 为岩体微段的自由变形量；$\mathrm{d}u_r$ 为岩体微段在超前支护锚杆存在条件下的实际变形量；$\mathrm{d}u_b$ 为岩体超前支护锚杆的伸长量；σ_b 为超前支护锚杆轴力；E_b 为超前支护锚杆的弹性模量；$\Delta\sigma_r$ 为超前支护锚杆施加在岩体上的压应力增量；E_r 为岩体弹性模量。

根据力的平衡条件：

$$\sigma_b A = -\Delta\sigma_r S \tag{6.82}$$

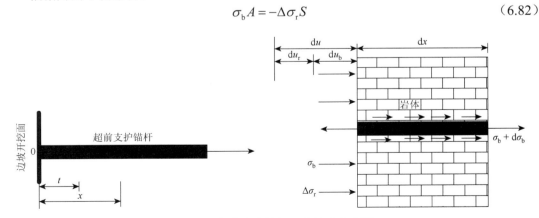

图 6.88　超前支护锚杆及岩体受力分析

式中，A 为超前支护锚杆的截面面积；S 为单根超前支护锚杆加固的有效岩体坡面面积，与超前支护锚杆的布置有关，根据复合地基理论，可按下式计算：

$$S = \frac{\pi bc}{4} \tag{6.83}$$

式中，b、c 分别为超前支护锚杆布置的水平及垂直间距。

将式（6.82）带入式（6.81）中：

$$\sigma_{\mathrm{b}}(x) = -\xi G_{\mathrm{r}} \frac{\mathrm{d}u}{\mathrm{d}x} \tag{6.84}$$

$$\Delta \sigma_{\mathrm{r}}(x) = \xi G_{\mathrm{r}} \frac{A}{S} \frac{\mathrm{d}u}{\mathrm{d}x} \tag{6.85}$$

式中，$\xi = \dfrac{2(1+\nu_{\mathrm{r}})SE_{\mathrm{b}}}{AE_{\mathrm{b}} + SE_{\mathrm{r}}}$，$\nu_{\mathrm{r}}$ 表示岩体的泊松比；$G_{\mathrm{r}} = \dfrac{E_{\mathrm{r}}}{2(1+\nu_{\mathrm{r}})}$，表示岩体的剪切模量。

根据力的平衡条件，可以给出岩体变形施加在超前支护锚杆上的剪应力与岩体自由变形之间的关系表达式：

$$\tau_{\mathrm{b1}}(x) = \xi G_{\mathrm{r}} \frac{A}{\pi d_{\mathrm{b}}} \frac{\mathrm{d}^2 u}{\mathrm{d}x^2} \tag{6.86}$$

式中，$\tau_{\mathrm{b1}}(x)$ 为岩体变形施加在超前支护锚杆上的剪应力；d_{b} 为超前支护锚杆直径。

同时，超前支护锚杆在 t 位置处的轴向力也会在超前支护锚杆 x 处产生剪应力，可按下式计算：

$$\mathrm{d}\tau_{\mathrm{b2}}(x) = \frac{\alpha}{2} \mathrm{d}\sigma_{\mathrm{b}}(t) \mathrm{e}^{-2a\frac{x-t}{d_{\mathrm{b}}}} \tag{6.87}$$

其中，$\alpha^2 = \dfrac{2G_{\mathrm{r}}G_{\mathrm{g}}}{E_{\mathrm{b}}\left[G_{\mathrm{r}}\ln\left(\dfrac{d_{\mathrm{g}}}{d_{\mathrm{b}}}\right) + G_{\mathrm{g}}\ln\left(\dfrac{d_0}{d_{\mathrm{g}}}\right) \right]}$

式中，$\mathrm{d}\sigma_{\mathrm{b}}(x)$ 为超前支护锚杆在位置 t 处的轴向应力增量；G_{g} 和 G_{r} 分别为超前支护锚杆和岩体的剪切模量；d_{b}、d_{g}、d_0 分别为超前支护锚杆直径、钻孔直径及超前支护锚杆影响范围直径。

$$\tau_{\mathrm{b2}}(x) = \int_0^x \mathrm{d}\tau_{\mathrm{b2}}(x) = -\frac{\alpha}{2} \xi G_{\mathrm{r}} \int_0^x \frac{\mathrm{d}^2 u}{\mathrm{d}t^2} \mathrm{e}^{-2\alpha\frac{x-t}{d_{\mathrm{b}}}} \mathrm{d}t \tag{6.88}$$

因此，实际作用在超前支护锚杆上的剪应力应为上述两部分之和，即

$$\tau_{\mathrm{b}}(x) = \tau_{\mathrm{b1}}(x) + \tau_{\mathrm{b2}}(x) = \xi G_{\mathrm{r}}\left(\frac{A}{\pi d_{\mathrm{b}}} \frac{\mathrm{d}^2 u}{\mathrm{d}x^2} - \frac{\alpha}{2} \int_0^x \frac{\mathrm{d}^2 u}{\mathrm{d}t^2} \mathrm{e}^{-2\alpha\frac{x-t}{d_{\mathrm{b}}}} \mathrm{d}t \right) \tag{6.89}$$

上述公式是在超前支护锚杆与岩体完全耦合的条件下确定出来的。

当超前支护锚杆与岩体接触面上的剪应力超过其胶结强度时，超前支护锚杆前端会发生部分解耦，假设解耦段上的剪应力为均匀分布的残余强度，见图 6.89，则解耦段的长度可以根据解耦段末端处的剪应力与胶结强度相等的条件按下式计算：

$$S_{\mathrm{p}} = \tau_{\mathrm{b}1}(r_{\mathrm{p}}) + \tau_{\mathrm{b}2}(r_{\mathrm{p}}) = \xi G_{\mathrm{r}} \frac{\mathrm{d}^2 u}{\mathrm{d}x^2} - \frac{\alpha}{2} \frac{\pi d_{\mathrm{b}}}{A} s_{\mathrm{r}} r_{\mathrm{p}} \tag{6.90}$$

式中，S_{p} 为超前支护锚杆与岩体的胶结强度；r_{p} 为超前支护锚杆解耦段长度；s_{r} 为解耦段的接触面上的残余强度；其他符号意义同前。

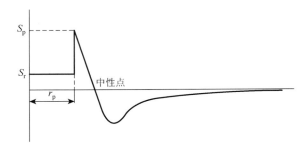

图 6.89　解耦条件下，超前支护锚杆剪应力分布示意图

相应地，解耦段以后（$x \geqslant r_{\mathrm{p}}$）部分超前支护锚杆任意位置处的剪应力可按下式计算：

$$\tau_{\mathrm{b}}(x) = \tau_{\mathrm{b}1}(x) + \tau_{\mathrm{b}2}(x) = \xi G_{\mathrm{r}} \left(\frac{A}{\pi d_{\mathrm{b}}} \frac{\mathrm{d}^2 u}{\mathrm{d}x^2} - \frac{\alpha}{2} \int_{r_{\mathrm{p}}}^{x} \frac{\mathrm{d}^2 u}{\mathrm{d}t^2} \mathrm{e}^{-2\alpha \frac{x-t}{d_{\mathrm{b}}}} \mathrm{d}t \right) - \frac{\alpha}{2} \frac{\pi d_{\mathrm{b}}}{A} s_{\mathrm{r}} r_{\mathrm{p}} \mathrm{e}^{-2\alpha \frac{x-r_{\mathrm{p}}}{d_{\mathrm{b}}}} \tag{6.91}$$

根据中性点处剪应力为零的条件，可以计算出超前支护锚杆的中性点位置，按下式计算：

$$\xi G_{\mathrm{r}} \left(\frac{A}{\pi d_{\mathrm{b}}} \frac{\mathrm{d}^2 u}{\mathrm{d}x^2} - \frac{\alpha}{2} \int_{0}^{x} \frac{\mathrm{d}^2 u}{\mathrm{d}t^2} \mathrm{e}^{-2\alpha \frac{x-t}{d_{\mathrm{b}}}} \mathrm{d}t \right) - \frac{\alpha}{2} \frac{\pi d_{\mathrm{b}}}{A} s_{\mathrm{r}} r_{\mathrm{p}} \mathrm{e}^{-2\alpha \frac{x-r_{\mathrm{p}}}{d_{\mathrm{b}}}} = 0 \tag{6.92}$$

显然，上述问题求解的关键在于确定岩体边坡开挖后的自由变形量，一般可通过埋设在坡体内不同深度处的位移监测设备及函数拟合来确定岩体自由变形函数。

根据坡面变形量随深度迅速衰减的特点，为计算简化，假设高切坡坡面自由变形量随深度变化的函数形式如下：

$$u(x) = u_0 \mathrm{e}^{-ax} \tag{6.93}$$

式中，$u(x)$ 为坡面任意深度位置处的自由变形量；u_0 为坡面自由变形量；a 为参数。

根据上述模型可以确定超前支护锚杆的中性点位置、最大轴力大小、超前支护锚杆轴力分布特性、超前支护锚杆剪应力分布特性及超前支护锚杆解耦段长度等，为超前支护锚杆的设计提供理论依据。

4. 高切坡超前支护锚杆数值模拟受力机制研究

（1）高切坡计算模型及参数选取

本书以一个高切坡为例，采用有限差分软件 FLAC3D 进行分析。研究超前支护锚杆与坡体之间的相互作用机制问题。

假设自然边坡坡高 22m，坡度为 1:1，上部岩体力学性能较差，下部岩体力学性能较好。因公路建设需要对其进行开挖，开挖高度为 7.5m。首先采用数值方法模拟自然边坡在无支护条件下，开挖后边坡的稳定性，经分析发现，若不对边坡进行支护而直接开挖，将导致高切坡失稳破坏，因此采用超前支护锚杆对高切坡进行超前加固防护。工程采用先施工超前支护锚杆，再进行边坡开挖的方式。经过数值模拟分析，可知超前支护措施为，在坡面布设 4 排 $\varphi32$、长 15m、垂直间距为 2.5m、水平间距为 2.5m 的锚杆能满足边坡开挖的稳定性。图 6.90 为超前支护锚杆加固后开挖模型的有限元网格。

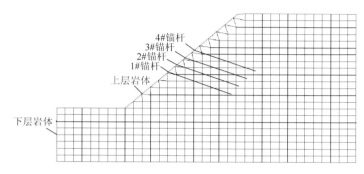

图 6.90　超前支护锚杆加固后开挖模型的有限元网格图

锚杆采用 FLAC3D 中的 cable 单元模型来模拟，岩土体的本构关系采用理想弹塑性模型，屈服准则采用莫尔-库仑准则。模型的边界条件为，顶部、坡面为自由面，底面固定，其他由滚动绞支约束。计算中采用的参数见表 6.15。

表 6.15　材料参数及模型主要尺寸

材料	参数	参数取值
上层岩体	黏聚力/kPa	30.0
	容重/(kN/m³)	20.0
	泊松比	0.3
下层岩体	黏聚力/MPa	0.8
	容重/(kN/m³)	24.0
	弹性模量/GPa	15.0
	泊松比	0.25
锚杆	容重/(kN/m³)	78.0
	弹性模量/GPa	200
	泊松比	0.2
	截面面积/m²	8.024×10^{-4}

（2）高切坡稳定性分析

对于任何一个高切坡而言，如果无支护开挖能保证边坡稳定，无支护开挖当然是首选。因此，进行无支护边坡开挖稳定性判别是进行超前支护的基础和前提，同时也能为高切坡超前支护结构的选择、布置方式的优化提供依据。所以本书首先计算无支护开挖后形成的高切坡的稳定性。图 6.91 为无支护开挖后形成高切坡的剪应变增量等值线图。由图 6.91 可以看出，在无支护开挖的情况下，贯通的剪应变增量轮廓表示边坡已经失稳，同时也显示出了破坏面的大致位置和形状。因此，该边坡在无支护条件下，开挖形成的高切坡处于不稳定状态，在施工过程中就有可能失稳。通过强度折减法得出该高切坡的安全系数为 0.98。

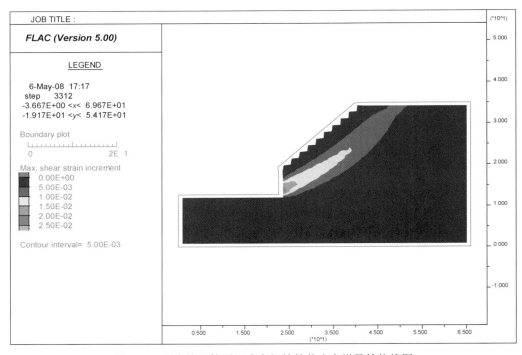

图 6.91　无支护开挖后形成高切坡的剪应变增量等值线图

由前面的分析可以看出，无支护边坡开挖显然不满足工程要求。因此，针对无支护开挖高切坡破坏面的大致位置和形状，通过对不同超前支护锚杆方案的数值进行模拟计算、分析，最终采用的超前支护方案为，坡面布设 4 排 $\varphi32$、长 15m、垂直间距为 2.5m、水平间距为 2.5m 的锚杆。其锚杆的布设图见图 6.90。图 6.92 和 6.93 分别为采用超前支护锚杆加固后高切坡剪应变增量等值线图和当折减系数 $R = 1.16$ 时高切坡剪应变增量等值线图。

从图 6.92 和图 6.93 可以看出，施加超前支护锚杆后，剪应变增量没有贯通，边坡处于稳定状态；当采用强度折减法计算边坡稳定性且其折减系数为 1.16 时贯通的剪应变轮廓表示边坡已经失稳，所以其高切坡的安全系数为 1.16，且满足工程要求。

（3）超前支护锚杆轴力及剪应力分析

通过前面的数值模拟计算可以看出，采用超前支护锚杆后再开挖边坡，形成的高切坡处于稳定状态，提高了工程在施工过程中的安全性。可见超前支护锚杆在提高边坡稳定性中起到了明显作用。在锚杆支护中，锚杆是最重要的一部分。锚杆具有比上层岩体高的抗剪强度和抗拉强度，插入锚杆后，锚杆分担了上层岩体中的大部分应力，因此研究它的受力关系十分重要。本小节研究了超前支护锚杆的轴力和剪应力的大小及分布特点，得出了不同加固部位锚杆的不同内力分布。

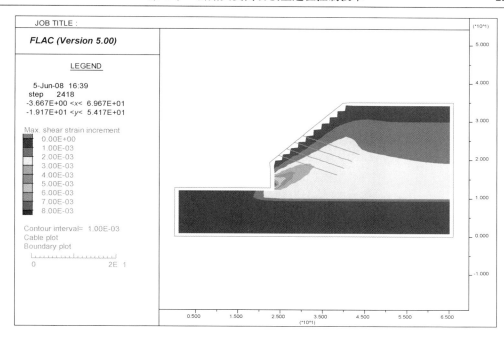

图 6.92　采用超前支护锚杆加固后高切坡剪应变增量等值线图

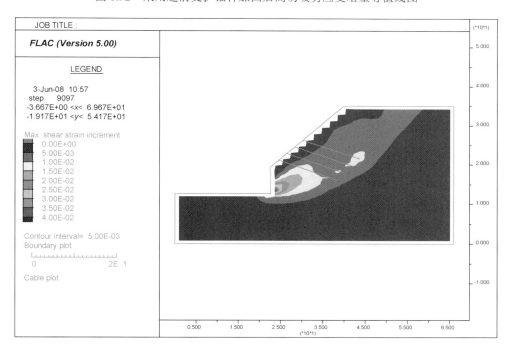

图 6.93　采用超前支护锚杆加固后当折减系数 $R = 1.16$ 时高切坡剪应变增量等值线图

图 6.94 为 1#～4#锚杆的轴力分布图，图 6.95 为 1#～4#锚杆的剪应力分布图。根据 1#～4#锚杆中性点的位置，结合高切坡的可能滑面位置，做出了高切坡坡体分区图，如图 6.96 所示。

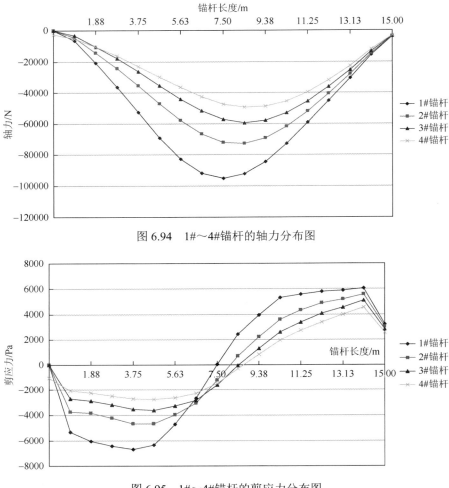

图 6.94　1#～4#锚杆的轴力分布图

图 6.95　1#～4#锚杆的剪应力分布图

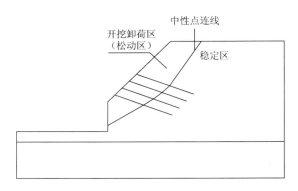

图 6.96　高切坡坡体分区图

由图 6.94 可以看出，1#～4#锚杆的轴力分布规律相似，即轴力呈抛物线形式分布，随着锚杆埋深的增大先增大再减小，最大值在锚杆中部附近，两端头轴力较小。总体上讲，锚杆的轴力值随锚杆布设位置的不同而有所变化，即离挖面越近的锚杆的轴力值越大。4 根锚杆中，1#锚杆的轴力最大，其值为–95400N，4#锚杆的轴力最小，其值为–49570N。

从图 6.95 中可以看出，1#～4#锚杆的剪应力分布规律相似，即剪应力总体上呈正弦线形式分布，中性点为剪应力方向的变化点。从锚杆布设的位置来看，离挖面越近的锚杆，其中性点位置埋深越浅；离挖面越近的锚杆，其剪应力值越大。4 根锚杆中，1#锚杆的剪应力极值分别为–6711Pa 和 5879Pa；4#锚杆的轴力最小，极值分别为–2753N 和 4559N。1#～4#超前支护锚杆的剪应力在中性点处为零，轴力在中性点处最大。

由图 6.96 可以看出，高切坡被分为了开挖卸荷区（松动区）和稳定区。为坡体分区对锚杆锚固段的设计及优化提供了依据。

5. 结论

本节针对人工高切坡开挖常常导致边坡变形破坏的问题，提出了高切坡超前锚杆支护的设计方法，超前支护锚杆能有效地抑制边坡的变形和开挖卸荷带的发展，从而达到稳定边坡的目的。根据超前支护锚杆与变形岩体之间的相互作用机制，讨论了超前支护锚杆在完全耦合及部分解耦条件下的荷载传递规律，为超前支护锚杆的设计和施工提供了理论依据。

由数值模拟分析我们得到，轴力呈抛物线形式分布，随着锚杆埋深的增大先增大再减小，最大值在锚杆中部附近，两端头轴力较小。总体上讲，锚杆的轴力值随锚杆布设位置的不同而有所变化，即离挖面越近的锚杆，其轴力值越大。剪应力总体上呈正弦线形式分布，中性点为剪应力方向的变化点。从锚杆布设的位置来看，离挖面越近的锚杆，其中性点位置埋深越浅；离挖面越近的锚杆，其剪应力值越大。超前支护锚杆的剪应力在中性点处为零，轴力在中性点处最大。

6.2.1.3　半隧道超前支护结构与高切坡作用机理研究

针对山区基础设计建设过程中，开挖边坡常常导致高切坡灾害发生的实际情况，何思明和李新坡（2008）提出了高切坡超前支护设计思想。在前面的章节中已对支护桩、支护锚杆等超前支护结构的作用机制做了相应的研究。本章将以西藏自治区 S306 米林县、朗县改扩建工程为例，提出一种新型的高切坡超前支护结构形式——半隧道超前支护结构，它由普通的半隧道结构与边坡超前支护结构有机组合，形成一个有机整体，以达到稳定边坡、减少边坡开挖、保护环境、减少投资的目的。

近年来，国内外许多学者基于有限差分软件 FLAC3D 对岩土工程中的许多问题进行了研究，得出了很多有价值的成果，其应用已经日渐成熟。为探讨超前支护结构的作用效果和优化设计，本章采用有限差分软件 FLAC3D 进行分析。

1. 工程地质条件

S306 线是西藏自治区中部重要的旅游环线、经济干线之一，是贡嘎机场与林芝机场连接通道的重要路段，也是西藏自治区重要的边防通道和通县油路，其路网地位十分重要。

其中，米林县至朗县公路改建整治工程，路线全长 175.987km，主线采用三级公路标准建设，项目初步设计总概算为 6.9 亿多元。

　　研究工点位于 S306 K232＋400～K232＋470 段，详见图 6.97，靠近朗县，距离县城 12km。由于线路等级提高，要求有更好的公路线型，为此需要开挖边坡。自然边坡最大高度为 120m，坡度为 70°左右，公路下方为雅鲁藏布江，地势非常险要。

图 6.97　　S306 K232＋400～K232＋470 高切坡

　　坡体岩层为志留系板岩、千枚岩，以千枚岩为主，局部夹有板岩薄层状，层理不明显，节理、裂隙发育，呈薄层状角砾结构，产状不稳定，岩体破碎，局部结构面充填泥质物，面光滑，稳定性较差，千枚岩被挤压揉皱，松软破碎。千枚岩为深灰色，为千枚状构造，片理极其发育，岩体破碎，片理面手感光滑，有丝绢光泽。千枚岩硬度小，单轴抗压强度小于 1MPa，易风化。

　　2. 高切坡超前支护半隧道整治措施

　　根据本段边坡的地形地貌特点及工程地质条件，为满足公路线形和路面宽度的需要，最初是采用分级开挖、分级支护的方式进行高切坡整治设计。边坡开挖共分为 4 级，每级高度达 15m，开挖坡比为 1∶0.5，坡面采用预应力锚索框架进行整治。如果按照此方案进行施工，工程量非常大，施工工期、工程投资均难以接受；同时按照交通运输部的要求，本段公路要建设成一条环保型公路，严禁大开挖，严禁将施工弃渣直接倒入雅鲁藏布江中。如此多的开挖弃渣的堆放、运输也是一个大问题。针对这一难题，本书提出了超前支护半隧道结构形式，得到了普遍的认可，并付诸实践，取得了明显的经济效益，加快了工程施工速度，大大减少了工程开挖量，非常环保和经济。

　　常规的半隧道结构经常在公路边坡工程中使用，主要应用于结构完整、强度高的硬质岩中，而对于软质岩、结构破碎的岩层则不宜采用。其主要原因在于，在这类岩层中开挖半隧道容易导致岩层发生变形破坏，诱发新的地质灾害。为解决这一技术难题，本书采用了常规半隧道结构与超前支护锚索结合的整治措施，即在半隧道开挖影响范围内预先设置超前支护预应力锚索结构对边坡进行加固处理，待预应力锚索结构发挥作用以后，再开挖半隧道，并进行喷锚支护。预应力锚索的存在和预加固可以大大约束岩体内开挖卸荷带的形成和发展，减少开挖面岩体的变形，从而保证开挖半隧道的整体稳定，不会发生半隧道的开挖导致边坡整体失稳破坏的情况。

拟定的超前支护半隧道结构做法如下。

1）半隧道结构：半隧道边墙高 5.0m，宽 7.5m，拱顶高 2.0m。半隧道采用喷锚支护，喷射 C20 混凝土，厚度为 12cm，面层铺设 $\varphi6@20mm\times20mm$ 钢筋网。锚杆为 $\varphi25mm$ 钢筋，长度为 4.0m，水平向间距为 2.5m，交错排列。在喷射混凝土坡面设置排水孔，采用 $\varphi50PVC$ 管，埋深为 300mm，纵横向间距为 3000mm，交错排列。

2）超前支护结构：超前支护结构采用垫墩式预应力锚索，锚索孔径为 130mm，长度为 20m，其中锚固段长度为 8m；锚索采用 7 根 $\varphi15$ 钢绞线（1860MPa），锚具用 OVM15-7 型。灌浆材料为水泥砂浆，比例为 1∶1，水灰比为 0.38～0.45，砂浆体强度不小于 30MPa。锚索设计荷载 900kN，锁定荷载 800kN。

问题的关键是，如何确定超前支护锚索结构的数量和排列才能保证半隧道结构的整体稳定和结构优化。为此，本书根据无支护开挖坡面的变形情况，进行了多种支护方式的计算，确定了最优的超前支护结构布置。

3. 超前支护半隧道结构数值分析

（1）计算模型的选取及相关参数的确定

选择 S306 K232＋400～K232＋470 段中的典型断面作为数值模拟原型。考虑开挖卸荷会造成周围岩体的损伤，在计算时，对其抗剪强度指标进行折减，详见图 6.98。开挖卸荷岩体的强度参数用损伤力学的方法计算。

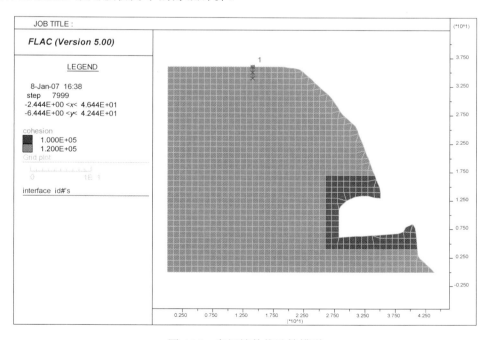

图 6.98　高切坡数值计算模型

以岩体开挖前后测得的岩体波速来定义岩体的开挖卸荷损伤:

$$D = 1 - \left(\frac{V_{\text{P}}}{V_0}\right)^2 \tag{6.94}$$

式中,V_{P} 为各向同性卸荷岩体的声波速度(m/s);V_0 为原状岩体声波速度(m/s);D 为边坡开挖卸荷损伤变量。

假设岩体为各向同性体,相应地,开挖卸荷损伤变量为标量,根据各向同性损伤理论,可以定义卸荷带内岩体的抗剪强度指标,如下所述。

卸荷损伤岩体的内摩擦角:

$$\varphi' = \varphi(1 - D) \tag{6.95}$$

式中,φ' 为卸荷损伤岩体的内摩擦角;φ 为原状岩体的内摩擦角。

开挖卸荷损伤岩体的黏聚力:

$$c' = c(1 - D) \tag{6.96}$$

式中,c' 为卸荷损伤岩体的黏聚力;c 为原状岩体的黏聚力。

开挖卸荷损伤岩体的弹性模量:

$$E' = E(1 - D) \tag{6.97}$$

式中,E' 为开挖卸荷损伤岩体的弹性模量;E 为原状岩体的弹性模量。模型的相关计算参数见表6.16。

表 6.16　数值模拟采用的材料参数

原状岩体参数					卸荷损伤岩体参数			
弹性模量/GPa	泊松比	黏聚力/kPa	内摩擦角/(°)	卸荷损伤	弹性模量/GPa	泊松比	黏聚力/kPa	内摩擦角/(°)
15	0.25	120	40	0.2	12	0.25	100	32

预应力锚索					
弹性模量/GPa	灌浆材料剪切模量/MPa	灌浆材料黏结强度/(kN/m)	预应力荷载/kN	锚索间距/m	屈服强度/kN
200	1000	80	800	4.0	1000

锚杆					
屈服强度/kN	间距/m	直径/mm	弹性模量/GPa	长度/m	灌浆材料黏结强度/(kN/m)	灌浆材料剪切模量/MPa
300	2.5	25	200	4.0	50	1000

根据现场调查,边坡后缘存在重力卸荷裂隙,裂隙最深处达2.0m,宽度近20cm。为此,在计算模型中设置了重力卸荷裂隙,见图6.98。

(2)高切坡无支护开挖数值模拟

对于任何一个高切坡而言,如果能无支护开挖且能保持边坡稳定,无疑无支护开挖应该是首选。因此,高切坡稳定性的超前诊断是进行高切坡超前支护的基础和前提,同时也能为高切坡超前支护结构的选择、布置方式的优化提供依据。为此,本书进行了半隧道无支护开挖数值模拟，计算结果见图 6.99。

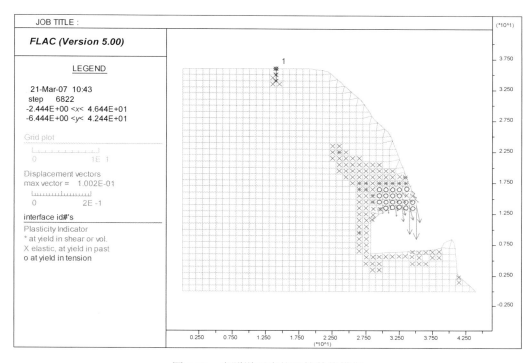

图 6.99　半隧道无支护开挖数值模拟

结果表明，在无支护条件下开挖，会出现 3 种变形破坏情况。

1）半隧道顶部会发生失稳破坏；

2）开挖卸荷影响区产生剪切塑性变形区，特别是半隧道边墙和顶部位置；

3）坡体内部形成剪切塑性变形区，近 1/2 的区域已经形成连续的塑性变形区，可能与边坡后缘卸荷裂隙贯通，形成滑动面而诱发滑坡。

（3）高切坡超前支护数值模拟及优化设计

无支护开挖数值模拟结果说明高切坡是一个危险性高切坡，在开挖过程中就会发生失稳破坏，为此应进行超前支护，根据坡体变形情况提出了 4 种超前支护方式整治方案（图 6.100～图 6.103），并对 4 种支护方案进行了数值分析，以提出合理、有效的优化设计方案。

a）第 1 种半隧道超前支护方案数值模拟（方案 1）

根据高切坡无支护开挖数值模拟结果，针对半隧道开挖会在开挖卸荷区产生剪切塑性区，并且将沿拱顶产生失稳破坏的情况，采取在半隧道边墙、拱顶进行喷锚支护，并沿拱顶设置一排仰斜式超前支护锚索进行整治，锚索间距为 4.0m，长度为 20m，其中锚固段长 8.0m，锁定预应力荷载 800kN，其他相关计算参数见表 6.16。

计算结果见图 6.100，结果表明，经过方案 1 的整治后，开挖卸荷区内剪切塑性区明显改善，边墙、拱顶都能保持稳定，同时拱顶外侧在预应力荷载作用下也能有效地保持稳定。但坡体内部剪切塑性区有所发展，2/3 以上的区域已经形成连续的塑性变形区，极易与坡体后缘卸荷裂隙连通，形成滑动面，导致坡体整体失稳。

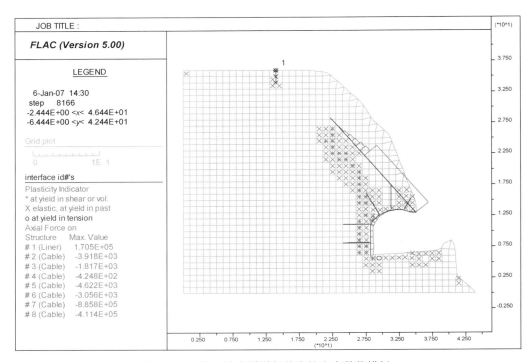

图 6.100　第 1 种半隧道超前支护方案数值模拟

b）第 2 种半隧道超前支护方案数值模拟（方案 2）

根据高切坡无支护开挖数值模拟结果，在半隧道边墙、拱顶进行喷锚支护，并沿坡面设置两排超前支护锚索进行整治。锚索间距为 4.0m，长度为 20m，其中锚固段长 8.0m，锁定预应力荷载 800kN，锚索位置分别为距离隧道底面 11m 和 15m。

计算结果见图 6.101，结果表明，经过方案 2 整治后，开挖卸荷区内剪切塑性区明显改善，边墙、拱顶都能保持稳定，同时坡体内剪切塑性区大为减少，不会与坡体后缘裂隙一道形成滑动面，从而能保证边坡的整体稳定性；但拱顶外侧失稳没有得到有效控制，该部分岩体会发生失稳破坏。

c）第 3 种半隧道超前支护方案数值模拟（方案 3）

根据方案 1 和方案 2 及高切坡无支护开挖数值模拟结果，本方案采用在半隧道边墙、拱顶进行喷锚支护，并沿坡面设置一排超前支护锚索，同时在拱顶设置一排仰斜超前支护锚索组合进行高切坡整治。锚索间距为 4.0m，长度为 20m，其中锚固段长 8.0m，锁定预应力荷载 800kN，锚索位置距离隧道底面 11m。

计算结果见图 6.102，结果表明，经过方案 3 的整治后，开挖卸荷区内剪切塑性区明显改善，边墙、拱顶都能保持稳定；拱顶外侧在预应力荷载作用下也能有效地保持稳定，同时坡体内部剪切塑性区有所改善，大约有 1/3 的区域形成了塑性变形区，基本上能保证高切坡的整体稳定性。

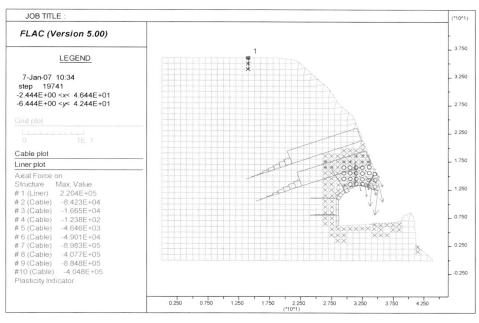

图 6.101　第 2 种半隧道超前支护方案数值模拟

d）第 4 种半隧道超前支护方案数值模拟（方案 4）

根据方案 1~3 及高切坡无支护开挖数值模拟结果，本书进一步提出了方案 4，即在方案 3 的基础上，在坡面再增设一排超前支护锚索，以减少坡体内剪切塑性区的范围，

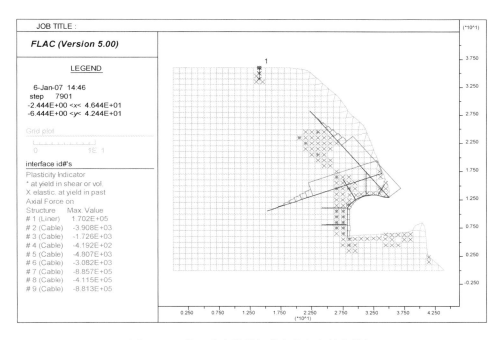

图 6.102　第 3 种半隧道超前支护方案数值模拟

以保证高切坡的整体稳定性。锚索间距、位置等的设计与前几种方案相同。计算结果见图 6.103，结果表明，无支护开挖可能产生的 3 种破坏形式均可以得到有效控制，完全能保证高切坡的稳定性。

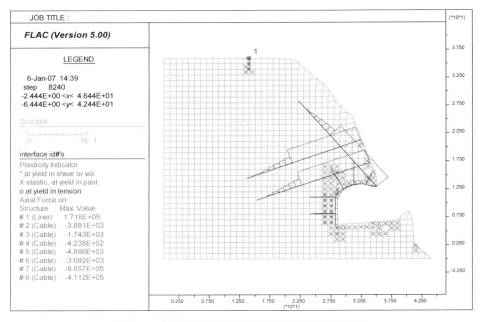

图 6.103　第 4 种半隧道超前支护方案数值模拟

综合上述 5 种情况的数值模拟与分析，我们最后确定方案 4 为最优化的超前支护整治方案。按照此方案设计的半隧道超前支护高切坡工程目前已经实施，效果明显。经过经济比较，本方案大约比常规开挖整治方案节约投资 30% 以上，同时减少开挖方量 60%，缩短工期 20d 以上，是一种非常环保、经济的高切坡超前支护结构，值得大力推广。

4．结论

通过上述分析，我们可以得出以下结论。

1）采用无支护半隧道形式开挖，高切坡将产生 3 种类型的破坏，是不稳定高切坡。

2）4 种高切坡超前支护方案中，第 4 种超前支护方案为最优方案（即半隧道喷锚支护＋拱顶一排超前支护仰斜锚索＋坡面两排超前支护锚索组合结构）。

3）与传统的高切坡开挖支护相比，这种新型超前支护结构具有开挖弃渣量少、对边坡周围的植被破坏小、避免开挖诱发新的地质灾害、机械化施工、速度快、节约工程投资等优点。

6.2.2　公路灾变高切坡超前处治新型结构形式研究

6.2.2.1　预应力锚索抗滑挡墙

整治高切坡的关键在于减小推力、增大抗滑阻力，以达到提高高切坡整体稳定性的目的。国内外常用的工程措施有排水（包括地表水和地下水）、改变边坡几何形状（削坡减载、回填压脚）、支挡结构、改变滑带土层性状（注浆、搅拌桩、高压喷射注浆）等。对于大多数体积不大的中小型高切坡或没有足够空间改变高切坡几何形状的高切坡，通常采用抗滑支挡结构物稳定高切坡。在常用的高切坡整治工程抗滑结构物中，主要有抗滑挡墙、抗滑桩、预应力锚固（包括预应力锚索框架、预应力锚索地梁、肋板锚索等）、预应力锚索桩及各种组合抗滑结构等。

1. 预应力锚索抗滑挡墙组合结构特点

预应力锚索抗滑挡墙是由预应力锚索和普通重力式抗滑挡墙组合而成的新型抗滑结构形式，其具体的构造见图 6.104。它通过施加在抗滑挡墙上的强大预应力荷载提供的摩擦阻力来平衡作用在挡土墙上的推力，并能提供较大的抗倾覆力矩，防治抗滑挡墙发生倾倒破坏。同时，预应力锚索的存在可以加强抗滑挡墙自身的抗剪强度，防止抗滑挡墙发生剪切破坏。

抗滑挡墙可以就地取材，采用浆砌片石砌筑。抗滑挡墙不再只依靠自身重力产生的摩擦阻力来平衡推力，因而抗滑挡墙的截面尺寸不必做得太大，基础埋设深度也可以减小。但为了保证抗滑挡墙基础的稳定，特别是当施加在抗滑挡墙上的预应力荷载较大时，对挡墙基础的承载力要求较高。当地基承载力不能满足设计要求时，可以采用地基处理（如扩大挡墙基础底面积、加深基础埋置深度、复合地基等）技术对基础进行处理以满足要求。

预应力锚索锚固段应锚固在高切坡体下的稳定岩土层内，锚固长度应根据所需要的预应力荷载及锚固段周围岩土体的特性综合确定。埋设在抗滑挡墙内的锚索孔可以通过预埋管件预留，在抗滑挡端砌筑完成后，直接从预留孔内施工其余部分的预应力锚索锚孔，可以节省部分钻探工程量。

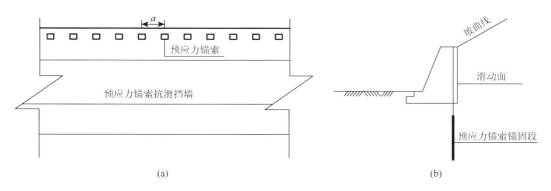

图 6.104　预应力锚索抗滑挡墙结构图

2. 预应力锚索抗滑挡墙设计原理

预应力锚索抗滑挡墙在推力荷载或土压力荷载作用下，应满足抗滑、抗倾覆、抗剪及地基稳定性等方面的要求。为此，考虑如图 6.105 所示的典型预应力锚索挡墙结构，以此为基础，研究其设计方法。

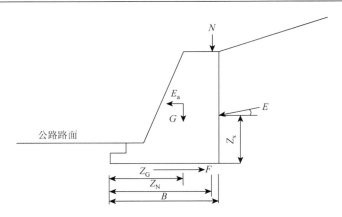

图 6.105　预应力锚索抗滑挡墙计算简图

作用在单位长度抗滑挡墙上的荷载有推力 E、墙体自身重力 G、预应力荷载 N、基底摩擦阻力 F。

首先研究抗滑挡墙的抗滑稳定性。作用在抗滑挡墙上的水平推力为

$$\sum T = E\cos\alpha + E_a \tag{6.98}$$

式中，α 为推力作用线与水平线的夹角；E 为地震惯性力。

总的抗滑阻力，即基底摩擦阻力为

$$\sum N = F = (E\sin\alpha + G + N)\mu \tag{6.99}$$

式中，μ 为基底摩擦系数。

预应力锚索抗滑挡墙的抗滑稳定性安全系数为

$$K_c = \frac{\sum N}{\sum T} = \frac{(E\sin\alpha + G + N)\mu + [F]}{E\sin\alpha + E_a} \tag{6.100}$$

式中，$[F]$ 为预应力锚索的抗剪断强度；K_c 为预应力锚索抗滑挡墙的抗滑稳定性安全系数，一般要求 K_c 大于 1.3。

预应力锚索抗滑挡墙的抗倾覆稳定性系数：

$$K_0 = \frac{G \cdot Z_G + N \cdot Z_N + E \cdot \sin\alpha \cdot B}{(E\sin\alpha + E_a) \cdot Z_x} \tag{6.101}$$

式中，K_0 为预应力锚索抗滑挡墙的抗倾覆稳定性系数，一般要求大于 1.6；Z_G 为墙体重力对墙趾的力臂；Z_N 为预应力荷载对墙趾的力臂；B 为抗滑挡墙基础宽度；Z_x 为推力的水平分量对墙趾的力臂。

作用在基底合力的法向分量对墙趾的力臂：

$$Z = \frac{G \cdot Z_G + N \cdot Z_N + E \cdot \sin\alpha \cdot B}{G + N + E\sin\alpha} \tag{6.102}$$

合力偏心矩为

$$e = \frac{B}{2} - Z \tag{6.103}$$

作用在基底的法向应力为

$$\left.\begin{array}{c} \sigma_1 \\ \sigma_3 \end{array}\right\} = \frac{G + N + E\sin\alpha}{B}\left(1 \pm \frac{6e}{B}\right) \tag{6.104}$$

当偏心距 $e \geqslant B/6$ 时，作用在基底的最大应力为

$$\sigma_{\max} = \frac{2(G + N + E\sin\alpha)}{3Z_N} \tag{6.105}$$

因此，在偏心荷载作用下，预应力锚索抗滑挡墙基础底面的压力应符合以下两式的要求：

$$\sigma \leqslant f_a \tag{6.106}$$

$$\sigma_{\max} \leqslant 1.2f_a \tag{6.107}$$

式中，σ 为基底平均压应力；$\sigma_{\max}$ 为基底最大压应力；f_a 为地基承载力特征值。

墙体抗剪验算：

$$K = \frac{E \cdot \cos\alpha}{f_c \cdot A_c + f_h \cdot A_h + f_g \cdot A_g} \tag{6.108}$$

式中，K 为预应力锚索抗滑挡墙墙体抗剪断安全系数，一般要求大于 1.5；f_c、f_h、f_g 分别为墙体抗剪断强度、锚索孔灌浆材料抗剪断强度和钢绞线抗剪断强度；A_c、A_h、A_g 为推力作用点处抗滑挡墙的净截面积、锚索孔灌浆材料截面积及钢绞线截面积。

如果上述公式考虑地下水压力及地震荷载的影响，则其可以用于地震区及地下水丰富地区的高切坡整治工程。

3. 结论

本节提出了一种新的高切坡整治抗滑结构——预应力锚索抗滑挡墙组合抗滑结构，研究了其作用机理并给出了相应的设计方法，通过具体的工程示范表明了这种结构的优越性。进一步验证了这种特殊抗滑结构的特点：

1）充分发挥两种结构的优点，能显著提高普通抗滑挡墙的抗滑稳定性、抗倾覆稳定性及抗剪断能力。

2）能大幅度降低高切坡整治的投资，具有非常明显的经济效益，与普通抗滑桩相比，可节约工程造价 20%以上。

3）可以用于大中型高切坡的整治，极大地拓展了普通抗滑挡墙的适用范围。

6.2.2.2　土钉加固高切坡

土钉支护技术的发展始于 20 世纪 70 年代，由于其经济、可靠且施工快速简便，已在公路、铁路等工程建设中得到迅速推广和应用。土钉支护作为永久性挡土工程，在边坡的治理中也发挥着重要的作用。然而对土钉支护的工作机理研究，以及在设计方法上的研究还没有达到比较完善的地步。目前应用土钉支护技术多依靠经验和工程类比，并与一定的

计算分析和现场监测相结合，特别是在土钉加固高切坡方面，更是需要深入的研究。

近年来，极限分析在边坡的静、动稳定性分析和永久位移预测方面取得了长足进展。为此，本章以极限分析上限定理为基础，推导出土钉加固高切坡在静力条件下、坡顶上作用有外荷载情况下，土钉加固边坡稳定性系数的公式，并通过算例取得了一系列研究成果；此外，还推导在地震作用下，土钉加固边坡的动力稳定性、边坡的屈服加速度及坡体永久位移的计算公式，同样通过算例取得了一系列研究成果。

1. 土钉加固边坡稳定性

边坡的滑移破坏模式一般可分为平移破坏和旋转破坏，因此边坡的破坏机构分为平移机构和旋转机构。两种机构相比而言，旋转机构的破坏模式更复杂，也是工程结构较多的形式。因此本节对土钉加固高切坡稳定性的分析研究建立在边坡发生旋转破坏基础上，旋转机构示意图见图 6.106。

旋转机构的滑移面可表示为对数螺旋线方程：

$$r = r_0 \exp[(\theta - \theta_0)\tan\varphi] \tag{6.109}$$

式中，r_0 为对数螺旋线滑面与水平面的夹角为 θ_0 时对应的半径；φ 为坡体材料的内摩擦角。

考察如图 6.106 所示的土钉加固边坡旋转机构计算模型，根据极限分析上限定理，内力、外力做功情况分别如下。

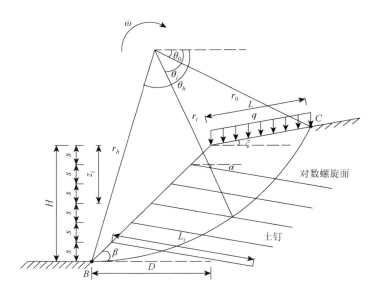

图 6.106　土钉加固边坡旋转机构示意图

滑体自重所做的外力功率：

$$\dot{W}_{\text{soil}} = \dot{\omega} r_0^3 \gamma (f_1 - f_2 - f_3) \tag{6.110}$$

式中，f_1、f_2、f_3 为关于 θ_0、θ_h、φ、ξ 和 β 的函数。其表达式如下：

$$f_1 = \frac{1}{3(1+9\tan^2\varphi)}\{(3\tan\varphi\cos\theta_h + \sin\theta_h)\exp[3(\theta_h - \theta_0)\tan\varphi] - (3\tan\varphi\cos\theta_0 + \sin\theta_0)\} \quad (6.111)$$

$$f_2 = \frac{1}{6}\frac{L}{r_0}\left(2\cos\theta_0 - \frac{L}{r_0}\cos\xi\right)\sin(\theta_0 + \xi) \quad (6.112)$$

$$f_3 = \frac{1}{6}\exp[(\theta_h - \theta_0)\tan\varphi]\left[\sin(\theta_h - \theta_0) - \frac{L}{r_0}\sin(\theta_h + \xi)\right]$$
$$\left\{\cos\theta_0 - \frac{L}{r_0}\cos\xi + \cos\theta_h\exp[(\theta_h - \theta_0)\tan\varphi]\right\} \quad (6.113)$$

$$\frac{H}{r_0} = \frac{\sin\beta}{\sin(\beta - \xi)}\{\sin(\theta_h + \xi)\exp[(\theta_h - \theta_0)\tan\varphi] - \sin(\theta_0 + \xi)\} \quad (6.114)$$

$$\frac{L}{r_0} = \frac{\sin(\theta_h - \theta_0)}{\sin(\theta_h + \xi)} - \frac{\sin(\theta_h + \beta)}{\sin(\theta_h + \xi)\sin(\beta - \xi)}\{\exp[(\theta_h - \theta_0)\tan\varphi]\sin(\theta_h + \xi) - \sin(\theta_0 + \xi)\} \quad (6.115)$$

对于空隙水压力的研究，Miller 把它考虑为旋转机构的内力，而 Michalowski 则将其考虑为外力。在目前的研究中，孔隙水压力包含的场压力和渗透力都被考虑为外力，这一点与 Michalowski 的思想一致。孔隙水压力的分布通常用系数 r_u 表示。外力功为土体自重、场压力和渗透力所做的功的和，而内能耗散则只是沿间断面 BC 发生的。本章采用的 Michalowski 提出的孔隙水压力的功率 W_u 为

$$W_u = \gamma r_0^3 \dot{\omega} r_u f_4 \quad (6.116)$$

$$f_4 = \tan\varphi\int_{\theta_0}^{\theta_1}\frac{z_1}{r_0}\exp[2(\theta - \theta_0)\tan\varphi]\mathrm{d}\theta + \tan\varphi\int_{\theta_1}^{\theta_2}\frac{z_2}{r_0}\exp[2(\theta - \theta_0)\tan\varphi]\mathrm{d}\theta \quad (6.117)$$

$$\frac{z_1}{r_0} = \frac{r}{r_0}\sin\theta - \sin\theta_0 - \left(\cos\theta_0 - \frac{r}{r_0}\cos\theta_h\right)\tan\xi \quad (6.118)$$

$$\frac{z_2}{r_0} = \frac{r}{r_0}\sin\theta - \sin\theta_h\exp[(\theta_h - \theta_0)\tan\varphi] + \left\{\frac{r}{r_0}\cos\theta - \cos\theta_h\exp[(\theta_h - \theta_0)\tan\varphi]\right\}\tan\beta \quad (6.119)$$

式中，r_u 为孔隙水压力系数。

外荷载的功率为

$$W_q = q r_0^2 \dot{\omega} f_5 \quad (6.120)$$

式中，q 为铅直向荷载；f_5 为无纲量的表达式，如下：

$$f_5 = \frac{L}{r_0}\left(\cos\theta_0 - \frac{1}{2}\frac{L}{r_0}\cos\xi\right) \quad (6.121)$$

内能耗散率分为两部分：一部分是沿滑面破坏土钉作用所产生的内能耗散率；另一部分是由于土体具有黏聚力而产生的内能耗散率。

土钉作用所产生的内能耗散率：

$$\dot{D}_{\text{nail}} = r_0\dot{\omega}\sum_{i=1}^{n}T_i\mathrm{e}^{(\theta_i - \theta_0)\tan\varphi}\sin(\theta_i - \alpha) \quad (6.122)$$

式中，n 为土钉的层数；α 为土钉与水平面的夹角；T_i 为第 i 层单位宽度抗拔力，可以表示为

$$T_i = \pi d_i L_i [\tau] \tag{6.123}$$

式中，d_i 为土钉直径；L_i 为土钉长度；$[\tau]$ 为土钉与土体间的剪切强度。

z_i（坡顶至各层土钉的距离）可以表示为下式：

$$z_i = \frac{H \tan\alpha \cot\beta - L \sin\xi + r_0[\mathrm{e}^{(\theta_i-\theta_0)\tan\varphi}(\sin\theta_i - \cos\theta_i \tan\alpha) + \mathrm{e}^{(\theta_h-\theta_0)\tan\varphi}\cos\theta_h \tan\alpha - \sin\theta_0]}{1 + \tan\alpha \cot\beta}$$

$$\tag{6.124}$$

土体黏聚力作用产生的内能耗散率：

$$\dot{D}_{\mathrm{soil}} = \frac{c r_0^2 \dot{\omega}}{2\tan\varphi}[\mathrm{e}^{2(\theta_h-\theta_0)\tan\varphi} - 1] \tag{6.125}$$

边坡的安全系数可以表达为

$$k = \frac{\dot{D}_{\mathrm{nail}} + \dot{D}_{\mathrm{soil}}}{\dot{W}_{\mathrm{soil}} + \dot{W}_{\mathrm{q}} + \dot{W}_{\mathrm{u}}} = \frac{\dfrac{c r_0}{2\tan\varphi}[\mathrm{e}^{2(\theta_h-\theta_0)\tan\varphi} - 1] + \displaystyle\sum_{i=1}^{n} T_i \mathrm{e}^{(\theta_i-\theta_0)\tan\varphi}\sin(\theta_i - \alpha)}{r_0^2 \gamma(f_1 - f_2 - f_3) + \gamma r_0^2 r_{\mathrm{u}} f_4 + q r_0 f_5} \tag{6.126}$$

可以看出，式（6.126）是关于 θ_0 和 θ_h 的函数，最优解是函数的最小值问题：

$$\left.\begin{aligned} \frac{\partial k}{\partial \theta_0} &= 0 \\ \frac{\partial k}{\partial \theta_h} &= 0 \end{aligned}\right\} \tag{6.127}$$

2. 土钉加固边坡的动力响应

（1）土钉加固高边坡动力稳定性

本节对土钉加固高边坡动力稳定性的分析研究建立在边坡发生旋转破坏模式上，旋转机构示意图见图 6.107。

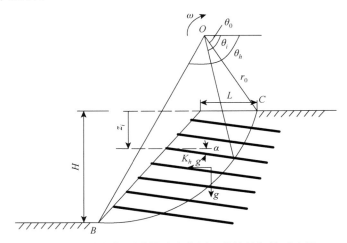

图 6.107　土钉加固边坡动力作用下的旋转机构示意图

考察如图 6.107 所示的土钉加固边坡旋转机构计算模型，根据极限分析上限定理，内力、外力做功情况分别如下。

$$\dot{W} = \dot{\omega} r_0^3 \gamma [f_1 - f_2 - f_3] + k_h \dot{\omega} r_0^3 \gamma (f_4 - f_5 - f_6) \tag{6.128}$$

式中，k_h 为地震系数；γ 为单位宽度土体容重；f_1、f_2、f_3、f_4、f_5、f_6 是关于 θ_0、θ_h、φ、β 的函数，其表达式如下：

$$f_1 = \frac{(3\tan\varphi\cos\theta_h + \sin\theta_h)\exp[3(\theta_h - \theta_0)\tan\varphi] - 3\tan\varphi\cos\theta_0 - \sin\theta_0}{3(1 + 9\tan^2\varphi)} \tag{6.129}$$

$$f_2 = \frac{1}{6}\frac{L}{r_0}\left(2\cos\theta_0 - \frac{L}{r_0}\right)\sin\theta_0 \tag{6.130}$$

$$f_3 = \frac{1}{6}\exp[(\theta_h - \theta_0)\tan\varphi]\left[\sin(\theta_h - \theta_0) - \frac{L}{r_0}\sin\theta_h\right]\left\{\cos\theta_0 - \frac{L}{r_0} + \cos\theta_h\exp[(\theta_h - \theta_0)\tan\varphi]\right\} \tag{6.131}$$

$$\frac{L}{r_0} = \frac{\sin(\theta_h - \theta_0)}{\sin\theta_h} - \frac{\sin(\theta_h + \beta)}{\sin\theta_h\sin\beta}\{\sin\theta_h\exp[(\theta_h - \theta_0)\tan\varphi] - \sin\theta_0\} \tag{6.132}$$

$$f_4 = \frac{\{(3\tan\varphi\sin\theta_h - \cos\theta_h)\exp[3(\theta_h - \theta_0)\tan\varphi] - 3\tan\varphi\sin\theta_0 + \cos\theta_0\}}{3(1 + 9\tan^2\varphi)} \tag{6.133}$$

$$f_5 = \frac{1}{3}\frac{L}{r_0}\sin^2\theta_0 \tag{6.134}$$

$$f_6 = \frac{1}{6}\exp[(\theta_h - \theta_0)\tan\varphi]\left[\sin(\theta_h - \theta_0) - \frac{L}{r_0}\sin\theta_h\right]\{\sin\theta_0 + \sin\theta_h\exp[(\theta_h - \theta_0)\tan\varphi]\} \tag{6.135}$$

土钉作用所产生的内能耗散率：

$$\dot{D}_1 = r_0\omega\sum_{i=1}^{n}T_i e^{(\theta_i - \theta_0)\tan\varphi}\sin(\theta_i - \alpha) \tag{6.136}$$

式中，n 为土钉的层数；α 为土钉与水平面的夹角；T_i 为第 i 层单位宽度抗拔力，可表示为

$$T_i = \pi d_i L_i[\tau] \tag{6.137}$$

式中，d_i 为土钉直径；L_i 为土钉长度；$[\tau]$ 为土钉与土体间的剪切强度。

z_i（坡顶至各层土钉的距离）可以表示为下式：

$$z_i = \frac{H\tan\alpha\cot\beta + r_0[e^{(\theta_i - \theta_0)\tan\varphi}(\sin\theta_i - \cos\theta_i\tan\alpha) + e^{(\theta_h - \theta_0)\tan\varphi}\cos\theta_h\tan\alpha - \sin\theta_0]}{1 + \tan\alpha\cot\beta} \tag{6.138}$$

土体黏聚力作用产生的内能耗散率：

$$\dot{D}_2 = \frac{cr_0^2\omega}{2\tan\varphi}[e^{2(\theta_h - \theta_0)\tan\varphi} - 1] \tag{6.139}$$

因此，总内能耗散率为

$$\dot{W} = \dot{D}_1 + \dot{D}_2 \tag{6.140}$$

将式（6.128）、式（6.136）、式（6.139）代入式（6.140）中得

$$\omega r_0^3 \gamma [(f_1 - f_2 - f_3) + k_h(f_4 - f_5 - f_6)] = r_0 \omega \sum_{i=1}^{n} T_i e^{(\theta_i - \theta_0)\tan\varphi} \sin(\theta_i - \alpha) + \frac{cr_0^2 \omega}{2\tan\varphi}[e^{2(\theta_0 - \theta_h)\tan\varphi} - 1]$$

（6.141）

$$\frac{H}{r_0} = a \tag{6.142}$$

$$a = e^{(\theta_h - \theta_0)\tan\varphi} \sin\theta_h - \sin\theta_0 \tag{6.143}$$

因此，式（6.141）可以简化为

$$H^2 \gamma [(f_1 - f_2 - f_3) + k_h(f_4 - f_5 - f_6)] = a^2 \sum_{i=1}^{n} T_i e^{(\theta_i - \theta_0)\tan\varphi} \sin(\theta_i - \alpha) + \frac{caH}{2\tan\varphi}[e^{2(\theta_h - \theta_0)\tan\varphi} - 1]$$

（6.144）

因此，旋转机构的屈服加速度可以表示为

$$k_y = \frac{a^2 \sum_{i=1}^{n} T_i e^{(\theta_i - \theta_0)\tan\varphi} \sin(\theta_i - \alpha) + \frac{caH}{2\tan\varphi}[e^{2(\theta_h - \theta_0)\tan\varphi} - 1] - H^2 \gamma(f_1 - f_2 - f_3)}{H^2 \gamma(f_4 - f_5 - f_6)} \tag{6.145}$$

屈服加速度 k_y 是关于 θ_0 和 θ_h 的最小值函数。这就意味着 k_y 的一次导数为零，如下：

$$\left.\begin{array}{c} \dfrac{\partial k_y}{\partial \theta_0} = 0 \\[3mm] \dfrac{\partial k_y}{\partial \theta_h} = 0 \end{array}\right\} \tag{6.146}$$

对于一个给定高度为 H、土体单位容重为 γ 的边坡，我们可以借助程序解出关于 θ_0、θ_h 的函数，从而获得土钉技术加固边坡的坡体产生屈服的最小屈服加速度。

（2）土钉加固边坡永久位移

对于永久位移的计算，通常采用 Newark 滑块理论。根据这个方法，滑体土被看作刚性体。地震引起的永久位移可以通过对加速度进行两次积分获得

$$\ddot{x} = [k_h(t) - k_y]g \frac{\cos(\varphi - \theta)}{\cos\varphi} \tag{6.147}$$

式中，$\ddot{x}$ 为滑体土沿滑面滑动的加速度；$k_h(t)g$ 为地面加速度时程；$k_y g$ 为屈服加速度；g 为重力加速度；θ 为边坡坡角。

在旋转机构中，用加速度的形式来表达永久位移是比较合适的，其表达式如下：

$$\ddot{\omega} = [k_h(t) - k_y]g \frac{R_{gy}}{R_g^2} \tag{6.148}$$

式中，$\ddot{\omega}$ 为旋转机构角速度；R_g 为滑体土重力中心至旋转中心的距离；R_{gy} 为 R_g 的铅直分量；当 ω 很小的时候，滑移面底端的位移由 ω 和 r 给出。

6.2.2.3　主动减压超前支护结构

1. 边坡体与支护结构作用机理

边坡岩土体材料根据材料进入塑性后表现出的力学性质可分为应变硬化材料、理想塑性材料和应变软化材料。实际上，边坡沿滑动面的失稳破坏基本上都是应变软化材料强度从峰值强度向残余强度转变的一个不稳定过程，岩土体产生剪切破坏面后，材料的变形主要表现为沿破坏面的滑移，已不能单纯地用应力-应变关系表征材料的变形规律，而只能采用应力-位移关系来表征，如图 6.108 所示。

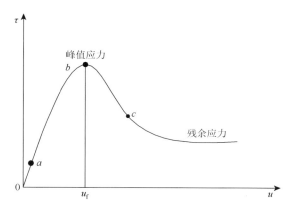

图 6.108　应力-应变关系曲线

边坡体与支护结构的耦合作用是通过边坡体的应力-应变状态与支护结构的荷载关系体现的。由弹性力学理论中半无限体的应力-应变状态与作用荷载的关系可知，边坡体应力-应变状态的不同将导致支护结构承受的荷载差异较大；相应地，不同的支护结构对应不同的边坡体应力-应变状态。例如，当支护结构承受主动土压力、静止土压力或被动土压力时，边坡岩土体的应力-应变状态是不一样的。因此，合理地控制边坡体的应力-应变状态，才能使支护结构产生较小的推力。

由图 6.108 中应力-应变关系可以看出，边坡岩土体变形的大小直接影响材料应力是否会达到峰值强度或是否越过峰值强度进入残余强度阶段，同时也能反映出材料的抗剪能力是否得到充分发挥，当 $u < u_f$ 时，岩土抗剪能力未完全发挥；当 $u = u_f$ 时，岩土体抗剪能力得到充分发挥；当 $u > u_f$ 时，岩土体发生破坏。在边坡工程中，支护结构与边坡体的作用时机直接反映出边坡体变形的大小，相应地，应力状态也会不同。对于边挖边固、先挖后固及先固后挖三种边坡体与支护结构的耦合作用，岩土体所处的应力状态是不同的。例如，若采取先挖后固方式，在实施支护结构时边坡岩土体已发生较大的变形，此时岩土体应力状态极有可能处于残余强度阶段 c 点，支护结构将承受较大的推力。采取边挖边固方式，若支护过早，边坡体变形很小，可能处于 a 点，此时岩土体应力状态可能还远未达到峰值强度，从而未充分发挥自身的抗剪能力；若当边坡体变形处于 b 点，即正好达到峰值强度所需要的位移量时进行支护，则岩土体抗剪能力得到充分发挥，会真正实现"新奥法"边坡施工；若支护不及时，边坡体自由变形得不到有效控制，极有可能处于 c 点，岩土体应力状态处于残余强度阶段，从而出现失稳破坏。而采取先固后挖方式，边坡体几乎没有产生变形或变形很小，可能处于 a 点，此时岩土体应力状态还远未达到峰值强度，并未充分发挥自身的抗剪能力。

边坡岩土体不同的应力状态将决定支护结构推力的大小，由上述三种支护结构与边坡岩土体的耦合作用分析可知，若边挖加固方式控制得当，将会对支护结构产生较小的推力，然而目前的"新奥法"施工监测费用较大，根本无法推广。因此，在支护结构与边坡体耦合作用下，岩土体应力状态达到峰值强度，以充分发挥自身的抗剪能力，此时对支护结构产生的推力最小，从而达到主动减压的作用。

2. 主动减压超前支护结构关键参数计算

主动减压超前支护结构主要由柔性填料和超前支护结构构成，一部分促使岩土体在边坡施工后发生变形，另一部分限制边坡体变形的自由发展，当位移值控制适当时，岩土体应力状态正好处于峰值强度，此时岩土体抗剪能力得到充分发挥。此时边坡体下滑推力由超前支护结构独自承担向支护结构和岩土体共同承担转变，也就是使支护结构承受的静止土压力转化为主动土压力，超前支护结构承受的推力达到最小，从而达到主动减压的效果，真正实现边坡工程的"新奥法"施工。因此，设置柔性填料厚度，使边坡岩土体变形正好达到应力状态为峰值强度时所需要的位移值是主动减压超前支护结构实施成功的关键。

（1）主动减压超前支护结构变形特性分析

通过支护结构与岩土体的耦合作用机理分析，根据作用力与反作用力的关系，柔性填料、隔板、支护结构及边坡岩土体都承受压力，产生压缩变形，由于隔板的设置属于施工构造，弹性模量较大，变形不予考虑。设边坡体任意位置处的水平变形总量为 $U_0(z)$，柔性填料变形量为 $U_1(z)$，超前支护结构变形量为 $U_2(z)$，则这三种变形量之间应该满足式（6.149）的关系，如图 6.109 所示。

$$U_0(z) = U_1(z) + U_2(z) \tag{6.149}$$

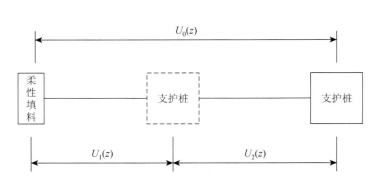

图 6.109　主动减压超前支护结构变形协调关系图

（2）主动减压超前支护结构柔性填料厚度计算

由主动减压超前支护结构作用机理和变形特性的分析可知，柔性填料、支护结构及边坡岩土体承受相同的荷载。为了对主动减压超前支护结构柔性填料厚度进行计算，必须将主动减压超前支护结构体系解耦为边坡体、柔性填料和超前支护结构，分别对其进行变形计算，再根据式（6.149）的变形协调关系对柔性填料厚度进行计算。

如图 6.110（b）所示，边坡体在荷载作用下的变形计算可以采用半无限平面体的弹性力学位移解。

$$U_0'(z) = \int_0^h \frac{(1-2\upsilon)\,p(z)}{\pi E_0(h-z)}\,\mathrm{d}z \tag{6.150}$$

式中，$p(z)$ 为荷载分布函数；$U_0'(z)$ 为边坡体任意位置处的水平位移；E_0 和 υ 分别为边坡岩土体的弹性模量和泊松比；h 为边坡高度。

如图 6.110（c）所示，柔性填料在荷载作用下的变形可以按单轴压缩计算。假设柔性填料为弹性体，设柔性填料的厚度为 U：

$$U_1(z) = \frac{p(z)}{E_1}U \tag{6.151}$$

式中，$p(z)$ 的意义同上；$U_1(z)$ 为柔性填料任意位置处的水平位移；E_1 为柔性填料的弹性模量。

如图 6.110（d）所示，超前支护结构在荷载作用下的变形计算采用抗滑桩承受水平荷载的变形计算方法：

$$U_2(z) = U_2'(z) + U_2''(0) + \varphi(0) \cdot z \tag{6.152}$$

式中，$U_2(z)$ 为支护结构自由段的水平总变形；$U_2'(z)$ 为支护结构自由段隔离体的水平变形；$U_2''(0)$ 为支护结构锚固段顶部水平位移值；$\varphi(0)$ 为支护结构锚固段顶部转角。

主动减压超前支护结构实施的关键就是要保证边坡体位移量为 U_f，而边坡体在压力荷载作用下产生压缩变形，方向与 U_f 相反，则可得

$$U_0(z) = U_f + U_0'(z) \tag{6.153}$$

根据式（6.149）～式（6.153），可得柔性填料厚度 U 的计算表达式：

$$U = \frac{u_f + U_0'(z) - U_2(z)}{p(z)} E_1 \tag{6.154}$$

3. 结论

主动减压超前支护结构是在超前支护结构后填充适当厚度的柔性材料，可为废旧橡胶或普通泡沫等弹性体。通过支护结构与边坡体的作用机理分析、主动减压超前支护结构关键问题研究等可得到如下结论。

1）主动减压超前支护结构形式是充分利用先固后挖施工方式和边挖边固施工方式的优点建立起来的，主要由柔性填料和超前支护结构构成，前者促使岩土体在边坡施工后发生变形，后者限制边坡体变形的自由发展。

2）柔性填料厚度设置的大小直接关系到边坡岩土体抗剪能力是否完全发挥，若设置合理，支护结构承受的荷载将由静止土压力转变为主动土压力，从而实现主动减压的作用，

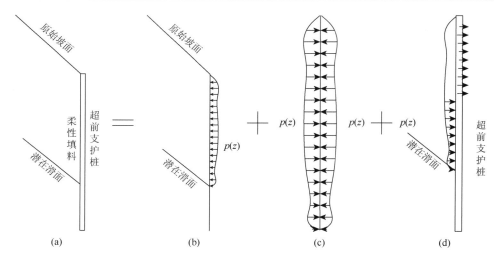

图 6.110 主动减压超前支护结构体系解耦示意图

柔性填料具体厚度可根据柔性填料、超前支护结构及边坡岩土体之间的变形协调关系进行计算。

3）为了在施工中做到主动减压超前支护结构中的柔性填料和超前支护结构在施工中互不影响，在使用中共同发挥作用，首先采用在挖孔适当位置设置隔板的方式将挖孔分割成两个相互独立的空间，然后再设置柔性填料，最后设置超前支护结构。

6.2.3 超前支护结构实用设计方法研究

6.2.3.1 支护桩的实用设计方法研究

1. 支护桩设计推力研究

（1）剩余下滑力与剩余抗滑力的差异

a）传递系数法的假设

在边坡工程治理中，对于由一些倾角较缓、相互间变化不大的折线组成的滑面，传递系数法是计算剩余下滑力和稳定性的常用方法，而且在相关规范中也明确规定将其作为折线形高切坡稳定性分析和下滑推力计算的方法，传递系数法在中国水利、交通，尤其是铁路边坡稳定性分析中得到了广泛应用。

在我国的支护桩设计中多采用刚体极限平衡法中的传递系数法来计算支护桩所受到的边坡体作用在其上的力，计算方法基于如下几点基本假设。

1）将边坡稳定性问题视为平面应变问题，垂直失稳坡体主轴取单位长度宽的岩土体作为计算的基本断面，不考虑条块两侧的摩阻力。

2）滑动力以平行于滑动面的剪应力和垂直于拟滑面的正应力集中作用于拟滑面上。

3）视失稳坡体为理想刚塑性材料，认为在整个加载过程中，失稳坡体不可压缩，一旦沿拟滑面的剪应力达到其剪切强度，则高切坡体开始沿拟滑面做整体下滑，不考虑条块之间的挤压变形。

4）拟滑面的破坏服从莫尔-库仑破坏准则。

5）条块之间只传递推力不传递拉力，不出现条块之间的拉裂，剩余下滑力方向与拟滑面倾角一致，剩余下滑力为负值时，则传递的剩余下滑力为 0。

6）沿整个拟滑面满足静力平衡条件，但不满足力矩平衡条件。

基于稳定性系数求解过程和静力平衡条件的差异，可将传递系数法分为三类：超载法、强度储备法和定义法，在实际应用中，超载法是规范要求的，强度储备法处于学术研究探讨阶段。

b）剩余下滑力的计算公式

超载法是在选定安全系数 F_s 后，将下滑力乘以 F_s，再减去抗滑力作为条块的剩余下滑力。如图 6.111 所示，第 i 条块的剩余下滑力计算公式如下。

如图 6.111 所示，P_{i-1} 为第 $i-1$ 条块的剩余推力，P_i 为第 i 条块的剩余推力。根据条块 i 的力的平衡条件，P_i 就是第 $i+1$ 条块的反作用力。

条块 i 的自重为 W_i，则自重在滑面的法向分量和切向分量分别为 N_i^W 和 T_i^W。即

$$N_i^W = W_i \cdot \cos \alpha_i \qquad (6.155)$$

$$T_i^W = W_i \cdot \sin \alpha_i \qquad (6.156)$$

Ⅰ. 沿第 i 条块滑面方向的抗滑阻力

已知 P_{i-1} 在 i 条块滑面上的分解为

$$N_i^{i-1} = P_{i-1} \cdot \sin(\alpha_{i-1} - \alpha_i) \qquad (6.157)$$

$$T_i^{i-1} = P_{i-1} \cdot \cos(\alpha_{i-1} - \alpha_i) \qquad (6.158)$$

则抗滑阻力为

$$P_i - P_{i-1} \cdot \cos(\alpha_{i-1} - \alpha_i) + [W_i \cdot \cos \alpha_i + P_{i-1} \cdot \sin(\alpha_{i-1} - \alpha_i)] \tan \varphi_i + c_i L_i$$
$$= P_i + (W_i \cdot \cos \alpha_i \cdot \tan \varphi_i + c_i L_i) - P_{i-1} \cdot [\cos(\alpha_{i-1} - \alpha_i) - \sin(\alpha_{i-1} - \alpha_i) \tan \varphi_i]$$

令

$$T_i = W_i \cdot \cos \alpha_i \cdot \tan \varphi_i + c_i L_i$$

第 $i-1$ 条块对第 i 条块的剩余推力传递系数 ψ_{i-1}：

$$\psi_{i-1} = \cos(\alpha_{i-1} - \alpha_i) - \sin(\alpha_{i-1} - \alpha_i) \tan \varphi_i \qquad (6.159)$$

则沿第 i 条块滑面方向的抗滑阻力为

$$P_i + T_i - P_{i-1} \cdot \psi_{i-1}$$

Ⅱ. 沿第 i 条块滑面方向的下滑力

沿第 i 条块滑面方向的下滑力即条块 i 的自重沿滑面的切向分量 T_i^W。

Ⅲ. 下滑推力计算

根据稳定性系数的定义，则

$$F_s = \frac{P_i + T_i - P_{i-1} \cdot \psi_{i-1}}{T_i^W} \qquad (6.160)$$

于是，下滑推力 P_i 为

$$P_i = P_{i-1} \cdot \psi_{i-1} + F_s \cdot T_i^W - T_i$$

即剩余下滑力：

$$P_i = P_{i-1} \cdot \psi_{i-1} + F_s \cdot T_i^W - T_i \tag{6.161}$$

其中，

$$T_i = (W_i \cdot \cos\alpha_i \cdot \tan\varphi_i + c_i L_i)$$
$$\psi_{i-1} = \cos(\alpha_{i-1} - \alpha_i) - \sin(\alpha_{i-1} - \alpha_i)\tan\varphi_i$$
$$T_i^W = W_i \cdot \sin\alpha_i$$

式中，P_i 为第 i 条块的剩余下滑力；T_i^W 为沿第 i 条块滑面方向的下滑力；T_i 为沿第 i 条块滑面方向的抗滑力；ψ_{i-1} 为沿第 $i-1$ 条块对第 i 条块的剩余下滑力的传递系数，其余符号意义见图 6.111。

对于强度储备法，同理可得第 i 条块的剩余下滑力计算公式如下：

$$P_i = P_{i-1} \cdot \psi_{i-1} + T_i^W - T_i \cdot \frac{1}{F_s} \tag{6.162}$$

其中，$\psi_{i-1} = \cos(\alpha_{i-1} - \alpha_i) - \sin(\alpha_{i-1} - \alpha_i) \cdot \tan\varphi_i \cdot \dfrac{1}{F_s}$，其他符号同上。

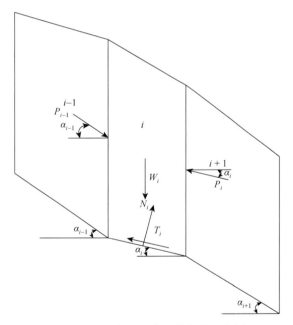

图 6.111 剩余下滑力计算条块示意图

c）剩余抗滑力求解

借鉴传递系数法的思想，剩余抗滑力即逆向求解各个条块的富余强度储备，其方向与拟滑面倾角一致，剩余抗滑力为负值时，则传递的剩余抗滑力为零。显然，剩余下滑力和剩余抗滑力在条块接触面上不在同一条直线上，两者的夹角大小为相邻条块倾角之和的补角。

剩余抗滑力求解思路如下：条块在给定安全系数 F_s 的条件下，从最后一个条块 n 开始，从下往上计算各个条块的剩余抗滑力，并将下一条块的剩余抗滑力逐块向上一条块的滑动面投影，剩余抗滑力为负值时，则传递的剩余抗滑力为 0，直到计算出所有条块的剩余抗滑力。当条块 1 的剩余抗滑力为零时，F_s 就是边坡体基于剩余抗滑力为零对应的安全系数，见图 6.112。

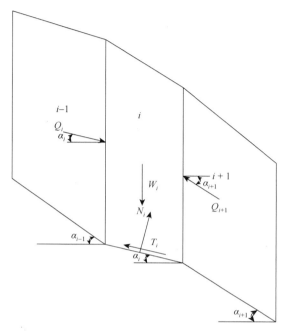

图 6.112 剩余抗滑力计算条块示意图

超载法是在选定安全系数 F_s 后，将抗滑力减去下滑力的 F_s 倍，作为条块的剩余抗滑力。如图 6.112 所示，第 i 条块的剩余抗滑力计算公式如下。

如图 6.112 所示，Q_{i+1} 为第 $i+1$ 条块的剩余抗滑力，Q_i 为第 i 条块的剩余抗滑力。根据条块 i 的力的平衡条件，Q_i 就是第 $i-1$ 条块的反作用力。

条块 i 的自重为 W_i，则自重在滑面的法向分量和切向分量分别为 N_i^W 和 T_i^W。即

$$N_i^W = W_i \cdot \cos\alpha_i \tag{6.163}$$

$$T_i^W = W_i \cdot \sin\alpha_i \tag{6.164}$$

Ⅰ. 沿第 i 条块滑面方向的抗滑阻力

已知 Q_{i+1} 在第 i 条块滑面上的分解为

$$N_i^{i+1} = Q_{i+1} \cdot \sin(\alpha_{i+1} - \alpha_i) \tag{6.165}$$

$$T_i^{i+1} = Q_{i+1} \cdot \cos(\alpha_{i+1} - \alpha_i) \tag{6.166}$$

则抗滑阻力为

$$Q_{i+1} \cdot \cos(\alpha_{i+1} - \alpha_i) - Q_i + [W_i \cdot \cos\alpha_i - Q_{i+1} \cdot \sin(\alpha_{i+1} - \alpha_i)]\tan\varphi_i + c_i L_i$$

$$= Q_{i+1} \cdot [\cos(\alpha_{i+1} - \alpha_i) - \sin(\alpha_{i+1} - \alpha_i)\tan\varphi_i] + W_i \cdot \cos\alpha_i \cdot \tan\varphi_i + c_i L_i - Q_i$$

令

$$T_i = (W_i \cdot \cos\alpha_i \cdot \tan\varphi_i + c_i L_i)$$

第 $i+1$ 条块对第 i 条块的剩余抗滑力传递系数 ψ_{i+1} 为

$$\psi_{i+1} = \cos(\alpha_{i+1} - \alpha_i) - \sin(\alpha_{i+1} - \alpha_i)\tan\varphi_i \qquad (6.167)$$

则沿第 i 条块滑面方向的抗滑阻力为

$$\psi_{i+1} \cdot Q_{i+1} + T_i - Q_i$$

Ⅱ. 沿第 i 条块滑面方向的下滑力

沿第 i 条块滑面方向的下滑力即条块 i 的自重沿滑面的切向分量 T_i^W。

Ⅲ. 剩余抗滑力计算

根据稳定性系数的定义，则

$$F_s = \frac{\psi_{i+1} \cdot Q_{i+1} + T_i - Q_i}{T_i^W} \qquad (6.168)$$

于是，剩余抗滑力 Q_i 为

$$Q_i = \psi_{i+1} \cdot Q_{i+1} + T_i - F_s \cdot T_i^W$$

即剩余抗滑力：

$$Q_i = \psi_{i+1} \cdot Q_{i+1} + T_i - F_s \cdot T_i^W \qquad (6.169)$$

其中，

$$T_i^W = W_i \cdot \sin\alpha_i$$

$$\psi_{i+1} = \cos(\alpha_{i+1} - \alpha_i) - \sin(\alpha_{i+1} - \alpha_i)\tan\varphi_i$$

$$T_i = (W_i \cdot \cos\alpha_i \cdot \tan\varphi_i + c_i L_i)$$

式中，Q_i 为第 i 条块的剩余抗滑力；T_i^W 为沿第 i 条块滑面方向的下滑力；T_i 为沿第 i 条块滑面方向的抗滑力；ψ_{i+1} 为第 $i+1$ 条块对第 i 条块的剩余抗滑力的传递系数，其余符号意义见图 6.112。

对于强度储备法，同理可得第 i 条块的剩余抗滑力计算公式如下：

$$Q_i = \psi_{i+1} \cdot Q_{i+1} + \frac{T_i}{F_s} - T_i^W \qquad (6.169)$$

其中，$\psi_{i+1} = \cos(\alpha_{i+1} - \alpha_i) - \sin(\alpha_{i+1} - \alpha_i) \cdot \tan\varphi_i \cdot \dfrac{1}{F_s}$，其他符号同上。

（2）支护桩设计推力的确定

根据上述逆向求解的思路，支护桩设计推力的求解步骤如下。

1）确定拟滑面及边坡体的物理力学参数等。

2）确定工程设计要求安全系数 F_s。

3）对拟失稳坡体分条，并用式（6.161）或式（6.162），从第 1 个条块起，从上向下计算每个条块的剩余下滑力，绘制剩余下滑力曲线，如图 6.113 所示的 aa 曲线。

4）对拟失稳坡体分条，并用式（6.161）或式（6.162），从第 n 个条块起，从下向上逆向计算每个条块的剩余抗滑力，绘制剩余抗滑力曲线，并从第 n 个条块平移到第 $i-1$ 个条块后，得到如图 6.113 所示的 bb 曲线。

5）根据步骤 3）和 4）的计算结果，支护桩设置处 aa 和 bb 曲线在水平方向上的差值即支护桩的设计推力值。

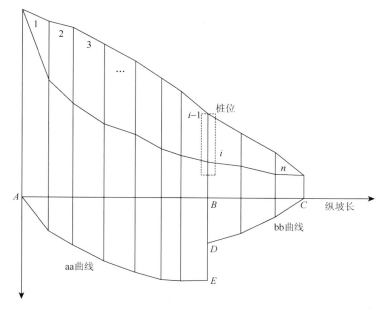

图 6.113　支护桩设计推力计算简图

若在条块 i 与条块 $i+1$ 接触处设置支护桩，条块接触处的受力见图 6.114，设支护桩设计推力为 E_i，则：

$$E_i = P_i \cdot \cos\alpha_i - Q_{i+1} \cdot \cos\alpha_{i+1} \qquad (6.171)$$

对于超载法，将式（6.161）、式（6.169）代入式（6.171）中得

$$E_i = (P_{i-1} \cdot \psi_{i-1} + F_s \cdot T_i^W - T_i) \cdot \cos\alpha_i$$
$$- (\psi_{i+2} \cdot Q_{i+2} + T_{i+1} - F_s \cdot T_{i+1}^W) \cdot \cos\alpha_{i+1} \qquad (6.172)$$

对于强度储备法，同理可得支护桩设计推力 E_i 的表达式：

$$E_i = \left(P_{i-1} \cdot \psi_{i-1} + T_i^W - T_i \cdot \frac{1}{F_s} \right) \cdot \cos\alpha_i$$
$$- \left(\psi_{i+2} \cdot Q_{i+2} + \frac{T_{i+1}}{F_s} - T_{i+1}^W \right) \cdot \cos\alpha_{i+1} \qquad (6.173)$$

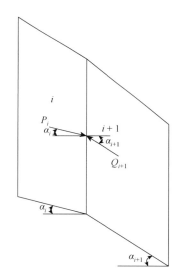

图 6.114　条块接触处受力分析简图

（3）结论

在传递系数法的基础上，分别采用剩余下滑力和剩余抗滑力对支护桩设计推力的作用做进一步的理论分析，得出以下几点结论。

1）该方法利用传递系数法从上往下计算剩余下滑力，提出从下往上逆向计算各条块的剩余抗滑力，支护桩的设计推力等于桩设置处两者水平投影值之差。

2）该方法给出了支护桩设计推力的表达式，既不用考虑剩余下滑力通过支护桩的传递系数，也不用求设计推力的修正量，概念简单，计算方便，对支护桩的设计具有实用意义。

2. 支护桩推力分布形式研究

（1）推力分布形式研究现状

推力分布与高切坡的类型、部位、地层性质、变形情况及地基系数等因素有关。目前国内外研究者主要采用模型试验法、现场测试法及数值模拟法对此进行研究，取得了丰富的成果。模型试验法主要在边坡岩土体一定的情况下研究推力的分布形式，如当滑体为松散介质或砂黏土时，推力的分布形式为三角形，而滑体为黄土时，下滑推力的分布形式则为矩形；现场测试法主要应用在特定的工程实践中，利用土压力计在抗滑桩有限点上的数值，拟合推力的分布形式，结果发现大多数呈抛物线及梯形分布形式；数值模拟法主要采用数值分析法模拟边坡整个支护过程，获得抗滑桩桩身若干点的水平应力，进而绘制推力的分布图式，结果发现大多数呈抛物线形状。根据上述不同边坡岩土体和几何特性的高切坡，其推力分布形式主要有三角形、抛物线形、矩形、梯形及某两者的组合形式。对于不同的分布形式，采用数学方法可得出相应推力的分布函数。无论是模型试验法、数值模拟法，还是现场测试法，都采用某种特定条件下的推力的分布形式，对于相同的边坡岩土体与不同的几何特性或不同的边坡岩土体与相同的几何特性组合，其推力分布形式都会千差万别，因此，上述方法在工程实践中的应用推广性不强。推力分布在理论上的研究很少，仍处于经验或半经验阶段，提出以定点剪出假设为基础，采用不平衡推力法确定推力分布的计算方法。下滑推力分布函数见表 6.17。

表 6.17　下滑推力分布函数表

边坡岩土体类别	下滑推力分布形式	下滑推力分布函数
松散介质	三角形	$p(z) = \dfrac{P}{h_1^2} z$
岩石	矩形或平行四边形	$p(z) = \dfrac{P}{h_1}$
砂土散体	三角形—抛物线形	$p(z) = \dfrac{(36k-24)P}{h_1^3} z^2 + \dfrac{(18-24k)P}{h_1^2} z$
黏土	三角形—抛物线形	$p(z) = \dfrac{(36k-24)P}{h_1^3} z^2 + \dfrac{(18-24k)P}{h_1^2} z$
介于砂土及黏土之间	梯形	$p(z) = \dfrac{1.8P}{h_1^2} z + \dfrac{P}{10h_1}$

注：h_1 为支护桩自由段或受荷段长度；z 为离桩顶的距离；k 为合力作用点与自由段长度的比值。

（2）推力分布形式的计算方法

抗滑桩作为一种整治边坡工程的支护措施，必须满足以下几点要求：①提高高切坡体的稳定性系数，达到治理的安全标准；②保证高切坡体不越过桩顶或从桩间滑动；③桩身要有足够的稳定性及强度；④治理后的高切坡体不产生新的深层滑动。可以理解为，整个边坡工程都要达到设计安全系数，若从桩顶剪出或桩顶安全系数没有达到设计安全系数，则会产生下滑推力，相应地，以桩顶下若干点为剪出口计算，若都达到设计安全系数，则无剩余推力，否则需要计算推力。

a）定点剪出推力的确定

设边坡岩土体的内摩擦角为 φ，则边坡体破裂面与水平面的夹角为 $45°-\dfrac{\varphi}{2}$。基本假设为，潜在滑面由部分原滑面与定点剪出破裂面组成组合面；不考虑支护结构的变形影响；抗滑桩指定点桩段以上的下滑推力由该点至滑坡后缘间失稳的坡体产生。

如图 6.115 所示，边坡滑面为 ABC，自开挖基岩面 C 点处剪出。设置支护结构后边坡体也可能从 $ABD'D$ 段剪出，若支护结构自由段长度为 CE，边坡体也可能不会从 $ABE'E$ 段剪出，即假设支护结构的自由段仅为 CE 段，即 DE 段无支护，则坡体 $ABE'ED$ 是否整体从点 E 处失稳剪出取决于滑面 ABE' 和滑体内潜在破裂面 $E'E$ 所构成的组合滑面的整体安全系数，称该安全系数为定点剪出安全系数。若该安全系数小于1，则坡体 $ABE'ED$ 必然自 E 点剪出，若边坡体的岩土体强度足够高，则组合滑面 $ABE'E$ 的安全系数大于1，坡体 $ABE'ED$ 不会整体失稳。但在滑面 $ABE'E$ 的安全系数小于工程设计要求的条件下，必须对临空面 DE 段施加支护结构。此时作用在 DE 段的推力按如下方法进行计算。

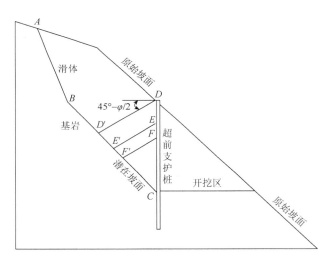

图 6.115　典型边坡支护体系断面图

1）根据边坡岩土体的内摩擦角计算边坡体破裂角，进而自 D、E、F 等点做一系列与水平面成 $45°-\dfrac{\varphi}{2}$ 的直线，与整个边坡滑动面 ABC 交于 D'、E'、F' 等点，确定边坡体潜在破裂面 $D'D$、$E'E$、$F'F$ 段等。逐一验算各组合滑面的整体稳定性，求出相应的安全系数。

2）比较工程设计安全系数 K 和组合滑面安全系数 F_s。若组合滑面安全系数 F_s 大于工程设计安全系数 K，则组合滑体不产生推力；若组合滑面安全系数 F_s 小于工程设计安全系数 K，则需要计算推力。

b）推力分布形式的确定

采用上述计算方法可以得到抗滑桩自由段上若干点的推力，然后根据各点计算结果和相对位置确定抗滑桩推力的分布。如图 6.115 所示，设求得 D、E、F 点的下滑推力分别为 P_D、P_E、P_F，且 E、F 点为两相邻计算点，则作用在抗滑桩 EF 段上的推力为 ΔP：

$$\Delta P = P_F - P_E \qquad (6.174)$$

若 EF 段长度 l_{EF} 较小，则可以认为推力 ΔP 在 EF 段为线性分布，设 E 点的推力分布值为 p_E，F 点的推力分布值为 p_F，则两者满足如下关系：

$$p_F = \frac{2\Delta P}{l_{EF}} \cdot \cos\left(45° - \frac{\varphi}{2}\right) - p_E \qquad (6.175)$$

根据上述计算方法可以依次求得整个桩身若干点的分布值，进而确定抗滑桩推力的分布。

（3）结论

在定点剪出假设的基础上，根据部分原滑面与破裂面的组合滑面对抗滑桩推力分布做进一步的理论分析，得出以下几点结论。

1）该方法在不平衡推力法的基础上，运用定点剪出假设计算潜在高切坡体自桩身若干点剪出的可能性，并通过该点的组合滑面安全系数与设计安全系数，计算该点以上抗滑桩段的推力，进而确定抗滑桩桩身推力的分布形式。

2）该方法可以根据桩身定点剪出的稳定性分析和推力分布值，在抗滑桩结构设计中采用变截面配筋，以节省工程投资。

该方法可以充分反映边坡岩土体性质与几何特性对推力分布形式的影响，但边坡体定点剪出时，可能形成新的滑动面，而不是沿部分原滑面和破裂面的组合滑面滑动，因此，其是否具有普遍适用性还有待更多工程的检验。

3. 支护桩桩长优化研究

（1）抗滑桩桩长的计算方法

抗滑桩作为一种整治边坡工程的支护措施，必须满足以下几点要求：①提高高切坡体的稳定性系数，达到治理的安全标准；②保证高切坡体不越过桩顶或从桩间滑动；③桩身要有足够的稳定性及强度；④治理后的高切坡体不产生新的深层滑动。可以理解为，整个边坡工程都要达到设计安全系数，若从桩顶剪出或桩顶安全系数没有达到设计安全系数则需要增加桩长，相应地，以桩顶下若干点为剪出口计算，若都达到设计安全系数，则无须设置抗滑桩，否则需要设计抗滑桩。

a）计算基本假定

1）定点剪出潜在高切坡体由原坡面和定点剪出以上的临空面组合而成。

2）不考虑抗滑桩变形对抗滑桩桩长的影响。

3）抗滑桩指定点以上潜在高切坡体的稳定性由以该点为剪出口的所有可能失稳模式对应的稳定性系数最小值决定。

b）抗滑桩桩长的计算

如图 6.116 所示，边坡滑面自开挖基岩面 C 点处剪出。设置支护结构后边坡体也可能

从 ABD 段剪出，若支护结构自由段长度为 CE，边坡体也可能不会从 $ABDE$ 段剪出，即假设支护结构的自由段仅为 CE 段，即 DE 段无支护，则坡体 $ABDE$ 是否从点 E 处失稳剪出取决于以矢量 DE 为代表的单一边坡稳定性、以矢量 BE 为代表的单一边坡稳定性和以矢量 AE 为代表的单一边坡稳定性的最小值，称该稳定性系数最小值为定点剪出安全系数。若该安全系数小于工程设计要求，则桩长必须设置在 CE 段以上，若该安全系数大于工程设计要求，则施加抗滑桩桩长时没必要设置到 E 点，具体计算方法如下。

1）自上而下间隔适当距离逐点假设可能的剪出口 D、E、F、G、H、I、C，计算所有可能破坏模式的矢量或矢量和，如图 6.116 所示，若沿 F 点的边坡体局部失稳，其矢量为 DF 或矢量为 BF；若沿 F 点的边坡体整体失稳，其矢量为 AF。逐一验算各矢量代表的单一边坡的稳定性，找出它们的最小值，即相应剪出口的安全系数。

2）比较工程设计安全系数 K 和相应剪出口安全系数 F_s。若相应剪出口安全系数 F_s 大于工程设计安全系数 K，则桩长无须设置到该点；若相应剪出口安全系数 F_s 小于工程设计安全系数 K，则桩长必须设置到该点以上。

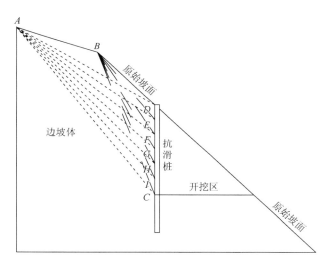

图 6.116　典型边坡支护体系断面图

c）抗滑桩桩长的确定

采用泰勒稳定图法对所有矢量或矢量和表示的单一边坡稳定性进行计算，如图 6.116 所示，矢量 DE 代表的是以 DE 为坡面的单一边坡；矢量 BE 代表的是以 BE 为坡面的单一边坡；矢量 AE 代表的是以 AE 为坡面的单一边坡。

最小安全系数对应的高切坡体就是最先发生的破坏模式，最小安全系数就是复杂边坡的安全系数。如图 6.116 所示，若以矢量 BE 和矢量 AE 代表的单一边坡的稳定性大于以矢量 DE 代表的单一边坡的稳定性，则边坡体发生 DE 段局部失稳，其稳定性系数为以 DE 为坡面的单一边坡的稳定性系数；若以矢量 DE 和矢量 AE 代表的单一边坡的稳定性大于以矢量 BE 代表的单一边坡的稳定性，则边坡体发生 BDE 段局部失稳，其稳定性系数为以 BE 为坡面的单一边坡的稳定性系数；若以矢量 BE 和矢量 DE 代表的单一边坡的稳定性大于以矢量 AE 代表的单一边坡的稳定性，则边坡体发生 ABDE 段整体失稳，其稳定性系数为以 AE 为坡面的单一边坡的稳定性系数。

采用上述计算方法可以得到抗滑桩自由段上若干点对应的稳定性系数，然后根据各点计算结果和相对位置确定抗滑桩的桩长。如图 6.116 所示，设求得 D、E、F 点对应的稳定性系数分别为 F_D、F_E、F_F，且 E、F 点为两相邻计算点，其对应的安全系数满足以下关系式：

$$F_E > K$$
$$F_F < K$$

若 EF 段长度较小，则抗滑桩桩长至少达到 CE 段。

根据上述计算方法可以依次求得整个桩身若干点的稳定性系数，进而确定抗滑桩的桩长。

（2）结论

在定点剪出假设的基础上，运用矢量法对由原坡面和定点剪出以上临空面组合而成的定点剪出潜在高切坡体的稳定性做进一步理论分析，得出以下几点结论。

1）该方法在矢量法的基础上，运用定点剪出假设计算潜在高切坡体自桩身若干点剪出的最小稳定性系数。

2）该方法通过比较定点剪出的安全系数与设计安全系数确定抗滑桩的桩长，每点的稳定性系数都大于工程安全要求时，则潜在高切坡体不需要设桩；若某点潜在高切坡体稳定性系数大于工程安全要求，而相邻点潜在高切坡体稳定性系数小于工程安全要求时，则该点剪出以下临空面需要设桩。

该方法可以充分反映边坡岩土体性质与几何特性对抗滑桩桩长的影响，但边坡体定点剪出时，复杂边坡的稳定性理论计算还不是很成熟，因此，其是否具有普遍适用性还有待更多工程的检验。

4. 支护桩桩间距优化研究

（1）土拱效应特征分析

在土压力或推力的作用下，土体主要表现为挤压、滑移、错动等。在桩间土拱形成过程中，在剩余下滑力的推动作用下，桩后土体产生向前移动的趋势，但在桩的作用下，土体向中间挤压，从而导致土体变形不均匀；土体存在着一定的抗剪强度，为了抵抗这种相对变形趋势，土拱由土体不均匀变形的应力传递和调整而自发形成，是调动自身抗剪强度以抵抗外力的结果，所产生的拱形必然使土体介质能最大限度地发挥其强度作用，土体中沿最大主应力方向的迹线就是"合理拱轴线"；土拱的作用是将推力传递到抗滑桩上。关于桩间土拱拱脚的问题，主要存在三种观点。第一种观点认为桩间土拱拱脚由桩侧与土体之间存在的摩擦阻力提供，由此假定拱厚与桩侧宽度相等，并导出极限状态下桩间距与桩侧宽度成正比的关系。第二种观点认为抗滑桩一般都是连续分布的，两相邻土拱会在桩后一定范围内形成一个"三角压密区"，桩间土拱拱脚由桩后相邻土拱挤压形成的"三角压密区"提供，并导出极限状态下桩间距与桩宽度成正比的关系。第三种观点实际上是前两种观点的综合，认为桩间土拱拱脚是由桩后相邻土拱挤压形成的"三角压密区"和桩侧与土体之间的摩擦力同时提供的，桩本身作为拱脚形成的土拱称为"大土拱"，"摩擦拱脚"形成的土拱称为"小土拱"，但在进行理论推导时一般将推力按一定比例系数分配给大小土拱。显而易见，两种拱脚形式在抗滑桩实际应用中都是存在的，那么仅以"摩擦拱脚"作为计算条件显然是不合理的。根据数值模拟结果，实际上两种拱脚形式最先发挥作用的应该是"直接拱脚"，因为土体单元发生不均匀位移产生应力转移从桩后较远距离处就已经开始了，此部分转移的应力是由桩结构本身直接承担的，而真正传递到桩侧并由其摩阻力提供平衡的土压力已经很小。因此，笔者认为，桩间土拱的应力主要应该是前文所述的"直接拱脚"承担的。桩间土拱和一般的实体拱形结构物（如拱桥等）不一样，由于拱脚处（即设桩处）受到抗滑桩的阻挡，在下滑力作用下，滑体土体产生不均匀位移，导致土体自身抗剪强度发挥作用而产生应力传递。因此，桩间土拱的形成过程其实是滑体土体在抗滑桩和下滑力的共同作用下产生不均匀位移或位移趋势的过程，桩间土拱并没有实物形态，只具有概念上的"拱形结构"；桩间土体下滑力向抗滑桩转移是在桩后一定范围内的土体中形成的，而不是直接施加在桩后某一个位置出现的"拱"上，由土拱的力学传递机制可知，桩间距和土体强度控制着矢高和拱圈厚度。

（2）桩间距计算方法

a）模型的建立

目前，桩间土拱效应的力学模型研究多采用平面应变假定，并结合莫尔-库仑强度准则，而忽略滑体侧压力对土拱屈服的影响。为了充分考虑侧压力对土拱形状及土拱作用的影响，对模型做如下假设。

1）桩及桩间土体共同承受其后推力的作用，应是一空间问题，假设土拱沿桩长方向均匀分布。为研究简便，将其简化于一单位厚度的水平土层上进行，其重心距坡面高度为 z，化空间问题为平面问题。

2）将桩间净距视为土拱前缘对应的拱跨，同时将桩间净距与桩宽之和视为土拱后缘对应的拱跨。

3）由于极限状态时土拱前缘临空面附近不受桩间水平拱效应约束的区域提供的抗滑力较小，土拱前缘任一点最小主应力为零。

4）极限状态时桩任意高度水平面上的拱圈满足合理拱轴线的假设，即可将任意垂直拱轴线的截面剪力视为零，水平面上拱轴线的切线方向仅受均匀分布的轴向应力作用。

5）考虑土体侧压力的影响，其值取决于土体的自重应力与侧压力系数的大小关系。

依据以上假设建立分析简图，如图 6.117 所示。

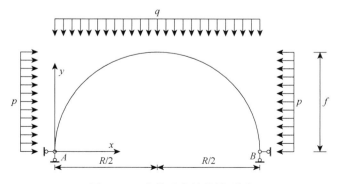

图 6.117　土拱受力计算模型图

在上述模型中，q 为土压力，p 为侧向压力，R 为土拱跨度，f 为土拱矢高。

b）土拱形状分析

关于抗滑桩桩间的土拱形状，人们普遍的观点是，土拱效应是土体变形后对受力的自我优化调整的结果，主要利用土体抗压性能好、抗拉能力差的特点。因此，土拱形状一定是最合理的，结构力学上称这种拱形为"合理拱轴线"。合理拱轴线的每一截面上只存在压力，没有弯矩和拉力，适合土体抗压不抗拉的特点。

拱圈的作用可以用拱的推力线描述出来，由合理拱轴线的定义可知，推力线就是合理拱轴线。对于一般形状的地下隧洞拱的推力线，采用极限平衡分析方法即可求得。由结构和荷载的对称性，根据推力线的概念，可将结构左半部分作为研究对象，如图 6.118 所示。

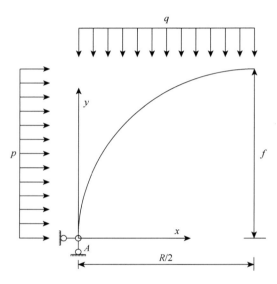

图 6.118　推力线计算基本结构模型图

图 6.118 中各符号的意义同图 6.117，设拱支座 A 受力为 V_A 和 H_A。

由图 6.118 可知，A 受力、土压力、作用在拱上的侧压力对推力线任一点 $i(x, y)$ 取矩，则有

$$M_i = V_A \cdot x - H_A \cdot y - p \cdot y \cdot \frac{y}{2} - q \cdot x \cdot \frac{x}{2} \qquad (6.176)$$

由推力线的概念可知，当 $M_i = 0$ 时：

$$V_A \cdot x - H_A \cdot y - p \cdot y \cdot \frac{y}{2} - q \cdot x \cdot \frac{x}{2} = 0 \qquad (6.177)$$

由结构力学可知：

$$V_A = V_B = \frac{q \cdot R}{2} \qquad (6.178)$$

$$H_A = H_B = \frac{q \cdot R^2 - 4 \cdot p \cdot f^2}{8 \cdot f} \qquad (6.179)$$

令：

$$a^2 = \left(\frac{V_A^2}{q} + \frac{H_A^2}{p}\right) / q, \quad b^2 = \left(\frac{V_A^2}{q} + \frac{H_A^2}{p}\right) / p$$

则推力线形状为椭圆，方程为

$$\frac{\left(x - \dfrac{V_A}{q}\right)^2}{a^2} + \frac{\left(y + \dfrac{H_A}{p}\right)^2}{b^2} = 1, \quad x \geqslant 0, y \geqslant 0 \tag{6.180}$$

中心点 O 的坐标为 $\left(\dfrac{V_A}{q}, -\dfrac{H_A}{p}\right) x \geqslant 0, y \geqslant 0$

根据土拱水平方向的稳定性要求，拱脚处的水平推力应小于拱脚处土体与桩之间的最大摩阻力：

$$H_A \leqslant c \cdot m + V_A \cdot \tan\varphi \tag{6.181}$$

当拱脚处于极限状态时，上式取等号，令 $A = c \cdot m + V_A \cdot \tan\varphi$，可得

$$f = \frac{-A + \sqrt{A^2 + \dfrac{pqR^2}{8}}}{p} \tag{6.182}$$

由土拱矢高表达式可以看出，土拱的形状不仅与桩间距有关，而且与土体的物理力学参数、推力和距离坡面的高度等相关。

c）土拱厚度分析

土拱厚度其实就是土拱的作用范围，它与土拱的形状密不可分。桩间土拱属于水平拱，从平面问题的角度考虑，其作用范围与桩间距、土体物理力学参数、推力、桩的截面尺寸及距离坡面的高度等因素有关，土拱截面厚度随高度不同，可能发生中截面大（小）、拱脚截面小（大）的情况。合理的土拱拱圈不应该是截面保持不变，而是变化的，即拱圈中部横截面积大（小）、拱脚区域横截面积小（大）。

根据合理拱轴线的定义，可确定拱的内轮廓线和外轮廓线为同心椭圆。

外轮廓线方程为

$$\frac{\left(x - \dfrac{V_A}{q}\right)^2}{a_1^2} + \frac{\left(y + \dfrac{H_A}{p}\right)^2}{b_1^2} = 1, \quad y \geqslant 0 \tag{6.183}$$

内轮廓线方程为

$$\frac{\left(x - \dfrac{V_A}{q}\right)^2}{a_2^2} + \frac{\left(y + \dfrac{H_A}{p}\right)^2}{b_2^2} = 1, \quad y \geqslant 0 \tag{6.184}$$

由拱轴线的定义可知：

$$a_1 + a_2 = 2a \tag{6.185}$$

$$b_1 + b_2 = 2b \tag{6.186}$$

同时根据土拱成拱机理，假设有效拱脚为桩整个正面宽度 m，桩间静距为 n。

对于土拱内轮廓线，经过点 $A\left(\dfrac{V_A}{q} - n, 0\right)$；

对于土拱外轮廓线，经过点 $B\left(\dfrac{V_A}{q} - n - m, 0\right)$；

d）模型控制条件

1）由于土拱的跨中截面是最不利截面，所以此处的土体要满足强度条件；同时，由于跨中截面处的前缘点比后缘点受力更为不利，取跨中截面处前缘点 M，如图 6.119 所示，满足强度条件，这里采用莫尔-库仑强度准则。

此时，跨中截面处前缘点应力 σ_M 为

$$\sigma_M = F_x / (b_1 - b_2) \cdot 1 \tag{6.187}$$

极限状态时土拱前缘临空面附近不受桩间水平拱效应约束的区域提供的抗滑力较小，所以土拱前缘任一点最小主应力为零，M 点处于单向应力状态，因而根据莫尔-库仑强度准则可得

$$\sigma_M = \frac{2c\cos\varphi}{1 - \sin\varphi} \tag{6.188}$$

将式（6.187）代入式（6.188）可得

$$\frac{F_x}{b_1 - b_2} = \frac{2c\cos\varphi}{1 - \sin\varphi} \tag{6.189}$$

2）在桩间距设置合理的情况下，在同一桩体后侧的局部区域内（桩顶及其以下附近范围内），相邻两侧的土拱会在此处形成三角形受压区，如图 6.119 所示。因此，应该保证该三角形受压区能正常发挥效用而不被破坏，即此处应该满足强度条件。

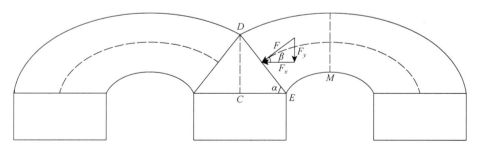

图 6.119　土拱不利截面示意图

具体地说，这时在截面 DE 上根据莫尔-库仑强度准则应有

$$F \cdot \cos(\alpha + \beta) = c \cdot |DE| + F \cdot \sin(\alpha + \beta) \cdot \tan\varphi \tag{6.190}$$

式中，F 为作用于截面 DE 上的合力，$F = \sqrt{F_x^2 + F_y^2}$；α 为截面 DE 与水平方向的夹角；β 为合力 F 与水平方向的夹角。

这样，根据上述 2 个主要控制条件，就可以较为合理地确定桩间距。

3）桩间距的计算。合理的桩间距应该是使所有控制截面同时达到极限状态，也就是说条件 a）、b）同时满足抗剪强度条件。

对于条件 a）：

$$b_1 - b_2 = \frac{1-\sin\varphi}{2c\cos\varphi}F_x = \frac{1-\sin\varphi}{2c\cos\varphi}H_A \qquad （6.191）$$

对于条件 b）：

设 $|CD| = y_1$，则对于土拱外轮廓线：

$$x_1 = \frac{R}{2} - m - \frac{n}{2}, y = y_1 = |CD|$$

已知 $|CE| = \dfrac{n}{2}$，则：

$$|DE| = \sqrt{|CE|^2 + |CD|^2} = \sqrt{\left(\frac{n}{2}\right)^2 + y_1^2}$$

$$\sin\alpha = \frac{|CD|}{|DE|} = \frac{y_1}{\sqrt{\left(\dfrac{n}{2}\right)^2 + y_1^2}}, \cos\alpha = \frac{|CE|}{|DE|} = \frac{\dfrac{n}{2}}{\sqrt{\left(\dfrac{n}{2}\right)^2 + y_1^2}}$$

$$F = \sqrt{F_x^2 + F_y^2} = \sqrt{H_A^2 + V_A^2}$$

$$\sin\beta = \frac{F_y}{F} = \frac{V_A}{\sqrt{H_A^2 + V_A^2}}, \cos\beta = \frac{F_x}{F} = \frac{H_A}{\sqrt{H_A^2 + V_A^2}}$$

根据上述公式，可得出合理的桩净距 n。

在实际计算时，为安全起见，可以将由 c 和 $\tan\varphi$ 除以适当的安全系数得到的 c' 和 φ' 代入桩间距计算公式中，作为工程安全要求的桩间距。

（3）结论

在边坡工程中，确定抗滑桩的桩间距应该考虑土体侧压力对土拱形状、拱圈厚度的影响，结合土拱静力平衡条件和强度条件来建立合理桩间距的表达式，以使计算结果更加符合工程实际。主要结论如下。

1）土拱拱形的合理拱轴线最多为半个椭圆，其椭圆长短轴与受力有关，部分椭圆的大小与坡体物理力学参数及桩间距有关。

2）土拱的作用范围，也就是拱圈的厚度，不应该是截面保持不变的，而是变化的，随着荷载大小的变化，可能出现拱圈中部横截面积大（小），拱脚区域横截面积小（大）的情况。

3）合理的桩间距应该是使所有土拱控制截面同时达到极限状态得到的，同时可将由 c 和 $\tan\varphi$ 除以工程要求的安全系数得到的 c' 和 φ' 代入桩间距计算公式中，作为实际工程中的桩间距。

6.2.3.2　预应力锚索超前支护研究

常用的超前支护结构包括超前支护桩、预应力锚索、普通锚杆等。对于岩质高切坡来说，预应力锚索是整治危险性岩质高切坡最有效的超前支护结构。具体做法包括以下步骤：首先对给定切坡方式下无支护岩质高切坡的稳定性进行超前诊断，若判断该高切坡为危险性边坡，则在高切坡开挖前预先设置预应力锚索，在预应力锚索施工完成并达到设计强度后再开挖边坡，从而保证岩质高切坡的整体稳定性。显然，高切坡稳定性的超前判识、预应力锚索与高切坡的共同作用分析、地震荷载下预应力锚索加固高切坡的动力响应等关键科学问题是否解决关系着预应力锚索加固高切坡整治工程的成败。

在边坡稳定性分析中，极限分析方法避免了极限平衡方法的不合理假定与有限元方法的烦琐计算而具有精确性和简便性的特点，近年来，极限分析方法在边坡的静、动稳定性分析及永久位移预测方面得到了应用。为此，本章将极限分析上限定理与高切坡超前支护基础理论有机结合，研究了不同开挖方式下遵循非线性 H-B 准则岩质高切坡的整体稳定性；确保危险性高切坡稳定所需要施加的预应力荷载、地震荷载下预应力锚索加固高切坡的临界屈服加速度、永久位移的预测，为岩质高切坡超前支护设计理论提供依据。

1. H-B 准则

对于非线性破坏准则下的极限分析的研究，Yang（2007）提出了采用切线法的思想来求解边坡稳定性的上限解，即通过切线法对非线性破坏准则进行线性化处理。因为提高材料的屈服强度不会降低结构极限荷载，认为在外切线上表示的现行破坏准则下的上限解，一定是真实的极限荷载的上限解。本章采用类似的方法研究基于 H-B 准则岩质高切坡的稳定性与超前支护。

H-B 准则是建立在完整岩石或节理岩体剪切强度基础上的半经验准则，它能综合反映岩体结构、岩石强度、应力状态对岩体抗剪强度的影响，经过多年的不断完善和工程实践检验，目前已成为岩体强度和稳定性分析最为有效的屈服准则（图 6.120）。

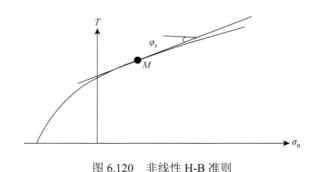

图 6.120　非线性 H-B 准则

H-B 屈服准则可以用下式表达：

$$\sigma_1 - \sigma_3 = \sigma_c \left[\frac{m\sigma_3}{\sigma_c} + s \right]^n \tag{6.192}$$

式中，σ_c 为岩石的单轴抗压强度；σ_1 和 σ_3 分别为大主应力和小主应力；s、m、n 分别为经验参数，可以通过地质强度指标 GSI 估算。

$$\frac{m}{m_i} = \exp\left(\frac{\text{GSI}-100}{28-14D} \right) \tag{6.193}$$

$$s = \exp\left(\frac{\text{GSI}-100}{9-3D} \right) \tag{6.194}$$

$$n = \frac{1}{2} + \frac{1}{6}\left[\exp\left(-\frac{\text{GSI}}{15} \right) - \exp\left(-\frac{20}{3} \right) \right] \tag{6.195}$$

式中，GSI 为岩体地质强度指标；D 为岩体分布系数，在 0~1 变化，对于完整岩石取 1，对于完全扰动岩体取 0。

在 (σ_n, τ) 应力空间下，H-B 屈服准则为曲线，曲线上 M 点的切线方程详见图 6.120，可表达为

$$\tau = c_t + \sigma_n \tan\varphi_t \tag{6.196}$$

式中，φ_t 为切线摩擦角；c_t 为对应的截距。

参数 c_t 与 φ_t 之间满足如下关系：

$$\frac{c_t}{\sigma_c} = \frac{\cos\varphi_t}{2}\left[\frac{mn(1-\sin\varphi_t)}{2\sin\varphi_t} \right]^{n/(1-n)} - \frac{\tan\varphi_t}{m}\left(1+\frac{\sin\varphi_t}{n} \right)\left[\frac{mn(1-\sin\varphi_t)}{2\sin\varphi_t} \right]^{1/(1-n)} + \frac{s}{m}\tan\varphi_t \tag{6.197}$$

2. 岩质高切坡稳定性的超前诊断

在本书中，我们假设岩质高切坡的破坏模式为旋转破坏。如图 6.121 所示，假设边坡从距离坡脚 x_F 处以坡角 ω 开挖，高切坡的潜在滑面为对数螺旋线，滑体可看作绕圆心 O 点转动的旋转机构。

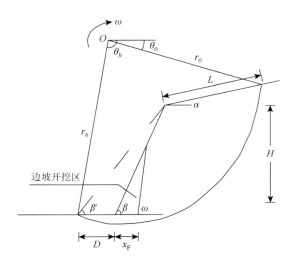

图 6.121　岩质高切坡破坏机理

对数螺旋破裂面方程可表达为

$$r(\theta) = r_0 \exp[(\theta - \theta_0)\tan\varphi_t]$$ （6.198）

式中，r_0 为对数螺旋线滑面与水平面夹角为 θ_0 时对应的半径；φ_t 为岩体切线摩擦角。

外力功率的计算如下。

假设作用在岩质高切坡上的外荷载只有重力，则外力功率由坡体重力提供，高切坡重力的功率可表达为

$$\dot{W}_{rock} = \dot{\omega}\gamma[r_0^3(f_1 - f_2 - f_3 - f_4) - f_5]$$ （6.199）

式中，$\dot{W}_{rock}$ 为高切坡重力的功率；γ 为岩体重度；$\dot{\omega}$ 为高切坡启动时旋转机构的角速度；f_1、f_2、f_3、f_4、f_5 的表达式见附录 B。

滑动面上的能量耗散率：

$$\dot{D}_{内} = \frac{c_t r_0^2 \omega}{2\tan\varphi_t}\{\exp[2(\theta_h - \theta_0)\tan\varphi_t] - 1\}$$ （6.200）

式中，$\dot{D}_{内}$ 为滑动间断面上的能量耗散率；c_t 为岩体强度参数；其他符号意义同前。

根据极限分析上限定理，岩质高切坡安全系数可以表达为

$$K = \frac{\dot{D}_{内}}{\dot{W}_{soil}} = \frac{\dfrac{c_t r_0^2 \dot{\omega}}{2\tan\varphi_t}\{\exp[2(\theta_h - \theta_0)\tan\varphi_t] - 1\}}{\dot{\omega}\gamma[r_0^3(f_1 - f_2 - f_3 - f_4) - f_5]}$$ （6.201）

式（6.20）中包含 4 个未知参数（θ_0、θ_h、β'、φ_t），在所有可能的潜在滑动面中，真实的滑动面对应高切坡最小安全系数。通过对多元函数求极值的方法确定最小安全系数：

$$\left.\begin{array}{l} \dfrac{\partial K}{\partial \theta_0} = 0 \\[2mm] \dfrac{\partial K}{\partial \theta_h} = 0 \\[2mm] \dfrac{\partial K}{\partial \beta'} = 0 \\[2mm] \dfrac{\partial K}{\partial \varphi_t} = 0 \end{array}\right\}$$ （6.202）

根据式（6.202）可以计算出岩质高切坡对应的 θ_0、θ_h、β'、φ_t 参数，进而确定岩质高切坡的真实破裂面及其安全系数，进而可以在给定切坡方式下对岩质高切坡稳定性进行分析。

3. 预应力锚索高切坡超前支护的极限分析

通过岩质高切坡稳定性的超前诊断，如果给定开挖条件下岩质高切坡处于不稳定状态，就必须对其进行超前支护。例如，在开挖面以上部位预先进行预应力锚索加固，再开挖边坡，就可以保证高切坡的整体稳定性。为此，我们需要知道高切坡在满足一定安全系数的条件下，预应力锚索需要提供的预应力荷载。

假设需要在边坡开挖前预先设置 n 排预应力锚索，如图 6.122 所示，则预应力锚索在滑面上的内能耗散率可由下式得出：

$$D_{Anchor} = r_0 \omega \sum_{i=1}^{n} T_i e^{(\theta_i - \theta_0)\tan\varphi_t} \sin(\theta_i - \alpha) \qquad (6.203)$$

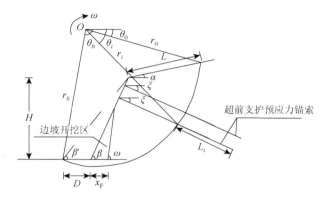

图 6.122　预应力锚索加固岩质高切坡

单根锚索的预应力可以表达为

$$T_i = \pi d L_i [\tau] \qquad (6.204)$$

式中，d 为锚索钻孔的直径；L_i 为第 i 排锚索锚固段长度；$[\tau]$ 为灌注砂浆与围岩体之间的黏结强度。

根据几何关系，θ_i 可按下式计算：

$$\theta_i = \frac{1}{1 + \tan\xi\cot\beta}\{H\tan\xi\cot\beta + r_0[e^{(\theta_i - \theta_0)\tan\varphi_t}(\sin\theta_i - \cos\theta_i\tan\xi)$$
$$+ e^{(\theta_h - \theta_0)\tan\varphi_t}\cos\theta_h\tan\xi - \sin\theta_0]\} \qquad (6.205)$$

式中，ξ 为锚索钻孔倾角。

由极限分析上限定理可知，坡体的稳定程度取决于外力功与内能耗散的相对关系，所以可定义坡体稳定性系数 K 为

$$K = \frac{\dot{D}_{内} + \dot{D}_{Anchor}}{\dot{W}_{rock}} \qquad (6.206)$$

加固岩质高切坡要达到给定安全系数 K_c（如 $K_c = 1.2$），则预应力锚索每延米需要提供的预应力荷载可表达为

$$T = \frac{K_c\gamma\left(\dfrac{H}{A}\right)^2(f_1 - f_2 - f_3 - f_4) - \dfrac{c_t}{2\tan\varphi_t}\left(\dfrac{H}{A}\right)\{\exp[2(\theta_h - \theta_0)\tan\varphi_t] - 1\}}{\sum\limits_{i=1}^{n} e^{(\theta_i - \theta_0)\tan\varphi_t}\sin(\theta_i - \alpha)}$$
$$- \frac{K_c\gamma f_5}{\sum\limits_{i=1}^{n} e^{(\theta_i - \theta_0)\tan\varphi_t}\sin(\theta_i - \alpha)} \qquad (6.207)$$

其中，

$$A = \frac{\sin\beta'}{\sin(\beta'-\alpha)}\{\sin(\theta_h+\alpha)\exp[(\theta_h-\theta_0)\tan\varphi_t]-\sin(\theta_0+\alpha)\}$$

式中各符号意义同前。

式（6.207）中同样包含 4 个未知参数（θ_0、θ_h、β'、φ_t），需要确定真实的滑动面所对应的最小预应力荷载，即计算式（6.207）的最小值。

$$\left.\begin{array}{l}\dfrac{\partial T}{\partial\theta_0}=0\\[2mm]\dfrac{\partial T}{\partial\theta_h}=0\\[2mm]\dfrac{\partial T}{\partial\beta'}=0\\[2mm]\dfrac{\partial T}{\partial\varphi_t}=0\end{array}\right\}\qquad(6.208)$$

根据式（6.208）可以计算出预应力锚索加固岩质高切坡所对应的 θ_0、θ_h、β'、φ_t 参数，进而确定加固岩质高切坡的破裂面形状、预应力锚索需要提供的预应力荷载。

4. 地震荷载下预应力锚索加固高切坡的屈服加速度

Newmark 最早提出采用滑块模型计算地震荷载下边坡的永久位移。地震荷载为往复荷载，即使在某一时间段内高切坡的安全系数小于 1 也不会导致边坡整体失稳，只会产生部分永久位移。为此，有必要研究各类加固边坡的永久位移计算方法，使强震带边坡防治工程设计从安全系数控制设计向永久位移控制设计转变。因此，要计算地震荷载作用下预应力锚索加固岩质高切坡的永久位移，首先必须确定地震荷载下加固岩质高切坡的屈服加速度。

如图 6.123 所示，研究地震荷载下超前支护桩加固高切坡的临界屈服加速度计算。

重力与地震惯性力做的外力功率可表达为

$$\dot{W}_{\text{seismic}} = \gamma\dot{\omega}\{r_0^3[(f_1-f_2-f_3-f_4)+k_c(f_6-f_7-f_8-f_9)]-(f_5+k_cf_{10})\}\qquad(6.209)$$

式中，k_c 为地震系数，$k_c=a/g$，a 为地震加速度，g 为重力加速度；f_6、f_7、f_8、f_9、f_{10} 的具体表达式见附录 B。

当能量安全系数为 1 时，可以得出高切坡的地震屈服加速度系数的表达式：

$$k_h = \frac{r_0\sum_{i=1}^n T_i\exp[(\theta_i-\theta_0)\tan\varphi_t]\sin(\theta_i-\alpha)+\dfrac{c_t r_0^2}{2\tan\varphi_t}\{\exp[2(\theta_h-\theta_0)\tan\varphi_t]-1\}-r_0^3\gamma(f_1-f_2-f_3-f_4)+\gamma f_5}{\gamma r_0^3(f_6-f_7-f_8-f_9)-\gamma f_{10}}$$

$$(6.210)$$

式中，k_h 为超前支护桩加固高切坡的屈服加速度系数；其他符号同前。

预应力锚索加固岩质高切坡的地震屈服加速度系数的表达式（6.210）中包含 4 个未

知参数（θ_0、θ_h、β'、φ_t），需要确定地震荷载下加固高切坡对应的真实滑动面，以及真实的屈服加速度系数。用式（6.210）分别对各参数求导，即可获得加固高切坡的最小临界屈服加速度。

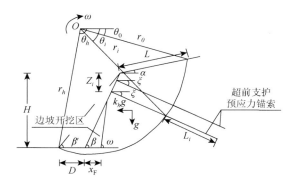

图 6.123　地震荷载下超前支护桩加固高切坡

$$\left. \begin{array}{l} \dfrac{\partial k_h}{\partial \theta_0} = 0 \\[3mm] \dfrac{\partial k_h}{\partial \theta_h} = 0 \\[3mm] \dfrac{\partial k_h}{\partial \beta'} = 0 \\[3mm] \dfrac{\partial k_h}{\partial \varphi_t} = 0 \end{array} \right\} \qquad (6.211)$$

5. 地震荷载下预应力锚索加固高切坡的永久位移计算

当地震加速度超过加固高切坡临界屈服加速度时，高切坡就会产生旋转变形，并形成永久位移。对于满足对数螺旋破坏模式的高切坡，其对应的永久位移计算可表达为

$$\ddot{\omega} = [k(t) - k_h] g \dfrac{R_{\text{gy}}}{R_{\text{g}}^2} \qquad (6.212)$$

式中，$\ddot{\omega}$ 为滑体的角加速度；$k(t)$ 为实际地震加速度；R_{g} 为滑体重心到旋转中心点的距离；R_{gy} 为 R_{g} 的垂直分量；其他符号同前。

6.2.3.3　基于非线性破坏准则的超前支护桩研究

近年来，极限分析在边坡的静、动稳定性分析及永久位移预测方面取得了长足进展，为此，本章将极限分析上限定理与高切坡超前判识和超前支护有机结合，研究了不同边坡开挖方式下高切坡的整体稳定性，给定开挖条件下高切坡保持稳定所需要施加的预应力荷载，以及地震荷载下超前支护桩加固高切坡的屈服加速度、永久位移的计算及其敏感度分析。

经典的极限分析理论建立在线性莫尔-库仑强度准则基础上。大量的试验表明，岩土体的材料包络线具有非线性特征。因此，在非线性强度准则下应用极限分析方法研究高切坡的稳定性具有十分重要的意义。对于非线性破坏准则下的极限分析研究，Yang 提出了采用切线法的思想来求解边坡稳定性的上限解，即应用切线法对非线性破坏准则进行线性化处理。因为提高材料的屈服强度不会降低结构极限荷载，认为在外切线上表示的现行破坏准则下的上限解一定是真实的极限荷载的上限解。本章采用类似的方法研究基于非线性强度准则高切坡的稳定性与超前支护。

1. 岩土体的非线性强度准则

大多数岩土体材料常常遵循非线性强度准则，R.Baker 通过大量的试验，证明大多数岩土体材料均遵循如下非线性强度准则：

$$\tau = P_a A \left(\frac{\sigma_n}{P_a} + T \right)^n \tag{6.213}$$

式中，τ 为剪切应力；σ_n 为法向应力；P_a 为大气压强；A、n 和 T 为无量纲参数。

Jiang 等（2003）提出，参数 n 受岩土体剪切强度的影响；A 是一个尺度参数，控制剪切强度的大小；T 是转换参数，控制强度包络线在 σ_n 轴上的位置，他们的取值范围为 $1/2 \leqslant n \leqslant 1$，$A > 0$，$T \geqslant 0$，$A$、$n$，$T$ 可以根据岩土体的三轴试验数据通过迭代处理确定。

当 $n=1$，$A = \tan\varphi$，$T = (c/P_a)\tan\varphi$ 时，式（6.213）为莫尔-库仑强度准则的表达形式。

当 $c=0$，$T=0$ 时，式（6.213）为纯摩擦材料的强度准则（P-F 模型），对于大多数土体，可以近似取 $c=0$；但对于岩体材料，一般认为抗拉强度不可以忽略。

当 $n=0.5$，$A = 2\sqrt{t/P_a}$，$T = t/P_a$ 时，式（6.213）为格里菲斯强度准则；另外，H-B 强度准则也可以写成式（6.213）的形式。

正如 R. Baker 提出的那样，非线性破坏准则是莫尔-库仑强度准则和格里菲斯强度准则的推广形式，也是 H-B 强度准则的另外表现形式，是一种广义的岩土体强度准则。

为研究方便，非线性破坏准则可以写成莫尔-库仑强度准则的形式，对于图 6.124 上

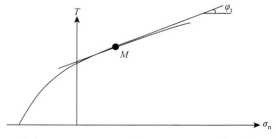

图 6.124　Baker 非线性破坏准则的切线强度

任意一点 M，其对应的莫尔-库仑强度准则可表达为

$$\tau = c_t + \sigma_n \tan\varphi_t \tag{6.214}$$

式中，c_t 和 φ_t 分别为 M 点处的黏聚力和内摩擦角，可由式（6.215）和式（6.216）确定。

$$c_t = \frac{1-n}{n} P_a \tan\varphi_t \left[\left(\frac{\tan\varphi_t}{nA} \right)^{\frac{1}{n-1}} - T \right] + \frac{1}{n} P_a \tan\varphi_t T \tag{6.215}$$

$$\tan\varphi_t = nA \left(\frac{\sigma_n}{P_a} + T \right)^{n-1} \tag{6.216}$$

2. 高切坡稳定性的超前判识

如图 6.125 所示，假设边坡从距离坡脚 x_F 处以坡角 ξ 开挖，高切坡潜在滑面为对数螺旋面，滑体可看作绕圆心 O 点转动的旋转机构，那么便可采用极限分析上限定理研究不同开挖坡比条件下高切坡的稳定性，并对高切坡稳定性进行超前判识。

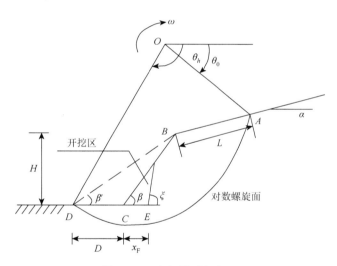

图 6.125　高切坡破坏机理

如图 6.125 所示的滑动面为对数螺旋面，假设高切坡体前后缘和旋转中心 O 的连线与水平面的夹角分别为 θ_0 和 θ_h。

由几何关系可以看出：

$$\frac{H}{r_0} = \frac{\sin\beta'}{\sin(\beta'-\alpha)} \{ \sin(\theta_h+\alpha)\exp[(\theta_h-\theta_0)\tan\varphi_t] - \sin(\theta_0+\alpha) \} \tag{6.217}$$

式中，H 为边坡高度；α 为高切坡坡顶倾角；其他符号意义见图 6.125。

$$\frac{L}{r_0} = \frac{\sin(\theta_h-\theta_0)}{\sin(\theta_h+\alpha)} - \frac{\sin(\theta_h+\beta')}{\sin(\theta_h+\alpha)\sin(\beta'-\alpha)} \{ \exp[(\theta_h-\theta_0)\tan\varphi_t]\sin(\theta_h+\alpha) - \sin(\theta_0+\alpha) \} \tag{6.218}$$

3. 危险性高切坡抗滑桩超前支护

通过高切坡稳定性的超前诊断，如果给定开挖条件下高切坡处于不稳定状态，就必须对其进行超前支护。例如，在开挖面处预先设置超前支护桩后再开挖边坡，就可以保证高切坡的整体稳定性。在进行超前支护桩设计时，我们需要知道高切坡在满足一定安全系数条件下，超前支护桩需要提供的抗力荷载。在此，我们采用极限分析方法，研究确保高切坡稳定的超前支护桩需要施加的抗力荷载。

将超前支护桩对高切坡的稳定作用简化为横向抗力荷载和抗滑力矩，见图 6.126。因此超前支护桩的功率可表达为

$$\dot{D}_p = F r_0 \sin\theta_p \dot{\omega} \exp[(\theta_p - \theta_0)\tan\varphi_t] - M\dot{\omega} \tag{6.219}$$

式中，$\dot{D}_p$ 为超前支护桩的外力功率；F 为单位宽度上超前支护桩所提供的抗力荷载；θ_p 为抗滑桩所在位置和中心点连线与水平面的夹角；M 为作用在滑面以上部分的超前支护桩抗力弯矩，如下式：

$$M = F m h' \tag{6.220}$$

式中，h' 为滑面以上部分超前支护桩的长度；m 为一系数，本书中，假设超前支护桩在滑面以上部分的抗力荷载为线性分布式，m 取 1/3；其他符号意义同前。

其中，h' 可按下式计算：

$$h' = r_p \sin\theta_p - r_h \sin\theta_h + x_F \tan\beta \tag{6.221}$$

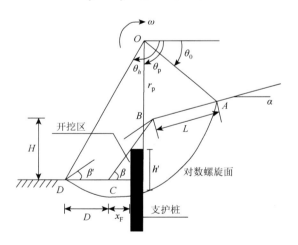

图 6.126　超前支护桩加固高切坡

根据几何关系，θ_p 应满足如下方程：

$$x_F = r_p \cos\theta_p - r_h \cos\theta_h - \frac{\sin(\beta - \beta')}{\sin\beta \sin\beta'} H \tag{6.222}$$

根据极限分析上限定理,可知坡体的稳定程度取决于外力功率与内能耗散率的相对关系,根据能量安全系数的定义,超前支护桩加固高切坡的稳定性系数 K 表达为

$$K = \frac{\dot{D}_{內} + \dot{D}_{p}}{\dot{W}_{soil}} \quad (6.223)$$

高切坡要达到给定安全系数 K_0 (如 $K_0 = 1.2$),则超前支护桩需要提供的每延米的抗力荷载可表达为

$$F = \frac{\dfrac{K_0 \gamma H}{A}(f_1 - f_2 - f_3 - f_4) - \dfrac{c_t}{2\tan\varphi_t}\{\exp[2(\theta_h - \theta_0)\tan\varphi_t] - 1\}}{\dfrac{A}{H}\left\{\sin\theta_p[\exp(\theta_p - \theta_0)\tan\varphi_t] - \dfrac{A}{3H}h'\right\}}$$
$$- \frac{K_0\gamma f_6}{\dfrac{H}{A}\left\{\sin\theta_p[\exp(\theta_p - \theta_0)\tan\varphi_t] - \dfrac{A}{3H}h'\right\}} \quad (6.224)$$

式中,

$$f_6 = \frac{x_F^2 \tan\beta}{2}\left[H(\cot\beta' - \cot\beta) + \frac{2x_F}{3} + \frac{H}{A}\exp[(\theta_h - \theta_0)\tan\varphi_t]\cos\theta_h\right] \quad (6.225)$$

$$A = \frac{\sin\beta'}{\sin(\beta' - \alpha)}\{\sin(\theta_h + \alpha)\exp[(\theta_h - \theta_0)\tan\varphi_t] - \sin(\theta_0 + \alpha)\} \quad (6.226)$$

式 (6.224) 中同样包含 4 个未知参数 (θ_0 、 θ_h 、 β' 、 φ_t),需要确定真实的滑动面所对应的最小抗力荷载,即计算抗力荷载的最小值:

$$\left.\begin{array}{l} \dfrac{\partial F}{\partial \theta_0} = 0 \\[2mm] \dfrac{\partial F}{\partial \theta_h} = 0 \\[2mm] \dfrac{\partial F}{\partial \beta'} = 0 \\[2mm] \dfrac{\partial F}{\partial \varphi_t} = 0 \end{array}\right\} \quad (6.227)$$

根据式 (6.227) 可以计算出超前支护桩加固高切坡所对应的 θ_0 、 θ_h 、 β' 。

6.2.3.4　路堤边坡抗滑桩超前支护研究

1. 弹塑性有限元强度折减法

Duncan (1996) 指出边坡的安全系数 F_s 可以定义为使边坡刚好达到临界破坏态时,

对土体材料的抗剪强度进行折减的程度，即定义边坡安全系数是土体实际的抗剪强度与临界破坏时折减后的剪切强度的比值，具有强度储备系数的物理意义。

基于强度储备概念的安全系数可定义为，当土体材料的抗剪强度参数 c 和 φ 分别用其临界抗剪强度参数 c_c 和 φ_c 所代替后，结构处于临界破坏状态，其中：

$$c_c = c/F_s, \quad \varphi_c = \arctan(\tan\varphi/F_s) \tag{6.228}$$

再用有限元法求解式（6.228）所示的安全系数 F_s 时，通常需要求解一系列具有 c' 和 φ' 的题目：

$$c' = c/R, \quad \varphi' = \arctan(\tan\varphi/R) \tag{6.229}$$

式中，c 和 φ 为土体抗剪强度参数；R 为抗剪强度折减系数；c' 和 φ' 表示折减后的土体抗剪强度参数，c' 为折减后的土体黏聚力，φ' 为折减后的内摩擦角。

强度折减技术的要点是假设外荷载不变，利用式（6.229）来折减土体的强度指标 c、φ，然后对边坡进行弹塑性有限元分析，通过不断地增大折减系数 R，反复进行应力-应变分析，直至边坡达到临界破坏，此时的折减系数就是安全系数 F_s。

弹塑性非线性有限元分析同弹性非线性有限元分析不同，可以考虑材料参数剪胀性对计算结果的影响。在弹塑性分析中如果采用同屈服函数形式相同的塑性势函数，那么剪胀角同内摩擦角的关系将影响流动法则。例如，屈服准则采用莫尔-库仑屈服准则，塑性势函数取同屈服函数相同的形式，那么当 $\varphi = \psi$ 时流动法则为关联流动法则，当 $\varphi \neq \psi$ 时流动法则为非关联流动法则。综上所述，为了保持在强度折减计算过程中流动法则不变，对材料参数剪胀角也进行折减，且折减公式采用同内摩擦角折减公式相同的形式，如下式所示：

$$\psi' = \arctan(\tan\psi/R) \tag{6.230}$$

2. 工程点概况

G214 滇藏公路北起青海省西宁市，纵贯青、藏、滇三省（自治区），南至云南省西双版纳傣族自治州景洪市，全线长 3256km，重庆境内长约 783km。滇藏公路（西藏境）是 G214 西宁至景洪公路的重要组成部分，是国家重点公路第 11 纵张掖至打洛公路的重要路段。滇藏公路（西藏境）对重庆，特别是昌都地区的政治稳定、民族团结、经济繁荣和社会发展具有重要意义，对滇川藏"金三角"地区旅游优势产业的开发具有决定性的作用。其中类乌齐至俄洛桥段公路整治改建工程，路线全长 95.5km。采用三级公路标准建设，投资约 5.2 亿多元。

研究工点位于 G214 K1231 + 516～K1231 + 560，靠近类乌齐，为傍山沿溪线，地势陡峭。该段有自然横坡 30°～45°，高切坡体高 4～20m、厚 2～3m，主要为碎石土类坡积物。由于线路等级提高，路面宽度增加，为此需要进行填筑。

该整改路段原路基宽度为 3.5～4.5m，根据本段边坡的地形地貌特点及工程地质条件，为满足公路线形和路面宽度的需要，最初的设计是采用碎石土填筑垫高、加宽路基，采用

1∶1.5 的坡比填筑, 回填高度约为 10.5m。设计图详见图 6.127。

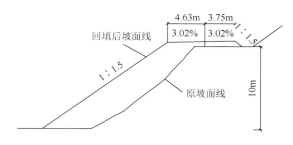

图 6.127 K1231 + 550 剖面设计图

3. 路堤边坡计算模型及参数选取

本书选取 K1231 + 550~K1231 + 560 段为研究对象, 采用 ANSYS 有限元分析软件, 研究抗滑桩超前支护结构, 以及桩、土间的相互作用机制。

采用等参实体单元实现对岩土体和抗滑桩的离散, 采用 ANSYS 提供的接触单元 Contact 单元来模拟桩和土体之间的相互作用中的接触问题。分别建立原设计方案, 以及采用抗滑桩截面尺寸为 1.5m×2m、2m×2.5m、2m×3m、2.5m×3.5m, 间距为 5m, 埋设深度为 8m 的路堤边坡有限元计算模型。图 6.128 为采用抗滑桩超前支护作用的有限元计算网格图。计算中考虑到岩土体材料的非线性特点, 土体的本构关系采用理想弹塑性模型,

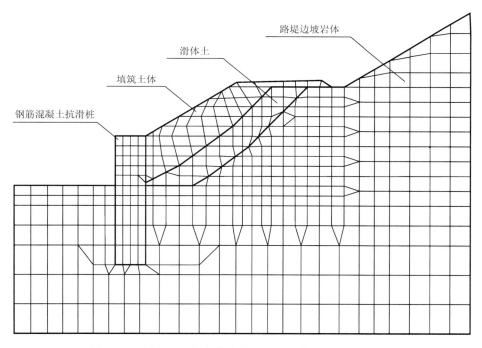

图 6.128 采用抗滑桩超前支护作用下的有限元计算网格图

屈服准则采用广泛应用于岩土类材料的 Drucker-Prager 屈服准则。作用在桩上的土压力考虑为桩前和桩背土压力、桩侧摩阻力和桩底摩阻力共同作用的合力。材料参数的取值见表 6.18。利用强度折减法计算时，路堤边坡岩体、填筑土体及滑体土的抗剪强度参数 c 和 φ 均参与折减，钢筋混凝土抗滑桩参数不参与折减。

表 6.18　材料力学参数表

材料力学参数	路堤边坡岩体	填筑土体	滑体土	钢筋混凝土抗滑桩
容重/(kN/m³)	24	19.5	19.5	24
弹性模量/MPa	5×10^3	20	20	25×10^3
泊松比	0.25	0.3	0.3	0.2
黏聚力/kPa	600	8.5	8.5	—
内摩擦角/(°)	40	35	35	—

4. 路堤边坡稳定性分析

（1）路堤边坡稳定性判别

连镇营等基于强度折减有限元法分别对开挖边坡稳定性进行了全面的分析，结果表明，当折减达到某一数值时，若坡内一定幅值的广义剪应变自坡底向坡顶贯通，则认为边坡已经失稳破坏，并定义前一个强度折减系数作为该边坡的稳定安全系数。广义剪应变即等效应变，等效塑性应变是材料塑性变形的一个度量。

（2）原设计填筑路堤边坡稳定性分析

对任何一个路堤边坡而言，如果能按原设计坡度填筑，当然是最好的。但是如果原设计方案不能满足工程需要，且在地形条件受限，不能采用放缓填筑边坡这一最为简单的设计方法时，超前支护是最有效的方法。因此，对原设计方案路堤边坡的稳定性进行判别是进行超前支护的基础和前提，同时也能为路堤边坡超前支护结构的选择、布置方式的优化提供依据。因此，首先对原设计填筑路堤边坡的稳定性进行了计算，计算结果见图 6.129。

由图 6.129 可以看出，原设计方案填筑形成的路堤边坡，当其折减系数 $R=0.98$ 时，边坡的等效塑性应变已从坡角到坡顶贯通（从坡角到坡顶贯通的等效塑性应变值为 0.001），认为边坡破坏，对应的边坡安全系数为 $F_s=0.97$，不能满足规范要求的安全系数（$F_s\geqslant1.15$），因此该边坡处于不稳定状态。

（3）抗滑桩超前支护加固路堤边坡稳定性分析

通过对原设计路堤边坡的有限元计算结果进行分析，得出填筑后形成的路堤边坡不稳定的结论。由于该工程点傍山沿溪，布设于紫曲河谷中，受地形条件限制，不能再放缓填筑边坡坡度。为此，根据原设计方案的坡体变形情况，提出了 4 种不同截面尺寸的抗滑桩超前支护方案（即截面尺寸为 1.5m×2m、2m×2.5m、2m×3m、2.5m×3.5m，埋设深度均为 8m），并对 4 种方案进行了有限元计算分析，优选出合理、有效的超前支护方案。计算结果分别见图 6.130～图 6.133。结果表明：

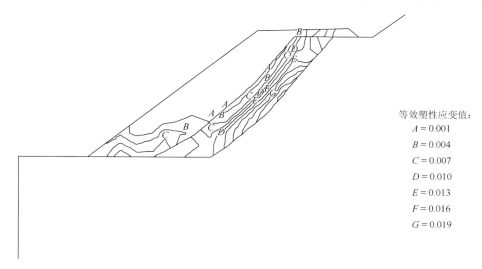

等效塑性应变值：
$A = 0.001$
$B = 0.004$
$C = 0.007$
$D = 0.010$
$E = 0.013$
$F = 0.016$
$G = 0.019$

图 6.129　折减系数 $R = 0.98$ 时，路堤边坡等效塑性应变分布

1）在采取抗滑桩超前支护措施截面尺寸为 1.5m×2m，且其折减系数 $R = 1.09$ 时，边坡的等效塑性应变已从坡角到坡顶贯通（从坡角到坡顶贯通的等效塑性应变值为 0.005），则认为边坡破坏，所以其边坡安全系数为 $F_s = 1.08$，不满足规范要求的安全系数（$F_s \geqslant 1.15$），因此该边坡处于不稳定状态。

2）在采取抗滑桩超前支护措施截面尺寸为 2m×2.5m，且其折减系数 $R = 1.13$ 时，边坡的等效塑性应变已从坡角到坡顶贯通（从坡角到坡顶贯通的等效塑性应变值为 0.006），则认为边坡破坏，所以其边坡安全系数为 $F_s = 1.12$，不满足规范要求的安全系数（$F_s \geqslant 1.15$），因此该边坡处于不稳定状态。

3）在采取抗滑桩超前支护措施截面尺寸为 2m×3m，且其折减系数 $R = 1.16$ 时，边坡的等效塑性应变已从坡角到坡顶贯通（从坡角到坡顶贯通的等效塑性应变值为 0.005），则认为边坡破坏，所以其边坡安全系数为 $F_s = 1.15$，刚好满足规范要求的安全系数（$F_s \geqslant 1.15$），因此该边坡处于稳定状态。

4）在采取抗滑桩超前支护措施截面尺寸为 2.5m×3.5m，且其折减系数 $R = 1.18$ 时，边坡的等效塑性应变已从坡角到坡顶贯通（从坡角到坡顶贯通的等效塑性应变值为 0.005），则认为边坡破坏，所以其边坡安全系数为 $F_s = 1.17$，满足规范要求的安全系数（$F_s \geqslant 1.15$），因此该边坡处于稳定状态。

综上所述，当采用超前支护抗滑桩截面尺寸为 1.5m×2m、2m×2.5m 时，其边坡仍处于不稳定状态。当采用超前支护抗滑桩截面尺寸为 2m×3m、2.5m×3.5m 时，均能使边坡处于稳定状态，基于经济、优化的考虑，提出最终的路堤边坡填筑设计方案为，选取截面尺寸为 2m×3m 的抗滑桩，桩间设挡土板的方案。设计示意图见图 6.134。

（4）超前支护抗滑桩土压力及变形分析

针对前面优选出来的抗滑桩超前支护方案，对填筑后形成的路堤边坡，运用有限元数值模拟方法研究了桩与变形坡体共同作用机制。计算结果见图 6.135 和图 6.136，图 6.135 和图 6.136 分别为超前支护桩受到的土压力曲线和桩的位移挠度曲线。

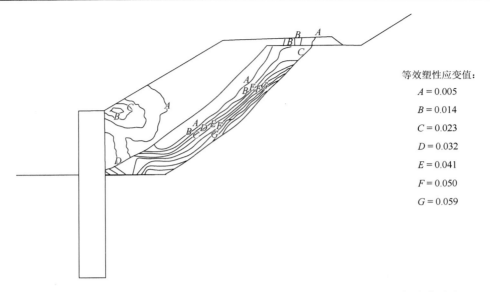

等效塑性应变值：
$A = 0.005$
$B = 0.014$
$C = 0.023$
$D = 0.032$
$E = 0.041$
$F = 0.050$
$G = 0.059$

图 6.130　1.5m×2m 超前支护桩折减系数 $R = 1.09$ 时，路堤边坡等效塑性应变分布

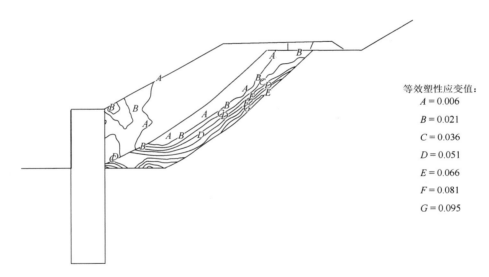

等效塑性应变值：
$A = 0.006$
$B = 0.021$
$C = 0.036$
$D = 0.051$
$E = 0.066$
$F = 0.081$
$G = 0.095$

图 6.131　2m×2.5m 超前支护桩折减系数 $R = 1.13$ 时，路堤边坡等效塑性应变分布

由图 6.135 可以看出，在填筑段内，土压力在深度上的分布既不是均匀分布，也不是线性增加，而是呈现中间大两端小的形式。在填土和基岩的交界处，抗滑桩的抗力达到极值，在埋深段内抗滑桩的抗力较小。

图 6.136 反映了超前支护桩桩身在土压力作用下的变形情况，从图中可以看出，最大位移出现在抗滑桩顶部，回填段抗滑桩位移值自上而下逐渐减小，在埋深 1.7m 以下抗滑桩位移值基本为零。

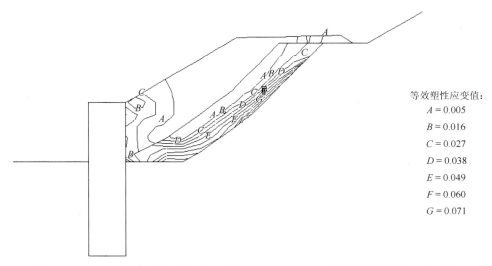

等效塑性应变值：
$A = 0.005$
$B = 0.016$
$C = 0.027$
$D = 0.038$
$E = 0.049$
$F = 0.060$
$G = 0.071$

图 6.132　2m×3m 超前支护桩折减系数 $R = 1.16$ 时，路堤边坡等效塑性应变分布

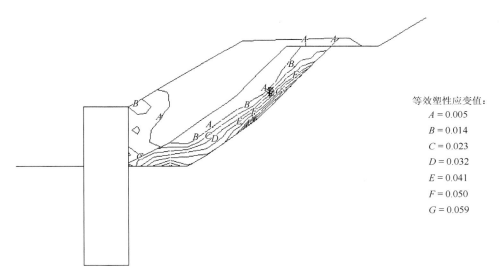

等效塑性应变值：
$A = 0.005$
$B = 0.014$
$C = 0.023$
$D = 0.032$
$E = 0.041$
$F = 0.050$
$G = 0.059$

图 6.133　2.5m×3.5m 超前支护桩折减系数 $R = 1.18$ 时，路堤边坡等效塑性应变分布

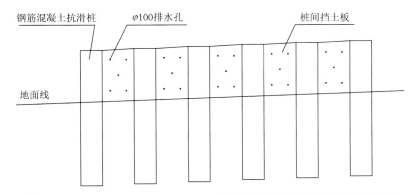

图 6.134　K1231＋515～K1231＋565 段抗滑桩超前支护立面布置示意图

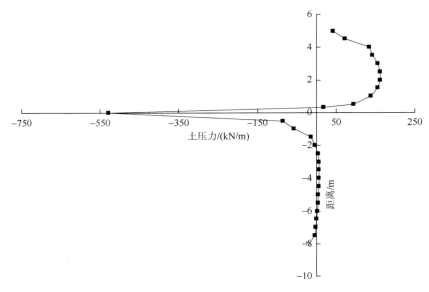

图 6.135　作用在桩上的土压力曲线

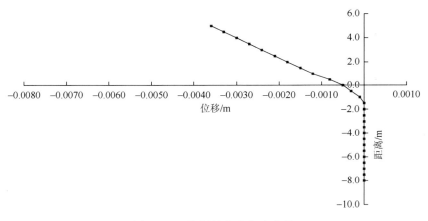

图 6.136　抗滑桩位移挠度曲线

5. 结论

通过上述分析，我们可以得出以下结论。

1）根据设计资料，按原设计方案填筑的路堤边坡将产生失稳破坏，是不稳定路堤边坡。

2）对 4 种不同截面尺寸超前支护桩的方案进行数值分析，结果表明，第 3 种超前支护桩为最优方案（即抗滑桩截面尺寸为 2m×3m）。

3）在地势陡峭、地形条件受限的填筑路段，这种抗滑桩超前支护方法具有能在满足工程要求的同时节省填筑材料、人力物力及工程造价的特点。

4）作用在超前支护桩回填段的土压力分布既不是均匀分布，也不是线性增加，而是呈中间大两端小的近似梯形分布。在填土和基岩的交界处抗滑桩的抗力达到极值，在埋深段内抗滑桩的反力较小。

5）在土压力作用下，抗滑桩最大位移出现在抗滑桩顶部，回填段抗滑桩位移值自上而下逐渐减小，在埋深 1.5m 以下抗滑桩位移值基本为零。

6.2.3.5 超前支护桩加固高切坡的静动力响应与永久位移预测研究

1. 高切坡稳定性的超前诊断

考察如图 6.137 所示的土质高切坡计算模型，土质遵循摩尔-库仑破坏准则，假设边坡从距离坡脚 x_F 处以坡角 ω 开挖，假定高切坡潜在滑面是对数螺旋线，滑体可看作绕圆心 O 点转动的旋转机构，本书采用极限分析上限定理研究不同开挖方式下高切坡的稳定性。

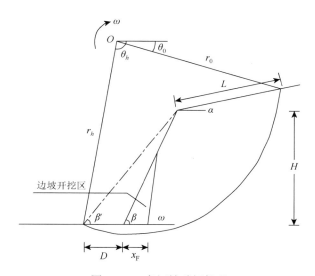

图 6.137 高切坡破坏机理

假设高切坡潜在滑动面为对数螺旋面，对应的破裂面方程可表达为

$$r(\theta) = r_0 \exp[(\theta - \theta_0)\tan\varphi] \tag{6.231}$$

式中，r_0 为对数螺旋线滑面与水平面夹角为 θ_0 时对应的半径；φ 为坡体的内摩擦角。

外力功率的计算如下。

作用在高切坡上的外荷载只有重力，则外力由坡体重力提供，高切坡重力的功率可表达为

$$\dot{W}_{soil} = \dot{\omega}\gamma[r_0^3(f_1 - f_2 - f_3 - f_4) - f_5] \tag{6.232}$$

式中，$\dot{W}_{soil}$ 为高切坡重力的外力功；γ 为高切坡土体的重度；$\dot{\omega}$ 为高切坡启动时旋转机构的角速度；f_1、f_2、f_3、f_4、f_5 的表达式见附录 C。

内能耗散率的计算如下。

滑动面上的内能耗散率为

$$\dot{D}_{内} = \frac{cr_0^2\dot{\omega}}{2\tan\varphi}\{\exp[2(\theta_h - \theta_0)\tan\varphi] - 1\} \tag{6.233}$$

式中，$\dot{D}_内$ 为滑动间断面上的能量耗散率；c 为滑面土体的黏聚力；其他符号意义同前。

根据极限分析上限定理，高切坡安全系数可以表达为

$$K = \frac{\dot{D}_内}{\dot{W}_{soil}} = \frac{\dfrac{cr_0^2}{2\tan\varphi}\{\exp[2(\theta_h - \theta_0)\tan\varphi] - 1\}}{\gamma[r_0^3(f_1 - f_2 - f_3 - f_4) - f_5]} \tag{6.234}$$

式（6.234）中包含 3 个未知参数（θ_0、θ_h、β'），在高切坡所有可能的潜在滑动面中，真实的滑动面对应最小的安全系数，于是可以通过多元函数求极值的方法确定高切坡的最小安全系数：

$$\left.\begin{array}{l} \dfrac{\partial K}{\partial \theta_0} = 0 \\[2mm] \dfrac{\partial K}{\partial \theta_h} = 0 \\[2mm] \dfrac{\partial K}{\partial \beta'} = 0 \end{array}\right\} \tag{6.235}$$

根据式（6.235），可以计算出高切坡潜在破裂面所对应的 θ_0、θ_h、β' 等参数，进而确定对应的高切坡破裂面形状、高切坡对应的最小安全系数。

如果高切坡最小安全系数小于 1 或需要的设计安全系数，则判断该高切坡为危险性高切坡，在切坡过程中就可能发生变形破坏，需要进行超前支护。

2. 高切坡超前支护桩抗滑力的极限分析

如图 6.138 所示，根据几何关系，h' 可按下式计算：

$$h' = r_p \sin\theta_p - r_h \sin\theta_h + x_F \tan\beta \tag{6.236}$$

θ_p 应满足如下关系：

$$x_F = r_p \cos\theta_p - r_h \cos\theta_h - \frac{\sin(\beta - \beta')}{\sin\beta \sin\beta'} H \tag{6.237}$$

由极限分析上限定理可知坡体的稳定程度取决于外力功与内能耗散的相对关系，所以可定义坡体稳定性系数 K 为

$$K = \frac{\dot{D}_内 + \dot{D}_p}{\dot{W}_{soil}} \tag{6.238}$$

边坡的稳定性一般由安全系数来确定。当安全系数 $K \geqslant 1$ 时，表明边坡处于稳定状态。在给定安全系数下（如 $K_c = 1.2$），超前支护桩需要提供的抗力荷载可表达为

$$F = \frac{\dfrac{K_c \gamma H}{A}(f_1 - f_2 - f_3 - f_4) - \dfrac{c}{2\tan\varphi}\{\exp[2(\theta_h - \theta_0)\tan\varphi] - 1\}}{\dfrac{A}{H}\left\{\sin\theta_p[\exp(\theta_p - \theta_0)\tan\varphi] - \dfrac{A}{3H}h'\right\}}$$
$$- \frac{K_c \gamma f_6}{\dfrac{H}{A}\left\{\sin\theta_p[\exp(\theta_p - \theta_0)\tan\varphi] - \dfrac{A}{3H}h'\right\}} \tag{6.239}$$

其中，f_6 的表达式见附录 C。

$$A = \frac{\sin \beta'}{\sin(\beta' - \alpha)} \{\sin(\theta_h + \alpha) \exp[(\theta_h - \theta_0)\tan\varphi] - \sin(\theta_0 + \alpha)\} \qquad (6.240)$$

式中各符号意义同前。

式（6.239）中包含 3 个未知参数（θ_0、θ_h、β'），在所有可能的潜在滑动面中，真实的滑动面对应最小的抗力荷载，于是有

$$\left.\begin{array}{l} \dfrac{\partial F}{\partial \theta_0} = 0 \\[3mm] \dfrac{\partial F}{\partial \theta_h} = 0 \\[3mm] \dfrac{\partial F}{\partial \beta'} = 0 \end{array}\right\} \qquad (6.241)$$

根据式（6.241），可以计算出加固高切坡潜在破裂面所对应的 θ_0、θ_h、β' 等参数，进而确定对应的高切坡破裂面形状、超前支护桩的抗力荷载。

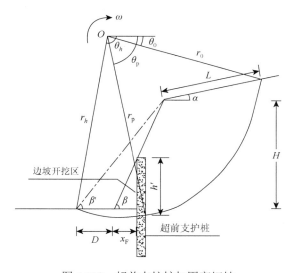

图 6.138　超前支护桩加固高切坡

3. 地震荷载下超前支护桩加固高切坡的屈服加速度

地震荷载下超前支护桩加固高切坡见图 6.139，研究地震荷载作用下加固高切坡的临界屈服加速度计算。同样采用极限分析上限定理，分别计算土体重力、超前支护桩的抗力，以及地震惯性力的外力功率和破裂面上的能量耗散率。

高切坡土体自重与地震荷载的外力功率可表达为

$$\dot{W}_{\text{seismic}} = \gamma\dot{\omega}\{[r_0^3(f_1 - f_2 - f_3 - f_4) + k_h(f_7 - f_8 - f_9 - f_{10})] - (f_6 + a_h f_{11})\} \qquad (6.242)$$

式中，k_h 为地震系数，$k_h = a/g$，a 为地震加速度，g 为重力加速度。

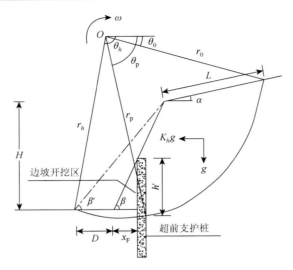

图 6.139　地震荷载下超前支护桩加固高切坡

f_7、f_8、f_9、f_{10}、f_{11} 的具体表达式见附录 C。

当加固高切坡安全系数为 1 时，可以计算出超前支护桩高切坡地震屈服加速度系数的表达式：

$$\dot{W}_{\text{seismic}} = \dot{D}_{\text{p}} + \dot{D}_{\text{内}} \tag{6.243}$$

整理上式：

$$k_h = \frac{Fr_0 \sin\theta_{\text{p}}[\exp(\theta_{\text{p}} - \theta_0)\tan\varphi] - \frac{1}{3}Fh' + \frac{cr_0^2}{2\tan\varphi}\{\exp[2(\theta_h - \theta_0)\tan\varphi] - 1\} - r_0^3\gamma(f_1 - f_2 - f_3 - f_4) + \gamma f_6}{\gamma r_0^3(f_7 - f_8 - f_9 - f_{10}) - \gamma f_{11}}$$

$$\tag{6.244}$$

式中各符号意义同前。

式（6.244）中包含 3 个未知参数（θ_0、θ_h、β'），需要确定地震荷载下加固高切坡对应的真实滑动面及最小的屈服加速度系数。需要对式（6.244）的多元函数求极值，即可获得超前支护桩加固高切坡的最小临界屈服加速度。

$$\left.\begin{aligned}\frac{\partial k_h}{\partial \theta_0} &= 0 \\[4pt] \frac{\partial k_h}{\partial \theta_h} &= 0 \\[4pt] \frac{\partial k_h}{\partial \beta'} &= 0\end{aligned}\right\} \tag{6.245}$$

4. 结论

1）切坡方式对高切坡的稳定性有显著影响，在 ξ 相同的条件下，高切坡稳定性系数随 x_F 的增大而减小；在 x_F 相同的条件下，高切坡稳定性系数随 ξ 的增大而增大。

2）高切坡土体抗剪强度对高切坡稳定性有重要影响，高切坡安全系数随内摩擦角的增大而增大，随黏聚力的增大而增大。其中内摩擦角对高切坡稳定性的影响更强烈。

3）开挖距离 x_F 对超前支护桩需要提供的抗力荷载有重要影响，抗力随 x_F 的增大呈线性方式增长。

4）在其他条件一定的条件下，超前支护桩需要提供的抗力荷载随土体内摩擦角的增大呈线性降低。

5）对于已加固高切坡来说， x_F 对地震屈服加速度的影响较小。

6）随着加固高切坡静力安全系数的增大，加固高切坡的地震临界屈服加速度也显著增大，可通过适当提高加固高切坡的静力设计安全系数达到提高加固高切坡的抗震性能的目的。

6.2.3.6　条形基础荷载作用下的研究

山地城镇一般坐落在山间盆地和谷地，随着全国基础建设的全面发展，特别是西部基础建设和城镇化建设的蓬勃兴起，建设用地的问题日益突出，在边坡上修筑各种建筑物与构筑物是我们合理利用土地的一种有效方式，但在坡顶不合理地修建构筑物可能诱发边坡破坏。为此，根据我国《建筑地基基础设计规范》（GB 50007—2011）规定，位于稳定边坡顶上的建筑，应符合下列规定：对于条形基础或矩形基础，当垂直于坡顶边缘线的基础底面边长小于或等于 3m 时，其基础底面外边缘线至坡顶的水平距离应符合式（6.246）的要求，但不得小于 2.5m。

位于坡顶的条形基础见图 6.141。

$$B \geqslant 3.5b - \frac{d}{\tan \beta} \tag{6.246}$$

式中，B 为条形基础底面外边缘线与坡顶的最小水平距离；d 为基础埋深；b 为条形基础宽度；β 为边坡坡角。

由式（6.246）可以看出，边坡的稳定距离似乎仅与基础宽度、埋设深度和边坡坡角有关，这显然是不合理的。事实上，坡顶超载、坡体抗剪强度指标、边坡高度等因素对参数 B 的确定有显著影响。同时，如果边坡处于不稳定状态，则需要对边坡进行加固，采用何种结构进行加固，如何确定需要的加固荷载，也是我们必须解决的问题。

近些年来，极限分析理论在复杂荷载下边坡稳定性分析方面取得了长足发展。本章结合极限分析上限定理，以莫尔-库仑准则为基础，针对上述问题开展系统研究，推导了相关计算公式，研究了边坡稳定性与各主控影响因素的定量关系。不稳定边坡加固防护需要施加的外力荷载，以及地震荷载作用下加固边坡临界屈服加速度研究，为山区边坡工程稳定性判识与防护提供了指导。

1. 坡顶条形基础荷载下边坡稳定性的超前判识

考察如图 6.140（a）所示的条形基础超载作用下边坡的稳定性计算模型，假设在边坡从距离坡顶 B 处埋置深度为 d 的条形基础（宽为 b），该土质边坡潜在滑面为对数螺旋面 AB，滑体可看作绕圆心 O 点转动的旋转机构，那么便可以采用极限分析上限定理研究条形基础与坡顶距离 B、条形基础的宽度 b、条形基础的埋置深度 d 对土质边坡稳定性的影响，并对该种边坡稳定性进行判识。

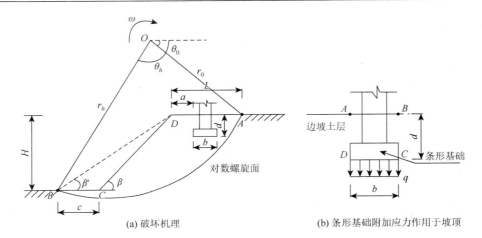

图 6.140　条形基础附加应力作用下的土质边坡破坏机理

　　假设边坡满足对数螺旋破坏模式，如图 6.140（a）所示，滑动面为对数螺旋滑移面 AB，假设高切坡体前后缘与旋转中心 O 的连线和水平面的夹角分别为 θ_0 和 θ_h。

　　相应的对数螺旋线方程可表达为

$$r(\theta) = r_0 \exp[(\theta - \theta_0)\tan\varphi] \tag{6.247}$$

式中，r_0 为对数螺旋线滑面与水平面的夹角为 θ_0 时对应的半径；φ 为坡体内摩擦角。

　　由几何关系可以看出：

$$\frac{H}{r_0} = \frac{\sin\beta'}{\sin(\beta'-\alpha)}\{\sin(\theta_h+\alpha)\exp[(\theta_h-\theta_0)\tan\varphi] - \sin(\theta_0+\alpha)\} \tag{6.248}$$

式中，H 为边坡高度；α 为高切坡坡顶倾角，此处 $\alpha = 0$；其他符号意义见图 6.140（a）。

$$\frac{L}{r_0} = \frac{\sin(\theta_h-\theta_0)}{\sin(\theta_h+\alpha)} - \frac{\sin(\theta_h+\beta')}{\sin(\theta_h+\alpha)\sin(\beta'-\alpha)}\{\exp[(\theta_h-\theta_0)\tan\varphi]\sin(\theta_h+\alpha) - \sin(\theta_0+\alpha)\} \tag{6.249}$$

　　（1）外力功

　　如图 6.140（a）所示，其属于平面应变问题，分别求出三角形 OAB、OAD、ODB 和 DBC 土体重力的功率，从而得到多边形 $ABCD$ 土体重力的功率：

$$\dot{W}_{\text{soil}} = \dot{\omega}\gamma r_0^3(f_1 - f_2 - f_3 - f_4) \tag{6.250}$$

式中，$\dot{W}_{\text{soil}}$ 为高切坡重力的功率；γ 为坡体重度；$\dot{\omega}$ 为高切坡旋转破坏对应的角速度；f_1、f_2、f_3、f_4 见附录 D。

　　条形基础附加应力的计算见图 6.140（b），由于回填土和基础的平均重度与原边坡土的重度相差很小，对边坡的影响较小，所以我们近似认为条形基础的附加荷载为上部结构传递到基底的平均压力值。由图 6.140 推得

$$f_5 = \int_0^b q(r_0\cos\theta_0 - B + x)\mathrm{d}x = qb\left(\frac{1}{2}b + r_0\cos\theta_0 - B\right) \tag{6.251}$$

式中，b 为条形基础的宽度；q 为基底平均荷载；B 为基础边缘到坡顶的水平距离。

　　则外力功率为

$$\dot{W}_{\text{外}} = \dot{\omega}\gamma r_0^3(f_1 - f_2 - f_3 - f_4) + \dot{\omega}f_5 \tag{6.252}$$

（2）滑动面上的内能耗散

滑动面上的内能耗散率表达式为

$$\dot{D}_{内} = \int_{\theta_0}^{\theta_h} cV\cos\varphi \frac{r\mathrm{d}\theta}{\cos\varphi} = \frac{cr_0^2\dot{\omega}}{2\tan\varphi}\{\exp[2(\theta_h - \theta_0)\tan\varphi] - 1\} \qquad (6.253)$$

式中，$\dot{D}_{内}$ 为沿滑动间断面上的内能耗散率；c 为滑动面土体的黏聚力；其他符号意义同前。

根据极限分析上限定理，高切坡稳定安全系数可以表达为

$$K = \frac{\dot{D}_{内}}{\dot{W}_{外}} = \frac{\dfrac{cr_0^2}{2\tan\varphi}\{\exp[2(\theta_h - \theta_0)\tan\varphi] - 1\}}{\gamma r_0^3(f_1 - f_2 - f_3 - f_4) + f_5} \qquad (6.254)$$

式中，K 为给定边坡对应的安全系数。

显然，边坡的安全系数是包含 3 个未知参数（θ_0、θ_h、β'）的函数，在所有可能的滑动面中，真实的滑动面对应最小安全系数，于是有

$$\left.\begin{array}{l} \dfrac{\partial K}{\partial \theta_0} = 0 \\[2mm] \dfrac{\partial K}{\partial \theta_h} = 0 \\[2mm] \dfrac{\partial K}{\partial \beta'} = 0 \end{array}\right\} \qquad (6.255)$$

根据式（6.255）可以计算边坡相应的 θ_0、θ_h、β' 参数，进而确定对应边坡破裂面和边坡稳定性系数。

2. 地震荷载作用下超前支护桩加固边坡的临界屈服加速度

考察如图 6.141 所示的超前支护桩加固边坡，研究地震荷载作用下加固边坡的临界屈服加速度。同样采用极限分析上限定理，分别计算土体重力、条形基础附加应力、超前支护桩的抗力，以及地震惯性力所做的外力功和破裂面上的内能耗散率。

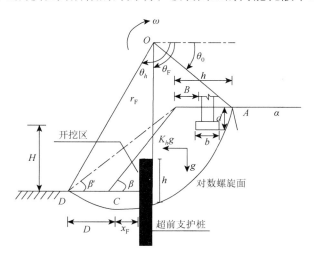

图 6.141　地震荷载下超前支护桩加固高切坡

根据极限分析上限定理，当外力功率等于内能耗散率时，可以计算出超前支护桩加固高切坡的地震屈服加速度系数表达式：

$$\dot{W}_{\text{seismic}} = \dot{D}_{\text{p}} + \dot{D}_{\text{内}} \tag{6.256}$$

$$k_h = \frac{\dfrac{cr_0^2}{2\tan\varphi}\{\exp[2(\theta_h - \theta_0)\tan\varphi] - 1\} + Fr_0\sin\theta_{\text{p}}[\exp(\theta_{\text{p}} - \theta_0)\tan\varphi] - \dfrac{1}{3}Fh - r_0^3\gamma(f_1 - f_2 - f_3 - f_4) - f_5}{\gamma r_0^3(f_6 - f_7 - f_8 - f_9)}$$

$$\tag{6.257}$$

式中，k_h 为超前支护桩加固高切坡的屈服加速度系数；其他符号同前。

式（6.257）中同样包含 3 个未知参数（θ_0、θ_h、β'），需要确定地震荷载下加固边坡对应的真实滑动面，以及真实的屈服加速度系数。用式（6.257）分别对各参数求导，即可获得加固边坡对应的最小临界屈服加速度系数。

$$\left.\begin{aligned} \frac{\partial k_h}{\partial \theta_0} &= 0 \\ \frac{\partial k_h}{\partial \theta_h} &= 0 \\ \frac{\partial k_h}{\partial \beta'} &= 0 \end{aligned}\right\} \tag{6.258}$$

3. 结论

1）条形基础不同的埋置参数对边坡稳定性有显著影响，在 β 相同的条件下，边坡稳定性系数随着条形基础基底宽度 b 的增大而减小，随着条形基础与坡顶距离 B 的增大而增大；边坡稳定性系数随 β 的增大而减小。

2）基底荷载对边坡稳定性有重要影响，边坡稳定性系数随基底荷载的增大而降低。

3）边坡土体抗剪强度指标对边坡稳定性的影响最大，边坡稳定性系数随着黏聚力的增大而增大，随着内摩擦角的增大而增大。

4）超前支护桩加固不稳定边坡需要提供的抗力荷载随 x_F 的增大而增大，抗力随着边坡稳定性系数的增大呈线性方式增大。

5）超前支护桩埋设位置 x_F 对加固边坡地震屈服加速度系数的影响较小，说明加固边坡具有几乎相同的抗震性能，而地震屈服加速度系数随着边坡稳定性系数的增大而显著增大。

6.2.3.7 基于上限定理的抗滑群桩研究

1. 作用在前排抗滑桩上的极限土压力

在设计上人为增大第一排抗滑桩的间距（如间距为 10m 左右），使得桩间土可以绕过桩产生塑性流动，作用在抗滑桩上的土压力就是极限水平土压力。这个荷载的大小及其分布是进行第一排抗滑桩结构设计的基础。

Ito 和 Matsui（1975）基于土体塑性变形理论推导了一种计算土体运动作用在桩上的

最大水平力的计算公式。假设土体可以绕桩发生塑性变形，且仅桩周部分土体达到塑性平衡状态，则作用于单排桩的极限水平土压力可以由式（6.259）计算。图 6.142 为桩周土体的塑性变形状态。

$$p(z) = cA \left\{ \frac{1}{N_\varphi \tan\varphi} \left\{ \exp\left[\frac{D_1 - D_2}{D_2} N_\varphi \tan\varphi \tan\left(\frac{\pi}{8} + \frac{\varphi}{4} \right) \right] - 2N_\varphi^{(1/2)} \tan\varphi - 1 \right\} \right.$$

$$\left. + \frac{2\tan\varphi + 2N_\varphi^{(1/2)} + N_\varphi^{-(1/2)}}{N_\varphi^{(1/2)} \tan\varphi + N_\varphi - 1} \right\} - c \left[D_1 \frac{2\tan\varphi + 2N_\varphi^{(1/2)} + N_\varphi^{-(1/2)}}{N_\varphi^{(1/2)} \tan\varphi + N_\varphi - 1} - 2D_2 N_\varphi^{-(1/2)} \right] \quad (6.259)$$

$$+ \frac{\gamma z}{N_\varphi} \left\{ A \exp\left[\frac{D_1 - D_2}{D_2} N_\varphi \tan\varphi \tan\left(\frac{\pi}{8} + \frac{\varphi}{4} \right) \right] - D_2 \right\}$$

式中，c 为土的黏聚力；D_1 为桩轴线间距；D_2 为桩的净间距；φ 为土的内摩擦角；γ 为土的容重；z 为土层与地表面的深度；$N_\varphi = \tan^2(\pi/4 + \varphi/2)$；$A = D_1(D_1/D_2)(N_\varphi^{1/2} \tan\varphi + N_\varphi - 1)$。

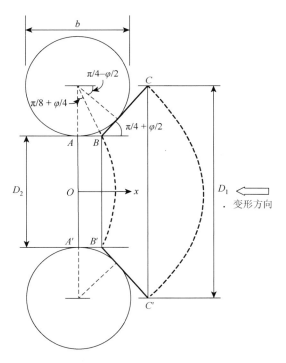

图 6.142　桩周土体的塑性变形状态（Ito and Matsui，1975）

因此，作用在桩上的总的水平力 F_t 可以采用式（6.259）沿破坏土层的深度积分计算得到。对于无黏性土，取 $c = 0$，该式依然适用。该式是基于刚性桩的推导结果，但也可以用于弹性桩。

Poulos 等（1995）的理论研究证明群桩会对 N_p（水平抗力系数）的大小有一定的影响，单排桩对 N_p 的影响较小。对无黏性土中的桩，最简单的方法是 Broms 和 Silberman（1964）的建议解：

$$p_{u} = aK_{p}\sigma'_{vo} \tag{6.260}$$

式中，K_{p} 为朗肯被动土压力系数，$K_{p} = \tan^{2}(45^{\circ} + \varphi/2)$；$\sigma'_{vo}$ 为有效自重压力；a 取值为 3～5。

2. 多块体系速度场的计算

利用极限分析法计算多块体系的稳定性系数时，必须构造多块体系的速度场，Donald 和 Chen（1997）给出了多块体系速度场的计算方法。考察如图 6.143 所示的高切坡体多块体系破坏模式。根据莫尔-库仑屈服准则和相关联流动法则，条块的塑性速度与滑面夹角为 φ_{e}，而与相邻条块的相对速度和其交界面的夹角为 φ_{e}^{j}，这些重要结论为多块体速度场的构建建立了理论基础。

考察如图 6.143 所示的多块体破坏模式中相邻两个条块的速度场，假设其塑性速度分别为 V_{1} 和 V_{r}，界面相对速度为 V_{j}。根据速度场协调关系，有如下关系成立：

$$V_{j} + V_{r} = V_{1} \tag{6.261}$$

于是有

$$V_{r} = V_{1}\frac{\sin(\theta_{1} - \theta_{j})}{\sin(\theta_{r} - \theta_{j})} \tag{6.262}$$

$$V_{j} = V_{1}\frac{\sin(\theta_{r} - \theta_{1})}{\sin(\theta_{r} - \theta_{j})} \tag{6.263}$$

式中，θ_{1}、θ_{r}、θ_{j} 分别为 V_{1}、V_{r}、V_{j} 与 x 轴的正向夹角。

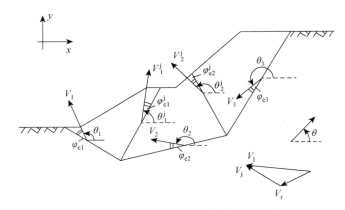

图 6.143　高切坡多块体破坏模式速度场示意图（Donald and Chen，1997）

对于多块破坏模式，只要知道第一块的塑性速度 V_{1}，其他任意一块的速度及其相对速度均可表达为第一块速度的线性函数：

$$V = KV_{1} \tag{6.264}$$

$$K = \prod_{i=1}^{k}\frac{\sin(\alpha_{i}^{1} - \varphi_{ei}^{1} - \theta_{i}^{j})}{\sin(\alpha_{i}^{r} - \varphi_{ei}^{r} - \theta_{i}^{j})} \tag{6.265}$$

式中，α 为条块滑面与 x 轴的倾角。

3. 基于能量法的安全系数

塑性极限分析的基本要点是，当滑动体滑动时，自重和外力做的功等于内力（滑面上的阻力）消耗做的功。因此基于能量法的安全系数定义为

$$K = \frac{D}{W_{\mathrm{G}} - W_{\mathrm{F}}} \tag{6.266}$$

式中，K 为高切坡能量安全系数；W_{G} 为土体自重的功；W_{F} 为抗力做的功；D 为滑面上内能耗散做的功。

其中重力做的功可表示为

$$W_{\mathrm{G}} = \sum_{i=1}^{n} \gamma_i A_i v_i' \tag{6.267}$$

式中，γ_i 为第 i 块滑体的重度；A_i 为第 i 块滑体的面积；v_i' 为第 i 块滑体塑性速度在重力方向的速度分量；n 为滑体块数。

抗力做的功可表示为

$$W_{\mathrm{F}} = \sum_{k=1}^{m} F_k v_k \tag{6.268}$$

式中，m 为单位宽度上的支护结构数量（抗滑桩的排数）；F_k 为第 k 排抗滑桩提供的单位宽度上的高切坡抗力；v_k 为第 k 排抗滑桩对应滑块速度沿抗力作用方向的分量。

内能耗散做的功为

$$D = \sum_{i=1}^{n} c_i l_i v_i \cos \varphi_i \tag{6.269}$$

式中，c_i 为第 i 块滑体滑面土体的黏聚力；l_i 为第 i 块滑体的滑面长度；v_i 为第 i 块滑体的塑性速度；φ_i 为第 i 块滑体滑面土体的内摩擦角。

4. 结论

本设计方法以极限分析上限定理为基础，结合能量安全系数定义，使作用在第一排桩上的土压力为极限土压力，以此来设计第二排桩，能够较为清晰地计算出作用在各排桩上的推力。在满足工程要求的情况下工程造价最低，使抗滑群桩的设计更加合理，该设计方法对抗滑群桩工程具有十分重要的技术经济意义。

6.2.4　超前处治结构施工关键技术研究

6.2.4.1　主动减压超前支护结构

1. 主动减压超前支护结构形式

由上述支护结构与边坡体的耦合作用机理分析可知，先固后挖施工方式在防止边坡失稳方面具有不可比拟的优点，但未充分发挥自身抗剪能力的缺点；边挖边固施工方式能完全发挥自身抗剪能力，但不易控制。因此，主动减压超前支护结构必须具备两个优

点：一方面具有超前支护结构的优点，另一方面具有充分发挥自身抗剪能力从而能主动减压的优点。为了达到上述功能，主动减压超前支护新型结构形式组成部分必须满足如图 6.144 所示的结构，柔性填料促使岩土体在边坡施工后发生变形，超前支护结构控制位移值恰好使应力状态达到峰值强度，图 6.145 中位移从 A 点到 B 点变化，同时保持 B 点不变，从而起到超前支护和主动减压的作用。

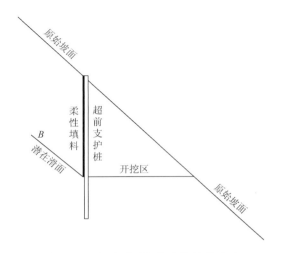

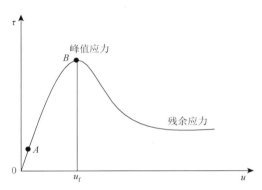

图 6.144　主动减压超前支护结构形式　　　图 6.145　主动减压超前支护结构原理

2. 主动减压超前支护结构施工关键问题

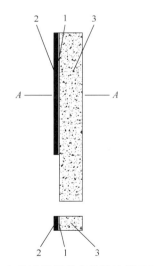

图 6.146　主动减压超前支护结构施工示意图

主动减压超前支护结构主要是由柔性填料和超前支护结构组成的，在使用中两者共同作用是主动减压超前支护施工的关键。在边坡的待支护处挖孔，然后在该孔中设置柔性填料，最后在挖孔其余位置设置超前支护结构。由于柔性填料较软，为了在后续施工中对该部分进行保护，如图 6.146 所示，在挖孔后首先在孔中适当位置放置隔板 1，然后在由隔板和护壁围成的与边坡相邻的空间内设置柔性填料 2，最后在由隔板与护壁组成的另一空间内设置超前支护结构 3。

6.2.4.2　其他超前支护结构

1. 其他超前支护结构工作原理

（1）超前支护锚杆

在边坡开挖之前，预先在边坡开挖面以下设置足够长度和密度的灌浆锚杆，在边坡开挖过程中，由于边坡卸荷回弹，必然在坡体一定深度范围内（卸荷带内）产生趋向于开挖面的坡面变形，超前支护锚杆可以约束这种变形的发生，进而阻碍坡面开挖卸荷带的形成和发展，达到有效整治边坡的目的，见图 6.147。

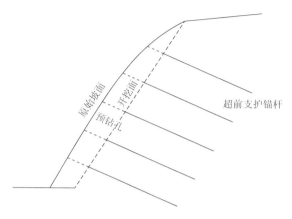

图 6.147　超前支护锚杆示意图

（2）预应力锚索抗滑挡墙

a）预应力锚索抗滑挡墙结构形式

预应力锚索抗滑挡墙是由预应力锚索和普通重力式抗滑挡墙组合而成的新型抗滑结构形式，其构造图见图 6.148。它通过施加在抗滑挡墙上的强大预应力荷载提供的摩擦阻力来平衡作用在挡土墙上的推力，并能提供较大的抗倾覆力矩，防止抗滑挡墙发生倾倒破坏。同时，预应力锚索可以加强抗滑挡墙自身的抗剪强度，防止抗滑挡墙发生剪切破坏。

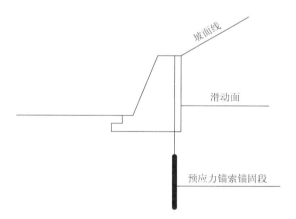

图 6.148　预应力锚索抗滑挡墙构造图

预应力锚索锚固段应锚固在高切坡体下的稳定岩土层内，锚固长度应由所需要的预应力荷载及锚固段周围岩土体特性综合确定。埋设在抗滑挡墙内的锚索孔可以通过预理管件预留，在抗滑挡端砌筑完成后，直接从预留孔内施工其余部分的预应力锚索锚孔，可以节省部分钻探工程量。

b）预应力锚索抗滑挡墙的优点

1）充分发挥两种结构的优点能显著提高普通抗滑挡墙的抗滑稳定性、抗倾覆稳定性及抗剪断能力。

2）能大幅降低高切坡整治的费用，具有非常明显的经济效益，与普通抗滑桩相比可节约工程造价 20%以上。

3）可以用于大中型高切坡的整治，极大地拓展了普通抗滑挡墙的适用范围。

2. 其他超前支护结构施工关键问题

（1）超前支护锚杆

在具体的施工操作过程中，超前支护锚杆要按如下步骤进行。

按设计位置测设锚杆孔位—钻探成孔—清孔及钢筋制作—插筋（下索）—灌注水泥砂浆—开挖边坡。

超前支护锚杆施工与普通锚杆类似，但在超前支护锚杆施工中，一般钻孔深度大于锚杆长度，其中开挖部分的钻孔不需要锚杆和灌注，因此应控制好钻孔、插筋及灌注等施工环节。

（2）预应力锚索抗滑挡墙

按设计进行测设放线—分段开挖挡墙、分段灌注挡墙—预应力锚索成孔、灌注、张拉、锁定—开挖下一段挡墙并施工预应力锚索—全部完成预应力锚索挡墙施工—开挖墙前土体。

在上述施工过程中，每一步都要精准，以免产生过大的施工误差，以保证施工质量。

6.3　公路灾变高切坡超前诊断与处治工程及效果后评估

6.3.1　G317 岗托至妥坝段改扩建工程 K987＋650～900 段高切坡示范工程

6.3.1.1　K987＋650～900 段高切坡工程地质特性

1. 地理概况

a）地形地貌

G317 岗托至妥坝段地处青藏高原青南藏东山原区，属于横断山脉的北部。区内重峦叠嶂，水系发育，主要山脉及河谷走向为北西—南东向，受明显的区域构造控制；高山与河谷相间分布，山势陡峻。沿线经过矮拉山、雪集拉山和宗拉夷山等高山垭口，穿越金沙江、埃曲、独曲、字曲、北曲、佐曲、觉曲、觉涌、觉高、阿龙雄和恰曲等深切河谷；地形起伏变化大，河流切割较深。路线经过的地段最高点为宗拉夷山垭口，海拔 4481m；最低处为金沙江河谷，海拔 3019m。按冰川刨蚀、剥蚀切割、河流侵蚀切割和冲积等地质作用划分，区内地貌可划分为高山山地地貌和高山深切河谷地貌两大地貌单元。其中高山山地地貌又分为以冰川刨蚀、侵蚀作用为主的山地地貌，以及以侵蚀、剥蚀作用为主，以冰川刨蚀和冰水堆积作用为辅的山间盆地地貌；高山深切河谷地貌又可以分为以河流侵蚀切割作用为主的"V"形河谷地貌，以及以冲积作用为主，以侵蚀切割为辅的"U"形河谷地貌。

b）气象

该地区以高原温带半湿润山地气候为主，其基本特点是，气温低、空气稀薄、大气干洁、太阳辐射异常强烈。由于山高谷深，气候垂直变化明显，年温差小而日温差大；气候区域变化显著，以"十里不同天"著称。年平均气温为 4.5℃；极端最高气温为 33.4℃，出现在 7 月；极端最低气温为−20.7℃，出现在 12 月。年降水量为 548.5mm。每年 6～9 月为雨季，7～8 月降雨量最多，日最大降雨量为 39mm。11 月至次年 3 月为降雪季节，日最大降雪量为 11.6mm。最大降水带位于海拔 3600～3900m 地段。日照时间长，年无霜期为 60～80d。最大冻土深度为 81cm，冻结月份为 12 月至次年 2 月，海拔 5200m 以上为多年冻土地带。风向大多为偏北风，最大风速为 18m/s，年平均风速为 1.4m/s，3～5 月平均风速为 1.7m/s，9～11 月平均风速为 1.1m/s。常见的自然灾害有雪灾、旱灾、冰雹、霜冻、泥石流、洪水等。

该地区气候具有垂直变化和区域变化较显著的特征，数量极少的气象观测站的数据很难全面反映项目沿线的气象情况。一般海拔较高位置与海拔较低位置相比，气温要低，冰冻时间要长，冻土深度也大。

2. 地层岩性

基岩地层岩性比较复杂，沉积岩、变质岩、火山岩和岩浆岩均有出露，其中基岩以三叠系出露最广，不同构造部位岩石变质程度不尽相同。

3. 水文地质条件

沿线构造作用强烈，褶皱、断层发育，新构造运动活跃，形成了字曲、热曲等河流侵蚀阶地，金沙江、埃曲、独曲和恰曲等深切峡谷，以及矮拉山、雪集拉山和宗拉夷山等山地地貌。同时，沿线气候相对较湿润，植被条件良好，为地表产流、截流及大气降水提供了良好的条件。根据野外调查结果和前人的研究成果，该地区地下水按水介质条件、埋藏条件及水动力特征可分为第四系松散岩类孔隙潜水、基岩裂隙水和岩溶裂隙水三类。

4. 工程地质评价

该段为山间河谷地貌，地形狭窄陡峭，相邻的两处回头弯距离很近，在立体上形成了三路并行的情况。由于山高坡陡，地形狭窄，上、中、下盘公路之间的水平间距较小，路面拓宽后，上、中盘公路和中、下盘公路之间的边坡坡度很陡，边坡接近竖直。该路段为第四系冲洪积沉积卵石土，山体斜坡处为第四系残坡积块、碎石土，部分地段有基岩出露，风化破碎较严重，总体地质条件较差，见图 6.149。

5. 边坡稳定性计算

本段选定 K33＋100 处的边坡进行分析，在边坡内设定了 5 个可能的潜在破裂面进行计算分析，结果表明，边坡开挖后，将会沿这些面发生滑动，其中最小的安全系数为 0.95。按照设计的安全系数考虑，该潜在滑动面会产生 1250kN/m 的推力。

(a)　　　　　　　　　　　　　　　　(b)

图 6.149　K987＋650～900 段现状图

6.3.1.2　K987＋650～900 段高切坡超前支护设计与施工

　　边坡治理方案主要为，在上、中盘公路之间设置超前支护预应力锚索抗滑桩，桩截面大小为 2m×3m，桩间距为 5m，桩长视上、中盘公路之间的高差而定，桩顶部设两根预应力锚索，桩间设挡土板。在中、下盘公路之间设置超前支护桩板墙，桩截面大小为 1.5m×2m，桩间距为 5m，桩长视上、中盘公路之间的高差而定，桩间设挡土板，部分设计见图 6.150。

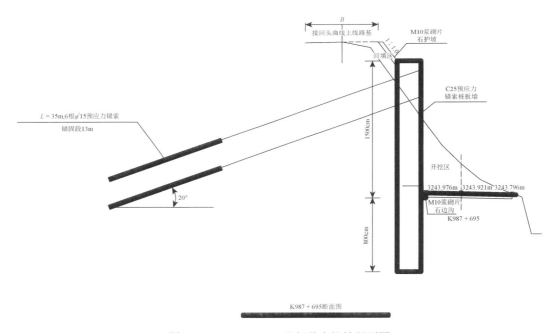

图 6.150　K987＋695 处超前支护桩断面图

边坡施工严格按照超前支护、及时支护相结合的原则进行，本段边坡超前支护结构视处置位置的不同而采取不同的形式，具体操作时要精确测量和放线，严格按照设计意图行事，保证施工质量，完工时取得了较好的施工效果。

超前处治施工阶段见图 6.151。

(a)　　　　　　　　　　　　　　　　　　(b)

图 6.151　K33＋100～400 段高切坡超前支护施工过程图

6.3.1.3　K987＋650～900 段高切坡监测信息反馈

选取 K33＋100 段进行观测，锚索内力监测时共布置 4 个锚索测力计，锚索测力计型号：MJ-101 型振弦式锚索测力计，CTY-202 振弦测试仪，锚索测力计在 4 号抗滑桩布置 2 根：编号为 M1、M2；在 6 号抗滑桩布置 2 根：编号为 M3、M4。锚索采用 7 根 $\varphi15$ 钢绞线（1860MPa），锚具用 OVM15-7 型，锚索设计荷载为 600kN，锁定荷载为 480kN。工程竣工后共进行了 3 次监测，第一次测量时间为 2008 年 8 月 10 日；第二次测量时间为 2008 年 10 月 20 日；第三次测量时间为 2008 年 12 月 25 日。锚索内力监测结果见表 6.19。

表 6.19　K987＋650～900 段高切坡超前支护锚索内力监测结果

位置	测点序号	第一次测量内力/kN	第二次测量内力/kN	第三次测量内力/kN
M1	1	491	489	488
M2	2	495	492	487
M3	3	490	488	487
M4	4	489	486	482

从工后锚索内力监测结果看，锚索预应力损失较少，说明高切坡经过整治后，没有大的变形迹象发生，该高切坡得到了有效防护。

6.3.2　G317 岗托至妥坝段改扩建工程 K1034 + 370 ~ 550 段高切坡示范工程

6.3.2.1　K1034 + 370 ~ 550 段高切坡工程地质特性

研究区段位于岗托至妥坝段改扩建工程 K1034 + 370~550 处，主要山脉及河谷走向为北西—南东向，受明显的区域构造控制，勘察区所处地点视野较开阔，由于堆积体边（山）坡坡脚受开挖或其他因素扰动，风化破碎现象较严重，坡面松散，土体清晰可见。

本路段山体斜坡处为第四系残坡积块、碎石土，风化破碎较为严重。堆积体边（山）坡坡脚受开挖或其他因素扰动，植被遭到破坏，坡面植被生态系统难以自行回复，致使坡面风化逐渐向边坡上方及两侧侵蚀蔓延，该路段总体地质条件较差。

6.3.2.2　K1034 + 370 ~ 550 段高切坡超前支护设计与施工

边坡治理主要采用预应力锚索超前支护开挖施工的方法。在施工时，为了减少公路边坡开挖方量，确保边坡稳定，并满足公路线形的需要，要先施工 3 排预应力锚索，在张拉锁定后，再开挖路基，并对其进行喷锚，部分设计见图 6.152。

边坡施工是严格按照超前支护、及时支护相结合的原则来进行的，本段边坡先进行了预应力锚索施工，再开挖，最后是喷锚支护，所以在具体操作时精确测量和放线，严格按照设计意图行事，保证施工质量，完工时取得了较好的施工效果。

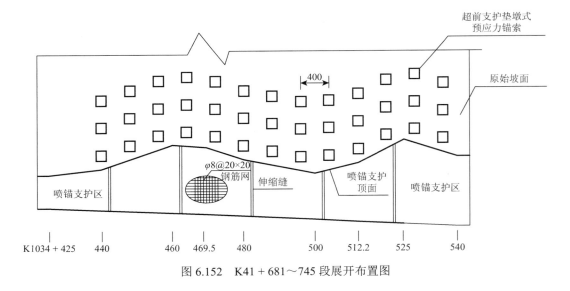

图 6.152　K41 + 681 ~ 745 段展开布置图

6.3.2.3　K1034 + 370 ~ 550 段高切坡监测信息反馈

选取 K1034 + 370~550 段进行观测，锚索内力监测时共布置 4 个锚索测力计，锚索测力计型号：MJ-101 型振弦式锚索测力计，CTY-202 振弦测试仪，锚索测力计在上排抗滑桩布置 2 根：编号为 M1、M2；在中排抗滑桩布置 2 根：编号为 M3、M4；在下排抗滑桩布置 2 根：编号为 M5、M6。锚索采用 7 根 φ15 钢绞线（1860MPa），锚具用 OVM15-7 型，锚索设计荷载为 900kN，锁定荷载为 800kN。工程竣工后共进行了 3 次监测，第一次测量时间为 2008 年 7 月 13 日；第二次测量时间为 2008 年 9 月 16 日；第三次测量时间为 2008 年 12 月 11 日。锚索内力监测结果见表 6.20。

表 6.20 K1034＋370～550 段高切坡超前支护锚索内力监测结果

位置	测点序号	第一次测量内力/kN	第二次测量内力/kN	第三次测量内力/kN
M1	1	821	817	815
M2	2	818	815	814
M3	3	814	810	807
M4	4	815	812	810
M5	5	811	810	808
M6	6	813	810	805

从工后锚索内力监测结果看，锚索预应力损失较少，说明高切坡经过整治后，没有大的变形迹象发生，所以该高切坡得到了有效防护。

6.3.3 中尼公路曲（水）—大（竹卡）K4773＋510 段高切坡示范工程

6.3.3.1 K4773＋510 段高切坡工程地质特性

中尼公路曲水—大竹卡段改建工程，K4773＋510m 段因修建拟建路，开挖已形成高度不等的人工岩土边坡。边坡最大高度为 40m，长约 80m，最大坡度为 70°，未做任何支护工作，现部分已产生崩塌破坏，堆积在拟建公路上；边坡段起止里程桩号为 K4773＋460～K4773＋560，路段长 100m。

1. 地形地貌

勘察区位于拟建中尼公路 K4773＋510 处，隶属西藏自治区尼木县卡如乡行政辖区。勘察区所处地区为雅鲁藏布江高山河谷区北岸，地形切割深，地形总的趋势是北高南低。测绘范围最低海拔高程为 3699.36m，最高海拔高程为 3837.19m。相对高差为 41.42m，自然坡度角为 35°，局部因边坡开挖坡度达 70°，场地地貌属于河流阶地、岸坡崩塌堆积地貌。

2. 地层岩性

工程地质测绘调查及钻探结果表明，场地地层主要为第四系松散堆积层（Q）和燕山期中酸性岩浆岩，第四系松散堆积物以冲洪积、坡洪积黏性土、粉土等细粒土和砂类土，以及角砾、碎石夹土、块石夹土、卵石夹土等碎石土为主，岩浆岩主要为花岗岩。

3. 水文地质条件

场地地下水主要为碎石土中的孔隙型潜水及基岩风化裂隙水，其次为上层滞水。以大气降水下渗及冲沟内水流补给为主，以蒸发、地下径流等方式排泄，该地下水具有补给量小、储水量小的特点，渗透性较好，场地位于自然斜坡处，大气降水后形成地表径流，由高处向低洼处排泄，因受构造作用及风化影响，沿线基岩裂隙发育，所以沿线基岩裂隙水均有少量分布，以大气降水补给为主，并以蒸发形式或向地势低洼处排泄，水量不大。钻探施工完毕后，对各钻孔进行水文地质观测和简易提水试验，将钻孔内循环水提干，24h 内水位变化较小或无变化，说明钻探深度范围内无地下水。在挖方段未发现天然泉点及井眼出露。该场地水文地质条件简单，不存在道路翻浆、冰害现象。

4. 边坡稳定性评价

（1）边坡开挖后沿基岩面滑动的可能评判

选用具有代表性的剖面进行稳定性验算，边坡滑动模式为折线型，采用传递系数法来进行高切坡稳定性计算。

计算结果表明，以基岩面为滑动面，其安全系数为 2.950。说明边坡开挖后，不会沿基岩面发生滑动。

（2）边坡稳定性计算

在边坡内设定了 6 个可能的潜在破裂面（在卵石土层内部）进行分析，结果表明，边坡开挖后，其将会沿这些面发生滑动，其中最小的安全系数为 0.96。按照设计的安全系数考虑，该潜在的滑动面会产生 1350kN/m 的推力。

6.3.3.2　K4773+510 段高切坡超前支护设计与施工

该段边坡最大切坡高度近 40m，长度大约为 80m，根据本段边坡的特点，采用 4 级支护措施进行整治：第一级边坡采用预应力锚索桩支护；第二级边坡采用预应力锚索地梁支护；第三级边坡采用压力注浆锚杆地梁支护；第四级边坡采用喷锚支护。每级之间设置 2.0m 宽的平台，并在平台上设置拦水坎排水，同时在边坡周围设置截水沟，将坡面径流引入坡体两侧冲沟排走（总设计平面图见图 6.153）。

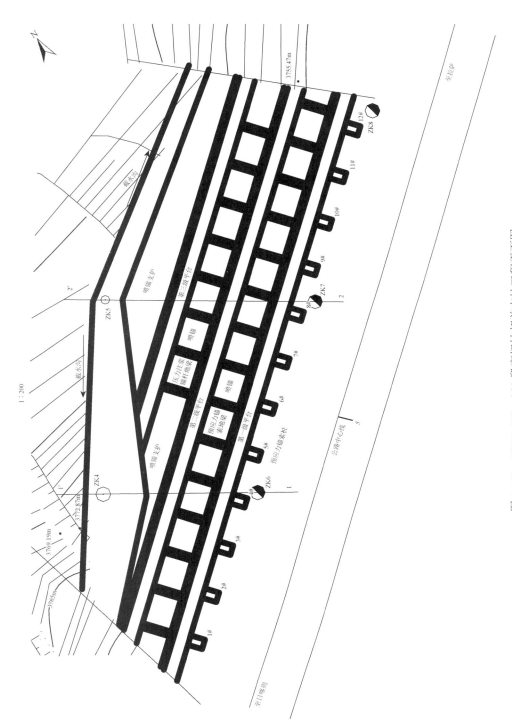

图 6.153　K987+650～900 段高切坡超前支护工程平面图

边坡施工严格按照超前支护、及时支护相结合的原则来进行，由于本段边坡采用 4 级支护措施，具体施工时先从第 4 级开始，依次开挖和支护，直至第 1 级。具体操作时严格按照设计要求进行，保证了施工质量，完工时取得了较好的施工效果。

6.3.3.3　K4773＋510 段高切坡监测信息反馈

1. 地表变形监测结果

地表变形监测采用 PENTAX 110、SOKKIA C32 II 进行监测，工程竣工后，共进行了三次测量，第一次测量时间为 2008 年 7 月 9 日；第二次测量时间为 2008 年 9 月 13 日；第三次测量时间为 2008 年 12 月 8 日。监测结果见表 6.21。

表 6.21　K4773＋510 段高切坡超前支护地表变形监测表　　　　　（单位：m）

位置	测点序号	第一次测量与第二次测量变形		第二次测量与第三次测量变形	
		X（位移量）	Y（位移量）	X（位移量）	Y（位移量）
第一级平台	1	−0.003	0.001	−0.001	0.000
	2	−0.002	0.001	0.000	0.000
	3	−0.005	0.002	−0.003	0.001
	4	−0.007	0.003	−0.006	0.002
	5	−0.001	0.000	0.000	0.000
	6	−0.006	0.001	−0.004	0.000
第二级平台	7	−0.002	0.000	0.000	0.000
	8	−0.004	0.002	−0.003	0.001
	9	−0.004	0.002	−0.003	0.002
	10	−0.008	0.003	−0.005	0.001
	11	−0.003	0.001	−0.001	0.000
	12	−0.005	0.003	−0.004	0.001
第三级平台	13	−0.007	0.004	−0.005	0.002
	14	−0.001	0.001	0.000	0.000
	15	−0.002	0.001	0.000	0.001
	16	−0.006	0.001	−0.004	0.001

本边坡经过超前支护整治，效果显著。从工后各级平台地表变形监测来看，整治后地表变形非常小，说明边坡得到了有效防护。

2. 预应力锚索内力监测结果

本次锚索内力监测共布置 5 个锚索测力计，锚索测力计型号：MJ-101 型振弦式锚索测力计，CTY-202 振弦测试仪，锚索测力计在 7 号地梁布置 3 根：编号为 M1、M2、M3，在 6 号抗滑桩布置 2 根：编号为 M4、M5。锚索采用 7 根 $\varphi15$ 钢绞线（1860MPa），锚具用 OVM15-7 型，锚索设计荷载为 900kN，锁定荷载为 800kN。工程竣工后共进行了 3 次监测，第一次测量时间为 2008 年 7 月 9 日；第二次测量时间为 2008 年 9 月 13 日；第三次测量时间为 2008 年 12 月 8 日。锚索内力监测结果见表 6.22。

表 6.22　K4773＋510 段高切坡超前支护锚索内力监测结果

位置	测点序号	第一次测量内力/kN	第二次测量内力/kN	第三次测量内力/kN
M1	1	815	811	806
M2	2	818	813	805
M3	3	820	814	808
M4	4	813	808	796
M5	5	821	816	809

从工后锚索内力监测结果看，锚索预应力损失较少，说明高切坡经过整治后，没有大的变形迹象发生，进一步证明该高切坡得到了有效防护。

6.3.4　公路灾变高切坡超前诊断与超前处治效果后评估

近年来，山区高速公路高边坡开挖与支护问题备受关注。由于问题的复杂性，在建设过程中如何有效评判、预测高切坡稳定性，制定合理的支护方案已成为阻碍工程顺利实施的一个棘手问题。公路边坡多为岩质复合边坡，破坏模式和结构形态复杂多变，物理模型及其参数具有不确定性。近几十年来，尽管已经积累了相当丰富的试验数据，岩土力学研究也取得了长足的发展，并具有相对成熟的理论基础，然而工程实践表明，单一评判方法几乎无法解决复杂的实际问题，以至于在实践中不得不依赖一些基于半经验半理论的稳定评判方法来制定工程实施方案。基于项目研究成果，从以下 3 个方面对 G317 重庆段公路危险性高切坡超前诊断与超前处治效果进行后评估。

6.3.4.1　技术状况评估

1. 超前诊断

目前高切坡超前诊断方法研究主要集中在以下几个方面：按自然边坡进行分析，归结为求滑动面的问题；渐进性失稳分析方法；数值分析方法；非确定性分析方法理论等。山区公路是一种线形带状工程，沿线边坡数量成百上千，由于岩体的复杂性和性状的不确定性，在众多边坡工程实践中经常依靠经验法则进行开挖，模型计算分析一般仅关注一些特殊边坡。因此，即使现场能够获得力学模型和确定的参数，如果模型过于复杂，要在实践中应用也有难度,而且工程中被开挖岩体地质特征经常会随着开挖进程而变化,岩体的性状也受设计和施工方法、岩土地下水等环境特征变化的影响,同时还经常受设计和施工,尤其是后者的技术水平和施工质量所左右。因此,如何制定一套能有效指导边坡设计和施工的评判系统尤为重要。

G317 途经唐古拉山、他念他翁山和横断山区,地形起伏大,地貌类型复杂多变,沿线地质构造十分复杂,受区域大地构造的影响,各种脆性断裂极为发育,断裂带及其两侧的岩石极为破碎,为边坡工程灾害的形成提供了丰富的物质来源;此外,该线路东西跨 6 个经度,海拔高,地形高差大,气候类型复杂。由于其特殊的地质条件、地形地貌及气候水文条件,一旦切坡工程不满足稳定性要求,沿线将发育各种各样的公路病害。因此,为了防止上述边坡病害的发生,对公路切坡工程稳定性进行超前诊断很有必要。本书通过对 G317 重庆—夏曲养护段、巴青养护段、丁青养护段、类乌齐—昌都段、昌都—妥坝段及江达—岗托段边坡病害类别的调查和病害发生机理进行分析,有针对性地建立了 G317 不同边坡常见病害的坡体结构概化模型、无支护开挖指标体系、危险性快速判别图表,以及各种高切坡超前诊断理论与方法体系等。

对于 G317 沿线的高切坡,采用上述既简便、又可靠的超前诊断方法,诊断结果准确率达 85%,其在防止高切坡的发生方面起着至关重要的作用,未造成工程—灾害—更大工程的恶性循环。

2. 超前处治

对于超前诊断未达标的高切坡,为了防止工程—灾害—更大工程的发生,首先必须进行超前支护结构的施工才能进行边坡的施工,即所谓的超前处治技术,在工程边坡形成之前,首先对其进行危险性评价,若判定该工程边坡属于危险性边坡(不稳定边坡),特别是在施工过程中就可能发生变形破坏的边坡,在边坡形成之前先进行支护结构设计和施工,待支护工程完成后,再进行边坡施工,这种提前处治的方法称为超前处治技术。采用这种设计思想后,可完全避免人工开挖边坡诱发演变成高切坡的情况出现,从根本上解决工程边坡诱发滑坡这一困扰基础设施建设多年的难题。目前高切坡支护结构主要注重高切坡后边坡的治理,主要为削坡减载技术、排水与截水措施、锚固措施、混凝土抗剪结构措施、支挡措施、压坡措施,以及植物框格护坡、护面等。针对重庆 G317 地理位置、地形地貌、工程地质、水文地质及气候气象条件等,本书提出了高切坡超前支护桩、超前支护锚杆、半隧道高切坡超前支护结构、主动减压超前支护结构等新型支护结构,同时通过对边坡体与支护结构相互作用机理进行理论分析,研究了支护桩的实用设计方法、预应力锚索超前支护设计理论、主动减压超前支护结构设计理论、群桩设计方法等,并对相关设计中的施工关键问题进行了阐述。

对于 G317,由于新型超前支护结构的应用,在保证边坡不失稳的前提下进行高切坡施工的思想,对防止公路切坡中高切坡的发生起着至关重要的作用;同时在新型支护结构设计中充分利用边坡岩土体自身的抗滑能力,使得支护结构承担的荷载大幅度降低,减小了支护结构设计的断面尺寸,做到了既经济又安全的施工。

6.3.4.2　经济状况评估

在边坡治理过程中，正确的超前诊断为边坡的稳定性判别打下了基础，同时，为后续超前处治的实施选好了依托工点，避免了由盲目处治边坡而造成的巨大浪费；超前支护能够完全避免由人工开挖而诱发的滑坡发生，大大降低了工程投资，产生了显著的经济效益。鉴于依托工程的成功实施，真正做到了公路高切坡施工的安全性和经济性，为整个项目节省费用 25%以上。因此，若将本项目中有关超前诊断及超前处治的研究成果运用于实际生产活动中，预计每年可为重庆公路建设节约高达数千万元的建设资金。

6.3.4.3　社会状况评估

项目中有关超前诊断与超前处治技术在依托工程中的成功实施，避免了由人工开挖而诱发的滑坡发生，从而能最大限度地减少对边坡周围环境和植被的破坏，保护了重庆地区脆弱的生态系统。同时，超前处治技术能加快工程施工，避免由高切坡造成的施工工期延误而影响工程进度，并能消除工程隐患，确保公路畅通及行车安全，减少了不必要的人员伤亡和财产损失，具有显著的社会效益。这种超前诊断与超前处治的思想如果能在我国重庆、西部山区乃至全国推广，将会从根本上改变公路建设投资偏高、建设周期过长的不利局面，极大地推进我国公路建设的发展。

总之，由于危险性高切坡超前诊断与处治技术在实际工程中得到了成功的运用，基本上消除了 G317 江达—岗托高切坡的潜在威胁，为公路建设扫除了又一障碍（处治效果见图 6.154～图 6.156）。

图 6.154　K987＋680～730 段高切坡超前支护工程整治效果图

图 6.155　K41＋681～745 段高切坡超前支护工程整治效果图

图 6.156　K987＋650～900 段高切坡超前支护工程整治效果图

6.4　高切坡-防治结构相互作用机理

6.4.1　传统理论分析方法

6.4.1.1　传统理论分析方法

　　研究抗滑桩与高切坡体的相互作用的目的是进一步了解抗滑桩与高切坡体之间受力与变形的作用过程,从而弄清楚抗滑桩产生抗滑效果的原因,为抗滑桩工程的优化设计研究奠定坚实的理论基础。从理论分析的角度而言，目前抗滑桩与高切坡体相互作用研究主要有两大类方法，一类是以抗滑桩与高切坡体的应力分析为主，称为压力法；另一类是以抗滑桩与高切坡体的位移分析为主，称为位移法。前者的研究工作开展得比较早，取得了很多研究成果，主要代表有 Tomio 和 Tamotsu（1976）根据塑性变形理论从单排桩角度提出了移动土体产生的极限侧压力计算公式，沈珠江（1992）提出了抗滑桩绕流阻力公式。刘小丽等（2003）提出了反映抗滑桩桩前、桩后位移与弹性抗力之间关系的位移法计算模型。虽然压力法对于抗滑桩与高切坡体相互作用模型做了一定程度的简化，但其具有概念明晰、工程应用性好等方面的优点，是目前研究抗滑桩与高切坡体相互作用的重要研究方法。

从压力法进一步向抗滑桩工程的应用研究拓展，许多学者建立了抗滑桩与桩间土相互作用的计算模型。在该模型的分析方法上，主要有两种不同的观点，其一主要是基于桩间土体的外力平衡条件，如潘家铮（1980）提出的抗滑桩桩间距的上限解公式，王士川和陈立新（1997）提出的抗滑桩桩间距的下限解公式和王成华等（2001）的最大桩间距估算模型；其二主要是考虑了桩后土拱的力学效应，兼顾了土拱的强度条件，如常保平（1998）、周德培等（2004）提出的基于桩后土拱效应的桩间距计算模型。总体上而言，前者侧重于桩间土体的力学平衡条件，而后者侧重于高切坡体土拱效应的发挥，尤其是桩后土拱。建立前者模型的前提是考虑桩前土拱的抗力及抗滑桩截面高度的影响，但忽视了抗滑桩截面宽度的影响；而建立后者模型的前提是不考虑桩前土拱的抗力，考虑抗滑桩截面宽度的影响，但忽视了抗滑桩截面高度的影响。许多试验研究表明，抗滑桩与高切坡体之间存在土拱效应，因此在分析抗滑桩与高切坡体相互作用过程中的力学模型时不能忽视土拱效应的影响。

本书将这两种观点的典型计算模型分别称为基于桩间土拱效应的桩土分析模型和基于桩后土拱效应的桩土分析模型。通过对上述计算模型的分析与研究，进一步完善抗滑桩与高切坡体的相互作用模型。

为了论述方便，对于桩前和桩后的区分，本书采取一般通用的说明方法，即抗滑桩桩排承受推力的方向为桩后，而其相对的另一侧则称为桩前。未做特别说明，本书中的桩间距指的是相邻抗滑桩之间的中心距离，用 L 表示，而抗滑桩净距指的是相邻抗滑桩内侧边缘之间的距离，用 S 表示。

6.4.1.2 桩土相互作用的土拱效应规律

1. 土拱效应的概念

土拱效应是在工程实践中逐步被认识和发现的。英国科学家罗伯特首次发现了粮仓效应。粮仓底面所承受的压力在粮食堆积到一定高度后达到最大值并保持不变，学者据此提出了拱效应的概念。太沙基通过著名的活动门试验证实了土力学领域内也存在同样的拱效应，并将这种荷载从屈服土体转移到临近刚性边界的应力转移现象称为土拱效应。

Wang 和 Yen（1974）从土拱效应角度分析了无限土坡中的抗滑桩，并且得到如下结论：最大的平均拱的压力等于土坡在此处的高切坡力；当其他条件都不变的时候，土的 c

和 φ 值越大，土拱效应越明显；存在临界桩间距，一旦抗滑桩设置的桩间距大于临界桩间距，桩间就不会产生土拱效应，无黏性土和黏性土中都会存在土拱效应。

2. 土拱效应的应用

目前土拱效应的应用主要是在研究其规律的基础上提出抗滑桩的桩间距计算方法。在抗滑桩工程实践和试验中发现，对于堆积层高切坡而言，岩土体产生水平位移时，两抗滑桩之间的岩土体存在着成拱效应，两桩之间的推力可以通过土拱作用传递到两侧的抗滑桩上。因此许多学者应用土拱理论来进行桩间距的研究与参数设计。

在土拱效应的理论分析方面，目前有两种截然不同的观点解释桩间土拱的传递机理，以常保平（1998）为代表的学者认为忽略了桩间土拱的影响，桩间土拱拱脚由桩侧与土体之间的摩擦阻力提供，也未考虑桩后土拱的作用。后来周德培等（2004）对常保平的计算模型进行了修正，考虑了桩间土摩擦力的影响。下面对基于桩间土拱效应的桩间距计算模型和基于桩后土拱效应的桩间距计算模型进行详细阐述。

6.4.1.3 基于桩间土拱效应的桩间距计算模型

1. 理论基础

基于桩间土拱效应的分析理论中，认为当两抗滑桩之间的土体受到推力作用时，土体将推力的大部分或全部传递到两侧的抗滑桩上，由两侧抗滑桩侧摩擦力来支撑推力。当抗滑桩侧摩擦力之和大于或等于高切坡有效推力时，高切坡便停止向前滑动，这表明两抗滑桩间土拱已形成。

桩间土拱形成的两个必要条件是，桩间土体有足够的抗压缩、滑移变形强度；两侧抗滑桩侧摩擦力之和大于或等于桩间推力。

2. 假定条件

根据上述理论基础，王成华等（2001）提出的基本假定如下。

1）土拱类似于桥隧拱圈特性，将滑坡推力传递到两侧抗滑桩上。假设传递过程中无能量损耗，并以正压力方式全部转化为桩侧摩擦力，实为桩侧最大摩擦力。

2）桩侧摩擦力承担桩间全部滑坡推力，如图 6.157 所示。图中 F_e 为高切坡有效滑坡推力（kN/m），a 和 b 分别为抗滑桩截面的高度和宽度（m），T 为抗滑桩侧壁摩擦力（kN），H_1 为设桩处滑体厚度（m）。

3. 计算模型

根据上述假定条件，结合桩间土拱的受力特征，建立的桩间土拱力学模型见图 6.158。

同时，王成华等（2001）指出桩间土拱本身沿滑动面也存在下滑力和抗滑力的作用问题，桩间土拱接受推力后，要克服土拱后面的被动土压力 E_p 和土拱本身沿滑动面的抗滑力，余下的才是沿拱圈传递的有效滑坡推力 F_e；抗滑桩侧受到有效推力作用后，同时产生桩侧壁摩擦力 T。

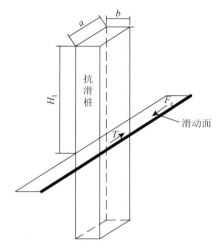

图 6.157　抗滑桩桩侧平衡力学示意图

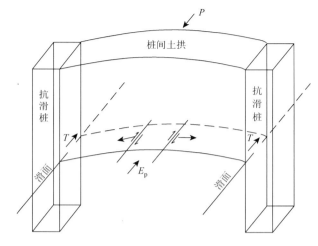

图 6.158　桩间土拱受力图

4. 桩间距计算模型

桩间土拱具有对称性，下面就选取上述力学模型的左半边为研究对象，根据推力方向的力系平衡建立沿推力方向的力系平衡方程式。

对推力按照均布荷载考虑，根据假定条件，第一条中的正压力方式全部转化为桩的侧摩擦力，则可以计算出桩间土拱作用于抗滑桩侧面的正应力为

$$N = \frac{1}{2} pS \qquad (6.270)$$

式中，S 为相邻抗滑桩之间的净距；p 为滑体厚度范围内的高切坡均布推力。

抗滑桩侧面的最大摩擦力为

$$T = N \tan\varphi + caH_1 = \frac{1}{2} pS \tan\varphi + caH_1 \qquad (6.271)$$

式中，a 为抗滑桩截面高度；c 为桩间土体的黏聚力；φ 为桩间土体的内摩擦角；H_1 为土拱处滑面至坡顶的距离，也即此处的滑体厚度。

考虑桩间土拱本身的剩余抗滑力，土拱中第 i 段单位宽的剩余抗滑力 R_i 的表达式为

$$R_i = W_i(\cos\alpha \tan\varphi - \sin\alpha) + ca \qquad (6.272)$$

式中，α 为桩间土拱处的滑面倾角；W_i 为土拱第 i 个条块的重量。

对于研究对象而言，有效推力为

$$P_e = \frac{1}{2}(p - E_p - R_i)S \qquad (6.273)$$

式中，对于 E_p，当滑动面的倾角在 5°以上时，几乎无被动土压存在，只有当土拱临近破坏时，被动土压才会被充分利用，所以在实际分析计算时可以忽略不计。

根据上述简化分析，式（6.273）变为

$$P_e = \frac{1}{2}[p - (W_i(\cos\alpha\tan\varphi - \sin\alpha) + ca)]S \qquad (6.274)$$

根据假定条件第二条中的桩侧摩擦力承担桩间全部推力,可以建立沿高切坡滑动方向的力学平衡方程,也即桩侧摩擦力与高切坡有效推力相等,根据式(6.273)和式(6.274),可以建立二者之间的关系:

$$\frac{1}{2}pS\tan\varphi + caH_1 = \frac{1}{2}[p - (W_i(\cos\alpha\tan\varphi - \sin\alpha) + ca)]S \qquad (6.275)$$

整理式(6.275),即可得到抗滑桩净距的表达式为

$$S = \frac{2caH_1}{p(1 - \tan\varphi) - [W_i(\cos\alpha\tan\varphi - \sin\alpha) + ca]} \qquad (6.276)$$

式(6.276)为基于桩间土拱计算模型的最大桩间距计算模型。

对于 R_i,根据计算统计分析,当高切坡单宽推力 $P > 500\mathrm{kN/m}$,滑动面倾角大于 5°时,滑带土抗剪强度参数 $c < 10\mathrm{kPa}$,$\varphi < 8°$。计算出的 R_i 很小,小于推力 P 的 10%。所以在实际估算抗滑桩间最大距离时,可以不计土拱本身的剩余抗滑力。此时,式(6.276)可以进一步简化为

$$S = \frac{2caH_1}{p(1 - \tan\varphi)} \qquad (6.277)$$

若考虑抗滑桩截面宽度为 b,则抗滑桩的桩间距 L(中心距离)的表达式为

$$L = S + b = \frac{2caH_1}{p(1 - \tan\varphi)} + b \qquad (6.278)$$

式(6.278)即基于桩间土拱计算模型的最大桩间距估算公式。

6.4.1.4　基于桩后土拱效应的桩间距计算模型

1. 理论基础

关于土拱的计算模型,抗滑桩的作用机理是改变滑体内部的应力状态,将竖向的滑坡剩余下滑力转变为沿土拱拱轴方向的拱轴压力,并提出了主要根据抗滑桩桩后土拱强度计算桩间距的方法,而将桩间土拱作为安全储备考虑,周德培等(2004)在上述模型的基础上提出了综合考虑土拱沿推力方向静力平衡、土拱跨中土体强度条件和桩后三角形受压土体强度条件的桩间距计算模型,下面主要介绍该计算方法的基本过程。

2. 假定条件

对计算方法做了如下假定。

1)假定相邻两桩间土拱形状为对称轴在跨中的抛物线形(俯视图),见图 6.159,并且相邻两桩间的土拱主要在桩间后侧坡体中形成,即略去仅存在于相邻两桩之间区域内的小厚度土拱。

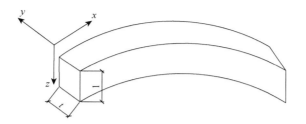

图 6.159　平面应变状态下的土拱模型示意图

2）虽然桩间产生楔紧作用的土拱体有一定的厚度，但一般相对于其高度而言显得较小，所以这里不计土拱自重。同时，不详细考虑桩后土拱效应由上桩顶处向下逐渐减弱的情况，而是整体上以桩顶处土拱的形式均匀分布来简化分析，把土拱问题简化为近似沿桩长方向的平面应变问题。

3）假定桩后坡体压力沿桩间均匀分布，则其以分布力的形式作用于土拱上。由于形成稳定的土拱效应后，桩与坡体的变形也达到稳定状态，所以桩起到支撑、稳定土拱的作用，即桩为拱脚。

3. 计算模型

根据上述假定，在土拱效应分析的基础上，沿桩长方向取单位高度的土拱进行分析，其简化的计算模型如图 6.160 所示。

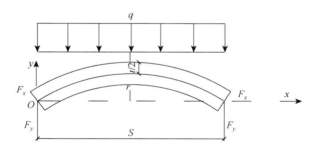

图 6.160　土拱简化计算模型图

其中土拱的跨度（相邻两桩间净距）为 S，相邻两桩之间的中心距离为 L，拱圈厚度为 t，拱高为 r，作用于单位高度拱上的桩后坡体线分布压力为 q，拱脚处反力分别为 F_x 与 F_y。若令 $A = r/L, B = t/S$，则可以得到拱轴线方程为

$$y = \frac{4Ax(S-x)}{S} \tag{6.279}$$

由于桩间土拱为二脚拱，因此可以根据结构力学的计算方法求出拱脚处反力为

$$F_x = \frac{qS\lambda}{8A} \tag{6.280}$$

$$F_y = \frac{qS}{2} \tag{6.281}$$

式中，λ 为拱脚横向传力系数，比较接近 1，其表达式为

$$\lambda = \left(1 + \frac{5B^2}{512A^3k_2}\right) \Big/ \left(1 + \frac{10B^2}{512A^3k_1}\right) \qquad （6.282）$$

式中，k_1 和 k_2 为计算参数，计算公式为

$$\left.\begin{array}{l} k_1 = \ln\left(\dfrac{k_0 - 4A}{k_0 + 4A}\right) \\[2mm] k_2 = k_1 + 8Ak_0 \\[2mm] k_0 = \sqrt{1 + 16A^2} \end{array}\right\} \qquad （6.283）$$

4. 控制条件

在采用此模型计算时，必须满足桩间静力平衡条件、跨中截面强度条件和拱脚受压区强度条件，分述如下。

（1）静力平衡条件

静力平衡条件指两桩侧面的摩擦力之和不小于桩间作用于土拱上的坡体压力，在这种条件下才能保证相邻两桩间的土拱正常发挥作用。为便于分析，可取等号，其表达式可以写为

$$2(F_x \tan\varphi + ctl) = qS \qquad （6.284）$$

式中，c 为桩间后侧土体的黏聚力；φ 为桩间后侧土体的内摩擦角。

（2）跨中截面强度条件

跨中截面强度条件即跨中截面为最不利截面，其前缘点为最不利截面中的最先破坏点，该点土体必须满足力学强度条件。

采用莫尔-库仑强度准则，若取 $\lambda = 1$，则跨中截面弯矩为零，此时跨中截面处前缘点应力 σ_M 为

$$\sigma_M = \frac{F_x}{tl} \qquad （6.285）$$

从偏于安全的角度出发，考虑桩前土拱已被开挖，此时俯视平面内 σ_M 处于单向应力状态，根据莫尔-库仑强度准则可得

$$\sigma_M = \frac{F_x \cdot \cos\varphi}{1 - \sin\varphi} \qquad （6.286）$$

联立以上两式可得

$$\frac{F_x}{tl} = \frac{2c \cdot \cos\varphi}{1 - \sin\varphi} \qquad （6.287）$$

（3）拱脚受压区强度条件

抗滑桩作为拱脚，需要同时承担相邻的两条主拱圈，两条主拱圈的交叉区域形成了一个近似三角形的受压区，详见图 6.161，所以合理的桩间距应该满足拱脚三角形受压区的强度条件。

如图 6.161 所示，在截面上，由莫尔-库仑强度准则可得

$$T\cos(\alpha+\beta) = ctl + T\sin(\alpha+\beta)\tan\varphi \Big\}$$
$$T = \sqrt{F_x^2 + F_y^2}$$

$$(6.288)$$

式中，T 为作用于截面 DE 上的合力；α 为截面 DE 与抗滑桩中心连线方向的夹角；β 为合力 T 与水平方向的夹角。

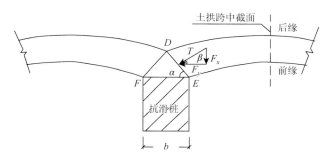

图 6.161　拱脚受压及最危险截面示意图

5. 桩间距计算模型

根据上述基本假定和控制条件的方程，首先以 λ 的公式形式推导，最后再近似取 $\lambda=1$ 以简化分析，最后经过整理变换后可以得到关于 A、B 的联立方程组如下：

$$\frac{q}{8AB} = \frac{2c \cdot \cos\varphi}{1-\sin\varphi} \Big\}$$
$$1 = \frac{\tan\varphi}{4A} + \frac{2cB}{q}$$

$$(6.289)$$

由上式联立方程组，可以求解到：

$$A = \frac{1+\sin\varphi}{8\cos\varphi} \Big\}$$
$$B = \frac{q}{2c} \cdot \frac{1-\sin\varphi}{1+\sin\varphi}$$

$$(6.290)$$

再将式（6.280）、式（6.281）、式（6.290）代入式（6.288）中，可得到以下方程：

$$\cos(\alpha+\beta) - \sin(\alpha+\beta)\tan\varphi = \frac{1-\sin\varphi}{\sqrt{(2\cos\varphi)^2 + (1+\sin\varphi)^2}}$$

$$(6.291)$$

由上式即可以解出 $\alpha+\beta$ 的值。

由图 6.163 的几何和受力关系可得

$$\tan\varphi = \frac{F_y}{F_x} = 4A$$

$$(6.292)$$

$$t = \frac{b}{2\cos\alpha} \tag{6.293}$$

式中，b 为抗滑桩的横截面宽度。

由式（6.293）求出 β 后将其代入式（6.291）中可求出 α，再将 α 代入式（6.293）中可以求出拱圈的厚度 t。

最后可以根据 $B = t / S$ 求出抗滑桩的桩净距为

$$S = \frac{cb(1 + \sin\varphi)}{q\cos\alpha(1 - \sin\varphi)} \tag{6.294}$$

式（6.294）即周德培等（2004）提出的桩净距计算公式。

而式（6.293）中有关于内摩擦角的两项比值即朗肯被动土压力系数，即

$$K_{\mathrm{P}} = \frac{(1 + \sin\varphi)}{(1 - \sin\varphi)} = \tan^2\left(45° + \frac{\varphi}{2}\right) \tag{6.295}$$

所以式（6.294）可以改写为

$$S = \frac{cb}{q\cos\alpha}\tan^2\left(45° + \frac{\varphi}{2}\right) \tag{6.296}$$

而相邻两抗滑桩的中心间距为

$$L = S + b = \frac{cb}{q\cos\alpha}\tan^2\left(45° + \frac{\varphi}{2}\right) + b \tag{6.297}$$

式（6.297）即基于桩后土拱的桩间距计算公式。

6.4.1.5 常规理论分析中存在的不足

1. 基于桩间土拱效应的桩土计算模型的不足

对于基于桩间土拱效应推导的抗滑桩桩净距的计算，综合考虑高切坡体抗剪强度参数（黏聚力和内摩擦角）、抗滑桩截面高度 a，设抗滑桩处的滑体厚度 H_1 和推力 p 各因素，各因素的变化规律与工程实践较为吻合；随着滑体抗剪强度参数的增大，抗滑桩桩净距 S 增大；随着抗滑桩截面高度 a 的增大，抗滑桩桩净距 S 增大；随着推力增大，抗滑桩桩净距 S 减小。

该模型忽视了桩后土拱的作用，并没有考虑抗滑桩截面宽度对桩间距的影响和桩后土拱的强度条件。而工程实践表明，抗滑桩截面宽度对抗滑桩的土拱效应有重要的影响作用，且不应忽视桩后土拱的作用。

2. 基于桩后土拱效应的桩土计算模型的不足

对于基于桩后土拱效应推导的抗滑桩桩净距的计算，综合考虑高切坡体抗剪强度参数、抗滑桩截面宽度 b、抗滑桩桩后三角形受压区的斜面与抗滑桩中心连线方向的夹角 a

和推力 p 各因素,各因素的变化规律与工程实践较为吻合;随着滑体抗剪强度参数的增大,抗滑桩桩净距增大;随着抗滑桩截面宽度的增大,抗滑桩桩净距增大;随着推力增大,抗滑桩桩净距减小。

该模型忽视了抗滑桩之间的桩间土拱的作用,并没有考虑桩前土拱的作用和抗滑桩截面高度对桩间距的影响,且对计算模型进行了二维平面应变的简化,并未考虑推力沿滑体深度的变化。而工程实践表明,桩前土拱的作用并不能忽视,应考虑推力随滑体深度的变化,桩间土拱对于抗滑桩加固效果有一定的影响,且抗滑桩截面高度与抗滑桩的桩间土拱效应关系密切。

6.4.2　基于抗滑桩与高切坡体相互作用过程的计算模型

6.4.2.1　抗滑桩与高切坡体相互作用的过程分析

土力学中土拱效应的研究始于太沙基于 1943 年进行的著名的活动门试验,因此进行抗滑桩与高切坡体相互作用的研究就必须先弄清活动门试验的整个过程分析,通过活动门试验的过程分析来类比分析抗滑桩与高切坡体相互作用的过程。

在太沙基进行活动门试验之后,国内外许多学者对活动门试验进行了进一步深入的研究。比较有代表性的是通过试验研究提出了土拱作用过渡状态的概念。从目前最新研究进展来看,Chevalier 进行的试验研究综合了前人活动门试验研究的成果,详细而缜密的试验过程验证了太沙基等提出的过渡状态,并结合活动门试验的经典解释,指出活动门试验中活动门上方出现的介于两个竖直界面之间的土拱应力往土体表面发展时方向是不断变化的,与活动门的位移直接有关。试验表明活动门试验的结果与土体深度、活动门宽度和土的性质有关。

Chevalier 的试验研究表明整个试验过程可以分为 3 个阶段:初始阶段出现在活动门位移非常小的过程内（δ 为 1～3mm）,并伴随着活动门上方颗粒材料的体积膨胀,直到活动门上的竖向荷载减至最小;在接下来的过渡阶段中,活动门上方形成的膨胀区范围不断扩大,直到延伸至土体表面,膨胀区呈楔形;最后阶段则对应两个竖向滑动面的形成。3个阶段的图示分别见图 6.162。

(a) 初始阶段　　　　　　　(b) 过渡阶段　　　　　　　(c) 最后阶段

图 6.162　Chevalier 活动门试验的 3 个阶段

一般学者对于活动门试验的解释多集中在第三阶段，也即最后阶段，忽视了整个活动门试验的过程分析，尤其是过渡阶段中的土拱效应。对于过渡阶段土拱的特性，刘振指出一般认为活动门试验中出现的过渡段土拱是提出的小主应力拱。

通过活动门试验的 3 个阶段的过程分析可以得到如下结论：活动门试验中的土拱效应与土体深度、活动门宽度和土的性质等因素有关；活动门试验中的土拱效应具有明显的阶段性特征，与整个试验过程有关；在试验过程中第二阶段中出现的"过渡阶段"中出现的土拱为提出的最小主应力拱；在试验过程中第二阶段中出现的"最后阶段"中出现的土拱为滑体最大主应力拱。

抗滑桩与高切坡体的相互作用模型与上述活动门试验的模型具有相似性，其作用的过程与活动门试验具有一定的相似性，因此可以将活动门试验的过程分析结论类比分析抗滑桩与高切坡体相互作用的过程，即抗滑桩与高切坡体之间相互作用的土拱效应与滑体的深度、桩间距和滑体的力学参数，尤其是抗剪强度参数有关；在土拱效应作用的过程中，受推力和桩间距等因素的影响，其过程具有阶段性特征；在抗滑桩与高切坡体相互作用过程中的过渡阶段中出现的土拱为最小主应力拱，而在抗滑桩与高切坡体相互作用过程中的最后阶段中出现的土拱为最大主应力拱。

6.4.2.2 基于抗滑桩与高切坡体相互作用过程的计算模型

根据上述对抗滑桩与高切坡体作用的过程分析，再结合 6.4.2.1 小节针对基于桩间土拱的桩土分析模型和基于桩后土拱的桩土分析模型所提出的桩间距计算模型，不难发现上述计算模型只是整个桩土相互作用过程中的某个阶段，即基于桩后土拱的抗滑桩与高切坡体相互作用的计算模型对应上述阶段中的"过渡阶段"，而基于桩间土拱的抗滑桩与高切坡体相互作用的计算模型对应上述阶段中的"最后阶段"。计算模型并没有从整个抗滑桩与高切坡体相互作用的过程角度进行分析。

6.4.2.1 小节中已经对比分析了基于桩间土拱和基于桩后土拱作用的桩间距模型的优点与不足，二者差别的根源在于计算模型不同，而计算模型不同的根源又在于所建立的模型只能反映相互作用过程的某一阶段。

因此，从整个抗滑桩与高切坡体相互作用有 3 个阶段过程的角度出发，本书提出了基于抗滑桩与高切坡体相互作用过程的桩土相互作用模型，而在此作用过程中，又重点研究后两个阶段——过渡阶段和最后阶段的抗滑桩与高切坡体相互作用模型，即在推力等外部因素的作用下，首先起作用的是桩后土拱，桩间土拱可以为桩后土拱提供被动土压力，此时是桩后土拱占主导的阶段，即土拱效应的"过渡阶段"，推力荷载使桩后土拱产生破坏后，桩后土拱已经失效，桩后只有抗滑桩直接承担推力，剩余荷载全部由桩间土拱承担，此时构成的受力模式是抗滑桩背面和桩间土拱共同承担推力的模式，桩间土拱逐步起主导作用，即土拱效应的"最后阶段"。

根据基于抗滑桩与高切坡体相互作用过程的计算模型，可以在其基础上建立基于抗滑桩与高切坡体相互作用过程的桩间距计算模型。在工程实践中，由于高切坡特点和推力分布形式的差别，存在桩间距取值的一定取值范围区间，因此结合抗滑桩与高切坡体相互作用过程的分析，建立最小桩间距计算模型和最大桩间距计算模型，可以为堆积层高切坡抗滑桩工程中桩间距的确定提供科学的计算依据。

6.4.2.3　基于土拱效应的抗滑桩最小桩间距模型

在前面的讨论中已经述及，基于土拱效应的抗滑桩最小桩间距模型应是基于桩后土拱效应的分析，也即对应于整个抗滑桩与高切坡体相互作用过程的第二阶段"过渡阶段"。基于土拱效应的抗滑桩最小桩间距模型指在不考虑桩间土拱作用的前提下，仅依靠桩后土拱的作用即可抵抗推力作用的桩间距，此时的桩净间距 S_{min} 表示。若设计抗滑桩桩净距 $S < S_{min}$，则说明抗滑桩桩间距设计过分保守，并不能有效利用土拱效应来达到治理高切坡的目的。

对于桩后土拱效应，桩间距计算模型实际上是一种类似于最小桩间距的计算模型，但由于前述分析中存在的问题，需要在其基础上进行改进。

若从最小桩间距方面考虑，如桩间土体的作用和抗滑桩截面高度对桩间距的影响可以仅作为安全储备，但对于推力沿滑体深度的变化需要认真加以考虑。

基于周德培等（2004）提出的桩后土拱作用模型，对土拱做了推力沿抗滑桩均匀分布的假定，但实际上推力荷载随滑体深度的分布并非矩形分布，尤其是对于三峡库区典型堆积层高切坡，根据第 2 章的相关分析，其推力沿深度方向的分布应近似为三角形分布，也即随着滑体深度的增大，推力荷载增大。而在其他条件相同的情况下，高切坡荷载增大意味着抗滑桩桩净距应减小。因此，土拱沿抗滑桩桩长均匀分布的假定条件并不成立，且抗滑桩在滑面附近的土拱截面是整个土拱效应中最危险的截面。若从最小桩间距模型方面考虑，应采用滑面处的推力荷载来进行桩间距计算。

因此，需将式（6.286）中的高切坡均匀分布推力荷载 q 变为 q_{max}。则式（6.286）可以变为式（6.288）。由于采用三角形分布的推力分布模式，滑面处推力值最大，即 q_{max}。与原矩形推力分布模式相比，此最大值 q_{max} 为矩形分布推力荷载值的两倍。

$$S_{min} = \frac{cb}{q\cos\alpha}\tan^2\left(45° + \frac{\varphi}{2}\right) \tag{6.298}$$

抗滑桩的桩间距为桩净距加上桩截面宽度，也即

$$L_{min} = S_{min} + b = \frac{cb}{q\cos\alpha}\tan^2\left(45° + \frac{\varphi}{2}\right) + b \tag{6.299}$$

式（6.299）即基于土拱效应的抗滑桩最小桩间距计算模型。

6.4.2.4　基于土拱效应的抗滑桩最大桩间距计算模型

前已述及，基于土拱效应的抗滑桩最大桩间距计算模型应是基于桩间土拱效应的分析，也即对应于整个抗滑桩与高切坡体相互作用过程的第三阶段——最后阶段。基于土拱

效应的抗滑桩最大桩间距计算模型指在不考虑桩后土拱作用的前提下，仅依靠桩间土拱和抗滑桩后壁的作用抵抗推力作用的桩间距，此时的桩净距用 S_{max} 表示。若设计抗滑桩桩净距 $S > S_{max}$，则说明抗滑桩桩间距设计偏于不安全，在工程设计中应将抗滑桩桩净距设定在最大桩净距范围内。

对于桩间土拱效应，桩间距计算模型实际上是一种类似于最大桩间距的计算模型，但由于前述分析中存在的问题，需要在其基础上进行改进。

若从最大桩间距方面考虑，如桩后土体的作用和抗滑桩截面宽度对桩间距的影响可以仅作为安全储备。对于桩前土拱的剩余抗滑力，根据前文高切坡桩前抗力的分布模式，由于其分布形式多为抛物线，且根据不同岩土介质类型变化较大，同时考虑桩前滑面的倾角和高切坡前缘稳定性等方面的因素，可以将其作为安全储备考虑。

应考虑桩间土拱与滑面之间的摩擦力。在考虑桩间土拱与滑面之间的摩擦力时，采用土拱各条块的摩擦力的方法，计算时需要考虑土拱条块剖分及滑面倾角等问题，实际操作并不方便，在假定滑面倾角较大和滑体抗剪强度参数很低的情况下可以忽略，与典型堆积层滑坡前缘较平缓的特点并不相符，因此，对于前缘较平缓的堆积层滑坡而言，应该考虑桩间土拱与滑面之间的摩擦力。

若从最大桩间距模型的角度考虑，本书提出了在将桩前土拱剩余抗滑力作为安全储备的前提下，将滑面假定为水平，即考虑桩间土体与滑面之间的最大摩擦力，在减小有效推力荷载的前提下达到计算最大桩间距的目的。在具体计算中，可以将桩间土拱与滑面之间的摩擦力等效为相邻抗滑桩之间矩形土体与滑面之间的摩擦力，其量值为土拱与滑面之间的抗剪强度。在假定设桩处滑动面为水平面的条件下，桩间土拱与滑面之间的最大摩擦力 R_e 为

$$R_e = \gamma SH_1 \tan\varphi + ca \tag{6.300}$$

式中，γ 为滑体的容重；其他参数同前。

上述荷载是整个桩间土拱与滑面之间的摩擦力，如果取桩间土拱计算模型的一半进行分析，则取 $0.5R_e$ 进行分析。

在确定桩间土拱与滑面之间的摩擦力后，式（6.294）可以改写为

$$\frac{1}{2}pS\tan\varphi + caH_1 = \frac{1}{2}pS - \frac{1}{2}(\gamma SH_1 \tan\varphi + ca) \tag{6.301}$$

整理式（6.301），即可得到最大桩净距的表达式为

$$S_{max} = \frac{2ca(H_1 - 1)}{p(1 - \tan\varphi) - \gamma H_1 \tan\varphi} \tag{6.302}$$

在确定桩净距的情况下，抗滑桩的桩间距为桩净距加上桩截面宽度，即

$$L_{max} = S_{max} + b = \frac{2ca(H_1 - 1)}{p(1 - \tan\varphi) - \gamma H_1 \tan\varphi} + b \tag{6.303}$$

式（6.303）即基于土拱效应的抗滑桩最大桩间距计算模型。

6.4.2.5　不等桩间距布设原则

对于式（6.294），若令单位厚度的推力荷载为 $p = q / H_1$，则式（6.294）可以变为

$$S = \frac{2ca}{q(1 - \tan\varphi)} \tag{6.304}$$

对式（6.294）和式（6.296）进行公式变换，可以分别得到：

$$qS = \frac{2ca}{(1 - \tan\varphi)} \tag{6.305}$$

$$qS = \frac{cb}{\cos\alpha}\tan^2(45° + \frac{\varphi}{2}) \tag{6.306}$$

可见上述两个公式的左侧均为推力和桩净距的乘积，而右侧抗滑桩截面尺寸和滑体参数确定后即为定值，由此可知在抗滑桩截面尺寸和滑体参数确定的条件下，推力和桩净距的乘积是一个不变量，也即只有当推力荷载很大时，必须减小相邻抗滑桩之间的净距；当推力很小时，可以适当增大相邻抗滑桩之间的净距。

对于高切坡体推力，在滑体一定深度中，取单位厚度的土体进行二维平面分析时，学者一般将其推力简化为均布荷载。但考虑到高切坡空间形态特征，一般滑体中间厚而两侧薄，主滑面上的推力明显大于两侧的推力。因此，从整个空间形态而言，尤其是主滑面两侧的抗滑桩，其受力特征并非均布荷载，应根据高切坡体特征，形成类似抛物线的分布形式（图 6.163）。

显然，根据坡体中间推力大、两侧推力小的特点，按照传统的等间距布设抗滑桩并不合理。根据抗滑桩与高切坡体荷载分担比模型的研究，推力的大小对于土拱效应的发挥有显著的影响，因此，忽视坡体推力空间分布特征，全部按照主滑剖面最大推力来布设桩间距的设计方案，显然过于保守。

为此，在推力对土拱效应影响研究的基础上，本书提出了根据推力空间分布特征进行不等桩间距布设抗滑桩的原则。其核心内容是，对于抗滑桩截面宽度已经确定的高切坡，在推力比较大的主滑剖面附近布设桩间距较小的抗滑桩，而在高切坡两侧推力比较小的地段应根据推力的递减程度逐渐增大桩间距，最终形成的桩间距布设呈"中间密，两侧疏"的特点，如图 6.164 所示。

根据上述原则进行抗滑桩平面布设，可以根据推力平面分布特征，充分发挥抗滑桩与高切坡体相互作用的土拱效应规律，可为抗滑桩工程节省可观的工程投资。

6.4.3　桩土荷载分担比模型

6.4.3.1　桩土荷载分担比的概念

1. 桩土荷载分担比的定义

在采用抗滑桩治理高切坡的工程中，设置抗滑桩的目的就是将推力荷载传递到抗滑桩上，但由于抗滑桩不同于挡土墙等连续支挡结构，在布设时采取的是间隔设置的模式，必

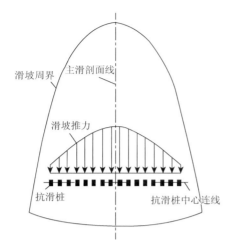

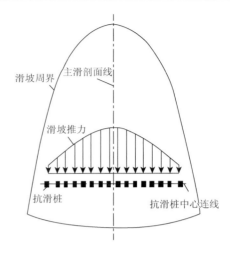

图 6.163　高切坡平面上抛物线推力分布示意图　　图 6.164　抗滑桩不等桩间距布设示意图

然要求抗滑桩与高切坡体共同承担推力荷载。而高切坡体由于承受推力荷载的能力不足，需要将其承担的部分荷载直接或间接地传递给抗滑桩。因此，在分析抗滑桩与高切坡体相互作用过程中，研究抗滑桩与高切坡体各自承担的荷载比例将有助于进一步了解抗滑桩与高切坡作用的机理。

抗滑桩与高切坡体各自承担的荷载比例简称为桩土荷载分担比。在桩土荷载分担比中一般更关心抗滑桩所承担的荷载比例，由此来衡量抗滑桩的抗滑效果。将抗滑桩所承担荷载的比例称为桩体荷载分担比。桩体荷载分担比用来表征高切坡土体将推力荷载转移到抗滑桩上的程度。用公式表示如下：

$$\xi = \frac{p_{\mathrm{t}}}{p} \tag{6.307}$$

式中，p_{t} 为坡体转移到抗滑桩上的荷载；p 为推力总荷载。

2. 桩土相互作用荷载的传递过程

根据对抗滑桩与高切坡体相互作用过程的研究，坡体转移推力荷载的方式主要有三种，一是通过桩后土拱将荷载传递给抗滑桩后壁，二是通过桩间土拱将荷载传递给抗滑桩侧壁，三是桩后土拱被破坏后抗滑桩后壁将直接承担推力的作用。

根据抗滑桩与高切坡体相互作用土拱的传力特点不同，可将桩后土拱称为"端承土拱"，而将桩间土拱称为"摩擦土拱"。

6.4.3.2　桩土荷载分担比模型

1. 桩土相互作用的三级荷载分担模型

在传统的抗滑桩与高切坡体相互作用过程中，多研究抗滑桩与坡体各自承担的比例，并没有对桩后的"端承土拱"和桩间的"摩擦土拱"进行区分，因此是一种典型的两级荷载传递模式。鉴于此，本书提出了基于桩后的"端承土拱"、桩间的"摩擦土拱"和桩前土拱的三级荷载传递模式，见图 6.165，从而可以从更深层次研究桩土相互作用过程中荷载分担的情况。

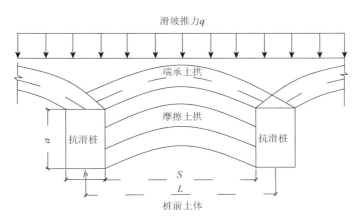

图 6.165　桩土相互作用的三级荷载分担模型

6.4.3.1 小节中已经探讨了桩土荷载分担比的概念，以及桩土相互作用荷载的传递过程。下面就从整个抗滑桩与高切坡体相互作用过程的角度，按照基于桩后土拱效应的分析和基于桩间土拱效应的分析，分别对桩土荷载分担比进行深入的分析与探讨。

根据前述抗滑桩与高切坡体相互作用的过程分析，桩后土拱形成了抗滑桩与高切坡相互作用的"过渡阶段"。在这个阶段，以基于土拱效应的最小桩间距模型计算的桩间距 L_{min} 为界，当桩间距 $L = L_{min}$ 时，抗滑桩后壁与坡体形成的桩后土拱承担全部的推力荷载，也即在桩间距小于最小桩间距时，推力荷载全部由桩后土拱传递给抗滑桩后壁，也即此时的桩土荷载分担比为 100%，在这种情况下固然可以达到治理灾变高切坡的效果，但由于桩间距过小，抗滑桩数量增多，工程投资非常大，所以在抗滑桩工程实践中并不可取。

当桩间距 L 由 L_{min} 逐步增大时，桩后土拱除了将一部分荷载传递至抗滑桩后壁以外，还将一部分荷载传递给桩间土体，通过桩间土体的"摩擦土拱"将荷载传递至抗滑桩侧壁。此阶段是桩后土拱和桩间土拱共同作用的过程，高切坡体通过桩后的"端承土拱"和桩间的"摩擦土拱"将推力荷载传递给抗滑桩。总体而言，桩间距 L 由 L_{min} 逐步增大的过程中，"端承土拱"所传递荷载的比重逐步减小，而"摩擦土拱"所传递荷载的比重逐步增大，但抗滑桩所承担的桩体荷载分担比仍然很高。

桩间距进一步增大，使桩后的"端承土拱"被破坏。此时桩后土拱已经失效，推力荷载将分为两部分，其中一部分直接由抗滑桩后壁直接承担，另一部分由桩间的"摩擦土拱"承担。在桩截面宽度一定的情况下，抗滑桩后壁所承担的荷载为定值，即 q_b。若桩间距 L 增大到最大桩间距 L_{max} 时，桩间土拱将会被破坏，此时推力荷载主要由抗滑桩后壁和桩前土拱承担，又因为抗滑桩后壁直接承担的荷载为定值，因此桩前土拱需要承担很大的推力荷载，而此时的桩体荷载分担比将趋于定值，即 b/L。

上述分析是以桩间距的增大过程来进行的，6.4.2.5 小节中已经论述了推力荷载与抗滑桩净距的乘积是一个不变量，因此，通过逐渐增加推力荷载也可以得到上述结论。

2. 三级荷载分担模型的阶段划分

根据上述对桩土相互作用的三级荷载分担模型的分析，可以发现在抗滑桩与高切坡体相互作用的不同阶段，荷载的分担承受方式不同。对于抗滑桩工程，其桩间距应控制在最小桩间距和最大桩间距的范围中，对于桩间距确定的抗滑桩与高切坡相互作用模型，当受外部因素影响，如受地震、降雨和库水位波动等因素的影响时，推力荷载会增大，这样抗滑桩与高切坡体的荷载分担比是一个动态变化的过程，下面从这个角度对三级荷载分担模型的阶段进行划分。

（1）桩后土拱承担荷载的临界值

在截面尺寸和桩间距一定的情况下，相邻抗滑桩间的净距 S 为定值，可以计算桩后土拱所能承受的最大推力荷载强度为

$$q_b = \frac{cb}{S\cos\alpha}\tan^2\left(45° + \frac{\varphi}{2}\right) \tag{6.308}$$

考虑坡体荷载为三角形分布，则桩后土拱所能承受的最大推力荷载 p_b 为

$$p_b = \frac{cbH_1}{2S\cos\alpha}\tan^2\left(45° + \frac{\varphi}{2}\right) \tag{6.309}$$

当推力荷载大于或等于 p_b 时，桩后土拱已经不能单独承担推力荷载，即当 $p > p_b$ 时，桩后土拱和桩间土拱共同分担推力荷载。当 p 进一步增大，大于临界值 p_b 时，桩后土拱已经完全被破坏，不能发挥作用，此时推力荷载主要由桩间土拱和抗滑桩后壁共同承担。

（2）桩间土拱承担荷载的临界值

在截面尺寸和桩间距一定的情况下，相邻抗滑桩间的净距为定值，根据以下公式可以计算桩间土拱所能承受的最大推力荷载为

$$p_m = \frac{2ca(H_1-1) + \gamma H_1 S\tan\varphi}{S(1-\tan\varphi)} \tag{6.310}$$

当推力荷载大于或等于 p_m 时，桩间土拱已经无法有效发挥作用，推力荷载主要由抗滑桩后壁和桩前土拱承担，桩前土拱将承担很大一部分推力荷载。

（3）三级荷载分担模型的阶段划分

在截面尺寸和桩间距一定的情况下，当推力荷载 $p < q_b$ 时，推力荷载主要由桩后土拱承担，通过桩后土拱将荷载传递至抗滑桩；当推力荷载 $q_b \leqslant p < p_c$ 时，桩后土拱已经不能单独承担推力荷载，桩后土拱和桩间土拱共同分担推力荷载；当推力荷载 $p_c \leqslant p \leqslant p_m$ 时，桩后土拱已经被完全破坏而失效，此时推力荷载主要由桩间土拱和抗滑桩后壁共同承担；当 $p > p_m$ 时，桩间土拱已经被破坏而失效，推力荷载主要由抗滑桩后壁和桩前土拱承担，桩前土拱将承担很大一部分推力荷载，这也是抗滑桩工程实践中抗滑桩失效的原因。

综上所述，根据推力的大小合理设置抗滑桩的桩间距对于抗滑桩的治理效果有非常

重要的影响，当抗滑桩间距过小时，推力荷载主要由桩后土拱承担，造成很大的经济浪费；当抗滑桩间距过大时，推力荷载则会有很大一部分被传递至桩前高切坡土体，未能达到治理高切坡的目的。因此，在考虑工程安全和经济双重标准要求下，确定抗滑桩间距时应该保证桩后土拱和桩间土拱共同分担推力荷载，也即根据基于土拱效应的最小桩间距模型确定最小桩间距后，考虑工程施工简化操作的因素，可以适当增大桩间距，以达到使桩间距合理的目的，或者根据基于土拱效应的最大桩间距模型确定最大桩间距后，然后根据高切坡等级考虑安全储备，可以适当减小桩间距，以达到使桩间距合理的目的。

6.4.4　抗滑桩与高切坡体相互作用机理数值试验研究概述

6.4.4.1　数值试验方法

数值试验又称为数值计算，主要指运用数值计算方法来进行模型试验的方法。该方法是近几十年来随着计算机技术的不断进步而逐步发展起来的一种新方法，其不仅能对工程地质问题的演化机理做出定性的描述，还可以对其变化过程做出定量的分析，是物理模型试验手段的重要补充。数值试验与模型试验相比，具有花费少、周期短和可直接对原型进行计算等特点。

根据对介质的连续性的假设不同，数值方法可分为两大类，一类为基于介质连续假设的数值方法，主要包括有限单元法、有限差分法和边界单元法等；另一类为基于不连续假设的数值方法，主要包括离散单元法、块体理论和不连续变形分析等。

快速拉格朗日分析法作为有限差分法中的典型代表，在斜坡工程中具有广泛的工程应用。FLAC3D 是连续介质快速拉格朗日分析法的英文缩写，是由美国明尼苏达软件公司编制开发的显式有限差分程序。该程序的基本原理和算法与离散元相似，但它应用了结点位移连续的条件，可以对连续介质进行大变形分析，具有较强的前后处理功能，可以很好地进行岩土体数值试验。

6.4.4.2　抗滑桩工程数值试验研究

在抗滑桩工程领域，由于在高切坡和抗滑桩的相互作用中存在复杂的荷载条件和地层条件，因此解析计算很难获得，而数值计算方法可以弥补解析计算方法这一缺点。

抗滑桩-高切坡体相互作用机理的数值计算方法是以理论分析方法为基础，开展系统的数值试验研究，可以对理论分析进行验证分析。

目前的理论分析方法多以力学分析为主，而为了能实现力学分析，又必须对计算模型进行概化，由此产生了很多假定条件，如假定土拱轴线为合理拱轴线，假定平面应变分析模型，假定土拱通过"拱脚"将力传递给抗滑桩等。但是不同学者对土拱的假定条件的认识并不相同，尤其是土拱的"拱脚"，有学者认为是桩后的受压三角区，也有学者认为是桩间土拱与抗滑桩侧壁的接触带。模型假定的不同导致计算结果存在差异,并且并没有将理论分析方法和试验分析方法进行对比分析。

鉴于此,本书根据三峡库区典型堆积层高切坡的特点,选择将矩形抗滑桩作为支挡措施,在建立抗滑桩与高切坡体模型的基础上,开展系统的抗滑桩-高切坡数值试验研究,对影响土拱效应的各因素进行分析,并对桩土荷载分担比的模式进行深入探讨。

6.4.5　桩土相互作用数值试验模型

抗滑桩与高切坡体数值计算模型如下。

1. 计算模型

根据三峡库区典型高切坡的地质特征进行计算模型的创建。

20 多年来,学者开展了很多抗滑桩与高切坡体相互作用的模型研究,一般可以将土拱效应分析简化为平面二维问题,即取滑体中一定深度单位厚度的土层和抗滑桩作为研究对象,其剖面图如图 6.166(a)所示,俯视图如图 6.166(b)所示。在作为二维平面问题假定时,做了如下假定:①该单位厚度土层的位移限定在水平方向;②假定桩体水平位移为零,即桩体在水平向被约束。

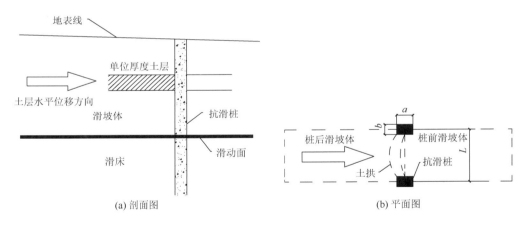

图 6.166　抗滑桩与高切坡体简化二维分析模型

关于模型的范围选取,一般学者多选取 10 倍桩径作为桩前和桩后的计算范围。同时,为了避免桩侧边界条件对土拱效应的影响,对传统的二维受力分析模型进行了改进,在计算宽度范围内选取 4 个抗滑桩,重点研究中间两根抗滑桩的土拱效应规律,见图 6.167。

2. 本构模型的选取

岩土体本构模型的选取是数值模拟分析中首先要解决的问题。上述计算模型包括高切坡体和抗滑桩两种不同材料,因此需要对二者分别选取合适的本构模型和计算单元。

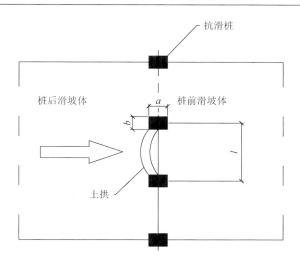

图 6.167 改进后二维土拱效应模型

对于坡体而言，土体是一种非线性材料，在复杂应力作用下，其会表现出一种高度的非线性行为。学者对此提出了很多土的本构模型，其中莫尔-库仑作为理想弹塑性模型，被广泛应用于岩土工程的理论研究中。因此高切坡体的本构模型采用莫尔-库仑模型，服从莫尔-库仑等面积圆屈服准则。

对于抗滑桩而言，采用弹性的实体单元来模拟，保证抗滑桩的变形在弹性变化范围内，以便更有效地模拟抗滑桩与高切坡体相互作用的过程。

3. 桩土接触单元的选取

在岩土工程中，在岩土体与结构相互作用时，当两种接触材料的变形性能相差很大时，在一定的受力条件下，可能会在二者的接触面上产生错动、滑移或开裂。因此，有必要在抗滑桩与高切坡体之间设置合理的接触单元，以便更好地模拟抗滑桩与高切坡体相互作用的工作性状。

目前常用的接触单元主要有无厚度 Goodman 单元与 Desai 提出的薄层单元两大类。前者充分考虑了两相介质在接触面间位移的不连续性；后者通过节点位移对单元内部位移场的插值构造，认为两相介质接触面间的位移具有某种连续性。

无厚度 Goodman 单元从单元的数值模型和单元的本构假设等方面均为对界面接触行为的最简单而直接的描述。FLAC3D 采用的就是无厚度接触单元。接触单元设置在抗滑桩与高切坡体的接触面上，其应力可以分解为正应力和切向应力。通过桩土接触单元的摩擦角可以模拟抗滑桩与高切坡体之间的摩擦接触。

4. 模型约束条件

在传统的二维桩土相互作用模型中，其模型约束条件如图 6.168 所示。在这样的约束条件下，认为高切坡在前缘部分存在明显的反翘段，这样高切坡前缘边界可以提供一定的抗力。但是在三峡库区的堆积层高切坡中，由前文中的形成演化过程，以及建立的抗滑桩与高切坡体相互作用模型可以看出，其前缘为高切坡的临空面。因此，在考虑抗滑桩前后10 倍桩径间距的范围内，桩前的高切坡体应为自由临空面，即应为自由表面，见图 6.169。

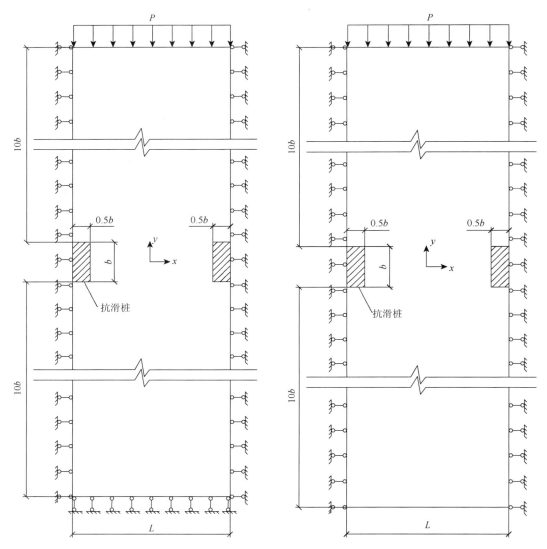

图 6.168　传统抗滑桩与高切坡体相互作用的约束　　　图 6.169　改进后的抗滑桩与高切坡体相互作用的
　　　　　模型　　　　　　　　　　　　　　　　　　　　　　约束模型

对于抗滑桩约束条件而言，传统二维平面模型只对抗滑桩做垂向约束，也有单位厚度桩土模型将抗滑桩的 x、y 和 z 方向均约束。对于前者而言，未能体现抗滑桩上下相对固定的连接，而对于后者而言，如果将抗滑桩的两面 x、y 和 z 方向均约束，则会造成抗滑桩完全刚性的状况，这与实际的抗滑桩与高切坡体相互作用是不符的。为此，本书将抗滑桩与下部抗滑桩连接面的 x、y 和 z 方向均约束，而对于另外一面则只做垂向约束（y 向），这样设置约束的优点在于，既可以允许抗滑桩顶部有轻微的变形，又可以观察抗滑桩自身的受力过程。

对于推力的施加，根据三峡库区典型堆积层高切坡后陡前缓的特点，结合在前文中建立的抗滑桩与高切坡体相互作用模型，可以在抗滑桩桩排后施加均布荷载来模拟推力。

6.4.6　土拱效应的数值模拟研究

6.4.6.1　土拱效应数值计算模型的建立

1. 模型几何条件

对于抗滑桩截面性状而言，以前学者多将圆形桩和方桩作为研究对象，与抗滑桩工程实践中的矩形截面桩受力特征并不相同。因此，本书将矩形截面抗滑桩作为研究对象，桩截面高度 $a = 1.5b$，抗滑桩前后各取 1.5 倍桩截面宽度 b，也即 10 倍的桩截面高度，桩中心距为 L，以左下角为左边原点，向右为 x 轴正方向，向上为 z 轴正方向，向里为 y 轴正方向。左右 x 方向约束，前后 y 方向约束，对于抗滑桩而言，将 x 和 z 方向的约束模型底部作为自然边界，模型顶部为推力方向，施加均布荷载 q，其模型见图 6.170。

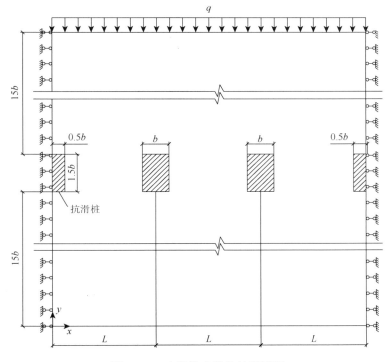

图 6.170　土拱效应数值计算模型

2. 模型参数

模型中主要涉及的抗滑桩与高切坡体的基本物理力学参数见表 6.23。

表 6.23　抗滑桩与高切坡体的基本物理力学参数表

介质类型	变形模量/Pa	泊松比	容重/(kN/m³)	黏聚力/Pa	内摩擦角/(°)
高切坡体	$3×10^6$	0.3	2000	30000	32
抗滑桩	$2×10^9$	0.2	2500	—	—

对抗滑桩与高切坡体的接触面采用无厚度的接触单元模拟，其法向刚度为 $3×10^8\,\mathrm{Pa}$，切向刚度为 $3×10^7\,\mathrm{Pa}$，考虑抗滑桩与高切坡体之间接触面的摩擦力，结合文献可用摩擦角来表征，偏于保守考虑，取高切坡体的内摩擦角。

对于推力，在模型上边界施加均布压力，取 $q = 5×10^4\,\mathrm{Pa}$，方向指向 z 轴负方向。

3. 模拟工况

抗滑桩和高切坡体之间的土拱效应受很多因素的影响，其中以桩间距、土体抗剪强度参数、桩土接触面参数和推力大小等因素的影响较明显。下面就分别对上述各因素进行不同条件下的土拱效应数值试验研究。

6.4.6.2　不同桩中心距条件下土拱效应分析

不同桩中心距条件下，抗滑桩与高切坡体之间的土拱效应不同，因此，下面就详细讨论不同桩中心距条件下的土拱特征。设定 $b = 2\mathrm{m}$，分别取桩中心距 $L = 2b$、$3b$、$4b$、$5b$、$6b$ 进行分析。

1. 桩中心距为两倍桩截面宽度条件下的土拱效应分析

桩中心距 $L = 2b$，即桩中心距为 4m 时，其最大主应力、最小主应力和 z 方向的位移图分别见图 6.171（a）、图 6.171（b）和图 6.171（c）。

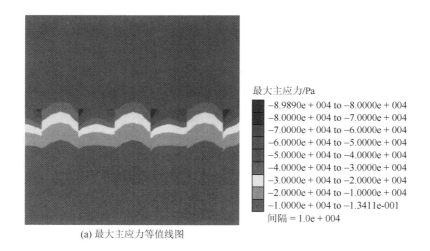

最大主应力/Pa

$-8.9890\mathrm{e}+004$ to $-8.0000\mathrm{e}+004$
$-8.0000\mathrm{e}+004$ to $-7.0000\mathrm{e}+004$
$-7.0000\mathrm{e}+004$ to $-6.0000\mathrm{e}+004$
$-6.0000\mathrm{e}+004$ to $-5.0000\mathrm{e}+004$
$-5.0000\mathrm{e}+004$ to $-4.0000\mathrm{e}+004$
$-4.0000\mathrm{e}+004$ to $-3.0000\mathrm{e}+004$
$-3.0000\mathrm{e}+004$ to $-2.0000\mathrm{e}+004$
$-2.0000\mathrm{e}+004$ to $-1.0000\mathrm{e}+004$
$-1.0000\mathrm{e}+004$ to $-1.3411\mathrm{e}-001$
间隔 $= 1.0\mathrm{e}+004$

(a) 最大主应力等值线图

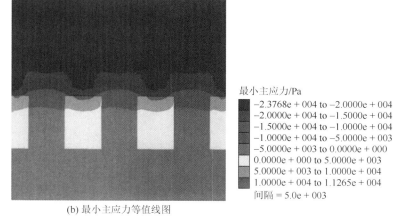

最小主应力/Pa

- −2.3768e + 004 to −2.0000e + 004
- −2.0000e + 004 to −1.5000e + 004
- −1.5000e + 004 to −1.0000e + 004
- −1.0000e + 004 to −5.0000e + 003
- −5.0000e + 003 to 0.0000e + 000
- 0.0000e + 000 to 5.0000e + 003
- 5.0000e + 003 to 1.0000e + 004
- 1.0000e + 004 to 1.1265e + 004

间隔 = 5.0e + 003

(b) 最小主应力等值线图

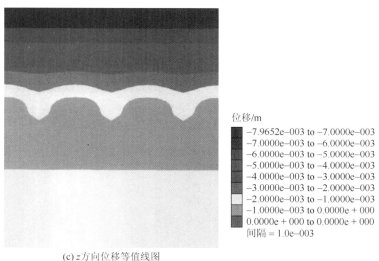

位移/m

- −7.9652e−003 to −7.0000e−003
- −7.0000e−003 to −6.0000e−003
- −6.0000e−003 to −5.0000e−003
- −5.0000e−003 to −4.0000e−003
- −4.0000e−003 to −3.0000e−003
- −3.0000e−003 to −2.0000e−003
- −2.0000e−003 to −1.0000e−003
- −1.0000e−003 to 0.0000e + 000
- 0.0000e + 000 to 0.0000e + 000

间隔 = 1.0e−003

(c) z 方向位移等值线图

图 6.171　桩中心距 $L = 2b$ 条件下土拱效应应力等值线图

2. 桩中心距为 3 倍桩截面宽度条件下的土拱效应分析

桩中心距 $L = 3b$，即桩中心距为 6m 时，其最大主应力、最小主应力和 z 方向的位移图分别见图 6.172（a）、图 6.172（b）和图 6.172（c）。

3. 桩中心距为 4 倍桩截面宽度条件下的土拱效应分析

桩中心距 $L = 4b$，即桩中心距为 8m 时，其最大主应力、最小主应力和 z 方向的位移图分别见图 6.173（a）、图 6.173（b）和图 6.173（c）。

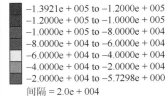

最大主应力/Pa
−1.3921e + 005 to −1.2000e + 005
−1.2000e + 005 to −1.0000e + 005
−1.0000e + 005 to −8.0000e + 004
−8.0000e + 004 to −6.0000e + 004
−6.0000e + 004 to −4.0000e + 004
−4.0000e + 004 to −2.0000e + 004
−2.0000e + 004 to −5.7298e + 000
间隔 = 2.0e + 004

(a) 最大主应力等值线图

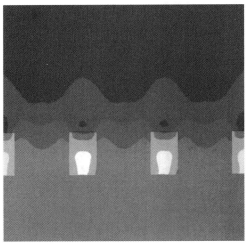

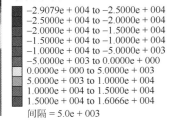

最小主应力/Pa
−2.9079e + 004 to −2.5000e + 004
−2.5000e + 004 to −2.0000e + 004
−2.0000e + 004 to −1.5000e + 004
−1.5000e + 004 to −1.0000e + 004
−1.0000e + 004 to −5.0000e + 003
−5.0000e + 003 to 0.0000e + 000
0.0000e + 000 to 5.0000e + 003
5.0000e + 003 to 1.0000e + 004
1.0000e + 004 to 1.5000e + 004
1.5000e + 004 to 1.6066e + 004
间隔 = 5.0e + 003

(b) 最小主应力等值线图

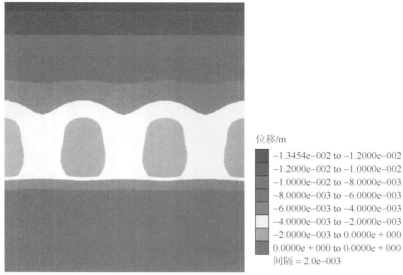

位移/m

- −1.3454e−002 to −1.2000e−002
- −1.2000e−002 to −1.0000e−002
- −1.0000e−002 to −8.0000e−003
- −8.0000e−003 to −6.0000e−003
- −6.0000e−003 to −4.0000e−003
- −4.0000e−003 to −2.0000e−003
- −2.0000e−003 to 0.0000e+000
- 0.0000e+000 to 0.0000e+000

间隔 = 2.0e−003

(c) z 方向位移等值线图

图 6.172　桩中心距 $L = 3b$ 条件下土拱效应应力等值线图

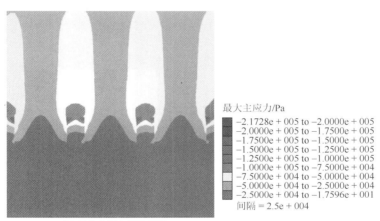

最大主应力/Pa

- −2.1728e+005 to −2.0000e+005
- −2.0000e+005 to −1.7500e+005
- −1.7500e+005 to −1.5000e+005
- −1.5000e+005 to −1.2500e+005
- −1.2500e+005 to −1.0000e+005
- −1.0000e+005 to −7.5000e+004
- −7.5000e+004 to −5.0000e+004
- −5.0000e+004 to −2.5000e+004
- −2.5000e+004 to −1.7596e+001

间隔 = 2.5e+004

(a) 最大主应力等值线图

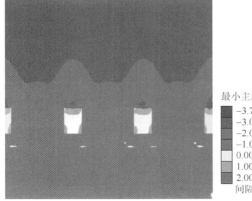

最小主应力/Pa

- −3.7822e+004 to −3.0000e+004
- −3.0000e+004 to −2.0000e+004
- −2.0000e+004 to −1.0000e+004
- −1.0000e+004 to 0.0000e+000
- 0.0000e+000 to 1.0000e+004
- 1.0000e+004 to 2.0000e+004
- 2.0000e+004 to 2.4829e+004

间隔 = 1.0e+004

(b) 最小主应力等值线图

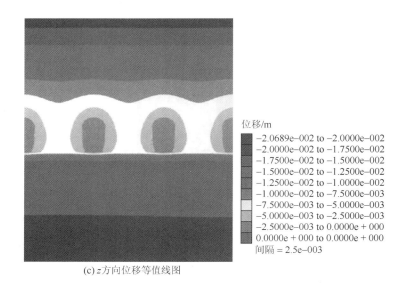

位移/m

　-2.0689e-002 to -2.0000e-002
　-2.0000e-002 to -1.7500e-002
　-1.7500e-002 to -1.5000e-002
　-1.5000e-002 to -1.2500e-002
　-1.2500e-002 to -1.0000e-002
　-1.0000e-002 to -7.5000e-003
　-7.5000e-003 to -5.0000e-003
　-5.0000e-003 to -2.5000e-003
　-2.5000e-003 to 0.0000e+000
　 0.0000e+000 to 0.0000e+000
间隔 = 2.5e-003

(c) z 方向位移等值线图

图 6.173　桩中心距 $L = 4b$ 条件下土拱效应应力等值线图

4. 桩中心距为 5 倍桩截面宽度条件下的土拱效应分析

桩中心距 $L = 5b$，即桩中心距为 10m 时，其最大主应力、最小主应力和 z 方向的位移图分别见图 6.174（a）、图 6.174（b）和图 6.174（c）。

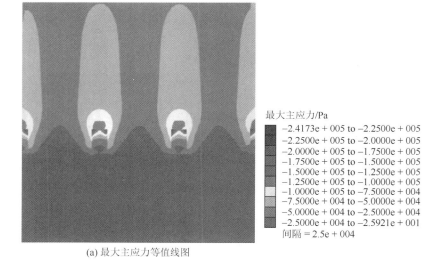

最大主应力/Pa

　-2.4173e+005 to -2.2500e+005
　-2.2500e+005 to -2.0000e+005
　-2.0000e+005 to -1.7500e+005
　-1.7500e+005 to -1.5000e+005
　-1.5000e+005 to -1.2500e+005
　-1.2500e+005 to -1.0000e+005
　-1.0000e+005 to -7.5000e+004
　-7.5000e+004 to -5.0000e+004
　-5.0000e+004 to -2.5000e+004
　-2.5000e+004 to -2.5921e+001
间隔 = 2.5e+004

(a) 最大主应力等值线图

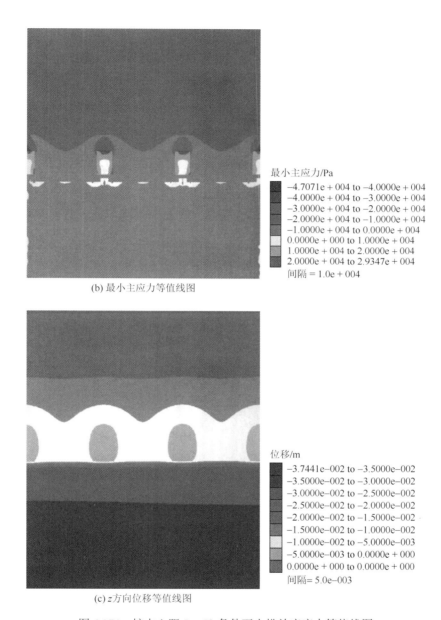

(b) 最小主应力等值线图

(c) z方向位移等值线图

图 6.174　桩中心距 $L = 5b$ 条件下土拱效应应力等值线图

5. 桩中心距为 6 倍桩截面宽度条件下的土拱效应分析

桩中心距 $L = 6b$，即桩中心距为 12m 时，其最大主应力、最小主应力和 z 方向的位移图分别见图 6.175（a）、图 6.175（b）和图 6.175（c）。

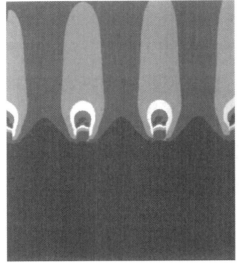

最大主应力/Pa

−2.8039e + 005 to −2.7500e + 005
−2.7500e + 005 to −2.5000e + 005
−2.5000e + 005 to −2.2500e + 005
−2.2500e + 005 to −2.0000e + 005
−2.0000e + 005 to −1.7500e + 005
−1.7500e + 005 to −1.5000e + 005
−1.5000e + 005 to −1.2500e + 005
−1.2500e + 005 to −1.0000e + 005
−1.0000e + 005 to −7.5000e + 004
−7.5000e + 004 to −5.0000e + 004
−5.0000e + 004 to −2.5000e + 004
−2.5000e + 004 to −6.4606e + 001

间隔 = 2.5e + 004

(a) 最大主应力等值线图

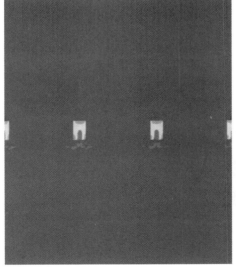

最小主应力/Pa

−5.7676e + 004 to −5.0000e + 004
−5.0000e + 004 to −4.0000e + 004
−4.0000e + 004 to −3.0000e + 004
−3.0000e + 004 to −2.0000e + 004
−2.0000e + 004 to −1.0000e + 004
−1.0000e + 004 to 0.0000e + 000
0.0000e + 000 to 1.0000e + 004
1.0000e + 004 to 2.0000e + 004
2.0000e + 004 to 3.0000e + 004
3.0000e + 004 to 4.0000e + 004
4.0000e + 004 to 4.0021e + 004

间隔 = 1.0e + 004

(b) 最小主应力等值线图

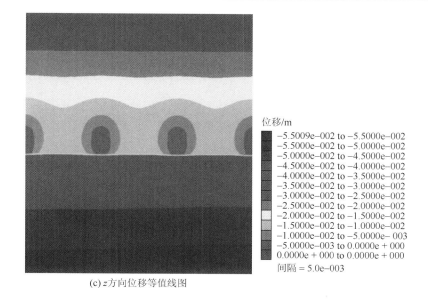

位移/m

−5.5009e−002 to −5.5000e−002
−5.5000e−002 to −5.0000e−002
−5.0000e−002 to −4.5000e−002
−4.5000e−002 to −4.0000e−002
−4.0000e−002 to −3.5000e−002
−3.5000e−002 to −3.0000e−002
−3.0000e−002 to −2.5000e−002
−2.5000e−002 to −2.0000e−002
−2.0000e−002 to −1.5000e−002
−1.5000e−002 to −1.0000e−002
−1.0000e−002 to −5.0000e− 003
−5.0000e−003 to 0.0000e + 000
0.0000e + 000 to 0.0000e + 000
间隔 = 5.0e−003

(c)z方向位移等值线图

图 6.175　桩中心距 $L = 6b$ 条件下土拱效应应力等值线图

6. 不同桩中心距条件下土拱效应结果分析

通过上述 L 从 $2b$ 逐步增大至 $6b$，经过对比分析，可以发现最大主应力、最小主应力和 z 方向的位移图均有较明显的变化过程，主要体现在以下几点。

1）由最大主应力等值线图可知，最大主应力拱即存在于相邻抗滑桩侧壁之间的土拱，由桩间土和抗滑桩侧壁组成，其"拱脚"则为桩间土与抗滑桩侧壁的接触面。随着桩间距逐步增大，可以看出最大主应力土拱的厚度呈逐渐减小的趋势，抗滑桩所承担的荷载越来越大，也即土拱效应越来越不显著。当桩间距超过 $4b$ 以后，最大主应力土拱并不明显。

2）由最小主应力等值线图可知，最小主应力拱即存在于相邻抗滑桩桩后之间的土拱，主要由桩后土和抗滑桩后壁组成，其"拱脚"为抗滑桩后壁。当 $L = 2b$ 时，可以看到桩后土和抗滑桩形成非常明显的连续土拱。但当桩间距逐步增大时，最小主应力土拱逐渐被桩后推力形成的应力"反拱"所破坏。当桩间距增大至 $5b$ 时，最小主应力土拱已经被完全破坏。

3）由 z 方向位移等值线图可以看出，由于抗滑桩的存在，抗滑桩的位移变化较小，而高切坡体的位移会随着桩间距的变化而变化。当 $L = 2b$ 时，由于抗滑桩与桩间土的土拱效应效果明显，桩前土拱的位移变形并不明显。而当桩间距逐步增大后，桩前土拱的位移显著增大。

为了表述方便，定义抗滑桩中心距与桩截面宽度的比值为间宽比，用 L/b 表示，用以衡量抗滑桩间距与抗滑桩截面尺寸之间的相互关系。以抗滑桩桩前的剖面而言，不同间宽比与其最大位移的关系曲线见图 6.176。

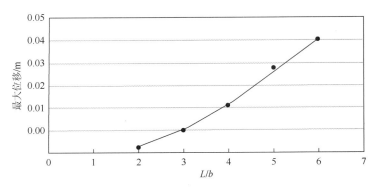

图 6.176　抗滑桩桩前 $4b$ 的剖面不同间宽比与最大位移关系曲线

6.4.7　抗滑桩与高切坡体荷载分担比模型

6.4.7.1　数值分析中桩土荷载分担比的计算方法

在土拱效应分析中，桩土荷载分担比是个重要的研究内容。对于抗滑桩工程而言，抗滑桩桩后和桩间土将推力荷载传递到桩后侧和桩侧壁，使得抗滑桩承担主要的推力荷载，从而达到抗滑目的。桩土荷载分担比表征土体将推力荷载转移到抗滑桩上的程度。

在数值计算中，可以通过 z 方向不同断面上土体所承受的荷载来分析推力荷载的分担情况。下面以 $L = 4b$ 的桩土模型来分析桩土荷载分担比的计算过程。

1. 桩土数值分析模型

在 $b = 2m$，$a = 1.5b = 3m$，$L = 4b = 8m$ 的条件下，对建立的数值分析模型进行网格剖分后见图 6.177，模型整体宽度为 24m，整体高度为 63m（即桩前和桩后各 30m）。均布推力取值为 $q = 50kPa$。在 xz 平面上，土体部分按照 0.5m 间距均匀剖分，共计剖分 13594 个节点、6501 个单元，图中深色部分为桩土接触面所设置的接触单元。

在土拱效应分析时，主要分析中间两根抗滑桩与高切坡体的相互作用过程，所以土拱效应的分析范围见图 6.177。根据单元剖分的精度，两根抗滑桩的中心间距为 8m，因此有 16 个剖分单元。

为了便于对比分析，将抗滑桩桩排的中心连线（即图中 $z = 31.5m$）作为基本剖面参照线。桩前和桩后的 z 方向剖面分别以桩前壁和桩后壁作为参照，如桩前 b 的剖面 z 即距离桩前壁距离为 2m 的剖面。

2. 桩土荷载分担比数值分析方法

目前常用的分析方法存在两个方面的问题，一是多基于水平受荷的被动桩模型，左右受约束，后侧施加均布荷载，但前侧约束的边界条件与三峡库区典型高切坡的特征不符；二是在考虑剖面侧应力时，只分析了桩前和桩后剖面的受荷情况，而对于桩间土的受荷并未作分析。

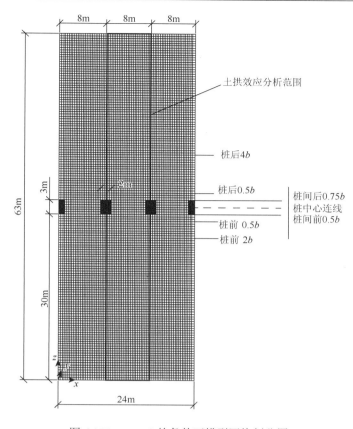

图 6.177　$L=4b$ 的条件下模型网格剖分图

为此，本书提出同时考虑桩后土拱和桩间土拱的两级荷载分担模式，同时，在建模时，将模型的前侧边界设置为自由界面，改变约束条件后桩土荷载分担比有明显变化，将在下文详细说明。

3. 改变边界约束条件后桩土荷载分担比对比研究

将桩土数值模型的前侧边界设置为约束和无约束两种不同的模型，其他参数同前。此时取不同 z 轴剖面来计算该剖面所承担的正应力。对于桩前土而言，分别取桩前 $0.5b$、$2b$；对于桩后土而言，分别取桩后 $0.5b$、b、$4b$；对于桩间土而言，取两桩中心连线剖面和距离桩中心连线前后各 $0.75b$（$1.5m$）剖面，分别称为桩间前 $0.75b$ 和桩间后 $0.75b$，见图 6.177。

z 方向各断面上的正应力曲线与 $y=0$、$x=0$ 和 $x=8$ 所围成的面积即各曲线所在剖面的等效截面所承受的荷载。本书也采用这种计算方法来分析各断面所承受的荷载。

按照前侧约束条件下的上述 7 个剖面的 z 方向正应力分布见图 6.178，而按照前侧无约束条件下的上述 7 个剖面的 z 方向正应力分布见图 6.179。

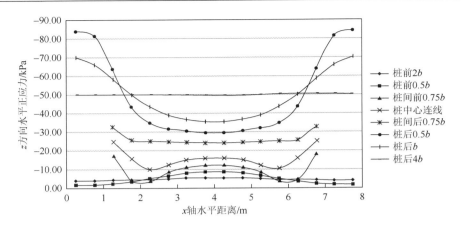

图 6.178　前侧约束条件下 z 方向各剖面正应力分布图

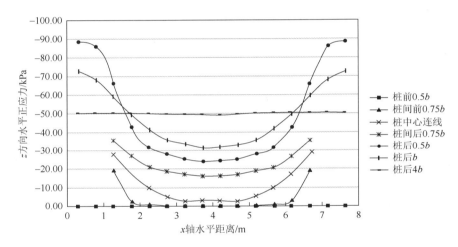

图 6.179　前侧无约束条件下 z 方向各剖面正应力分布图

对比上述两种不同约束条件下 z 方向各剖面的正应力分布图可知，二者的曲线形态规律一致，但二者最大的区别在于推力荷载的分布模式。以前的对桩土荷载分担比的研究，主要是对桩前土拱的荷载的研究，从而计算整个土拱效应后桩土荷载分担比，并没有分析桩后土拱和桩间土拱各自承担的荷载比，也即未对土拱效应的本质过程进行分析。对于三峡库区典型堆积层高切坡而言，前缘为临空面，因此主要为桩后土拱和桩间土拱承担荷载。如果按照前缘约束的计算模型，由图 6.180 可知，以桩前 $2b$ 剖面计算，桩前土体所承担的荷载为 38kPa，而总荷载为 400kPa，此时土体承担的荷载占 9.5%，换言之，土体将 90.5% 的推力荷载传递给抗滑桩承担，也即桩土荷载分担比为 90.5∶9.5。此种计算模型条件下桩前土体仍然要承担 9.5% 的推力，并不能达到整治高切坡的目的，与实际情况不符。

鉴于此，在对原有桩土相互作用模型进行修正的基础上，本书提出土拱效应过程中的荷载分级传递模式，即推力荷载的分担应分为三级：桩后土拱分担、桩间土拱分担和桩前土体分担。且在荷载传递过程中，应以前两级为主，方可达到治理效果。

6.4.7.2　土拱效应过程中的荷载分级传递模式

在不同桩间距条件下，土拱效应数值模拟中已经证明最大主应力拱为存在于相邻抗滑桩侧壁之间的土拱，最小主应力拱为存在于相邻抗滑桩桩后之间的土拱。而土拱效应过程中荷载分级传递模式正是基于最大主应力拱和最小主应力拱的作用。下面就以上述建立的 $L=4b$（8m）的桩土数值分析模型为例，对土拱效应中的荷载分级传递模式进行量化分析。

在上述算例中，在 8m 宽的间距中，推力总荷载为 400kPa，因此，桩后土体开始承担的荷载为 400kPa，这在前文中得到了很好的体现，在桩后的 4b 剖面上，土体所承担的荷载均接近 50kPa（可以认为此线为荷载均线），说明桩后 4b 以外的范围没有土拱效应，换言之，土拱作用的有效范围小于桩后 4b 的范围（图 6.180）。

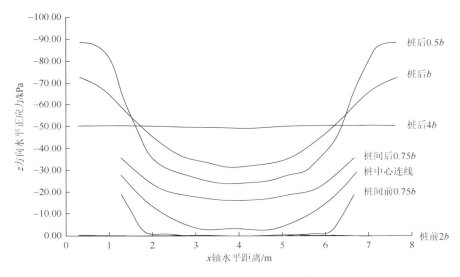

图 6.180　桩土荷载传递量化计算图

由此可见，在该模型条件下，荷载传递为典型的分级模式，桩后土拱和桩前土体各承担一部分荷载，而桩后土拱起主导作用，桩间土拱起次要作用。这样，经过两级土拱的作用，最终传递到桩前土的推力荷载的比重很小，从而达到最终治理高切坡的目的。

6.4.7.3　不同桩中心距条件下桩土荷载分担比

上述分析的是 $L=4b$ 情况下土拱效应中荷载分级传递模式，下面在其他参数不变的条件下改变桩中心距，研究不同桩中心距条件下荷载分级传递模式的变化。

设定 $b=2$m，分别取 $L=2b$、$3b$、$4b$、$5b$、$6b$ 进行序列对比分析。分析过程同 6.4.7.2 小节，此处不再赘述。

取不同桩中心距条件时，桩后土拱承担荷载比例的变化曲线如图 6.181 所示，桩间土拱承担荷载比例的变化曲线如图 6.182 所示，而桩前土体承担荷载比例的变化曲线如图 6.183 所示。

由图 6.181 可知，在抗滑桩截面宽度一定的情况下，随着桩中心距的增大，桩后土拱承担荷载的比例呈不断下降的趋势，但下降趋势线的斜率逐渐减小，最后逐渐逼近某一临界值，此临界值为抗滑桩后侧直接推力荷载的比例。相应地，由图 6.182 可以看出，在抗滑桩截面宽度一定的情况下，随着桩中心距的增大，桩间土拱承担荷载的比例呈不断上升的趋势，其上升趋势线的斜率也逐渐减小，最后趋于某一临界值。对于桩前土体承担荷载比例而言，由图 6.183 可以看出随着 L/b 的增大，桩前土体承担荷载比例有所上升，但上升的幅度不大。

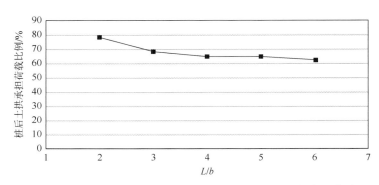

图 6.181　不同间宽比条件下桩后土拱承担荷载比例的变化曲线

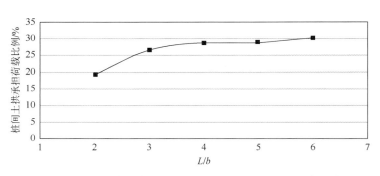

图 6.182　不同间宽比条件下桩间土拱承担荷载比例的变化曲线

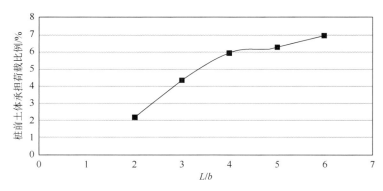

图 6.183　不同间宽比条件下桩前土体承担荷载比例的变化曲线

由此可以得出以下结论，在抗滑桩截面宽度一定的情况下，随着桩中心距的增大，桩后土拱承担荷载比例下降，而桩间土拱承担荷载比例上升，表明 L/b 的增大直接导致桩后土拱的承载能力降低，当 L/b 达到某一界限值时，桩后土拱已经被破坏，并不能形成有效的土拱，而桩后荷载主要由抗滑桩后侧直接承担，这与第 5 章桩后土拱理论公式分析的结果吻合。与此同时，在 L/b 增大的情况下，桩间土拱承担荷载比例增大，表明 L/b 的增大致使更多的荷载作用于桩间土拱上，但桩间土拱的承载主要依靠桩间土体和抗滑桩侧壁之间的摩擦力，有承载极限的制约，所以其承担荷载比例线的趋势逐渐趋于平缓。此外，随着 L/b 的增大，桩前土体承担荷载比例有所上升，表明当 L/b 增大至某一界限值时，桩后土拱和桩间土拱已经无法继续发挥作用，桩前滑体受荷增大，这种情况是抗滑桩设计中应该避免的。

6.4.7.4　不同滑体参数条件下桩土荷载分担比

1. 不同滑体黏聚力条件下桩土荷载分担比

在内摩擦角 $\varphi = 32°$，其他参数不变的情况下，分别取黏聚力 $c = 0\text{kPa}$、10kPa、20kPa、40kPa、80kPa，研究不同土体黏聚力条件下荷载分级传递模式的变化。桩后土拱承担荷载比例的变化曲线如图 6.184 所示，桩间土拱承担荷载比例的变化曲线如图 6.185 所示，而桩前土体承担荷载比例的变化曲线如图 6.186 所示。

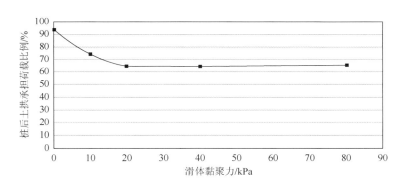

图 6.184　不同滑体黏聚力条件下桩后土拱承担荷载比例的变化曲线

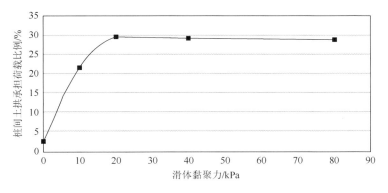

图 6.185　不同滑体黏聚力条件下桩间土拱承担荷载比例的变化曲线

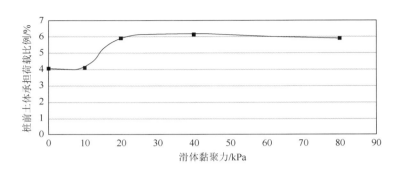

图 6.186　不同滑体黏聚力条件下桩前土体承担荷载比例的变化曲线

由图 6.184 可知,在抗滑桩截面宽度和桩中心距一定的情况下,随着滑体黏聚力的增大,桩后土拱承担荷载比例下降明显,但下降趋势线的斜率逐渐减小。相应地,由图 6.185 可以看出,在抗滑桩截面宽度和桩中心距一定的情况下,随着滑体黏聚力的增大,桩间土拱承担荷载比例开始呈迅速增大之势($c = 20\text{kPa}$ 之前),之后逐渐趋于平缓。对于桩前土体承担荷载比例而言,由图 6.186 可以看出,随着滑体黏聚力的增大,桩前土体承担荷载比例有一定的增大,然后趋于平缓。

由此可以得出以下结论,在抗滑桩截面宽度和桩中心距一定的情况下,随着滑体黏聚力的增大,桩后土拱承担荷载比例下降,而桩间土拱承担荷载比例上升,表明滑体黏聚力的增大直接导致桩间土拱承载能力增强。当滑体黏聚力增大至某一临界值($c = 20\text{kPa}$)后,桩后土拱、桩间土拱和桩前土体承担荷载比例基本不变,这表明当滑体黏聚力增大至某一临界值后,桩后土拱和桩前土体的强度已经足以承担高切坡荷载的分担部分,若再增大滑体的黏聚力对于土拱效应的发挥并不明显。此外,在抗滑桩截面宽度和桩中心距一定的情况下,随着滑体黏聚力的增大,桩前土体承担荷载比例有所上升,表明当滑体黏聚力增大至某一临界值时,桩前土体承担荷载趋于稳定。因此滑体黏聚力对土拱效应的影响主要集中在其值由 0 增大至某一临界值的区间,超过这个变化区间后,其影响作用并不明显。

2. 不同滑体内摩擦角条件下桩土荷载分担比

在黏聚力设定为 $c = 30\text{kPa}$,其他参数不变的情况下,分别取内摩擦角 $\varphi = 0°$、$8°$、$16°$、$24°$、$32°$,研究不同滑体内摩擦角条件下荷载分级传递模式的变化。桩后土拱承担荷载比例的变化曲线如图 6.187 所示,桩间土拱承担荷载比例的变化曲线如图 6.188 所示,桩前土体承担荷载比例的变化曲线如图 6.189 所示。

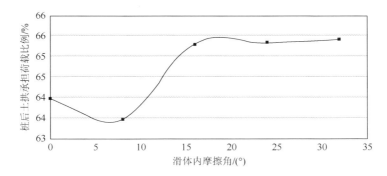

图 6.187 不同滑体内摩擦角条件下桩后土拱承担荷载比例的变化曲线

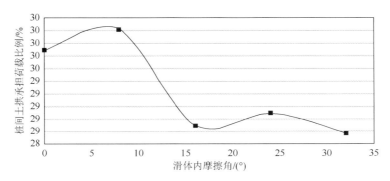

图 6.188 不同滑体内摩擦角条件下桩间土拱承担荷载比例的变化曲线

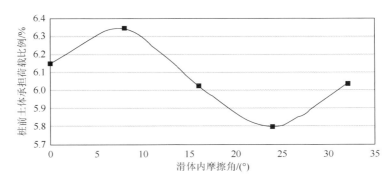

图 6.189 不同滑体内摩擦角条件下桩前土体承担荷载比例的变化曲线

由图 6.187 可知，在抗滑桩截面宽度和桩中心距一定的情况下，随着滑体内摩擦角的增大，桩后土拱承担荷载比例有一定的上升，但上升幅度很小。相应地，由图 6.188 可以看出，在抗滑桩截面宽度和桩中心距一定的情况下，随着滑体内摩擦角的增大，桩间土拱承担荷载比例有一定的下降，但下降幅度不大。对于桩前土体承担荷载比例而言，由图 6.189 可以看出，在相同条件下，随着滑体内摩擦角的增大，桩前土体承担荷载比例呈波动态势，但变化幅度很小。

由此可以得出以下结论，在抗滑桩截面宽度和桩中心距一定的情况下，随着滑体内摩擦角的增大，桩后土拱承担荷载比例轻微上升，而桩间土拱承担荷载比例轻微下降，表明滑体内摩擦角的增大导致桩后土拱承担荷载能力增强。此外，在抗滑桩截面宽度和桩中心距一定的情况下，随着滑体内摩擦角的增大，桩前土体承担荷载比例有所下降，表明当滑体内摩擦角增大至某一临界值时，桩前土体承担的荷载趋于稳定。因此，滑体内摩擦角对土拱效应的影响主要集中在其值由 0 增大至某一临界值的区间，超过这个变化区间后，其影响作用并不明显。

6.4.7.5　不同接触面参数条件下桩土荷载分担比

本书采用设置接触面的摩擦角（$\varphi = 0°$、$10°$、$15°$、$25°$、$35°$）序列来研究不同桩土接触面摩擦角条件下荷载分级传递模式的变化。桩后土拱承担荷载比例的变化曲线如图 6.190 所示，桩间土拱承担荷载比例的变化曲线如图 6.191 所示，桩前土体承担荷载比例的变化曲线如图 6.192 所示。

由图 6.190 可知，在抗滑桩截面宽度和桩中心距一定的情况下，随着桩土接触面摩擦角的增大，桩后土拱承担荷载比例有一定的下降。相应地，由图 6.191 可以看出，在抗滑桩截面宽度和桩中心距一定的情况下，随着桩土接触面摩擦角的增大，桩间土拱承担荷载比例有一定的上升。对于桩前土体承担荷载比例而言，由图 6.192 可以看出，在相同条件下，随着桩土接触面摩擦角的增大，桩前土体承担荷载比例有所下降，但变化幅度很小。

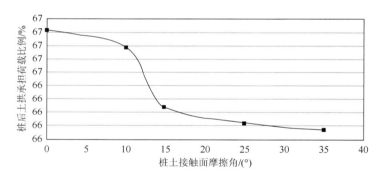

图 6.190　不同桩土接触面摩擦角条件下桩后土拱承担荷载比例的变化曲线

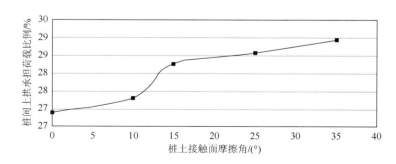

图 6.191　不同桩土接触面摩擦角条件下桩间土拱承担荷载比例的变化曲线

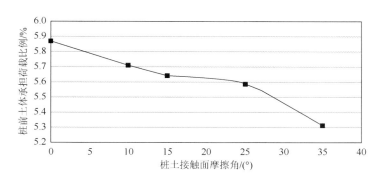

图 6.192　不同桩土接触面摩擦角条件下桩前土体承担荷载比例的变化曲线

由此可以得出以下结论，在抗滑桩截面宽度和桩中心距一定的情况下，随着桩土接触面摩擦角的增大，桩后土拱承担荷载比例轻微下降，桩间土拱承担荷载比例轻微上升，表明桩土接触面摩擦角的增大直接导致桩间土拱承担荷载的能力有一定的增强。此外，在抗滑桩截面宽度和桩中心距一定的情况下，随着桩土接触面摩擦角的增大，桩前土体承担荷载比例有所下降，表明桩土接触面越粗糙，桩前土体承担荷载比例越小。

6.4.7.6　不同推力条件下桩土荷载分担比

推力对于土拱作用的发挥有一定的影响，由于研究桩间单土拱情形，推力按照均布荷载考虑。设定其他参数不变，分别取高切坡体推力 $q = 10\text{kPa}$、20kPa、40kPa、80kPa、120kPa，研究不同推力条件下荷载分级传递模式的变化。桩后土拱承担荷载比例的变化曲线如图 6.193 所示，桩间土拱承担荷载比例的变化曲线如图 6.194 所示，桩前土体承担荷载比例的变化曲线如图 6.195 所示。

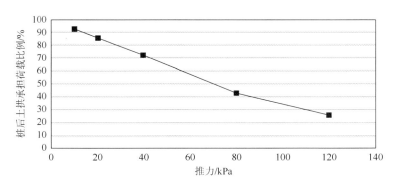

图 6.193　不同推力条件下桩后土拱承担荷载比例的变化曲线

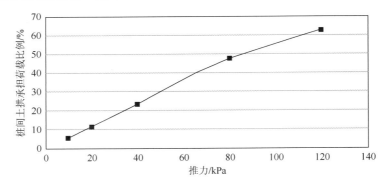

图 6.194　不同推力条件下桩间土拱承担荷载比例的变化曲线

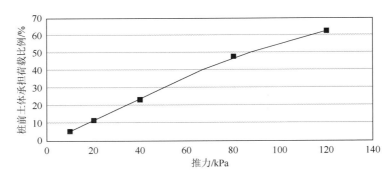

图 6.195　不同推力条件下桩前土体承担荷载比例的变化曲线

由图 6.193 可知，在抗滑桩截面宽度和桩中心距一定的情况下，随着推力的增大，桩后土拱承担荷载比例呈近似线性下降趋势。相应地，由图 6.194 可以看出，在抗滑桩截面宽度和桩中心距一定的情况下，随着推力的增大，桩间土拱承担荷载比例呈近似线性上升趋势。对于桩前土体承担荷载比例而言，由图 6.195 可以看出，在相同条件下，随着推力的增大，桩前土体承担荷载比例也呈近似线性上升趋势。

由此可以得出以下结论，在抗滑桩截面宽度和桩中心距一定的情况下，随着推力的增大，桩后土拱承担荷载比例明显下降，而桩间土拱承担荷载比例明显上升，表明推力的增大直接导致桩间土拱承担荷载能力增强，当推力超过某一临界值时，桩后土拱已经被破坏，相应的荷载由桩间土拱承担。此外，在抗滑桩截面宽度和桩中心距一定的情况下，随着推力的增大，桩前土体承担荷载比例有所增大，表明在推力过大时，桩前土体承担的荷载有可能会超过其承受能力，在抗滑桩设计中应予以重视。

6.4.7.7　土拱效应影响因素的对比分析

由上述分析可以看出，不同因素对抗滑桩与高切坡体之间形成的土拱效应的影响有所不同。总体而言，桩间距和推力对土拱的形成有显著的影响，当间宽比过大或推力过大时，桩后土拱和桩间土拱会相继失效，并不能形成有效的土拱，抵抗高切坡的推力。而对于滑体抗剪强度参数而言，在滑体黏聚力和内摩擦角由 0 增大至某一临界值时，对土拱作用的发挥有一定的影响，但当其量值达到临界值后，桩后土拱、桩间土拱和桩前土体承担荷载比例已经趋于稳定，桩后土拱和桩前土体的强度已经足以承担高切坡荷载，若再增大滑体的黏聚力或内摩擦角对于土拱效应的作用效果并不明显。

此外，桩土接触面的粗糙程度对于土拱效应中桩后土拱和桩前土体承担荷载比例有一定的影响，桩土接触面越粗糙（桩土接触面摩擦角越大），桩间土拱的作用效果越明显，因此桩间土拱承担荷载比例越大。

因此，在抗滑桩工程中，对于确定的高切坡而言，其滑体抗剪强度参数已经确定，如果其量值已经达到上述临界值时，对于土拱效应的影响有限，桩土接触面的粗糙程度越大，对土拱效应越有利，在抗滑桩工程施工过程中可适当考虑增大抗滑桩外表面的粗糙度。间宽比和推力这两个因素是影响抗滑桩与高切坡体之间土拱效应效果的主导因素，换言之，在已知推力的条件下，根据土拱效应的分析可以确定合理的间宽比，而截面宽度可以根据推力作用下产生的弯矩和抗滑桩构造配筋等要求综合确定，得到间宽比后即可求出桩中心距，从而为抗滑桩桩中心距的计算提供了科学的计算方法。

6.4.8　三维空间土拱效应分析

抗滑桩与高切坡体的相互作用是个空间三维问题，6.4.7 节中是以平面二维模型来分析抗滑桩与高切坡体之间的相互作用，取地表下一定深度的单位厚度土体进行简化分析。虽然许多学者认为二维简化分析可行，但为了进一步了解土拱效应的空间特征，有必要从不同角度做深入分析。

首先，从沿滑体深度方向考虑，研究土拱效应沿滑体深度方向变化的规律。前文曾经论述过抗滑桩桩前的推力分布，根据三峡库区高切坡以碎石土为主的特点，其推力应近似按照三角形分布考虑。因此，从抗滑桩的顶端至滑面处，其推力的大小是逐渐增大的，而6.4.7 节中讨论了推力对土拱效应有非常显著的影响，因此有必要沿桩顶至滑面方向对土拱效应的特征进行分析研究。

其次，从抗滑桩中心连线方向考虑，研究土拱效应在平面空间的变化规律。抗滑桩垂直于高切坡的主滑方向布设，因此，对于单排抗滑桩而言，其布设后桩中心连线与滑坡方向近似垂直。由于滑坡在空间形态上多呈圈椅状，因此主滑剖面的推力最大，而由主滑剖面至滑坡两侧的推力逐渐减小。这样抗滑桩桩间距就不应采用传统保守设计方案——全部采用最小桩间距，而应该随着推力的变化而变化，即按照随推力变化的不等桩间距布设原则。

6.4.8.1　沿滑体深度的土拱效应分析

1. 数值分析模型的建立

为了研究沿滑体深度的土拱效应规律，在原有单位厚度模型的基础上，增加 Y 方向的厚度，本次建模取滑体厚度为 10m，桩间距仍取 $L = 4b = 8m$，岩土体参数同前，边界约束条件也同前，唯一区别之处在于模型的顶面现为高切坡地表线，为自然边界。由于要考虑推力的实际情况，因此将推力按照三角形分布考虑，即桩顶推力为 0，滑面处推力取 100kPa，如图 6.196 和图 6.197 所示。

2. 沿滑体深度土拱数值模拟分析

由于推力呈三角形分布，沿滑面处推力最大，而桩顶的推力最小，由于推力对土拱效应的影响范围有显著的影响，沿 $x = 12m$ 进行切面分析，其中最大主应力在抗滑桩前后发生了显著的变化，左侧为推力方向，其最大主应力等值线图如图 6.198 所示。

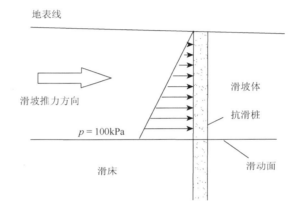

图 6.196   沿滑体深度的土拱分析模型

图 6.197   桩土相互作用的二维数值分析模型图

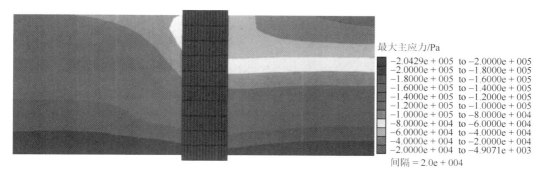

最大主应力/Pa

−2.0429e + 005　to −2.0000e + 005
−2.0000e + 005　to −1.8000e + 005
−1.8000e + 005　to −1.6000e + 005
−1.6000e + 005　to −1.4000e + 005
−1.4000e + 005　to −1.2000e + 005
−1.2000e + 005　to −1.0000e + 005
−1.0000e + 005　to −8.0000e + 004
−8.0000e + 004　to −6.0000e + 004
−6.0000e + 004　to −4.0000e + 004
−4.0000e + 004　to −2.0000e + 004
−2.0000e + 004　to −4.9071e + 003

间隔 = 2.0e + 004

图 6.198　抗滑桩前后最大主应力的变化图

由图 6.198 可以看出，在三角形分布的推力荷载作用下，由于受到土拱效应的影响，滑体的最大主应力在抗滑桩前后发生了显著的变化，可见桩后应力影响的范围自上而下逐渐减小，表明土拱效应的影响范围随着滑体深度增大而逐渐变小。因此，在抗滑桩工程实践中，应考虑土拱效应随滑体深度增大而逐渐减弱的规律，并根据土拱作用的影响范围进行合理的抗滑桩设计。

6.4.8.2　平面土拱效应分析

在传统的土拱效应理论中，一般多研究两个抗滑桩与桩间土的相互作用，属于单拱效应。但在高切坡治理工程实践中，抗滑桩的数量往往很多，在这种情况下，抗滑桩与高切坡体之间的土拱与抗滑桩、滑体是整体协作的关系。根据前述单拱土拱效应特征，桩后的小主应力拱连续，而桩间的大主应力拱不连续，连续的小主应力拱彼此相接，将抗滑桩桩排联系起来，形成类似连续拱的模型（图 6.199）。在抗滑桩桩后形成一定范围的受压区，由于抗滑桩受弯，因此在桩后侧形成明显的拉应力集中区。由于抗滑桩小主应力拱连续，因此其逐渐向两侧边界传递，最终两侧应力拱的力作用在稳定地层上。

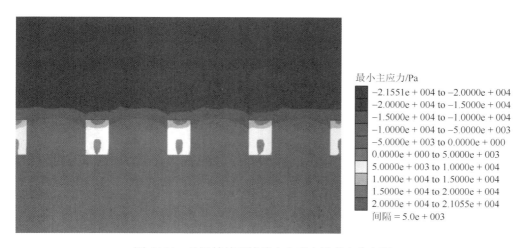

最小主应力/Pa

−2.1551e + 004 to −2.0000e + 004
−2.0000e + 004 to −1.5000e + 004
−1.5000e + 004 to −1.0000e + 004
−1.0000e + 004 to −5.0000e + 003
−5.0000e + 003 to 0.0000e + 000
0.0000e + 000 to 5.0000e + 003
5.0000e + 003 to 1.0000e + 004
1.0000e + 004 to 1.5000e + 004
1.5000e + 004 to 2.0000e + 004
2.0000e + 004 to 2.1055e + 004

间隔 = 5.0e + 003

图 6.199　抗滑桩桩后连续小主应力拱应力分布图

从整个空间形态看，考虑推力是类似抛物线的分布形式，结合上述连续小主应力拱模型，可以发现在高切坡体中间推力大、两侧推力小的条件下，在推力比较大的土滑剖面附近布设桩间距较小的抗滑桩，而高切坡两侧推力比较小的地段应根据推力的递减程度逐渐增大桩间距，其结果与第 5 章提出的不等桩间距布设原则是一致的。

6.5　高切坡-防治结构体系的长期安全性研究

6.5.1　考虑岩土体流变性质的强度折减法

失稳判据和折减后强度值是影响用强度折减法计算高切坡稳定性的两个重要影响因素，前者影响失稳点的选取，后者影响稳定性系数的计算。目前强度折减法主要运用在理想弹塑性岩土体的计算中，但岩土体的弹塑性模型并不能真实反映其力学时间效应，这势必影响其应力、应变和位移的时效特征，从而对失稳判剧的取值产生影响，最终会影响计算的准确性，国内陈卫兵等（2008）学者已经对此进行了相关研究；同时，传统强度折减法的折减值并无实际的物理依据，其折减后的强度参数与岩土体的实际强度参数并不具有关联性，也即岩土体在实际情况下有可能并不能达到该强度值，折减后的强度参数失去了其物理意义。本书采用考虑岩土体流变特性的强度折减法，计算高切坡在抗滑桩治理后的稳定性系数变化过程。该方法基于岩土体的流变模型，得到强度折减过程中的应力、应变和位移响应值，使得失稳判据值更真实可靠；同时，将通过流变试验取得的岩土体长期强度值作为强度折减的最小值，使得计算的稳定性系数具有了物理意义。

岩土体力学性能主要体现在本构模型和强度准则两个方面，前者影响岩土体的应力-应变关系，后者则决定岩土体的破坏标准。在强度折减法的应用中，岩土体强度准则直接决定边坡的破坏状态，而其本构方程则可以影响对破坏状态的判断，即影响破坏判据的选择。传统的强度折减法一般基于弹性本构模型和莫尔-库仑强度准则，利用有限元或者有限差分计算将边坡岩土体的抗剪切强度参数逐渐降低，直到其达到极限破坏状态为止；根据破坏前后的强度参数比值得到高切坡的稳定性系数，如下式：

$$c' = \frac{c}{w} \quad \tan\varphi' = \frac{\tan\varphi}{w} \tag{6.311}$$

虽然强度折减法计算的稳定性系数仅与岩土体的强度准则直接相关，但在运用强度折减法的过程中，岩土体的应力-应变关系影响高切坡破坏临界点的判断，因此在运用强度折减法的过程中应当考虑岩土体的流变特性。

斜坡发生整体失稳破坏时，整个滑动面上的应力和强度之间达到极限平衡状态，此时坡体不能再继续承受荷载；同时，岩土体沿滑面快速滑动直至滑落，滑面上的应变与位移发生突变。虽然在理论分析上斜坡破坏失稳时的状态比较容易判断，但在数值模拟过程中关于斜坡破坏状态的判断至今没有统一的认识，主要有以下 3 种破坏判据：将数值计算不收敛作为边坡失稳破坏判据、将塑性区贯通作为边坡失稳破坏判据、将变形特征点出现突变作为边坡失稳破坏判据。本书基于岩土体流变特性,通过有限差分程序中的折减强度参数使得坡体达到极限破坏状态,必须选用合适的失稳判据。综合上文分析,选取特征点位移突变点作为滑坡由蠕滑状态转化为整体失稳破坏的判据,同时,也将对塑性区、应变速率等破坏判据与位移突变判据进行联系和区别。

6.5.2 无桩时高切坡长期稳定性研究

由现场位移和宏观裂缝监测资料分析可知,目前高切坡整体处于蠕滑阶段,但并未发生整体的失稳破坏,因此有必要在分析高切坡-抗滑桩体系的长期安全性之前,对布置抗滑桩时高切坡的长期稳定性进行分析。本节利用考虑岩土体流变特性的强度折减法分析高切坡的稳定性,研究破坏阶段高切坡的变形曲线,并研究高切坡变形破坏时塑性区、剪应变速率的分布特征,论证将宏观位移作为高切坡失稳判据的合理性。

本书采用基于流变模型的强度折减法对高切坡的稳定性进行评价,首先需要确定岩体强度参数的折减系数和折减方式。本节分析对象为布置抗滑桩前高切坡的稳定性,因此强度折减主要针对滑带土,而滑带强度参数的折减速率不同,高切坡的长期稳定性规律必然不同。高切坡岩土体蠕变和强度劣化的时间范围可以达到十多年甚至数十年,因此高切坡岩土体的强度折减系数一般较小。然而,由于本书的有限差分数值分析同时考虑了流变等复杂因素的影响,计算速度受到很大限制,为使得数值计算的时间在可接受范围内,强度折减的速率取较大值,以使高切坡岩土体强度折减后的失稳破坏时间控制在 6 年内。

1. 高切坡失稳阶段的变形演化特征

图 6.200 为高切坡不同部位的位移-时间曲线,为了更清晰地表现高切坡位移加速时的变形过程,单独绘制 1440～1590d 内的位移曲线,将初始位移值归零,并采用与前文中相同的表观位移曲线进行分析,即将每个初始位移和初始位移速率(每隔 15d 的位移)连接成曲线,如图 6.201 和图 6.202 所示,由二图可知,高切坡失稳破坏前,其位移演化过程基本与前文分析一致,即呈现衰减变形和等速变形两个阶段;高切坡失稳破坏阶段,虽然高切坡不同部位变形加速出现的时间不同,但加速位移的演化过程基本一致,具体可以分为 3 个阶段。

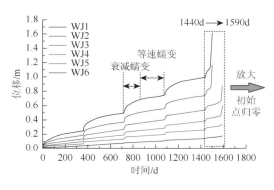

图 6.200 全过程位移曲线

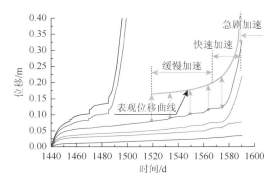

图 6.201 1440～1590d 位移曲线

（1）缓慢加速阶段

高切坡经历匀速变形阶段，表观位移曲线中曲线切向斜率不断增大，但并未出现明显拐点，表明高切坡表面位移呈现缓慢加速特征，且此阶段的加速度基本保持不变。以 WJ1 监测点的位移速率为例，在缓慢加速阶段，其位移速率由 0.75mm/d 增大至 2.16mm/d，共历时 60d。

（2）快速加速阶段

表观位移曲线中曲线切向斜率快速增大，且曲线出现明显拐点，表明高切坡表面位移不仅速率增大，其加速度也不断增大。此阶段高切坡表面位移速率由 2.16mm/d 快速增大至 26.32mm/d，共历时 35d，且位移速率呈曲线增长趋势，如图 6.202 中曲线段Ⅳ所示。

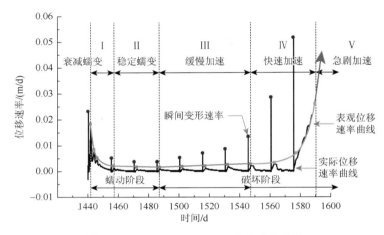

图 6.202　1440～1590d WJ3 位移速率曲线

（3）急剧加速阶段

当高切坡持续变形至 1490d 和 1590d 时，高切坡前缘（水平距离 0～150m）和高切坡中后部（水平距离 150～500m）分别失稳滑动，表观位移曲线中曲线切向斜率基本与横坐标垂直，高切坡变形无限增长，表明高切坡前缘部、中后部分别在变形持续 1490d 和 1590d 时发生整体失稳。此阶段位移速率接近 30mm/d，如图 6.202 中Ⅴ段所示。

2. 高切坡失稳判据对比研究

塑性区贯通、位移突变点、剪应变速率是目前广泛使用的稳定性失稳判据，虽然这些失稳判据在理论分析上比较容易判断，但目前缺乏多种判据对比分析和相互关联的研究，本书基于高切坡破坏过程中的 3 个阶段，进一步分析位移、塑性区和剪应变速率在高切坡破坏过程中的内在关系。

（1）位移与塑性区演化的关联性

高切坡表面位移是现场较易获取的监测数据，但高切坡内部的塑性破坏区等信息的获取在现场监测中难以实现，因此在得到高切坡位移的演化特征后，需要进一步研究高切坡破坏过程中塑性区和位移的相互关系。图 6.203 为不同破坏阶段，高切坡前缘（水平距离 0～150m）次级滑体塑性区演化过程图。

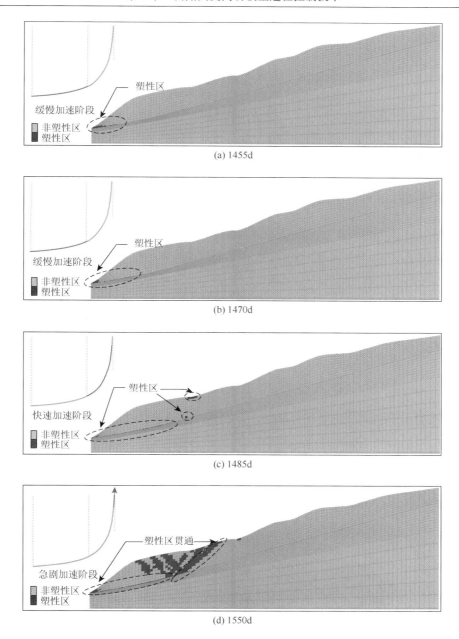

(a) 1455d

(b) 1470d

(c) 1485d

(d) 1550d

图 6.203　高切坡前缘次级滑体塑性区演化过程

由图 6.203 可知，在高切坡位移缓慢加速阶段，下滑力增大，且随着滑带土强度的不断弱化，抗滑力不断减小，前缘剪出口滑带及附近土体剪应力最为集中；位移快速加速阶段，随着前缘渗透压力的不断牵引和滑带土强度参数的进一步减小，滑带塑性区发展至距离前缘 150m 处，此时由于高切坡变形较大，滑体土也开始发生破坏从而出现塑性区，详见图 6.203（c），与缓慢加速阶段相比，此阶段变形的加速度明显增大，呈曲线形式加速；高切坡位移急剧加速阶段，滑带塑性区和滑体破坏塑性区贯通，详见图 6.203 （d），高切坡分为 3 个次级滑体，分别于第 1490d、第 1590d 和第 1605d 时发生失稳破坏。

由上文分析可知，在高切坡失稳破坏经历的缓慢加速阶段、快速加速阶段和急剧加速阶段 3 个阶段中，高切坡塑性破坏区在每个破坏阶段的发育特征不同，且位移变化规律与塑性区的发育特征具有明显关联性：位移缓慢加速阶段滑带及附近土体塑性区开始发育，且不断向后发展；位移快速加速阶段滑带塑性区发育至较大范围，且滑体中塑性区开始发育；位移急剧加速阶段滑带和滑体中的破坏区域贯通，高切坡失稳破坏。

综上所述，高切坡位移-时间曲线或者高切坡位移速率-时间曲线特征能够反映高切坡塑性区的发育过程，无论是在数值模拟还是现场监测中，高切坡的变形数据都能够较为全面地反映高切坡失稳破坏过程中的多场信息特征。

（2）位移与剪切应变速率演化的关联性

在斜坡失稳破坏判据中，除塑性区贯通、位移突变点以外，较为常用的判据为最大剪应变速率，即将剪应变速率最大的区域作为滑带，最大剪应变速率带贯通即斜坡失稳的标志和依据。图 6.204 为不同破坏阶段，高切坡前缘（水平距离 0～150m）次级滑体最大剪应变速率带的发育特征图。

由图 6.204 可知，在高切坡位移缓慢加速阶段，剪应变速率最大区域基本沿滑带发育，且剪应变速率在剪出口区域为最大值，向高切坡后缘则逐渐减小，剪应变速率最大值为 $0.002s^{-1}$，详见图 6.204 （a）；位移快速加速阶段，剪应变速率的量值提高，最大值增大至 $0.004s^{-1}$，且剪应变速率最大区域的影响范围由滑带向附近滑体扩展，详见图 6.204 （b）；位移急剧加速阶段，剪应变速率的量值进一步提高，最大值增大至 $0.015s^{-1}$，且剪应变速

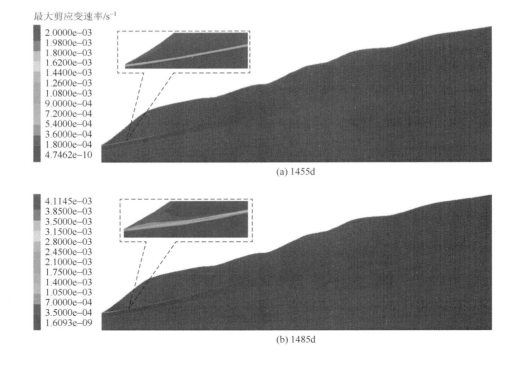

(a) 1455d

(b) 1485d

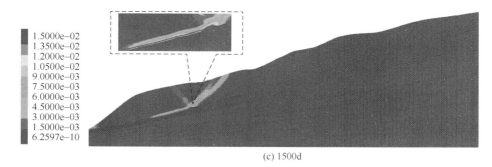

(c) 1500d

图 6.204　高切坡前缘次级滑体最大剪应变速率带的发育特征图

率最大区域的影响范围进一步扩展，由滑带及附近土体发展至次级滑体后缘，此时次级滑体已经失稳破坏，详见图 6.204（c）。

由上文分析可知，高切坡失稳破坏过程中，位移、位移速率、塑性区发育特征、剪应变速率特征等多维变形信息场均能反映出高切坡的状态和所处破坏阶段，且不同的变形信息在反映高切坡破坏各阶段时具有较好的相关性和一致性。结合现场监测方法，在众多的信息量中，位移显然是较易采集和分析的监测对象，因此，将位移-时间曲线和位移速率-时间曲线作为高切坡破坏失稳准则是合理可靠的。

6.5.3　高切坡-抗滑桩体系长期稳定性研究

结合上述研究内容可知，牵引式滑坡的变形始于高切坡前缘，且次级滑体的稳定性存在空间差异性，即越靠近前缘的次级滑体稳定性越差。因此，牵引式滑坡并不能通过抗滑桩工程提高桩前滑体的稳定性，只能根据主要危害对象的空间分布布置抗滑桩，减小中后部滑体的变形，从而确保危害对象的安全性。

6.5.3.1　高切坡-抗滑桩体系破坏特征

1. 岩土体综合强度折减法

根据现有规范的极限平衡计算方法，推力和抗滑桩设计参数主要由滑带结构和强度参数决定。因此，传统强度折减法的计算思路是仅对滑带土或者滑体土的抗剪强度进行折减。然而，常规的抗滑桩抗力计算基于岩石的瞬时强度值，并未考虑岩石强度参数的时间效应。当未设置抗滑桩时，高切坡稳定性与基岩强度关联性不大，而抗滑桩后抗滑桩抗力主要来源于基岩嵌固作用，应当论证嵌固段岩石强度特性对治理后高切坡变形和稳定性的影响。因此，本书综合考虑高切坡滑带土、滑体土和嵌固段基岩的强度衰减特性，采用综合强度折减法评价高切坡-抗滑桩体系的长期稳定性。

2. 抗滑桩有效性论证

图 6.205 为 1590d 后抗滑桩桩前 WJ1、WJ2 和桩后 WJ3、WJ4 监测点的位移曲线。

由图 6.205 可知，由于抗滑桩植入前后滑体的变形和稳定性出现分化，桩前滑体的变形量级和稳定性系数基本未发生明显变化，当变形发展至 1490d 时，加桩前后前缘滑体均失稳破坏。图 6.206 为 1590d 时抗滑桩植入前后高切坡中部 WJ3、WJ4 监测点位移曲线和高切坡位移云图的对比图，加桩后滑体的变形量级和稳定性均发生显著变化，加桩后滑体位移明显减小，随着时间推移，加桩后位移与加桩前位移比值逐渐减小，当加桩前 WJ3、WJ4 监测点位移突变时，加桩后的位移仅为加桩前的 4%；当变形发展至 1475d 时，加桩前中部滑体 WJ3、WJ4 监测点发生位移突变，而加桩后位移曲线并未再出现突变点。上述分析均表明，布置抗滑桩后有效控制了高切坡中后部变形，并提高了其稳定性。

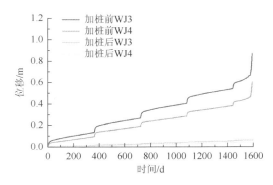

图 6.205　1590d 加桩前后位移对比

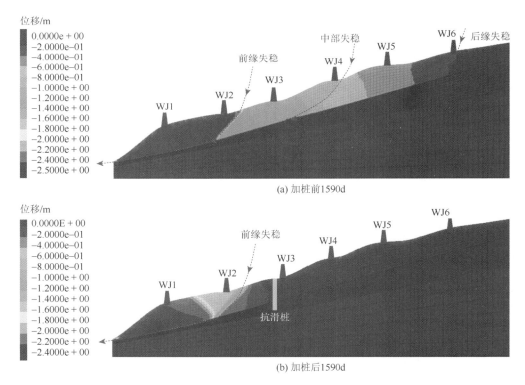

图 6.206　加桩前后高切坡位移云图

3. 变形破坏特征

图 6.207 为加桩后 WJ3 监测点在破坏阶段 7980～8000d 内与加桩前失稳阶段 1560～1580d 内的位移速率-时间曲线,由图 6.207 可知,加桩后高切坡失稳破坏阶段的变形特征与加桩前有较大差异,主要表现为加桩后滑体失稳的急剧性特点。前文研究内容表明,高切坡失稳破坏阶段可分为缓慢加速阶段、快速加速阶段、急剧加速阶段 3 个阶段,主要表现为位移速率的增长趋势不同。而虽然加桩后滑体稳定性增强,但失稳时变形具有急剧性,即桩后滑体变形并未经历缓慢加速阶段和快速加速阶段,而是直接进入了急剧加速阶段。如图 6.208 所示,加桩前滑体在瞬时变形后位移速率快速下降,然后再快速上升;而加桩后滑体在瞬时变形后位移速率并未下降,且一直保持高速增长;同样根据图 6.207,设桩后滑体失稳前的 7950～7995d 内,WJ3 监测点的最大位移速率分别为 $2.25 \times 10^{-3} \mathrm{m}/\mathrm{d}$、$2.33 \times 10^{-3} \mathrm{m}/\mathrm{d}$、$2.35 \times 10^{-3} \mathrm{m}/\mathrm{d}$,位移速率基本稳定,而当高切坡失稳时位移速率急剧增大至 $2.5 \times 10^{-2} \mathrm{m}/\mathrm{d}$,位移速率增长超过 10 倍。

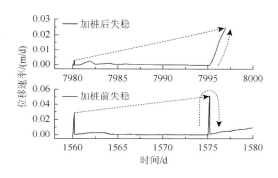

图 6.207　加桩前后破坏阶段的速率对比曲线

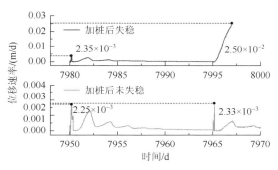

图 6.208　加桩时破坏前后的速率对比曲线

上述分析表明,设桩后高切坡稳定性得到提高,但在经历长期的强度折减过程后(本书计算终止时间为 8000d),高切坡失稳破坏更具有突发性,与未加桩时相比,并未出现位移速率由慢到快的过程。

6.5.3.2　高切坡-抗滑桩体系破坏机理

上文总结出加桩后高切坡失稳时急剧变形的特点,下文将通过分析高切坡在不同时间的塑性区、剪应变速率等变形指标和抗滑桩的变形破坏特征,揭示高切坡-抗滑桩体系失稳阶段的急剧变形特点的机理。

图 6.209 为加桩后高切坡不同时间的塑性区和剪应变速率图。结合图 6.209 的位移曲线可知,可将高切坡-抗滑桩体系的失稳破坏过程分为 3 个阶段。

1)桩前变形区发育阶段。前缘变形与无桩状态时基本一致,在较小的土体折减系数下和相对较短的变形期内(1590d),前缘滑带和滑体的塑性区贯通,次级滑体的最大剪应变速率带同样在滑体前缘贯通,此时前缘滑体发生失稳破坏,如图 6.029(a)所示。

2）桩后变形区发育阶段。虽然加桩后滑体的应力状态受库水位波动影响不大，其受到的"牵引"作用较小，但随着土体折减系数的不断增大，土体抗剪强度持续弱化，在较为稳定的应力状态下，土体同样发生破坏。7950d 时，桩后滑带和滑体中均发育塑性区，最大剪应变速率带也同样发育。然而，由于此时推力量级仍在抗滑桩的承受范围内，桩前和桩后坡体内的塑性区和最大剪应变速率带均未贯通，桩后滑体的位移并未发生较大变化，如图 6.209（b）所示。

3）桩前后变形区贯通阶段。土体强度参数进一步折减，高切坡抗滑力逐渐减小，从而使桩后滑体推力不断增大。7995d 时，抗滑桩最终发生破坏失效，由于桩前、桩后的塑性区已经形成，当抗滑桩发生破坏时塑性区和最大剪应变速率带同时迅速贯通，如图 6.209（c）所示。位移速率的时序曲线则表现为桩后表面位移监测点的位移速率急剧增大，而并未经历缓慢的加速过程，如图 6.209（c）所示。

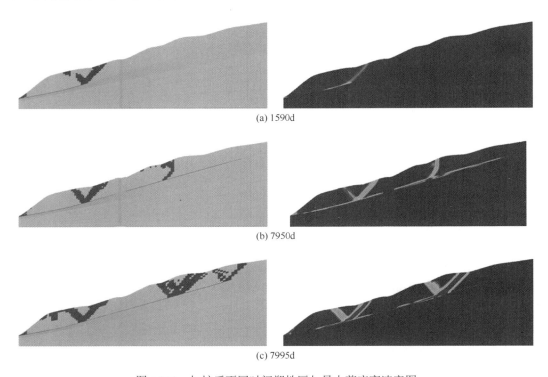

(a) 1590d

(b) 7950d

(c) 7995d

图 6.209　加桩后不同时间塑性区与最大剪应变速率图

由高切坡-抗滑桩体系从变形到失稳经历的 3 个阶段分析可知，抗滑桩治理前，高切坡塑性区发展过程由前向后逐步发生，而坡体表面的位移与塑性区的发展相对应，即位移速率由慢到快演变，当不同次级塑性区贯通时，其相应监测点的位移速率急剧增大，高切坡失稳破坏；高切坡前缘在库水作用下的变形特征未发生变化，而桩后滑体在较大的强度折减系数下也发生塑性破坏，但抗滑桩存在前后塑性破坏区并未相连的情况，直至抗滑桩结构失效，而此时前后塑性区在很短时间内便可贯通，因此桩后坡体表面的监测点位移速率在短时间内迅速增大，并未经历缓慢增大的过程。

6.5.3.3　高切坡-抗滑桩长期稳定性评价

岩土体长期强度与常规强度的比值为 40%～90%，而常规强度折减法仅基于折减系数计算稳定性系数，并评价高切坡的稳定性，但并未考虑岩土体折减值的现实意义，即现有研究中鲜有考虑岩土体的抗剪强度值是否能够衰减至折减后的数值。即使在一定的折减系数下高切坡的稳定性指标满足要求，但若其实际强度参数无法满足折减后的要求，计算得到的稳定性系数则并不具有实际意义。

结合桩后监测点的位移速率时序曲线，由计算得到桩后滑体的稳定性为 1.24，同时得到滑体土、滑带土折减后的强度参数中黏聚力为 11.2kPa、24.6kPa，均为常规 c 值的 80.8%，而折减后的内摩擦角为 22.26°、17.01°，分别为常规 φ 值的 82.8%、82.0%；滑体土、滑带土的长期黏聚力分别为常规值的 80.5%、75.2%，而长期内摩擦角与常规 φ 值的比值分别为 61.8%、77.6%。由此可见，滑带土体的抗剪强度尚未衰减至长期强度值时，抗滑桩已经发生破坏，因此可以判定高切坡在抗滑桩治理后数十年的时间内仍有破坏的可能性。

第7章 内容归纳与研究展望

7.1 内 容 归 纳

7.1.1 主要研究内容

本书基于系统论、信息论和控制论的基本原理，通过地质学、工程地质学、岩土力学、流变力学、结构力学、固体地球物理学、地下水动力学等多学科的综合交叉与融合，综合集成野外地质调查、物理模拟、理论研究、数值仿真、实时监测等研究手段，研究公路高切坡工作区地质过程与高切坡时空演化、不同主控因素作用下灾变高切坡系统演化机理、高切坡-防治结构体系相互作用机理与长期安全性、复杂环境条件下高切坡地质灾害多场特征信息的勘察与监测方法科学与技术问题，为公路灾变高切坡的防治提供科学依据与技术基础。

本书主要较深入地研究了以下问题。

1. 基于演化过程的公路灾变高切坡防控基本理论与技术

（1）提出基于演化过程的高切坡地质灾害防控基本思想，为实现不同演化阶段的高切坡防治提供理论支撑

以有效进行高切坡地质灾害防控为目标，针对高切坡地质灾害演化进程的核心问题，以高切坡地质灾害孕灾模式、演化与致灾机理、演化阶段判识与过程控制为主线，提出基于演化过程的高切坡灾害防控理论，主要包括高切坡地质灾害多场演化特征信息理论、高切坡地质灾害多维信息挖掘与融合理论、高切坡地质灾害演化进程预测理论和高切坡地质灾害演化控制率理论。

以高切坡孕灾模式与致灾机理、高切坡多场演化信息的获取与表征、高切坡演化阶段判识与预测、高切坡-防治结构相互作用机理、高切坡演化阶段综合防控优化理论为技术支撑，构建基于演化过程的高切坡地质灾害防控体系。提出过程控制与目标控制相结合、监测与预测相结合、关键控制因素和最佳控制时间相结合、预警与防治优化相结合的高切坡地质灾害防控理念，为高切坡预测与防治提供新的重要理论支撑。

（2）基于卸荷地质过程的高切坡演化理论

公路高切坡是人工强烈卸荷的结果，通过对强烈卸荷区晚第四纪高原快速隆升的幅度、方式、速率和第四纪活动断层的分布、活动时间与区域现代应力场分布特征关系的研究，了解新构造运动与活动构造对高切坡的控制作用。结合高切坡空间分布特征、演变与建造过程、地貌过程与构造过程之间的相关性研究，研究区域应力场-地貌演化-高切坡之间的耦合关系。

　　总结高山峡谷卸荷区地壳运动及地貌演化特征，研究卸荷过程中应力场的演变趋势、斜坡变形的时空特征。基于卸荷过程的能量守恒，研究高切坡物质系统的能量转化特征，揭示卸荷区高切坡时空分布规律及主控因素。研究卸荷岩体力学特性及参数条件，开展岩体在卸荷条件下的力学特性试验及物性参数测试，分析其变形破坏特征及损伤演化规律，建立卸荷岩体的本构方程和破坏判据。基于数值模拟方法研究卸荷岩体的变形破坏规律，进而揭示卸荷岩体的力学特征。

　　在卸荷区高切坡时空分布分析的基础上，研究不同类型高切坡启动条件、识别方法及运动过程，划分高切坡运动的特征阶段，解析各阶段的运动特征，预测卸荷高切坡的运动趋势，研究高切坡致灾机理。建立非连续介质力学卸荷高切坡破坏演化全过程数值模型，开发相应计算机仿真软件。

　　建立高山峡谷地貌高切坡的实体模型，研究不同卸荷条件下高切坡演化过程的变形破坏特征，划分高切坡演化的特征阶段，总结各阶段的表征现象，揭示人工快速卸荷作用高陡边坡的演化规律，不同地壳上升和沟谷切割速率下高切坡的演化规律，形成对高切坡形成机制、滑动过程、转化形式和灾害特点等的整体认识。引入微震探测技术，通过现场监测研究高切坡内裂纹启裂、扩展、贯通等卸荷高切坡破坏演化全过程，深层次揭示高切坡演化的机理。

　　（3）高切坡地质灾害分类体系与高切坡阶段划分的标准研究

　　以基于演化过程的高切坡地质灾害防控理论为指导，建立表生作用过程、构造活动过程、地貌改造过程与地质灾害时空分布的关系；从高切坡演化过程及控制角度出发，建立高切坡地质灾害结构、发育规模、诱发因素、演化特征和演化过程分类体系；确定高切坡破坏模式与复杂环境条件下的演化特征，揭示滑面随稳定安全系数的降低逐渐扩展、贯通，直至破坏的全过程，揭示地质灾害的演化机理。提出地质灾害演化阶段预警信息获取与识别方法，构建基于宏观变形、监测和数值分析的高切坡预测指标体系，提出高切坡阶段划分的工程地质标准、多场监测标准和数值模拟标准；构建与演化过程相适应的防控技术方法体系。

2. 高切坡地质灾害多场特征信息的勘察与监测方法

（1）高切坡地质灾害多场特征信息监测新体系与新技术

　　基于多传感器的高切坡地质灾害多场特征的空-地结合监测方法，采用无人机倾斜摄影、三维激光扫描仪、光纤传感器、声发射仪、测地机器人、热红外仪等多传感器，构建高切坡地质灾害多场变量的点-线-面、地上-地下全域立体化监测新体系。

　　以立体化、空-地一体化监测理念为指导，提出基于全方位多源数据采集、数据深度融合与协同利用的方法，结合高频次地表位移监测场、应力场、温度场、渗流场和电磁场等多场监测数据，揭示地表与地下致灾要素的相互联系与影响，为地灾演化、地灾防控和地灾预测模型的建立提供客观、可量化的关键指标。

　　（2）GIS 与测量机器人融合监测高切坡地质灾害的新技术

　　基于仿生学和智能控制技术，运用创新的生物神经网络方法，实现对动力学未知的机器人系统进行实时、精确的控制；基于模糊算法及神经网络，通过虚拟现实技术实现生物智能与机器人行为的融合，实现基于网络的机器人系统远程监控；基于实时图像处理和模式识别技术，并通过无线网络通信技术，研发出一个可引导自主操作的智能远程遥控机器人系统；基于生物神经系统的动力学方法，实现移动机器人在动态不规则环境中实时地建立地图、规划路径和精准跟踪控制；基于生物学原理改进 GA 算法，使得机器人能够在复杂的环境中在相对短的时间内找到更加合理的路径；采用多传感器信息融合技术，实现机器人精准信息感知和系统可靠稳定运行；结合神经网络、模糊系统、遗传算法和传统的数学方法，建立多个复杂系统的智能模型和分析系统，实现机器人的避障和运动控制。

创建与工程地质预测预报方法相融合的地质灾害测量机器人地质灾害预测预报系统。实现以 GIS 为平台，基于测量机器人的集野外数据采集、数据处理、数据库管理与变形监测资料分析和预报于一体的地质灾害无人实时监测预测技术。与常规监测技术相比，该监测系统实现了对地质灾害体连续 24h 自动监测，可以自动进行气象改正，建立实时大气改正的数学模型，测量精度达到亚毫米以内；实现实时数据处理、分析、输出，以及多点、多项目、全自动、可视化和自动报警。

（3）基于高切坡灾害监测影响因子加权灰色理论的组合模型高切坡监测数据处理技术

由于影响高切坡变形的监测因子众多，这些因子之间相互联系、相互制约、相互影响，并且监测点之间也相互影响，引入灰关联度，根据关联度的大小，对每一监测点，给出合理选择与该监测点有关的监测因子的判断标准，提高观测数据的利用效率。由于各监测因子的影响程度是不一样的，对每一相关的监测因子赋予不同的权重，建立加权灰色模型，有效地利用观测数据提供的信息。为了有效地分离观测数据中的系统误差和粗差的影响，建立半参数灰色模型。不同的观测数据适用于不同的模型，给出由该组数据建立的模型的适用范围，提高高切坡变形监测点的变形预报精度。

3. 基于过程控制理论的公路灾变高切坡防治技术研究

（1）公路高切坡稳定性的超前诊断与支护技术

根据灾变高切坡岩土类型与土体变形破坏特点，分别采用莫尔-库仑破坏准则、H-B 破坏准则和幂律非线性破坏准则，基于极限分析与极限平衡理论，建立非均值、非线性高切坡潜在破裂面与稳定性的计算方法，构建典型高切坡稳定性的超前诊断理论和方法；基于损伤理论研究高切坡的长期强度指标和长期稳定性的计算方法，为灾变高切坡的稳定性超前诊断提供经济、适用且安全、可靠的计算理论方法。

根据高切坡超前支护特点，研发高切坡新型超前支护关键技术，包括半隧道超前支护结构、预应力锚索抗滑挡土墙、主动减压超前支护结构等，建立新型高切坡超前支护结构的设计计算方法，为推广应用提供重要的技术支撑。

（2）支护结构与高切坡的耦合作用机理

基于极限平衡理论、极限分析理论，结合数值模拟手段，系统地研究典型高切坡超前支护结构，包括抗滑桩、锚杆、预应力锚索、土钉等与高切坡相互作用机理，揭示典型高切坡超前支护结构在静、动力作用下的响应规律，建立典型超前支护结构设计计算理论与方法，为高切坡超前支护结构的设计和优化提供理论基础，突破传统灾变高切坡的防治技术的瓶颈。

建立抗滑桩与高切坡体相互作用的数值计算模型,进一步揭示抗滑桩与高切坡体相互作用的机理。对不同桩间距、不同滑体抗剪强度参数、不同桩土接触面参数和不同高切坡推力等 5 种条件下的土拱效应和桩土荷载分担比的变化规律进行系统分析与研究,总结分析各参数对土拱效应的影响,并进一步拓展研究三维空间尺度上土拱效应的规律。

（3）高切坡-支护结构体系长期安全性

基于高切坡失稳破坏阶段的变形演化特征,研究抗滑桩治理前后高切坡的稳定性变化规律;采用考虑岩土体流变效应的强度折减法,分析高切坡失稳破坏阶段表面位移、塑性区、应变速率等变形特征值的变化规律,对比抗滑桩治理前后失稳破坏阶段的变形特征、位移、塑性区、剪应变速率等变形信息场的相关性;将位移曲线作为失稳判据,分析高切坡在抗滑桩加固前后的长期稳定性;以高切坡-抗滑桩体系为研究对象,分别对滑带土、嵌固段岩石和岩土体系统进行强度折减,研究不同折减条件下高切坡长期稳定性的变化规律,提出岩土体折减强度值结合长期强度值的稳定性评价方法。

7.1.2　主要成果指标

通过以上长期而深入的研究,主要取得了以下研究成果。

1）提出了基于演化过程的高切坡灾害防控理论,将高切坡演化过程细分为 6 个阶段;将不同成因类型和受力特征的高切坡位移-时间曲线归类为 8 种形态特征。基于物理模型试验开展了高切坡渐进式破坏多场信息演化特征研究,设计了多场信息监测与模型试验平台,揭示其多场信息转移、迁移规律。

2）建立了抗滑桩与高切坡相互作用的数值计算模型,对不同桩间距、不同滑体抗剪强度参数、不同桩土接触面参数和不同高切坡推力等 5 种条件下的土拱效应和桩土荷载分担比的变化规律进行了系统分析与研究。

3）建立了公路各类高切坡灾变快速判别图表,总结了 RMR_{basic} 分类与成熟的自然出露岩石的坡角（S）的关系,得到了合理的关系结果,$RMR_{basic} \approx 0.4S + 52$,并证明其在工程的可行性研究阶段和初步设计阶段的有效性。

4）提出了基于高切坡灾害监测影响因子权值理论的组合模型的高切坡监测数据处理技术,每个监测点选取信息参量,可信度在 60%以上;利用基于高切坡灾害监测影响因子权值理论的组合模型进行短期预报、中期预报、中长期预报、长期预报,准确率在 70%以上。

5）采用星载合成孔径雷达差分干涉测量和无人机倾斜摄影测量三维实景建模技术相结合的方法实现区域性高切坡地质灾害精准调查,发现地质灾害隐患点准确率达到 80%,并成功定位地质灾害隐患点范围,减少人工地面调查工作量高达 60%以上。

6）研究了基于摩尔-库仑破坏准则土质高切坡、遵循 Hoek-Brown 破坏准则岩质高切坡稳定性的超前诊断理论与方法,推导了基于非线性破坏准则 $\tau = P_a A \left(\dfrac{\sigma_n}{P_a} + T \right)^n$ 高切坡稳定性的超前诊断判别公式。

7）研究了高切坡超前支护结构与变形坡体共同作用机理，研发了多种高切坡超前支护结构，揭示了高切坡超前支护抗滑桩、锚杆、锚索和土钉等支护结构加固高切坡的作用机理，构建了相应的设计计算理论，研究了地震荷载下加固高切坡的动力响应、永久位移预测方法。

7.2　后续研究与应用前景展望

7.2.1　后续研究

高切坡灾害预警和防治是保障我国公路建设，尤其是山区公路建设顺利实施的迫切需求。科学地进行高切坡灾害预警和防治需要系统完善的灾变高切坡控制理论。为此，本书提出了基于演化控制理论的高切坡地质灾害防控方法，构建了基于演化过程的高切坡地质灾害防控体系，提出了高切坡地质灾害防治结构长期适宜性评价体系，研发了高切坡监测数据的组合模型处理技术，实现了复杂地质条件下高切坡多场耦合数据的精确提取与科学处理。尽管本书对基于演化过程的高切坡地质灾害防控体系做了一定的研究工作，但是以后的研究中还需要解决以下两个方面的问题。

1）由于公路高切坡分布广泛，并且存在着较多特殊情况，加之人力的限制和整个工程的紧迫性，在信息系统的资料采集和需求分析过程中，存在着资料收集不够全面，需求分析不够完善的情况，需要发展高切坡大数据采集与分析系统。

2）在高切坡地质灾害防治技术方面，尽管新材料、新工艺、新技术、新结构不断涌现，但高切坡不乏失稳实例的现实说明，如何确保施工过程及施工后安全，如何保证防治结构的有效合理、施工过程的优化等，有赖于在高切坡破坏机理、高切坡岩土安全理论、高切坡稳定寿命、高切坡监测评价等方面进行深入研究。

7.2.2　应用前景展望

1. 已进行的推广和应用情况

1）项目成果适用于我国公路或铁路高切坡地质灾害的防控、多场特征信息的勘察与监测，为高切坡稳定性超前诊断、主动减压超前支护技术、支护结构-高切坡相互作用与长期安全性研究提供重要科学依据。

2）项目成果以公路高切坡地质灾害防治为出发点，历经多年，攻克了一系列领域内的瓶颈技术，并进行了大量的推广和应用：①基于演化过程的高切坡地质灾害防控理论体系成功应用于重庆、湖北、贵州、山西、陕西、云南和四川等山区地质灾害预警与防治，取得了显著的社会效益和经济效益。②高切坡地质灾害多场特征信息的勘察与监测新技术在重庆、贵州、云南、四川、湖北和江西等地的高切坡地质灾害监测与治理工程中得到了推广和应用，取得了显著的社会效益和经济效益。③研究了多种高切坡超前支护结构，揭示了高切坡超前支护抗滑桩、锚杆、锚索和土钉等支护结构加固高切坡的作用机理，构建了相应的设计计算理论，研究了地震荷载下加固高切坡的动力响应、永久位移预测方法。将研究成果与实际工程相结合，建立了 G317 岗托至妥坝段扩建工程等一系列示范点。

2. 推广和应用前景

该成果具有广阔的推广和应用前景，主要表现在以下几个方面。

1）基于过程控制理论的公路灾变高切坡防治技术能够避免由开挖边坡诱发的高切坡灾害发生，减少公路建设投资和缩短工期，具有显著的经济效益，可为公路建设、运营和维护节约一大笔建设资金。

2）基于过程控制理论的公路灾变高切坡防治技术能够加快工程建设进度，避免因开挖边坡形成高切坡，影响工程建设进度问题，并能消除工程隐患，确保公路畅通和行车安全，具有显著的经济效益和社会效益。

3）基于过程控制理论的公路灾变高切坡防治技术必将为我国交通建设带来巨大的推动作用，具有显著的经济效益和社会效益。

参 考 文 献

包欢，徐忠阳，张良琚. 2003. 自动变形监测系统在地铁结构变形监测中的应用. 测绘学院学报，（2）：103-105.

薄立群，常丽萍，华仁葵. 2001. 陆域强震及火山空天监测集成系统可行性研究. 地质灾害与环境保护，12（4）：44-48.

曹琳. 2016. 基于无人机倾斜摄影测量技术的三维建模及其精度分析. 西安科技大学硕士学位论文.

曹卫文，陈洪凯，叶四桥. 2008a. 高切坡失稳动力机理研究. 重庆交通大学学报（自然科学版），27（3）：416-419.

曹卫文，唐红梅，叶四桥. 2008b. 公路高切坡开挖过程数值模拟及稳定性评价——以两巫公路K95段为例. 重庆交通大学学报（自然科学版），27（5）：785-789.

常保平. 1998. 抗滑桩的桩间土拱和临界间距问题探讨. 北京：中国铁道出版社.

陈冲，张军. 2016. 倾斜基底排土场边坡变形破坏底面摩擦模型实验研究. 金属矿山，V45（10）：150-154.

陈国庆，黄润秋，周辉，等. 2013. 边坡渐进破坏的动态强度折减法研究. 岩土力学，34（4）：1156-1162.

陈海洋. 2016. 时间序列差分干涉SAR三维形变场的提取. 哈尔滨工业大学硕士学位论文.

陈洪凯，杨世胜，叶四桥，等. 2007. 公路高切坡分类及其破坏模式. 重庆交通大学学报（自然科学版），26（5）：92-96.

陈若愚，孙耸金. 2015. 预应力锚索技术在公路高边坡施工中的应用. 交通世界（工程·技术），（11）：116-117.

陈卫兵，郑颖人，冯夏庭，等. 2008. 考虑岩土体流变特性的强度折减研究. 岩土力学，29（1）：101-105.

陈修和，张华. 2006. 梅河高速公路高边坡设计与加固问题探讨. 土工基础，20（1）：24-27.

陈怡曲. 2013. 基于InSAR的形变监测技术研究. 电子科技大学硕士学位论文.

程心意，刘彬，侯炳绅，等. 2010. 三峡库区某居民点高切坡变形体治理方案设计实例. 资源环境与工程，24（5）：600-604.

崔志波，曹卫文，唐红梅. 2008. 煤系地层公路高切坡稳定性评价. 重庆交通大学学报（自然科学版），27（6）：1108-1111.

邓东平，李亮. 2016. 考虑预应力损失的锚索加固条件下边坡长期稳定性分析. 长江科学院院报，33（10）：93-97.

邓建华，汪家林，蔡建华. 2011. 攀枝花市某高切坡监测实施与变形分析. 工程勘察，39（4）：79-83.

邓聚龙. 1982. 灰色控制系统. 华中工学院学报，（3）：9-18.

丁建文，石名磊，刘维正. 2009. 长短管桩在含浅部持力层的地基中的应用研究. 防灾减灾工程学报，29（6）：696-701.

杜启亮. 2008. 锌钡白煅烧回转窑过程控制的分析与研究. 华南理工大学博士学位论文.

费康，王军军，陈毅. 2011. 桩承式路堤土拱效应的试验和数值研究. 岩土力学，32（7）：1975-1983.

冯明义. 2010. 公路高切坡施工过程及防治技术. 中国新技术新产品，（16）：94-94.

高姣姣. 2010. 高精度无人机遥感地质灾害调查应用研究. 北京交通大学硕士学位论文.

龚晓南，熊传祥，项可祥，等. 2000. 粘土结构性对其力学性质的影响及形成原因分析. 水利学报，（10）：43-47.

郭新明，严勇. 2016. 公路高切坡防治技术体系与施工过程探究. 建筑知识，（8）：97+101.

郭子珍，候东亚，濮久武，等. 2008. 远程无线遥控测量机器人变形监测系统在大坝外部变形和高切坡位移监测中的应用. 大坝安全监测设计与施工技术交流会.

韩流，舒继森，周伟，等. 2014. 边坡渐进破坏过程中力学机理及稳定性分析. 华中科技大学学报（自然科学版），（8）：128-132.

何思明，李新坡. 2008a. 高切坡半隧道超前支护结构研究. 岩石力学与工程学报，27（s2）：3827-3832.

何思明，李新坡. 2008b. 高切坡超前支护桩作用机制研究. 四川大学学报（工程科学版），40（3）：43-46.

何思明，李新坡，王成华. 2007. 高切坡超前支护锚杆作用机制研究. 岩土力学，28（5）：1050-1054.

何思明，罗渝，何尽川. 2011. 一种高切坡超前支护桩的作用机制. 工程科学与技术，43（6）：79-84.

何思明. 2006. 高切坡超前支护桩与坡体共同作用分析. 山地学报，（5）：574-579.

厚美瑛，陆坤权. 2001. 奇异的颗粒物质. 新材料产业，（2）：26-28.

胡开全，张俊前. 2011. 固定翼无人机低空遥感系统在山地区域影像获取研究. 北京测绘，（3）：35-37.

胡瑞林，李向全，官国琳. 1996. 粘性土微结构形态要素及其定量信息处理技术. 地质行业科技发展基金资助项目优秀论文集.

胡瑞林，李向全. 1996. 粘性土微结构分维及其特征. 北京：第五届全国工程地质大会.

胡瑞林. 1996. 粘性土微结构的定量化研究进展. 北京：第五届全国工程地质大会.

胡志杰. 2017. 边坡渐进破坏理论在陈家岭高切坡治理中的应用. 公路工程，42（2）：199-204.

华志刚. 2006. 先进控制方法在电厂热工过程控制中的研究与应用. 东南大学博士学位论文.

黄继磊. 2013. 星载 D-InSAR 技术在矿区形变监测中的应用研究. 昆明理工大学硕士学位论文.

黄润秋. 2004. 中国西部岩石高边坡发育的动力过程及典型变形破坏机理研究. 北京：第八次中国岩石力学与工程学会.

巨能攀，赵建军，邓辉，等. 2009. 公路高边坡稳定性评价及支护优化设计. 岩石力学与工程学报，28（6）：1152-1161.

雷用，刘国政，郑颖人. 2006. 抗滑短桩与桩周土共同作用的探讨. 后勤工程学院学报，22（4）：17-21.

李斌锋. 2004. 铸造生产中应用多变量统计过程控制的研究. 清华大学博士学位论文.

李刚，杨强，高幼龙，等. 2012. 多手段实时监测系统在李家坡高切坡监测中的应用. 地质灾害与环境保护，23（1）：108-112.

李建林，王瑞红，蒋昱州，等. 2010. 砂岩三轴卸荷力学特性试验研究. 岩石力学与工程学报，29（10）：2034-2041.

李迁. 2013. 低空无人机遥感在矿山监测中的应用研究. 中国地质大学（北京）硕士学位论文.

李邵军，陈静，练操. 2010. 边坡桩-土相互作用的土拱力学模型与桩间距问题. 岩土力学，31（5）：1352-1358.

李双平，方涛，王当强. 2007. 测量机器人在溪洛渡电站变形监测网中的应用. 人民长江，（10）：54-56.

李铁容，沈俊喆. 2016. 岩质边坡与锚喷支护结构相互作用的数值分析. 低碳世界，（26）：112-113.

李文静. 2011. 钻孔摄像机器人系统的研究. 山东科技大学硕士学位论文.

李霞. 2012. 基于高分辨率卫星立体像对的高切坡体三维测量应用研究. 中国科学院研究生院硕士学位论文.

李小根，董联杰，李震，等. 2014. 基于 GIS 的高切坡三维可视化系统研究. 华北水利水电大学学报（自然科学版），35（2）：73-75.

李岩. 2011. 西藏公路人工高切坡超前支护技术研究. 重庆交通大学硕士学位论文.

李远耀. 2010. 三峡库区渐进式库岸滑坡的预测预报研究. 中国地质大学（武汉）博士学位论文.

李长洪. 1997. 矿井淹井事故成因的灰色关联分析方法及应用. 工业安全与防尘，（7）：20-21+48.

李长明. 2005. 高切坡变形立体监测网建设. 中国地质灾害与防治学报，（b12）：19-22.

廉琦. 2017. AGS200 系统辅助无人机航测技术在地灾项目中的测试及分析. 测绘技术装备，19（2）：15-18.

梁旭. 2013. 松软介质中弧形足运动特性分析及足-蹼复合推进两栖机器人研究. 中国科学技术大学博士学位论文.

梁烨, 王亮清, 唐辉明. 2010. 基于运动学分析的高切坡稳定性评价. 安全与环境工程, 17（6）：101-103.

廖红建, 韩波, 殷建华, 等. 2002. 人工开挖边坡的长期稳定性分析与土的强度参数确定. 岩土工程学报, （5）：560-564.

廖红建, 姬建, 曾静. 2008. 考虑饱和-非饱和渗流作用的土质边坡稳定性分析. 岩土力学, 29（12）：3229-3234.

林孝松, 陈洪凯, 许江, 等.2009. 山区公路高切坡岩土安全评价分析. 土木建筑与环境工程, 31（3）：66-71.

林孝松, 陈洪凯, 许江, 等.2010. 山区公路高切坡岩土安全分区研究. 岩土力学, 31（10）：3237-3242.

林孝松, 许江, 陈洪凯, 等. 2011. 山区公路高切坡整体安全评价方法研究. 武汉理工大学学报（交通科学与工程版）, 35（4）：718-722.

林治平, 刘祚秋, 商秋婷. 2012. 抗滑桩结构土拱的分拆与联合研究. 岩土力学, 33（10）：233-238.

凌建明, 吴征, 叶定威, 等. 2003. 压缩条件下发泡聚苯乙烯的本构关系和疲劳特性. 同济大学学报（自然科学版）, （1）：21-25.

刘爱华, 王思敬. 1994. 平面坡体渐进破坏模型及其应用. 工程地质学报, 2（1）：1-8.

刘冬生. 2007. 基于神经网络方法的自相关过程控制研究. 天津大学博士学位论文.

刘刚, 吴冲龙, 刘军旗, 等. 2011. 基于 Virtual Globe 的三峡库区立体灾害地质图系统集成技术. 武汉：第十届全国数学地质与地学信息学术研讨会.

刘广宁, 齐信, 黄波林, 等. 2016. 归州河西沿江高切坡变形破坏及稳定性分析. 防灾科技学院学报, 18（3）：18-23.

刘合凤. 2013. 面向应急响应的航空/低空遥感影像几何处理关键技术研究. 中南大学硕士学位论文.

刘厚成. 2010. 三峡水库蓄水运行过程中库岸边坡稳定性演化规律的研究. 重庆交通大学硕士学位论文.

刘佳. 2018. 工业在线 SPC 统计过程控制系统设计研究. 科技创新与应用, （5）：97-98.

刘开富, 谢新宇, 张继发, 等. 2008. 土质边坡的弹塑性应变局部化分析. 岩土工程学报, （s1）：291-294.

刘璐. 2013. 城镇建设中高切坡的安全评价. 建筑知识：学术刊, （6）：177-177.

刘庆. 2017. 重庆开县临港工业园高切坡治理工程支护设计优化调整. 江西建材, （15）：13-14.

刘善军, 吴立新, 王川婴. 2004a. 遥感-岩石力学（VIII）—论岩石破裂的热红外前兆. 岩石力学与工程学报, 23（10）：1621-1627.

刘善军, 吴立新, 王金庄, 等. 2004b. 遥感-岩石力学（VI）—岩石摩擦滑移特征及其影响因素分析. 岩石力学与工程学报, 23（8）：1271-1251.

刘思峰, 谢乃明, Forrest J. 2010. 基于相似性和接近性视角的新型灰色关联分析模型. 系统工程理论与实践, 30（5）：881-887.

刘文龙, 赵小平. 2009. 基于三维激光扫描技术在高切坡监测中的应用研究. 金属矿山, V39（2）：131-133.

刘小丽, 张占民, 周德培. 2004. 预应力锚索抗滑桩的改进计算方法. 岩石力学与工程学报, 23（15）：2568-2572.

刘小丽, 周德培, 杨涛. 2003. 加固土坡的抗滑桩内力计算新方法. 工业建筑, （4）：39-41+45.

刘晓霞, 孙康波. 2015. 自动化过程控制对 PID 控制方法的应用及其参数整定策略. 电气开关, 53（1）：86-87.

刘新喜, 侯勇, 戴毅, 等. 2017. 软弱夹层岩质边坡长期稳定性研究. 中外公路, （4）：21-24.

刘新喜. 2003. 库水位下降对高切坡稳定性的影响及工程应用研究. 中国地质大学博士学位论文.

刘洋. 2016. 无人机倾斜摄影测量影像处理与三维建模的研究. 东华理工大学硕士学位论文.

刘永明, 傅旭东, 邹勇. 2006. 格构锚固技术及其在高切坡防治中的应用. 勘察科学技术, （3）：24-27.

刘振. 2008. 被动桩桩土相互作用的模型与计算方法研究. 浙江大学硕士学位论文.

柳广春. 2009. GPS 与 TCA 结合在三峡高切坡监测中的应用研究. 江西理工大学硕士学位论文.

卢晓鹏. 2010. 基于三维激光扫描技术的高切坡监测应用研究. 长安大学硕士学位论文.

罗国煜. 1990. 优势面理论及其实践//江苏省岩石力学与工程学会、扬子石化公司. 第一届华东岩土工程学术大会论文集. 江苏省岩石力学与工程学会、扬子石化公司：中国岩石力学与工程学会.

罗先启, 刘德富, 吴剑, 等. 2005. 雨水及库水作用下滑坡模型试验研究. 岩石力学与工程学报, 24（14）：2478-2483.

马惠民, 吴红刚. 2011. 山区高速公路高边坡病害防治实践. 铁道工程学报, 28（7）：34-41.

马伟明. 2004. TCA 测量机器人在三屯河水库大坝外部变形监测中的应用. 大坝与安全,（6）：45-47.

潘家铮. 1980. 建筑物的抗滑稳定和滑坡分析. 北京：水利出版社.

潘汝涛. 2011. PID 控制器简介及参数整定方法. 科技信息,（7）：50.

庞燕. 2017. 低空大倾角立体影像自动匹配方法研究. 东华理工大学硕士学位论文.

钱璞, 郑瑞平, 田伟平, 等. 2011. 公路高边坡排水系统设置. 交通企业管理, 26（5）：54-56.

邱仁辉. 2002. 纸浆模塑制品成型机理及过程控制的研究. 东北林业大学博士学位论文.

渠守尚, 马勇. 2001. 测量机器人在小浪底大坝外部变形监测中的应用. 测绘通报,（4）：35-37.

阮高, 李本云. 2017. 山区公路岩土复合型高切坡稳定性分析. 黑龙江交通科技,（6）：62-63.

尚海兴, 黄文钰. 2013. 无人机低空遥感影像的自动拼接技术研究. 西北水电,（2）：14-18.

邵炜, 金峰. 1999. 用于接触面模拟的非线性薄层单元. 清华大学学报（自然科学版）, 39（2）：33-38.

沈珠江. 1992. 桩的抗滑阻力和抗滑桩的极限设计. 岩土工程学报, 14（1）：51-56.

施斌, 张丹, 王宝军, 等. 2007. 地质与岩土工程分布式光纤监测技术及其发展. 工程地质学报, 15：109-116.

施斌. 2013. 论工程地质中的场及其多场耦合. 工程地质学报, 21（5）：673-680.

史向峰, 申卯兴. 2007. 基于灰色关联的地空导弹武器系统的使用保障能力研究. 弹箭与制导学报,（3）：83-85.

史智慧. 2012. 浅析在过程控制中 PID 控制的应用. 科协论坛（下半月）,（7）：68-69.

宋晓蛟, 王生龙, 卢琳, 等. 2017. 基于三维激光扫描技术的地质灾害动态监测方法研究. 资源信息与工程, 32（1）：180-181.

宋义敏, 杨小彬. 2013. 煤破坏过程中的温度演化特征实验研究机. 岩石力学与工程学报, 32（7）：1344-1349.

宋志锋, 冯玉铃. 2017. 无人机倾斜摄影在实景三维建模中的应用. 建筑工程技术与设计,（21）：4071.

苏天明, 伍法权, 祝介旺, 等. 2011. 万州地区高切坡崩塌成因与发育模式分析. 中外公路, 31（2）：29-32.

苏天明. 2012. 红层泥质岩崩解破坏现象与机理分析. 昆明：中国公路学会道路工程分会学术年会暨第六届国际路面养护技术论坛.

孙博, 周仲华, 张虎元, 等. 2011. 夯土建筑遗址表面温度变化特征及预报模型. 岩土力学, 32（3）：867-871.

孙静, 杨穆尔. 2007. 多元自相关过程的残差 T～2 控制图. 清华大学学报（自然科学版）,（12）：2184-2187.

孙静. 2003. 自相关过程的统计控制状态. 管理工程学报,（2）：75-80.

孙书伟, 马惠民, 张忠平. 2008a. 顺层高边坡开挖松动区研究. 岩土力学, 29（6）：1665-1668.

孙书伟, 朱本珍, 张忠平. 2008b. 顺层高边坡开挖松动区的数值模拟研究. 铁道学报, 30（5）：74-79.

孙玉科. 1997. 岩体结构力学——岩体工程地质力学的新发展. 工程地质学报,（4）：5-7+4.

孙玉科, 姚宝魁, 许兵. 1998. 矿山边坡稳定性研究的回顾与展望. 工程地质学报,（4）：18-24+74.

谭衢霖, 杨松林, 魏庆朝. 2008. 合成孔径雷达干涉测量技术及铁路工程应用分析. 铁道工程学报, 25（1）：11-16.

汤罗圣. 2013. 三峡库区堆积层滑坡稳定性与预测预报研究. 中国地质大学（武汉）博士学位论文.

唐辉明. 2008. 工程地质学基础. 北京：化学工业出版社.

唐中实，王彦佐，辛宇，等. 2011. 3D-GIS 的高切坡一体化模型设计与实现. 地球信息科学学报，13（1）：102-108.

田龙强. 2011. 基于 NET 平台的高切坡监测预警系统的研究. 中国地质大学（武汉）硕士学位论文.

童第科，王俊杰，李海平. 2009. 某山区公路高切坡失稳原因及工程加固. 工业建筑，(s1)：720-724.

涂鹏飞，岑仲阳，谌华. 2010. 应用重轨星载 InSAR 技术监测三峡库区高切坡形变探讨. 遥感技术与应用，25（6）：886-890.

汪斌. 2007. 库水作用下高切坡流固耦合作用及变形研究. 中国地质大学（武汉）博士学位论文.

王超，张红，刘智，等. 2002. 苏州地区地面沉降的星载合成孔径雷达差分干涉测量监测. 自然科学进展，12（6）：621-624.

王成华，陈永波，林立相. 2001. 抗滑桩间土拱力学特性与最大桩间距分析. 山地学报，19（6）：556-559.

王丹，吴伟. 2017. SPC 统计过程控制在质量管理中的应用. 数字通信世界，(6)：16-19.

王根龙，巫冬妹，伍法权，等. 2007. 三峡水库区秭归县楚都大道高切坡安全评估. 中国地质灾害与防治学报，18（3）：1-5.

王浩，孙木子，马新凯，等. 2015. 路堑边坡平面滑动演化过程及远程滑动机制的模拟与分析. 工程地质学报，23（3）：438-447.

王家成. 2011. 巴东高切坡碎石土抗剪强度参数试验研究及工程应用. 三峡大学硕士学位论文.

王建强. 2012. 多源地学信息综合处理及三维立体化方法研究. 山西师范大学硕士学位论文.

王杰. 2015. 基于多源数据的矿区空间变化监测与分析. 华北理工大学硕士学位论文.

王举，张成才. 2014. 基于三维激光扫描技术的土石坝变形监测方法研究. 岩土工程学报，36（12）：2345-2350.

王娟，何思明. 2013. 高切坡潜在破裂面预测与超前支护桩加固研究. 山地学报，31（5）：588-593.

王堃宇，王奇智，高龙山，等. 2017. 基于三维激光扫描技术的边坡表面变形监测. 科学技术与工程，17（20）：11-16.

王利勇. 2011. 无人机低空遥感数字影像自动拼接与快速定位技术研究. 解放军信息工程大学硕士学位论文.

王士川，陈立新. 1997. 抗滑桩间距的下限解. 工业建筑，27（10）：32-36.

王腾. 2010. 时间序列 InSAR 数据分析技术及其在三峡地区的应用. 武汉大学博士学位论文.

王婷婷，靳奉祥，单瑞. 2011. 基于三维激光扫描技术的曲面变形监测. 测绘通报，(3)：4-6.

王文斌，何平，李刚，等. 2007. 三峡库区重庆市奉节县已治理高切坡项目安全评估工作及评估成果. 矿产勘查，(3)：77-80.

王宇，曹强，李晓，等. 2011. 边坡渐进破坏的模糊随机可靠性研究. 工程地质学报，19（6）：852-858.

王玉鹏. 2011. 无人机低空遥感影像的应用研究. 河南理工大学硕士学位论文.

王煜，董新宇. 2014. 基于 BDS 结合星载合成孔径雷达干涉测量技术的部分地质灾害监测和预警系统. 科技创新导报，(15)：36.

王志勇. 2007. 星载雷达干涉测量技术在地面沉降监测中的应用. 山东科技大学博士学位论文.

卫建东，包欢，徐忠阳，等. 2005. 基于多台测量机器人的监测网络系统. 测绘学院学报，(2)：154-156.

魏学勇，欧阳祖熙，周昊，等. 2010. 三峡工程万州库区高切坡地质灾害变形监测//中国地震局地壳应力研究所. 地壳构造与地壳应力文集. 北京：地震出版社.

魏作安，李世海，赵颖. 2009. 底端嵌固桩与滑体相互作用的物理模型试验研究. 岩土力学，30（8）：2259-2263.

文雄飞，张穗，张煜，等. 2016. 无人机倾斜摄影辅助遥感技术在水土保持动态监测中的应用潜力分析. 长江科学院院报，33（11）：93-98.

邬满，练君，文莉莉，等. 2017. 基于大数据的铜矿地质灾害立体监测网络体系的研究. 世界有色金属，（6）：164-167.

吴华金. 2003. 山区高速公路高边坡防治对策. 公路，（4）：125-131.

吴立新，刘善军，吴育华. 2007. 遥感-岩石力学引论：岩石受为灾变的红外遥感. 北京：科学出版社.

吴曙光，张永兴，刘新荣. 2007. 三峡库区某桩锚挡墙失稳机理分析. 土木建筑与环境工程，29（1）：1-4.

吴永亮，陈建平，姚书朋，等. 2017. 无人机低空遥感技术应用. 国土资源遥感，29（4）：120-125.

伍法权. 2010. 三峡库区高切坡变形破坏机制. 北京：中国三峡出版社.

夏浩，雍睿，马俊伟. 2015. 推移式滑坡模型试验推力加载方法的研究. 长江科学院院报，32（1）：112-116.

夏耶，郭小方，葛大庆，等. 2006. 地面沉降与山体高切坡的星载合成孔径雷达差分干涉监测方法及其工程应用. 北京：第二届全国地面沉降学术研讨会.

谢谟文，胡嫚，王立伟. 2013. 基于三维激光扫描仪的高切坡表面变形监测方法——以金坪子高切坡为例. 中国地质灾害与防治学报，24（4）：85-92.

谢小艳. 2012. 基于 Terra Explorer 三维地质环境信息系统的设计与实现. 电子科技大学硕士学位论文.

徐涛，杨明. 2016. 基于 Mpagis 的地面塌陷盆地三维可视化预测. 陕西煤炭，35（4）：16-18.

许冬丽. 2007. 三峡库区秭归县新集镇典型高切坡破坏机理及治理研究. 中国地质大学（武汉）硕士学位论文.

许玉娟. 2012. 岩石冻融损伤特性及寒区岩质边坡稳定性研究. 中南大学硕士学位论文.

杨娟. 2017. 基于无人机航测技术的三峡库区地质灾害调查监测方法研究. 丝路视野，（3）：145-145.

杨明，姚令侃，王广军. 2007. 抗滑桩宽度与桩间距对桩间土拱效应的影响研究. 岩土工程学报，29（10）：1477-1482.

杨穆尔，孙静. 2006. 二元自相关过程的残差 T~2 控制图. 清华大学学报（自然科学版），46（3）：403-406.

杨穆尔，孙静. 2008. 多元自相关过程的 VAR 控制图. 数理统计与管理，（2）：298-303.

杨世胜，仲崇淦. 2010. 公路高切坡安全敏感部位分析. 公路与汽运，（3）：94-101.

杨文景. 2016. 公路高切坡安全评价的集对分析模型. 广东公路交通，（4）：118-120.

杨阳. 2013. 小基线子集长时间序列差分干涉技术研究. 国防科学技术大学博士学位论文.

杨永红，吕大伟. 2006. 高速公路碳质页岩高边坡加固处治研究. 岩石力学与工程学报，25（2）：392-398.

杨永明. 2016. 无人机遥感系统数据获取与处理关键技术研究. 昆明理工大学博士学位论文.

姚勇，穆鹏. 2012. 某高速公路高边坡特征及优化设计模式. 中外公路，32（5）：23-26.

叶四桥，陈洪凯. 2009. 公路高切坡施工过程及防治技术体系. 公路，（12）：58-62.

叶四桥，唐红梅，慕长春，等. 2007. 强风化泥岩和泥灰岩高切坡表层的破坏与防护. 公路，（11）：82-86.

雍睿. 2013. 三峡库区侏罗系地层推移式滑坡-抗滑桩相互作用研究. 中国地质大学（武汉）博士学位论文.

于欢欢，徐亚富，谢洪波，等. 2015. 基于三维激光扫描技术的边坡变形监测应用研究. 能源与环保，（12）：111-113.

余正海. 2018. 地质灾害治理工程效果监测实践. 工程建设与设计，（6）：35-36.

袁菡. 2013. 城市道路高切坡园林植物造景设计探讨. 西南大学硕士学位论文.

曾涛，杨武年，简季. 2009. 无人机低空遥感影像处理在汶川地震地质灾害信息快速勘测中的应用. 测绘科学，（s2）：64-65.

曾裕平. 2009. 重大突发性滑坡灾害预测预报研究. 成都理工大学博士学位论文.

詹永祥，姚海林，董启朋，等. 2013. 松散体高切坡抗滑桩加固的土拱效应分析. 上海交通大学学报，47（9）：1372-1376.

张超. 2016. 下肢助力外骨骼机器人研究. 哈尔滨工业大学博士学位论文.

张撼鹏. 2007. 新型低能量输入电弧焊接系统及其过程控制研究. 北京工业大学博士学位论文.

张恒. 2013. 智能信息反馈 PID 控制器设计与仿真. 哈尔滨工业大学硕士学位论文.

张继春，钮强，徐小荷. 1993. 用灰关联分析方法确定影响岩体爆破质量的主要因素. 爆炸与冲击，（3）：212-218.

张建华，谢强，张照秀. 2004. 抗滑桩结构的土拱效应及其数值模拟. 岩石力学与工程学报，23（4）：699-703.

张俊前. 2013. 无人机遥感影像快速拼接方法研究. 城市勘测，（5）：73-75.

张珂. 2014. ENVISAT ScanSAR 干涉数据处理研究. 中国地质大学（北京）硕士学位论文.

张启福，孙现申，王力. 2011. 基于简易六段法的 RIGEL VZ-400 激光扫描仪精度测试方法研究. 工程勘察，39（3）：63-66.

张少锋，胡义，刘彬，等. 2014. 某建筑场地高切坡破坏模式及支护建议. 资源环境与工程，28（4）：423-426.

张小青. 2016. 基于三维激光扫描技术的变形监测方法研究. 北京测绘，（3）：53-56.

张晓日. 2007. 徕卡测量机器人在港区堆场吊车轨道监测中的应用. 测绘通报，（10）：70-71.

张学庄，王爱公，张驰，等. 1999. 测量机器人系统在五强溪大坝的应用. 大坝观测与土工测试，（3）：24-27.

张艳博，刘善军. 2011. 含孔岩石加载过程的热辐射温度场变化特征. 岩土力学，32（4）：1013-1017.

张永兴，董捷，文海家，等. 2009. 考虑自重应力的悬臂式抗滑桩三维土拱效应及合理间距研究. 中国公路学报，22（2）：18-25.

张玉军，刘谊平. 2001. 层状岩体抗剪强度的方向性及剪切破坏面的确定. 岩土力学，（3）：254-257.

张云，文学虎，应国伟，等. 2016. 基于三维激光扫描技术的边坡位移监测方法：CN106123845A.

章国锋，李小红. 2016. 测量机器人在边坡应急测绘中的应用. 建筑工程技术与设计，（21）：1296+1299.

赵海龙. 2012. 基于面向对象的高分辨无人机影像灾害信息提取关键技术研究. 电子科技大学硕士学位论文.

赵火焱，曹媛. 2015. 基于测量机器人的地铁监测系统研究与实现. 城市建设理论研究：电子版，5（28）：2686-2689.

赵理，刘思峰. 1988. 灰色序列增长趋势的弱化及灰色关联度研究. 河南农业大学学报，（4）：435-440.

赵晓东，周国庆，别小勇. 2010. 加载过程中结构—冻土界面红外辐射温度场研究. 岩土力学，31（6）：1817-1821.

钟保蒙，杨昆，雷兵荣. 2011. 高切坡防护工程设计方案探讨. 工程建设与设计，（12）：99-101.

周德培，肖世国，夏雄. 2004. 边坡工程中抗滑桩合理桩间距的探讨. 岩土工程学报，26（1）：132-135.

周志军，梁涵，庾付磊，等. 2013. 山区公路高切坡岩土的理想点法安全评价. 兰州理工大学学报，39（4）：119-122.

朱凌，石若明. 2008. 地面H维激光扫描点云分辨率研究. 遥感学报，（3）：405-410.

朱仁义. 2012. 宽幅 InSAR 技术在地质灾害的综合形变监测应用研究. 长安大学硕士学位论文.

祝辉，叶四桥. 2015. 山区公路岩土复合型高切坡稳定性分析. 路基工程，（2）：28-31.

卓宝熙. 1998. "三 S"地质灾害信息立体防治系统的建立及其实用意义. 中国地质灾害与防治学报，（s1）：256-261.

左珅，刘维正，张瑞坤，等. 2014. 路堤荷载下刚柔长短桩复合地基承载特性研究. 西南交通大学学报，49（3）：379-385.

Alwan L C，Roberts H V. 1988. Time-series modeling for statistical process control. Journal of Business & Economic Statistics，6（1）：87-95.

Alwan L C. 1992. Effects of autocorrelation on control chart performance. Communications in Statistics，21（4）：1025-1049.

Andrade C，Zuloaga P，Martinez I，et al. 2011. Study on treatment of high-cut red sandy rock slope in expressway. Highway Engineering，46（2）：182-189.

Astrom K J, Hagglund T, Hang C C. 1993. Automatic tuning and adaptation for PID controllers-a survey. Control Engineering Practice, 1 (4): 699-714.

Baker R. 2004. Non-linear strength envelopes based on triaxial data . Journal of Geotechnical and Geoenvironmental Engineering, 130 (5): 498-506.

Box G, Luceno A. 1997. Discrete proportional-integral adjustment and statistical process control. Journal of Quality Technology, 29 (3): 248.

Broms B B, Silberman J O. 1964. Skin Friction Resistance for Pile in Cohesionless Soils. Washington D C: The National Academies of Sciences, Engineering, and Medicine.

Canal A, Akin M. 2016. Assessment of rock slope stability by probabilistic-based Slope Stability Probability Classification method along highway cut slopes in Adilcevaz-Bitlis (Turkey) . Journal of Mountain Science, 13 (11): 1893-1909.

Chen C Y, Martin G R. 2002c. Soil-structure interaction for landslide stabilizing piles. Computers & Geotechnics, 29 (5): 363-386.

Chen H J, Zhang X Z, Zhou C M, et al. 2016a. Study on high cut slope stability and soil nail structure in Loess Area. Transportation Science & Technology, (5): 79-82.

Chen X. 2015. Optimization and integration of remote sensing UAV in low altitude. Equipment for Geophysical Prospecting, 25: 237.

Chen Z, Fang C, Deng R. 2016b. Research and application of Jinggangshan geological disaster prevention system based on wireless sensor network system. Wuhan: 2015 23rd International Conference on Geoinformatics.

Chevalier B, Combe G, Villard P. 2007. Load Transfers And Arching Effects In Granular Soil Layer. 18ème Congrès Français de Mécanique, Grenoble: 27-31.

Chi T, Zhang X, Chen H, et al. 2003. Research on information system for natural disaster monitoring and assessment. Geoscience and Remote Sensing Symposium, 2003. IGARSS '03. Proceedings. 2003 IEEE International. IEEE Xplore, 4: 2404-2406.

Chowdhury R N, Xu D W. 1995. Geotechnical system reliability of slopes. Reliability Engineering and System Safety, 47 (3): 141-151.

Closson D, Karaki N A, Hansen H, et al. 2003. Space-borne radar interferometric mapping of precursory deformations of a dyke collapse, Dead Sea area, Jordan. International Journal of Remote Sensing, 24 (4): 843-849.

Colesanti C, Wasowski J. 2006. Investigating landslides with space-borne Synthetic Aperture Radar (SAR) interferometry. Engineering Geology, 88 (3): 173-199.

Crowder S V. 1989. Design of exponentially weighted moving average schemes. Journal of Quality Technology, 21 (3): 155-162.

Donald I, Chen Z Y. 1997. Slope stability analysis by the upper bound approach: Fundamentals and methods. Canadian Geotechnical Journal, 34: 853-862.

Duncan J M. 1996. State of the art: Limit. equilibrium and element analysis of slope. Journal of Geotechnical Engineering, ASCE, 122 (7): 577-596.

Freeman T J. 1978. The behavior of fully-bonded rock bolts in the Kielder experimental tunnel. Tunnels and Tunnelling, (6): 37-40.

Gao F, Liu W. 2013. Study on Effect of Seismic Action Direction on Slope Stability. China-Japan-US Trilateral Symposium on Lifeline Earthquake Engineering: 656-662.

George B, Alberto L. 1997a. Discrete proportional-integral adjustment and statistical process control. Journal of

Quality Technology，29（3）：248-248.

George B，Alberto L. 1997b. Wiley Series in Probability and Statistics. Hoboken：John Wiley and Sons .

Guo H，Kang Z. 2011. Coal mining induced land subsidence monitoring using multiband spaceborne differential interferometric synthetic aperture radar data. Journal of Applied Remote Sensing，5（14）：3518.

Guo X，Pei H，Wang J，et al. 2016. Development status of international remote sensing in natural disaster research. Chinese Agricultural Science Bulletin，32（6）：124-131.

Hai L，Zhu X B. 2012. Influencing factors and prevention measures of erosion damage for highway slope in loess area. Advanced Materials Research，594-597：161-166.

Hotelling H. 1947. A generalized T test and measure of multivariate dispersion. Annals of Mathematical Statistics，18（2）：298.

Ito T，Matsui T，Hong W P. 1982. Extended design method for multi-row stabilizing piles against landslide. Soils and Foundations，22（1）：1-13.

Ito T，Matsui T. 1975. Methods to estimate lateral force acting on stabilizing piles. Soils and Foundations，15（4）：43-59.

Ito T，Matsui T. 1976. Method to estimate driving force of blind type shield and behavior of its surrounding soft ground. Soils and Foundation，16（3）：97-109.

Jardine R J，Potts D M，Higgins K G，et al. 2004. Cut slope failure of mudstone formations in Southern Taiwan. The Skempton Conference，2（3）：29-31.

Jenck O，Dias D，Kastner R. 2009. Three-dimensional numerical modeling of a piled embankment. International Journal of Geomechanics，9（3）：102-112.

Jiang J C，Baker R，Yamagami T. 2003. The effect of strength envelope nonlinearity on slope stability computations . Canadian Geotechnical Journal，40（2）：308-325.

Jiang W，Farr J V. 2016. Integrating SPC and EPC methods for quality improvement. Quality Technology & Quantitative Management，4（3）：345-363.

Karl. 1943. Theoretical Soil Mechanics. New York：John Wiley and Sons.

Kusaka T，Shikada M，Kawata Y. 1993. Inference of landslide areas using spatial features and surface temperature of watersheds. Proc SPIE，241-246.

Lei T，Tan Z Y，Lin C X. 2013. Development and application of monitoring and early warning system for geological disasters in highway high slope. Applied Mechanics & Materials，405-408：2431-2437.

Li J，Zhou F. 2014. Research on Key Technology of three-dimensional laser scanning data processing. Taiyuan International Conference on Computer Sciences and Applications.

Li L，Chen J，Yang W，et al. 2009. Modeling and simulation of single-look complex images for distributed satelliteborne interferometric synthetic aperture radar. Tianjin：International Congress on Image and Signal Processing.

Liang R Y，Yamin M. 2010. Three-dimensional finite element study of arching behavior in slope/drilled shafts system. International Journal for Numerical & Analytical Methods in Geomechanics，34（11）：1157-1168.

Liang R，Zeng S. 2002. Numerical study of soil arching mechanism in drilled shafts for slope stabilization. Soil and Foundation，42（2）：83-92.

Liu C，Yueguang H E，Chen S，et al. 2017. Precision analysis of low-altitude UAV remote sensing mapping results in the bauxite. Engineering of Surveying & Mapping，26（1）：17-20.

Liu L P. 2012. Influence factors on highway high slope seismic stability and preventive measures. Applied Mechanics & Materials，178-181：1139-1142.

Lü G R，Li X J. 2008. Comprehensive control of high cutting slope of Wei-Ru expressway. Site Investigation

Science & Technology，（3）：40-44.

Ma Q，Jiang Y，Qian X. 2013. Fuzzy Comprehensive Evaluation of the Stability of High-Cutting Regional Slope. Chengdu：International Conference on Transportation Engineering.

Mayr A，Rutzinger M，Bremer M，et al. 2017. Object-based classification of terrestrial laser scanning point clouds for landslide monitoring. Photogrammetric Record，32（160）：377-397.

Miller P，Swanson R E，Heckler C E. 1998. Contribution plots：A missing link in multivariate quality control. Applied Mathematics & Computer Science，8（4）：775-792.

Mirosław S，Tserng H P，Ju S H，et al. 2014. Web-based real time bridge scour monitoring system for disaster management. Baltic Journal of Road & Bridge Engineering，9（1）：17-25.

Mochizuki M，Asada A，Ura T，et al. 2006. New-generation seafloor geodetic observation system based on technology of underwater robotics. Tokyo：Agu Fall Meeting Abstracts.

Onuma T，Okada K，Otsubo A. 2011. Time series analysis of surface deformation related with CO_2，injection by satellite-borne SAR interferometry at In Salah，Algeria. Energy Procedia，4（22）：3428-3434.

Ortiz F，Puente S，Torres F. 2005. Mathematical Morphology and Binary Geodesy for Robot Navigation Planning. In：Springer Varlag. Pattern Recognition and Data Mining. Berlin Heidelberg：Springer Berlin Heidelberg：118-126.

Page E S. 1954a. An improvement to wald's approximation for some properties of sequential tests. Journal of the Royal Statistical Society，16（1）：136-139.

Page E S. 1954b. Control charts for the mean of a normal population. Journal of the Royal Statistical Society，16（1）：131-135.

Peralta J C，Capitani M，Mousa R M. 2016. Road Construction：Applied Concepts in Stability Analysis and Solutions for High Cut Slope. Washington：Trb Meeting.

Petley D N，Petley D J，Allison R J. 2008. Temporal prediction in landslides-Understanding the Saito effect. Xi'an：Xi'an Proceeding of the Tenth International Symposium on Landslides & Engineered slopes.

Picarelli L，Urciuoli G，Russo C. 2004. Effect of groundwater regime on the behaviour of clayey slopes. Canadian Geotechnical Journal，41（3）：467-484.

Poulos H G，Chen L T，Hull T S. 1995. Model tests on single piles subjected to lateral soil movement. 地盘工学会论文报告集，35（4）：85-92.

Qi S，Yan F，Wang S，et al. 2006. Characteristics，mechanism and development tendency of deformation of Maoping landslide after commission of Geheyan reservoir on the Qingjiang River，Hubei Province，China. Engineering Geology，86（1）：37-51.

Qin Y. 2012. Status and development on geological disasters research induced by mining. Coal Technology，31（01）：136-137.

Qin Z，Zha X. 2009. Study of Deep Drain Stability in High Steep Slope. Hunan：GeoHunan International Conference.

Roberts S W. 1959. Control chart tests based on geometric moving averages. Technometrics，1（3）：239-250.

Sansosti E，Casu F，Manzo M，et al. 2010. Space-borne radar interferometry techniques for the generation of deformation time series：An advanced tool for Earth's surface displacement analysis. Geophysical Research Letters，37（20）：20305.

Selby M J. 1980. A rock mass strength classification for geomorphic purposes：with tests from Antarctica and New Zealand. Zeitschrift Geomorphologie，24：31-51.

Shimamura M. 2003. Challenge to predict natural disasters and current status of research. Jr East Technical Review，2：51-53.

Shimokawa E. 1980. Creep deformation of cohesive soils and its relationship to landslide. Memoirs of the Faculty of Agriculture Kagoshima University, 16: 129-156.

Skempton A W, Hutchinson J. 1969. Stability of natural slopes and embankment foundations. In: White H J. 7th International Conference on Soil Mechanics and Foundation Engineering. Mexico City: State of the Art Volume: 291-340.

Skempton A W. 1964. Long-term stability of clay slopes. Geotechnique, 14 (2): 77-102.

Song C J, Zhou D P, Yan H Q. 2003. Study one technology of strengthening and protecting high-cut slope of soft rock. Highway, (12): 76-80.

Sun Y J, Zhang D, Shi B. 2014. Distributed acquisition, characterization and process analysis of multi-field information in slopes. Engineering Geology, 182: 49-62.

Tang H, Hu X, Xu C, et al. 2014. A novel approach for determining landslide pushing force based on landslide-pile interactions. Engineering Geology, 182: 15-24.

Terzaghi K. 1936. Stability of slopes of natural clay. Proc. Int. Conf. Soil Mech. and Found Engng. Proc 1st Intl Conf Soil Mech Found Eng Harvad, 1: 161-165.

Terzaghi K. 1943a. Earth pressure and shearing resistance of plastic clay: A symposium: liner-plate tunnels on the Chicago (IL) subway. Nuclear Phys, 4 (87): 91-111.

Terzaghi K. 1943b. Theoretical soil mechanics. New York: John Wiley & Sons.

Thielicke W, Stamhuis E J. 2014. PIVlab-towards user-friendly, affordable and accurate digital particle image velocimetry in MATLAB. Journal of Open Research Software, 2 (1): 118-129.

Tomio I, Tamotsu M. 1976. Method to estimate driving force of blind type shield and behavior of its surrounding soft ground. Soils and Foundations, 16 (3): 97-109.

Vardoulakis I, Graf B, Gudehus G. 1981. Trap-door problem with dry sand: A statical approach based upon model test kinematics international. Journal for Numerical and Analytical methods in Geomechanics, 5: 57-78.

Wang H L, Xu W Y. 2013. Stability of Liangshuijing landslide under variation water levels of Three Gorges Reservoir. Revue Française de Génie Civil, 17 (sup1): s158-s177.

Wang J, Lin Z, Ren C. 2012. Relative orientation in low altitude photogrammetry survey. ISPRS-International Archives of the Photogrammetry, Remote Sensing and Spatial Information Sciences, XXXIX-B1: 463-467.

Wang K L, Lin M L. 2011. Initiation and displacement of landslide induced by earthquake-a study of shaking table model slope test. Engineering Geology, 122 (1): 106-114.

Wang W L, Liang J. 1979. Unsheathed excavation in soils. Journal of the Geotechnical Engineering Division, 105: 1117-1121.

Wang W L, Yen B C. 1974. Soil arching in slopes. Journal of the Geotechnical Engineering Division, ASCE, 100 (1): 61-78.

Wang W L. 1974. Soil arching in slopes. Journal of the Geotechnical Engineering Division, 100: 61-78.

Wang Y L, Liu S F, Jing L I, et al. 2006. Investigation research on exploitation status of rare earth mineral and geological disaster based on high resolution remote sensing data. Jiangxi Nonferrous Metals, (1): 10-14.

Wardell D G, Moskowitz H, Plante R D. 1992. Control charts in presence of data correlation. Management Science, 38 (8): 1084-1105.

Wardell D G, Moskowitz H, Plante R D. 1994. Run length distributions of residual control charts for autocorrelated processes. Journal of Quality Technology, 26: 308-317.

Wei Z, Yin G, Wang J G, et al. 2012. Stability analysis and supporting system design of a high-steep cut soil slope on an ancient landslide during highway construction of Tehran-Chalus. Environmental Earth

Sciences，67（6）：1651-1662.

White D J，Take W A，Bolton M D. 2003. Soil deformation measurement using particle image velocimetry （PIV）and photogrammetry. Geotechnique，53（7）：619-631.

Wu L，Liu S，Wu Y，et al. 2006. Precursors for rock fracturing and failure-Part II：IRRT -Curve abnormalities. International Journal of Rock Mechanics and Mining science，43（3）：483-493.

Wu Z D，Zhou H W，Zhang Z P，et al. 2009. Numerical simulation analysis for stability of Cheng Jia Yuan high slope of Lan Shang freeway in southern Shaanxi. Chengdu：International Conference on Transportation Engineering.

Xu C，Li Y，Wang X. 2018. Research on the safety detection technology of dam leakage based on UAV. Electronic Measurement Technology，41（9）：84-86.

Yang X L. 2007. Seismic displacement of rock slopes with nonlinear Hoek-Bnown failure criterion. International Journal of Rock Mechanics & Mining Sciences，44：948-95.

Zarnani S，Bathurst R J. 2009. Numerical parametric study of expanded polystyrene（EPS）. Canadian Geotechnical Journal，46（3）：318-338.

Zeng C. 2016. High side slope stability analysis method utilizing sarma. Building Technology Development，43：5-7.

Zhang H，Lu Y，Yan Z. 2007. Dynamic field monitoring and stability analysis of a cataclastic rock high-slope. Chengdu：International Conference on Transportation Engineering.

Zhang J，Wu C，Liu J，et al. 2014. The research of three-dimensional integrated framework of landslide disaster monitoring data. International Journal of Computers & Applications，36（4）：148-154.

Zheng X，Wwi H N. 2014. Visualized monitoring system research of transformer substation based on 3D virtual reality technology. Bulletin of Science & Technology，30（1）：166-169.

Zou Z，Zhu Z，Tao L，et al. 2009. Stability and reinforcement analysis of a high and steep cataclastic rock slope. Rock and Soil Mechanics，（3）：77-82.

附　录　A

(a) Unconfined compressive strength

Selby's strength range (MPa)	Selby's rating factor, f_1	Bieniawski's equivalent factor, F_1
>200	20	use 15
100~200	18	use 12
50~100	14	7
	12	use 6
25~50	10	4
	8	use 3
1~25	5	2

(b) Joint spacing and RQD

Selby's RMS		Bieniawski's RMS			
Joint spacing ranges metets	Rating factor f_3	Joint spacing rating factor F_3	Equivalent RQD%	RQD rating factor F_2	Total ($F_3 + F_2$)
>3	30	20	>90	20	40
1~3	28	17.5	>90	20	37.5
0.3~1	21	12.5	>90	20	32.5
	18	use 10	—	use 17	27
0.05~0.3	15	8	40->90	13	21
<0.05	8	5	<40	8	13

(c) Joint condition

Selby's joint condition rating factors ($f_2 + f_5 + f_6$)	Bieniawski's joint condition rating factor F_4
24	30
23	use 28
22	use 27
21	25
20	use 24
19	use 23
18	use 21
17	20
15	use 15
13	10
6	0

(d) Outflow of groundwater

Selby's descriptors	Selby's rating factor f_7	Bieniawski's equivalent rating factor F_5	Bieniawski's descriptors
None	6	15	Dry
Trace	5	10	Damp
Slight	4	7	Wet
Moderate	3	4	Dripping
Great	1	0	Flowing

(e) Joint orientation

Selby's descriptor	Selby's rating factor f_4	Bieniawski's equivalent rating factor F_6	Bieniawski's descriptor
Very favorable Steep dips into slope; Cross joints interlocked	20	0	Very favorable
Favorable Moderate dips into slope	18	−5	Favorable
	16	use−15	
Fair Horizontal dips or nearly vertical (hard rocks only)	14	−25	Fair
Unfavorable Moderate dips out of slope	9	−50	Unfavorable
Very unfavorable Steep dips out of slope	5	−60	Very unfavorable

附　录　B

$$f_1 = \frac{(3\tan\varphi\cos\theta_h + \sin\theta_h)\exp[3(\theta_h - \theta_0)\tan\varphi] - (3\tan\varphi\cos\theta_0 + \sin\theta_0)}{3(1 + 9\tan^2\varphi)}$$

$$f_2 = \frac{1}{6}\frac{L}{r_0}\left(2\cos\theta_0 - \frac{L}{r_0}\cos\alpha\right)\sin(\theta_0 + \alpha)$$

$$f_3 = \frac{\exp[(\theta_h - \theta_0)\tan\varphi]}{6}\left[\sin(\theta_h - \theta_0) - \frac{L}{r_0}\sin(\theta_h + \alpha)\right]\left\{\cos\theta_0 - \frac{L}{r_0}\cos\alpha + \cos\theta_h\exp[(\theta_h - \theta_0)]\tan\varphi\right\}$$

$$f_4 = \left(\frac{H}{r_0}\right)^2\frac{\sin(\beta - \beta')}{2\sin\beta\sin\beta'}\left[\cos\theta_0 - \frac{L}{r_0}\cos\alpha - \frac{1}{3}\frac{H}{r_0}(\cot g\beta + \cot g\beta')\right]$$

$$f_5 = \frac{x_F^2\tan\beta}{2(1 - \tan\beta\cot\xi)^2}\left[H(\cot\beta' - \cot\beta) + \frac{2 - \tan\beta\cot\xi}{3(1 - \tan\beta\cot\xi)}x_F + \frac{H}{A}e^{(\theta_h - \theta_0)\tan\varphi}\cos\theta_h\right]$$

$$\frac{H}{r_0} = \frac{\sin\beta'}{\sin(\beta' - \alpha)}\{\sin(\theta_h + \alpha)\exp[(\theta_h - \theta_0)\tan\varphi] - \sin(\theta_0 + \alpha)\}$$

$$\frac{L}{r_0} = \frac{\sin(\theta_h - \theta_0)}{\sin(\theta_h + \alpha)} - \frac{\sin(\theta_h + \beta')}{\sin(\theta_h + \alpha)\sin(\beta' - \alpha)}\{\exp[(\theta_h - \theta_0)\tan\varphi]\sin(\theta_h + \alpha) - \sin(\theta_0 + \alpha)\}$$

$$f_6 = \frac{(3\tan\varphi\sin\theta_h - \cos\theta_h)\exp[3(\theta_h - \theta_0)\tan\varphi] - (3\tan\varphi\sin\theta_0 - \cos\theta_0)}{3(1 + 9\tan^2\varphi)}$$

$$f_7 = \frac{1}{6}\frac{L}{r_0}\left(2\sin\theta_0 + \frac{L}{r_0}\sin\alpha\right)\sin(\theta_0 + \alpha)$$

$$f_8 = \frac{\exp[(\theta_h - \theta_0)\tan\varphi]}{6}\left(\frac{H}{r_0}\right)\frac{\sin(\theta_h + \beta')}{\sin\beta'}\left\{2\sin\theta_h\exp[(\theta_h - \theta_0)\tan\varphi] - \frac{H}{r_0}\right\}$$

$$f_9 = \left(\frac{H}{r_0}\right)^2\frac{\sin(\beta - \beta')}{6\sin\beta\sin\beta'}\left\{3\sin\theta_h\exp[(\theta_h - \theta_0)\tan\varphi] - \frac{H}{r_0}\right\}$$

$$f_{10} = \frac{x_F^2\tan\beta}{2(1 - \tan\beta\cot\xi)^2}\left[\frac{H}{A}e^{(\theta_h - \theta_0)\tan\varphi}\sin\theta_h - \frac{\tan\beta}{3(1 - \tan\beta\cot\xi)}x_F\right]$$

附　录　C

$$f_1 = \frac{(3\tan\varphi\cos\theta_h + \sin\theta_h)\exp[3(\theta_h - \theta_0)\tan\varphi] - (3\tan\varphi\cos\theta_0 + \sin\theta_0)}{3(1 + 9\tan^2\varphi)}$$

$$f_2 = \frac{1}{6}\frac{L}{r_0}\left(2\cos\theta_0 - \frac{L}{r_0}\cos\alpha\right)\sin(\theta_0 + \alpha)$$

$$f_3 = \frac{\exp[(\theta_h - \theta_0)\tan\varphi]}{6}\left[\sin(\theta_h - \theta_0) - \frac{L}{r_0}\sin(\theta_h + \alpha)\right]\left\{\cos\theta_0 - \frac{L}{r_0}\cos\alpha + \cos\theta_h\exp[(\theta_h - \theta_0)]\tan\varphi\right\}$$

$$f_4 = \left(\frac{H}{r_0}\right)^2\frac{\sin(\beta - \beta')}{2\sin\beta\sin\beta'}\left[\cos\theta_0 - \frac{L}{r_0}\cos\alpha - \frac{1}{3}\frac{H}{r_0}(\cot\beta + \cot\beta')\right]$$

$$f_5 = \frac{x_F^2\tan\beta}{2(1 - \tan\beta\cot\xi)^2}\left[H(\cot\beta' - \cot\beta) + \frac{2 - \tan\beta\cot\xi}{3(1 - \tan\beta\cot\xi)}x_F + r_0 e^{(\theta_h - \theta_0)\tan\varphi}\cos\theta_h\right]$$

$$f_6 = \frac{x_F^2\tan\beta}{2}\left[H(\cot\beta' - \cot\beta) + \frac{2x_F}{3} + \frac{H}{A}e^{(\theta_h - \theta_0)\tan\varphi}\cos\theta_h\right]$$

$$\frac{H}{r_0} = \frac{\sin\beta'}{\sin(\beta' - \alpha)}\{\sin(\theta_h + \alpha)\exp[(\theta_h - \theta_0)\tan\varphi] - \sin(\theta_0 + \alpha)\}$$

$$\frac{L}{r_0} = \frac{\sin(\theta_h - \theta_0)}{\sin(\theta_h + \alpha)} - \frac{\sin(\theta_h + \beta')}{\sin(\theta_h + \alpha)\sin(\beta' - \alpha)}\{\exp[(\theta_h - \theta_0)\tan\varphi]\sin(\theta_h + \alpha) - \sin(\theta_0 + \alpha)\}$$

$$f_7 = \frac{(3\tan\varphi\sin\theta_h - \cos\theta_h)\exp[3(\theta_h - \theta_0)\tan\varphi] - (3\tan\varphi\sin\theta_0 - \cos\theta_0)}{3(1 + 9\tan^2\varphi)}$$

$$f_8 = \frac{1}{6}\frac{L}{r_0}\left(2\sin\theta_0 + \frac{L}{r_0}\sin\alpha\right)\sin(\theta_0 + \alpha)$$

$$f_9 = \frac{\exp[(\theta_h - \theta_0)\tan\varphi]}{6}\left(\frac{H}{r_0}\right)\frac{\sin(\theta_h + \beta')}{\sin\beta'}\left\{2\sin\theta_h\exp[(\theta_h - \theta_0)\tan\varphi] - \frac{H}{r_0}\right\}$$

$$f_{10} = \left(\frac{H}{r_0}\right)^2\frac{\sin(\beta - \beta')}{6\sin\beta\sin\beta'}\left\{3\sin\theta_h\exp[(\theta_h - \theta_0)\tan\varphi] - \frac{H}{r_0}\right\}$$

$$f_{11} = \frac{x_F^2\tan\beta}{2}\left[\frac{H}{A}e^{(\theta_h - \theta_0)\tan\varphi}\sin\theta_h - \frac{x_F\tan\beta}{3(1 - \tan\beta)}\right]$$

附　录　D

$$f_1 = \frac{1}{3(1+9\tan^2\varphi)}\{(3\tan\varphi\cos\theta_h + \sin\theta_h)\exp[3(\theta_h - \theta_0)\tan\varphi] - 3(\tan\varphi\cos\theta_0 + \sin\theta_0)\}$$

$$f_2 = \frac{1}{6}\frac{L}{r_0}\left(2\cos\theta_0 - \frac{L}{r_0}\cos\alpha\right)\sin(\theta_0 + \alpha)$$

$$f_3 = \frac{1}{6}\exp[(\theta_h - \theta_0)\tan\varphi]\left[\sin(\theta_h - \theta_0) - \frac{L}{r_0}\sin(\theta_h + \alpha)\right]\left\{\cos\theta_0 - \frac{L}{r_0}\cos\alpha + \cos\theta_h\exp[(\theta_h - \theta_0)\tan\varphi]\right\}$$

$$f_4 = \left(\frac{H}{r_0}\right)^2 \frac{\sin(\beta - \beta')}{2\sin\beta\sin\beta'}\left[\cos\theta_0 - \frac{L}{r_0}\cos\alpha - \frac{1}{3}\frac{H}{r_0}(\cot g\beta + \cot g\beta')\right]$$

$$f_6 = \frac{(3\tan\varphi\sin\theta_h - \cos\theta_h)\exp[3(\theta_h - \theta_0)\tan\varphi] - (3\tan\varphi\sin\theta_0 - \cos\theta_0)}{3(1+9\tan^2\varphi)}$$

$$f_7 = \frac{1}{6}\frac{L}{r_0}\left(2\sin\theta_0 + \frac{L}{r_0}\sin\alpha\right)\sin(\theta_0 + \alpha)$$

$$f_8 = \frac{\exp[(\theta_h - \theta_0)\tan\varphi]}{6}\left(\frac{H}{r_0}\right)\frac{\sin(\theta_h + \beta')}{\sin\beta'}\left\{2\sin\theta_h\exp[(\theta_h - \theta_0)\tan\varphi] - \frac{H}{r_0}\right\}$$

$$f_9 = \left(\frac{H}{r_0}\right)^2 \frac{\sin(\beta - \beta')}{6\sin\beta\sin\beta'}\left\{3\sin\theta_h\exp[(\theta_h - \theta_0)\tan\varphi] - \frac{H}{r_0}\right\}$$